QUADRIGA
COMMUNICATION

Wir freuen uns, Ihnen die aktuellste Neuerscheinung unseres Kunden **PLASSEN** Verlag präsentieren zu dürfen.

Für weitere Informationen, Daten oder Kontakt zum Autor stehen wir Ihnen gerne jederzeit zur Verfügung!

Herzliche Grüße,

S. Ensel

Sarah Ensel
Quadriga Communication GmbH
Potsdamer Platz 5
10785 Berlin
ensel@quadriga-communication.de
030-30308089-15

SINGEN VÖGEL IN DER HÖLLE?

EINE PACKENDE
GESCHICHTE VON
KRIEG, LIEBE UND
HUNDERTFACHER
FLUCHT

HORACE GREASLEY

PLASSEN
BUCHVERLAGE

Die Originalausgabe erschien unter dem Titel
„Do the birds still sing in hell?"
Horace Greasley
ISBN 978-1-78219-227-5

Copyright der Originalausgabe 2014:
Text Copyright © Horace Greasley and Ken Scott 2014.
All rights reserved. Published by John Blake Publishing Ltd.

Titelfoto © Brenda Greasley

Trotz größter Bemühungen konnten wir einige Inhaber von Urheberrechten nicht mehr ermitteln. Wir sind für jeden hilfreichen Hinweis dankbar.

Copyright der deutschen Ausgabe 2015:
© Börsenmedien AG, Kulmbach
Bildquellen Innenteil: Thinkstock

Übersetzung: Dr. Tilmann Kleinau
Cover: Johanna Wack, Börsenmedien AG
Gestaltung und Satz: Sabrina Slopek, Börsenmedien AG
Herstellung: Daniela Freitag, Börsenmedien AG
Lektorat: Karla Seedorf
Druck: GGP Media GmbH, Pößneck

ISBN 978-3-86470-246-4

Alle Rechte der Verbreitung, auch die des auszugsweisen Nachdrucks, der fotomechanischen Wiedergabe und der Verwertung durch Datenbanken oder ähnliche Einrichtungen vorbehalten.

Bibliografische Information der Deutschen Nationalbibliothek:
Die Deutsche Nationalbibliothek verzeichnet diese Publikation in der Deutschen Nationalbibliografie; detaillierte bibliografische Daten sind im Internet über <http://dnb.d-nb.de> abrufbar.

Postfach 1449 • 95305 Kulmbach
Tel: +49 9221 9051-0 • Fax: +49 9221 9051-4444
E-Mail: buecher@boersenmedien.de
www.plassen.de
www.facebook.com/plassenverlag

Für Brenda

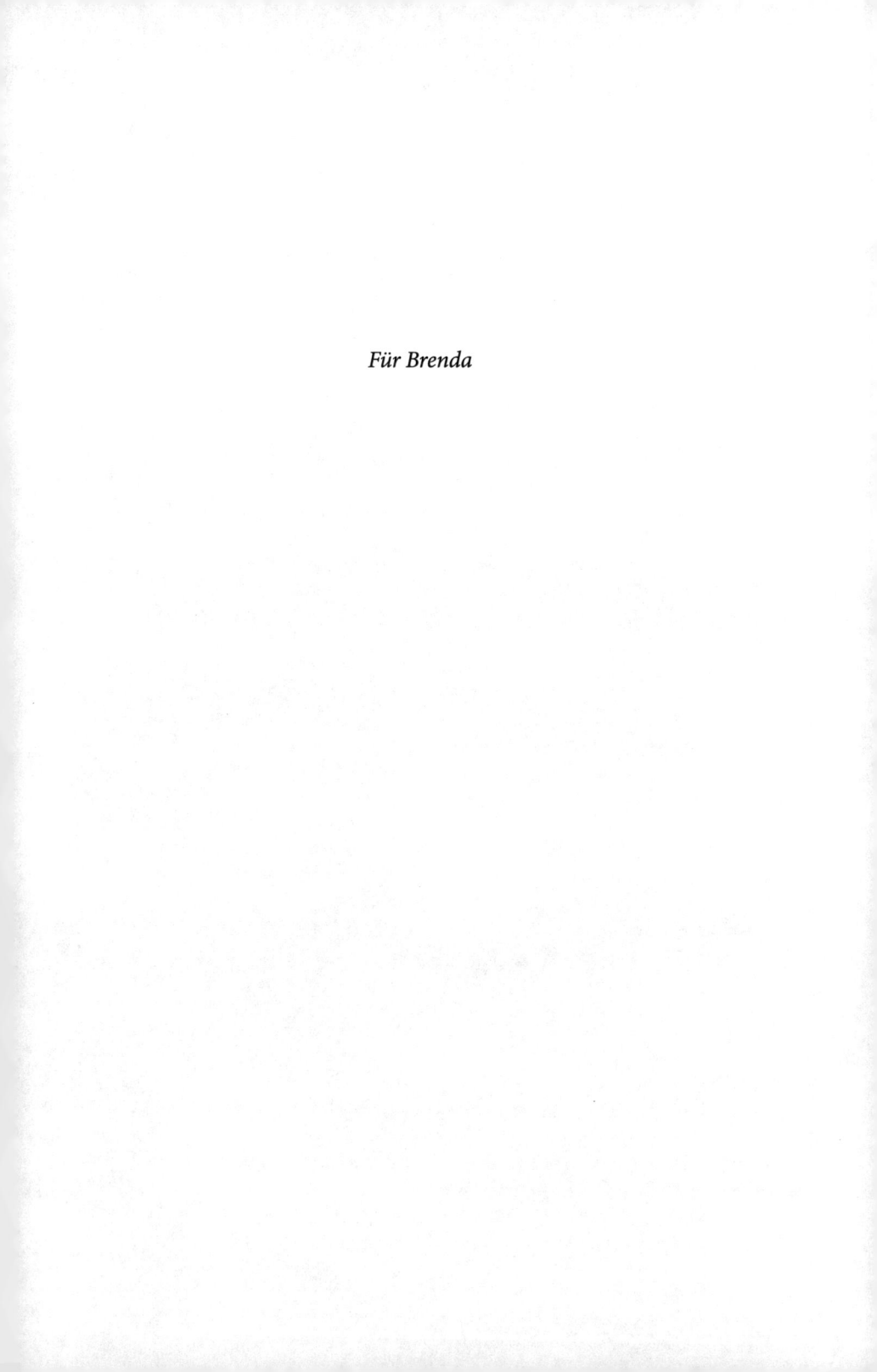

INHALT

Danksagung	7
Vorwort des Autors Ken Scott	8
Prolog	12
Kapitel 1	18
Kapitel 2	31
Kapitel 3	44
Kapitel 4	63
Kapitel 5	77
Kapitel 6	91
Kapitel 7	102
Kapitel 8	112
Kapitel 9	124

INHALT

Kapitel 10 143

Kapitel 11 158

Kapitel 12 162

Kapitel 13 173

Kapitel 14 183

Kapitel 15 196

Kapitel 16 205

Kapitel 17 210

Kapitel 18 223

Kapitel 19 234

Kapitel 20 246

Kapitel 21 254

Kapitel 22 257

Kapitel 23 262

Kapitel 24 272

Kapitel 25 282

Kapitel 26 288

Kapitel 27 289

Kapitel 28 298

Epilog 303

DANKSAGUNG

Dieses Buch ist für all die Jungs, die es nicht geschafft haben, besonders für Jock, der mit seiner Kochkunst aus dem, was ich zu unserem Essen beisteuern konnte, so viel gemacht hat. Und für Rose, die mir mein Leben als Gefangener ein bisschen erträglicher gestaltet hat. Besonders danke ich meiner Frau Brenda, die mich immer wieder darin bestärkt hat, dieses Buch zu schreiben. Ich danke ihr für ihre selbstlose Pflege und Zuwendung, die sie mir während unserer gesamten Ehe geschenkt hat, ganz besonders in den letzten acht Jahren, in denen meine Gesundheit mich im Stich gelassen hat. Ohne sie könnte ich diese Geschichte nicht erzählen.

Brenda, dieses Buch ist für dich.

Mein Dank geht auch an Ken Scott, ohne den dieses Buch nie geschrieben worden wäre, sowie an seine Frau Hayley, seine Tochter Emily und seinen Sohn Callum. Ich bin ihnen so dankbar für ihr tiefes Interesse. Sie zählen inzwischen zu unseren engsten Freunden.

VORWORT
DES AUTORS KEN SCOTT

Im Frühjahr 2008 sagte ich nach anfänglichem Zögern zu, mich mit einem älteren Herrn zu treffen. Er war neunundachtzig Jahre alt. Damals versuchte ich gerade verzweifelt, mein drittes Buch fertig zu schreiben und hatte noch zwei weitere Projekte in der Schublade, als man mir sagte, ein ehemaliger Kriegsgefangener wolle seine Weltkriegsmemoiren schreiben. „O nein", sagte ich zu meiner Frau, „nicht schon wieder so 'ne alte Kriegsgeschichte!"

Ein Mann namens Filly Bullock machte uns an jenem ungewöhnlich heißen Tag im März miteinander bekannt – in der kleinen Stadt Alfaz del Pi an der spanischen Costa Blanca. Filly hatte mich bereits vorgewarnt, es sei die verrückteste Story aus dem Zweiten Weltkrieg, von der er je gehört habe, und wenn ich sie erst gehört hätte, würde ich alles dafür geben, sie schreiben zu dürfen.

Ich war davon ganz und gar nicht überzeugt. Der alte Knabe weiß gar nicht, wie viel ich zu tun habe, dachte ich bei mir, und außerdem ist er schon neunundachtzig. Warum, verdammt noch mal, hat er bis jetzt gewartet, um sein Buch schreiben zu lassen?

Ich saß in Horaces ordentlichem Wohnzimmer, während seine Frau Brenda uns Kaffee machte. Ich wollte zehn Minuten mit ihm sprechen, entschied ich, und ihm dann eine höfliche Absage erteilen. Was sollte ich hier?

SINGEN VÖGEL IN DER HÖLLE?

Ich bin doch eigentlich ein Romanschriftsteller. Zwar war ich gerade dabei, die Memoiren eines nicht allzu berühmten, nicht besonders spannenden englischen Abgeordneten zu schreiben, doch das Buch hatte noch keinen Verlag gefunden. Ich hatte keinerlei Erfahrung, wie man als Ghostwriter an so ein Buch herangeht. Ich hatte keine Ahnung, wusste nicht einmal, wie und wo man da anfängt.

Mehr als zwei Stunden lang saß ich da und hörte Horace zu, der mir seine Lebensgeschichte in Kurzform erzählte – zuerst tranken wir etliche Tassen Kaffee, dann ein paar Bier (Horace trank lieber Gin). Mit offenem Mund lauschte ich, wie dieser alte Krieger mir das Drama seiner unglücklichen Gefangennahme schilderte, den Horror des Todesmarsches und die Reise im Güterzug, während alle paar Stunden alliierte Gefangene starben. Dabei war das erst der Anfang der Story.

Horace „Jim" Greasley sprach – und ich hörte ihm zu.

Horace erzählte mir von seinem Nahtoderlebnis im ersten Lager und ließ mich teilhaben an seinem ersten Treffen mit Rose im zweiten Lager. Die junge deutsche Dolmetscherin und der ausgemergelte Gefangene fühlten sich sofort zueinander hingezogen. Binnen weniger Wochen hatte er Sex mit ihr auf einer schmutzigen Werkbank in der Lagerwerkstatt, wo jederzeit ein deutscher Wachtmann hereinkommen konnte. Es war keine Liebe auf den ersten Blick – bis dahin sollte es ein paar Monate dauern. Als er merkte, was er für Rosa empfand und wie sehr er sie liebte, verlegten ihn die Deutschen in ein anderes Lager. Er war am Boden zerstört.

Doch das Beste kam erst noch, erzählte mir Horace. Er schilderte mir seine Zeit im dritten Lager, in Freiwaldau in Schlesien, in Polen, mit seiner sanften Flüsterstimme, fast eine Stunde lang.

Schweigend saß ich ihm gegenüber. In meinem Kopf formte sich die Story zu Sätzen. Ich musste gegen den Drang ankämpfen, meinen Stift hervorzukramen und gleich mit der Niederschrift zu beginnen. Ich hatte eine Menge Fragen. Warum hat er fast siebzig Jahre lang gewartet, bevor er dieses Buch schreiben wollte? Warum ich? Wie geht es ihm wohl gesundheitlich? So ein Buch zu schreiben, kann gut und gern ein Jahr dauern – ob er wohl noch so lange durchhält?

VORWORT

Diese Fragen habe ich ihm niemals gestellt, weil ich keine Antworten hören wollte, die mir vielleicht nicht gefallen würden. Ich erklärte mich einverstanden, das Buch mit ihm zu schreiben. Fünf Monate lang saß ich mit Horace zusammen, während er mir die meiner Ansicht nach spektakulärste Fluchtgeschichte aller Zeiten erzählte. Ich erinnere mich an meine Jugendzeit, an den Film *Colditz – Flucht in die Freiheit* und an Steve McQueen in dem Film *Gesprengte Ketten*, der von einem Massenausbruch aus einem deutschen Kriegsgefangenenlager während des Zweiten Weltkriegs handelt. Die Geschichte, die mir Horace Greasley erzählte, stellt alle diese Storys in den Schatten.

Noch erstaunlicher ist, dass jedes Wort darin wahr ist. Wenn ich versuchte, die Story mit dichterischer Freiheit auszuschmücken, erlaubte Horace es mir nicht. Es war auch gar nicht nötig. Die Worte in diesem Buch sind nicht die des Ghostwriters Ken Scott, es sind die Worte des einstigen Kriegsgefangenen Horace Greasley. Horace konnte wegen seiner schlimmen Arthritis weder von Hand schreiben noch tippen. Ich habe dieses Buch nicht geschrieben – ich habe ihm sozusagen lediglich seine Finger ersetzt.

Horace hat ein bemerkenswertes Langzeitgedächtnis, sein Sinn für Details ist bemerkenswert. Manchmal trieb ihm die Erinnerung an die Brutalität seiner Wärter die Tränen in die Augen. Dann ging es mir wie ihm – ich habe nahe am Wasser gebaut. Wenn jemand weint, muss ich auch weinen.

Es wäre schön für mich zu wissen, dass Horace dadurch, dass er mir seine Geschichte erzählt hat, ein bisschen mit dem Horror, den er damals erleben musste, abschließen konnte. Er sagte mehr als einmal zu mir, dieses Buch sei für seine Mitgefangenen – für alle Menschen, die unter ihren Mitmenschen zu leiden hatten.

Dass ich dieses Buch mit ihm schreiben durfte, hat mein Leben bereichert – einen Mann wie Horace kennenzulernen und von seinen Leiden aus seinem eigenen Mund zu erfahren, hat mich demütig gemacht. Ich habe meine Zweifel, ob meine Generation die Erlebnisse dieser Kriegsjahre überstanden hätte. Ein paar Episoden habe ich meinen Kindern Callum, neun Jahre alt, und Emily, zwölf Jahre alt, erzählt. Sie waren fasziniert davon und konnten es manchmal gar nicht glauben, wenn ich ihnen das Leid der Gefangenen und

SINGEN VÖGEL IN DER HÖLLE?

die barbarische Grausamkeit ihrer Bewacher beschrieb. Ich finde es wichtig, dass das Leid der gewöhnlichen Menschen im Krieg niemals in Vergessenheit gerät. Immerhin zählt Horace zu denen, die das Glück hatten, heimkehren zu dürfen.

Wir müssen unseren Kindern immer wieder von der Grausamkeit und Sinnlosigkeit eines jeden Krieges erzählen. Die Politiker, die Kriege anzetteln, sollten ihr Gewissen prüfen. Nicht sie sind es, die darunter zu leiden haben, sondern die jungen Frauen und Männer ihres Landes und der Länder, mit denen sich ihr Land im Krieg befindet.

Meine Kinder haben Horace kennengelernt. Wir haben uns mit ihm und seiner Frau Brenda angefreundet. Ich schätze mich glücklich, dass ich einen Menschen wie Horace Greasley persönlich kennenlernen durfte und fühle mich geehrt, dass er mich fragte, ob ich ihm helfen könne, sein Buch zu schreiben.

Ich kann nur hoffen, dass ich der Verantwortung, die in diesem Auftrag liegt, gerecht geworden bin.

Im Mai 2013
Ken Scott

Dieses Buch beruht auf einer wahren Geschichte,
auf Augenzeugenberichten und
über einhundert Stunden Interviews.
Es ist eine Geschichte über
Armut, über Völkermord und Sklaverei ...
die Geschichte eines Mannes,
der im Kampf gegen seine Lebensumstände
sein Leben riskiert und gerettet hat.

PROLOG

Es war Anfang Februar 1945. Der Krieg war schon fast zu Ende. Die Rote Armee hatte Auschwitz und andere Vernichtungslager befreit. Die Welt hörte die schockierenden Geschichten, was man dort vorgefunden hatte, und war entsetzt. Aus Bergen-Belsen sendeten die Fernsehnachrichten Bilder von toten und halb verhungerten Männern, Frauen und Kindern, die zivilisierte Menschen krank machten. Selbst deutsche Zivilisten konnten oder wollten nicht glauben, was sie da sehen und hören mussten. Die britischen Befreier fanden im niedersächsischen Bergen-Belsen mehr als dreißigtausend tote oder sterbende Insassen. Die skelettartigen Gestalten derer, die die Vernichtungslager überlebt hatten, starrten in die Kameras. Sie hatten kaum die Kraft zu stehen und zu verstehen, dass sie jetzt befreit wurden und dass ihr körperliches Leiden vorüber war. Ein paar von ihnen sprachen über die unglaublichen Haftbedingungen, unter denen sie hier gehalten wurden, über Folter und die Brutalität ihrer Bewacher. Ein Mann ließ beschämt den Kopf sinken, als er berichtete, dass ein Landsmann von ihm zum Kannibalen wurde, nur um den nächsten Tag noch zu erleben.

Die Kamera-Crew schwenkte hinüber zu dem ekelerregenden Haufen toter nackter und ausgezehrter Frauen, der sich am äußersten Ende des Lagers befand. Nackte junge Mädchen, Frauen, Mütter und Großmütter – niemand

SINGEN VÖGEL IN DER HÖLLE?

war verschont geblieben. Der Haufen verwesten Fleisches war dreiundsiebzig Meter lang, neun Meter breit und durchschnittlich eineinhalb Meter hoch. Die Bilder wurden weltweit in den Kino-Wochenschauen gezeigt. Als General Dwight D. Eisenhower, der Oberkommandierende der alliierten Truppen, die Opfer der Nazilager sah, ordnete er an, dass möglichst viele Fotos gemacht und die deutschen Dorfbewohner durch die Lager geführt und sogar angewiesen werden sollten, die Toten zu begraben. Er sagte: „Zeichnet das alles auf, macht Filme und befragt Zeugen, denn irgendwann einmal wird irgendein Bastard kommen und behaupten, dies alles wäre niemals geschehen." Wie recht er haben sollte ...

Zwei russische Soldaten der 322. Schützendivision saßen in einem provisorisch errichteten Lager sechzehn Kilometer außerhalb von Posen an der deutsch-polnischen Grenze in Schlesien. Ein paar Wochen zuvor waren ihre Kameraden nach Österreich eingedrungen und hatten Danzig besetzt. Die britischen und amerikanischen Streitkräfte hatten den Rhein bei Oppenheim überquert. Nun wurde Deutschland von allen Seiten unter Beschuss genommen.

Der jüngere der beiden Soldaten hieß Iwan. Der Neunzehnjährige hatte sich schon vor drei Jahren zum Kriegsdienst gemeldet und war bereits ein hartgesottener Kämpfer. Aber auch er war entsetzt über einige der Berichte der Alliierten, die durchgesickert waren. Obwohl er sich darauf freute, an der Befreiung der Lager teilzunehmen, zu der er abkommandiert worden war, fürchtete er sich vor den Schreckensbildern, die dort auf ihn warteten.

Er hatte eine Phobie – eine Angst, die ihm mehr als alles andere zusetzte. Es ging um Kinderleichen. Eigentlich waren sie für ihn inzwischen schon ein gewohntes Bild. Er erinnerte sich noch lebhaft an die erste Kinderleiche, die er gesehen hatte, als er mit seiner Division Stalingrad verteidigt hatte. Warum?, hatte er sich damals gefragt. Der Junge, nicht mehr als vier Jahre alt, hatte sich verzweifelt an den toten Körper seiner Mutter geklammert, bis er in dem rauen Winter einfach erfroren war. Der Schädel seiner Mutter war von einem Schrapnell einer deutschen Mörsergranate zerfetzt worden, als sie den verzweifelten Versuch unternommen hatte, in der Stadt Zuflucht zu finden. Sie war auf der Stelle tot. Ihr kleiner Junge würde niemals wissen, wie es ist, ein Buch zu nehmen und zu lesen, er würde nie den ersten

PROLOG

schüchternen Kuss eines Mädchens auf der Wange spüren und niemals die Freuden der Vaterschaft kennenlernen.

Iwans Kamerad spürte seine Angst. Er versuchte Iwan davon zu überzeugen, dass das, was ihnen bevorstand, der eigentliche Grund sein würde, wofür sie beide in den Krieg gezogen waren.

„Kamerad, man wird uns als Helden ansehen. Wir sind dazu da, unsere Verbündeten zu befreien, die jahrelang in den Händen der Nazis waren. Die armen Gefangenen sind fünf Jahre lang misshandelt worden. Wir werden den deutschen Hunden so die Hölle heißmachen, dass sie es nie mehr vergessen werden."

Iwan starrte in die Flammen des Feuers. Eigentlich hätte er spüren müssen, wie die Wärme in ihm hochkroch, aber alles, was er fühlte, war eine seltsame körperliche und geistige Benommenheit.

„Werden wir dort auch Kinderleichen sehen, Sergej?", fragte er.

Der ältere Soldat zuckte mit den Schultern.

„Kann schon sein, Kamerad. Vielleicht sogar noch Schlimmeres."

„Etwas Schlimmeres kann ich mir nicht vorstellen, Sergej."

Er schüttelte den Kopf und trank den inzwischen kalt gewordenen Tee aus, den sie vor Kurzem aufgebrüht hatten. Selbst im Frühjahr war es in diesem Teil Polens entsetzlich kalt, sobald die Sonne unterging.

„Diese Nazis sind zu allem fähig, Kamerad. Erst neulich haben sie ein französisches Dorf dem Erdboden gleichgemacht. Sie haben alle Männer und Jungen zusammengetrieben und jeden einzelnen erschossen, dann haben sie die Frauen und Kinder in der Dorfkirche zusammengepfercht."

Ivan hielt sich die Ohren zu. Was jetzt kam, hätte er am liebsten nicht gehört.

„Hör auf, Sergej!"

„Sie haben die Kirche in Brand gesteckt und die Frauen und Kinder bei lebendigem Leib verbrannt. Die Schreie der armen Kinder konnte man kilometerweit hören."

Iwan wischte sich eine Träne aus dem Auge. Sein Kamerad packte ihn an seiner schlecht sitzenden Uniformjacke.

„Wir müssen diese Frauen und Kinder rächen, Kamerad. Wir müssen tun, was zu tun ist, wir müssen die Toten von Charkiw, Kiew und Sewastopol rächen

SINGEN VÖGEL IN DER HÖLLE?

und dürfen keinen russischen Mann, keine Frau und kein Kind vergessen, die durch die Hände der widerlichen Deutschen in ihren riesigen Todesfabriken gestorben sind. In Stalingrad haben sie uns mit voller Absicht vom Nachschub abgeschnitten, sie haben uns verhungern lassen, weil sie uns auf faire Weise nicht umbringen konnten. Wir mussten Hunde und Katzen, ja sogar rohe Ratten essen, den Leim von gebundenen Büchern und Industrieleder. Es ging sogar das Gerücht um, einige unserer Landsleute hätten das Fleisch unserer Brüder und Schwestern gegessen."

Ein paar Minuten lang herrschte Schweigen. Iwan versuchte zu begreifen, was Sergej ihm gerade erzählt hatte.

„Sie sind also wirkliche Unmenschen, Sergej?"

Der Angesprochene seufzte nur und nickte.

„Ja, Kamerad, das sind sie."

„Aber sie werden doch bestimmt fliehen, Sergej, oder? Sie wissen doch, dass wir kommen. Da werden sie bestimmt abhauen, nicht wahr?"

Sergej lächelte.

„Und wie, Kamerad, aber wir werden schneller und länger rennen als sie. Wir werden sie einholen und sie fangen wie die Ratten und werden unseren Spaß mit ihnen haben."

Plötzlich streckte Sergej die Hand aus und griff Iwan zwischen die Beine. Er packte seine Hoden mit festem Griff.

„Die beiden hier werden spätestens morgen Abend von ihrer abgestandenen Milch befreit, Kamerad. Das garantiere ich dir."

Iwan kämpfte gegen den festen Griff seines Freundes an. Er hatte Tränen in den Augen und blickte erstaunt drein.

„Wir werden ihre Fräuleins ficken, während ihre Väter und Brüder uns dabei zusehen müssen, und dann töten wir sie alle – einen nach dem anderen. Es ist besser für sie, wenn sie fliehen, schnell wie der Wind, in die Hände der verweichlichten Amis." Er seufzte. „Na ja, die Amis haben eben nicht das erlebt, was wir durchmachen mussten. Diese Yankees sind zu spät in den Krieg eingetreten."

Der junge Soldat sah seinen Kameraden, seinen Mentor an – den Mann, der sich wie ein Vater seiner angenommen hatte, seit sich ihre Wege vor gefühlten

PROLOG

Jahren gekreuzt hatten. Er blickte den Mann an, der ihm mehr als einmal auf dem Schlachtfeld das Leben gerettet hatte. Derselbe Mann, den er wie seinen Vater liebte und achtete, trat plötzlich für Taten ein, die keinen Deut besser waren als die der widerlichen Nazis.

Der junge Iwan war verwirrt. Vor ihnen knisterte das Feuer in hohen und tiefen Tönen. Es war niedergebrannt, aber es glühte noch. Iwan griff hinüber zu dem Holzstapel und warf zwei große, kräftige Holzscheite ins Feuer. Einen Augenblick lang sah es so aus, als würde die Glut ausgehen, aber dann züngelte ganz allmählich eine Flamme am neuen Holz. Sofort wurde es wieder wärmer, Iwan jedoch spürte es nicht.

„Du, Sergej …"

„Spuck es aus. Was ist?"

„Diese Todeslager – gibt es in diesen schrecklichen Orten noch Vögel, die singen?"

Sergej legte die Stirn in Falten, Er wusste nicht recht, was er sagen sollte.

„Ich meine, die Vögel, Sergej … die haben doch bestimmt alles mit ansehen müssen? Und trotzdem singen sie noch?"

Sergej seufzte.

„Du wirst allmählich so sentimental wie die Amis, Kamerad. Demnächst schreibst du womöglich noch Gedichte."

„Wenn die Vögel morgen früh, wenn ich aufwache, immer noch singen, ist alles für mich in Ordnung. Die Vögel, Sergej … die Vögel … sie sagen's uns."

„Ruhe!", rief jemand ein paar Meter entfernt. „Wir brauchen unseren Schlaf für morgen. Wir brauchen unsere Kraft für die deutschen Nutten."

Sergej grinste. Seine Zähne leuchteten im blassen Licht des Mondes, und Iwan wunderte sich darüber, dass sie so gesund aussahen, wenn man bedenkt, wie wenig Essen und vor allem Vitamine sie in den letzten Tagen zu beißen bekommen hatten. Es gab Zeiten, da mussten sie tagelang gegen die Deutschen kämpfen, ohne dass sie auch nur ein Stück Brot zu beißen hatten.

„Du siehst, Kamerad, das wird von dir erwartet. Morgen musst du deine Pflicht tun. Wir müssen die Nazis vernichten und weitermachen, bis wir nach Berlin kommen."

SINGEN VÖGEL IN DER HÖLLE?

„Ja, die Nazis, das sehe ich ein, aber es werden doch nicht alle Deutschen Monster sein. Unsere Kameraden benehmen sich wie die Tiere – sie stürzen sich auf wehrlose Bauern, sogar auf alte Frauen und Männer."

„Das ist die Rache, Kamerad. Wer will es ihnen verdenken? Wer will es uns übelnehmen? Diese deutschen Zivilisten haben keinen Finger gekrümmt und haben das alles geschehen lassen. Wir Russen haben eine Revolution gemacht, als wir mit unserer Führung unzufrieden waren. Warum haben die Deutschen das nicht gemacht?"

Iwan hatte genug davon. Er ahnte, heute Nacht würde er nicht gut schlafen. Er zog den Schlafsack unter seinem Kopf fester und kauerte sich näher ans Feuer. Er war von dem langen Marsch völlig erschöpft und gerade dabei einzuschlafen, als Sergej sich zu ihm hinüberbeugte und ihm ins Ohr flüsterte: „Morgen, Kamerad, morgen und in den darauffolgenden Tagen und Wochen werden wir den Deutschen, den Soldaten und Zivilisten, den Männern, Frauen und Kindern auf der Straße zeigen, was wirklich grausam ist. Die Hundesöhne werden sich wünschen, sie wären nie geboren worden."

Wer in den Herzen und Köpfen der Leser weiterlebt, der wird nicht sterben.

KAPITEL 1

Joseph Horace Greasley hatte immer gern auf dem kleinen Bauernhof seiner Eltern im englischen Leicestershire gelebt, solange er sich erinnern konnte. Gerne hatte er das halbe Dutzend Kühe gemolken, die Hühner und Schweine gefüttert, und besonders gerne hatte er die walisischen Ponys seines Vaters gepflegt.
Obwohl die eleganten Tiere ihn als kleinen Jungen überragten, wenn er ihre Salzlecksteine im Stall austauschte, ihr Heu wendete und fast täglich bei ihnen ausmistete, hatte er keine Angst vor ihnen. Auch sie schienen mit dem kleinen Jungen, der da unter ihnen herumrannte, mehr als zufrieden zu sein. Schließlich fütterte er sie täglich und gab ihnen ihr Wasser. Joseph Horace Greasley wurde immer nur Horace genannt, dafür sorgte schon seine Mutter, von Anfang an. Niemand rief ihn Joe, wie seinen Vater. Seine Mutter konnte nicht verstehen, warum die Leute Vornamen immer abkürzen wollten.

Horace mochte auch die für den Rücken anstrengende Arbeit hinterm Pflug, auch das Säen und überhaupt alles in Schuss zu halten. So konnte die kleine Familie die Früchte der dreißig Morgen Ackerland ernten, die ihnen ihr Großvater vor vielen Jahren vermacht hatte. Sie wohnten in Hausnummer 101 am Ende einer langen Reihe von Bergarbeiterhäuschen in der Pretoria Road in Ibstock.

Horace und sein Zwillingsbruder Harold, seine ältere Schwester Sybil, die jüngere Schwester Daisy und Baby Derick hatten es besser als die Mehrzahl

SINGEN VÖGEL IN DER HÖLLE?

der englischen Familien in der Zeit vor dem Zweiten Weltkrieg. Obwohl Lebensmittel damals noch nicht rationiert wurden, waren es schwere Zeiten, und obgleich Horaces Vater einen Vollzeit-Arbeitsplatz im Bergwerk hatte, war das Geld knapp, um es vorsichtig auszudrücken. Wie auch immer – Horace und sein Vater kümmerten sich darum, dass es der Familie gut ging.

Joseph Greasley senior war ein schwer arbeitender Bergarbeiter mit kohlschwarzem Gesicht, ein Mann, der jeden Tag um halb vier Uhr morgens aufstand, um die Kühe zu melken, bevor er seine Zehn-Stunden-Schicht in der nahe gelegenen Bagworth-Zeche antrat. Bevor er zur Arbeit ging, weckte er Horace, und der machte, obwohl er noch sehr müde war und kaum aus den Augen gucken konnte, mit der Hofarbeit weiter. Die Tiere vertrauten ihm. Er fühlte sich bei ihnen wohl und sie sich bei ihm auch. Er fütterte sie regelmäßig, er war der Mensch, der ihren Stall sauber machte und ihre Wunden versorgte, und es hatte den Anschein, als spürten sie es. Sie waren seine Tiere – er war der glücklichste Junge der ganzen Schule. Wenn man die Hühner und die Ponys mitzählte, besaß er fast fünfzig Tiere. Die Schweine mochte er am liebsten – auch wenn sie hässlich und schmutzig waren. Das Leben meinte es nicht gut mit ihnen, aber sie waren seine Lieblingstiere.

Eines Tages gab John Forster, der Nachbarsjunge aus Hausnummer neunundvierzig, in der Klasse an, er besitze sieben Haustiere – drei Goldfische, einen Hund, zwei Katzen und eine Maus. Na und! Horace verwies ihn gleich mal auf den zweiten Platz, indem er all die Namen seiner Ponys, Kühe, Schweine und Hennen herunterratterte. Es waren allein zweiundzwanzig Hennen, und jede davon trug einen eigenen Namen.

Allerdings waren sie keine Haustiere – das wusste auch Horace. Jedes Jahr im November war er traurig, wenn sein Vater eins der Schweine tötete, um die Familie zu ernähren. Das Fleisch des geschlachteten Tieres reichte ihnen mindestens bis Weihnachten. Horace akzeptierte es, denn er bekam am Wochenende immer sein Schinkenspeck-Sandwich oder am Sonntagnachmittag eine schöne Scheibe Schinken mit Bratkartoffeln und einem oder zwei Eiern, die er am Morgen gesammelt hatte.

So war nun einmal die Nahrungskette, das Gesetz des Dschungels, nur die Stärksten überleben. Der Mensch brauchte Fleisch, und Familie Greasley hatte

KAPITEL 1

zufällig genug davon auf ihren Feldern herumlaufen. Nachdem das Schwein geschlachtet war, saß Horace stundenlang da (nicht weil es ihm Spaß machte, sondern weil es von ihm erwartet wurde) und rieb das Fleisch mit Salz ein, um es zu pökeln. Zwischendurch kam sein Vater immer wieder in die große offene Spülküche, in der der junge Horace saß und den toten Körper seines einstigen Freundes einrieb. Sein Vater sah sich das Fleisch genau an, drückte es mit den Fingern zusammen, schnitt gelegentlich auch eine Kostprobe mit dem Messer ab, probierte und sagte dann: „Mehr Salz!"

Dann ließ Horace die Schultern sinken, seine Finger waren schon wund vom Salz und klebten, aber er beklagte sich mit keinem Wort. Das Schwein, das nur ein paar Tage zuvor noch einen Namen gehabt hatte, wurde jetzt wie ein Stück Holz umgedreht, sodass sein Hinterteil in die Luft ragte, und noch ein Pfund Salz wurde in den Körper gerieben.

Wenn das Salzen endlich vorbei war, kam Horaces Vater mit einem großen Knochenmesser in die Spülküche und zerlegte das Schwein fachmännisch. Die Schinken wurden entfernt und in einer kühlen Speisekammer gelagert, die Speckseiten wurden über dem Treppenhaus aufgehängt, das zu den Schlafzimmern der Familie im ersten Stock führte. Das sah seltsam aus, aber es war der beste Ort für sie, wie sein Vater oft gegenüber seiner Mutter argumentierte. Denn der ständige Luftzug im Flur sorgte für genügend Sauerstoff, um das Fleisch wochenlang frisch zu halten.

Mabel diskutierte darüber nicht lange mit ihm. Sie wusste, ihr Mann hatte recht, und keine andere Familie in ihrer Straße hatte so oft Fleisch auf dem Tisch wie sie. Es sah nur so unappetitlich aus, vor allem dann, wenn sie dem Herrn Vikar die Tür aufmachte. Dann schämte sie sich immer deswegen.

Eines Tages kam der Priester Gerald O'Connor eine Woche nach der Schlachtung zu ihnen zu Besuch. Mabel bat ihn herein, und als er den Speck im Flur an der Decke hängen sah, blickte er missbilligend drein. Seine Laune wurde erst besser, nachdem er eine Tasse Tee getrunken hatte und Mabel ihm ein ordentliches Stück Speck schenkte, das er, wie er sagte, für den Weihnachtsbasar gut gebrauchen konnte.

„Heißer Wintereintopf", schwärmte er, „die Tasse zu zwei Pence. Für die Gemeindekasse."

SINGEN VÖGEL IN DER HÖLLE?

Zwei Wochen später besuchte Mabel den Weihnachtsbasar, aber so sehr sie auch suchte, sie fand den Stand mit dem Wintereintopf nicht.

An seinem vierzehnten Geburtstag – an Heiligabend 1932 – schenkte sein Vater Horace sein erstes Gewehr, ein einläufiges 410er Parker-Hale-Gewehr. Es war als Belohnung für seine vielen Arbeitsstunden auf dem Bauernhof seiner Eltern gedacht – die Art seines Vaters, sich bei ihm zu bedanken. Harold bekam ein paar Bücher, einen Apfel, eine Orange und ein paar Nüsse geschenkt, die älteste Schwester Sybil bekam gar nichts. Die Mutter sagte, sie sei schon zu alt für Weihnachtsgeschenke. Daisy und Derick erging es kaum besser – Derick bekam eine kleine Holzeisenbahn und Daisy eine kleine Puppe. Horace hatte nur Augen für eines. Seine Hände zitterten vor Aufregung, als er nach dem Gewehr griff.

Das Warten auf den ersten Schuss war wie eine Folter für ihn. Sein Vater bestand darauf, dass die Familie zuerst zum Weihnachtsessen bei Schinken und Eiern, ofenwarmen Butterbrötchen und heißem Tee zusammenkam, wobei nach alter Greasley-Tradition jeder einen Löffel Whisky in den Tee bekam, weil Weihnachten war. Das Gewehr lag auf der Kommode, es kam ihm vor, als verhöhnte es ihn. Bei jedem Bissen Schinken oder Brötchen sah er seinen Vater an, dann das Gewehr und dann wieder seinen Vater.

„Denk dran, das ist kein Spielzeug!", ermahnte ihn sein Vater, als sie auf das Wäldchen am Ende der Farm zugingen. Die gefrorene Erde unter ihnen knirschte bei jedem ihrer Schritte. Eine Schneeschicht bedeckte den Boden und die Bäume wie Zuckerguss.

„Du musst die Waffe mit Respekt behandeln. Sie kann töten – Kaninchen, Enten und Hasen, aber auch Menschen."

Er deutete auf die Waffe, die Horace mit beiden Händen fest umklammerte, wobei er sich wünschte, der Stahl wäre nicht so kalt und er hätte daran gedacht, seine Wollhandschuhe mitzunehmen. Aber selbst wenn Horace im hintersten Sibirien bei minus vierzig Grad hätte ausharren müssen, er wollte um keinen Preis umkehren.

„Dieses Gewehr kann einen Menschen töten, vergiss das nicht und denk immer daran, wohin du damit zielst. Wenn ich dich dabei erwische, dass du auf mich zielst, dann schlage ich es dir auf den Kopf!"

KAPITEL 1

In den darauffolgenden Wochen brachte sein Vater Horace alles über seine Neuerwerbung bei. Er zeigte ihm, wie man ein Gewehr auseinandernimmt, wie man es reinigt und welche Art Patronen man für welches Tier nimmt. Vor allem brachte er ihm das Schießen bei. Stundenlang schossen sie auf an die Bäume geheftete Zielscheiben und auf Blechbüchsen, die sie auf Äste und Zaunpfosten stellten. Schon am vierten Tag erlegte Horace sein erstes Kaninchen. Der Vater holte ihn und zeigte ihm, wie man so ein Tier häutet, ausnimmt und im Topf kocht. An diesem Abend aß die ganze Familie Kaninchenpastete, und der Vater sagte allen mehrmals, dass sie diesen Schmaus Horace verdankten. Beide waren sie stolz auf sich und aufeinander.

Sein Vater erklärte ihm auch, wie wichtig es sei, ein Tier nur zu töten, weil man sein Fleisch brauchte und nicht um des Tötens willen. Horace wurde ein hervorragender Schütze. Bald konnte er einen Star oder einen Zaunkönig aus fünfzig Metern Entfernung treffen. Aber jedes Mal, wenn er es tat, und das war nur selten der Fall, hatte er hinterher Gewissensbisse. Eines Tages schoss er auf ein junges Rotkehlchen, er dachte gar nicht, dass er etwas so Kleines abknallen könnte. Als die Kugel sein zartes Fleisch zerriss, explodierten die Federn des kleinen Vogels und er fiel vom Telegrafenmast, auf dem er gesessen hatte, ins Gras. Horace kreischte vor Freude, als er seine Beute in Augenschein nahm. Aber dann, als er das Vögelchen in der Hand hielt und seine Wärme spürte, verwandelte sich seine Freude in Kummer. Warum?, dachte er, als Blut auf seine Hand tropfte und das Rotkehlchen den letzten Atemzug tat. Warum habe ich das getan? Was hat das für einen Sinn?

Er schwor sich, er wollte von heute an nie wieder auf ein Lebewesen schießen, es sei denn, um es zu kochen und zu essen. Er brach sein Gelübde im Jahr 1940 auf den Feldern und in den Schützengräben von Nordfrankreich.

Im nächsten Jahr ging Horace von der Schule, zusammen mit seinem Zwillingsbruder Harold. Man nannte sie liebevoll „die beiden Hs". Sie waren nicht unzertrennlich wie so viele andere Zwillinge. Das lag daran, dass sie sehr verschieden waren. Harold war intelligenter als Horace, immer der Klassenbeste, er liebte Bücher und das Studium. Horace hingegen saß gelangweilt in der Klasse herum und sehnte das Ende des Schultages herbei. Er wollte

SINGEN VÖGEL IN DER HÖLLE?

lieber auf der Farm jagen, sich um seine Tiere kümmern und den hübschen Mädchen auf ihrem Nachhauseweg nachsehen.

Arbeitsplätze waren im Jahr 1933, dem Jahr, in dem ein gewisser Adolf Hitler deutscher Reichskanzler wurde, Mangelware. Aber es dauerte nicht lange, und Harold bekam dank seiner schulischen Verdienste eine sehr beliebte Stelle in der Eisenwarenabteilung ihrer Landwirtschaftsgenossenschaft. Dort arbeitete schon seine große Schwester Sybil. Wie sie gab Harold einen Großteil seines Lohns an die Familie weiter. Jetzt verdienten drei Greasleys ein festes Gehalt. Mabel buk frisches Brot und Kuchen, und mitten auf dem Küchentisch stand eine Obstschale mit exotischen Früchten wie Bananen und Orangen.

Horace war gerade von einem Jagdausflug zurückgekehrt. Er konnte es kaum erwarten, seinem Vater zu erzählen, dass er einen laufenden Hasen aus einer Entfernung von achtzig Metern erlegt hatte. Sein Vater hatte ebenfalls Neuigkeiten für ihn – er hatte einen Arbeitsplatz für ihn gefunden.

„Was? Friseurlehrling?", flüsterte Horace ganz verblüfft.

„Ja, drei Jahre Lehrzeit, Horace, davon zwölf Monate als Anfänger …"

„Aber –"

„… weitere zwölf Monate halb qualifiziert und das letzte Jahr als Fortgeschrittener."

„Aber – aber –", stammelte Horace, doch sein Vater hörte gar nicht richtig hin.

„Du kannst nächste Woche anfangen. Bei Norman Duncliffe in der High Street."

Ab der darauffolgenden Woche trugen schon vier Greasleys zum Haushaltsgeld bei. Horaces unfreiwillige Laufbahn als Herrenfriseur begann. Die ersten zwei Lehrjahre gingen schnell vorbei, und im dritten Lehrjahr stieg sein Lohn auf zehn Schilling pro Woche. 1936 wird ein gutes Jahr, dachte Horace, als er sich ein Herz fasste und die junge, hübsche Eva Bell ins Kino einlud. Während sie eines Samstagabends im Roxy in der letzten Reihe miteinander rummachten, zeigte die Wochenschau Bilder von Adolf Hitler und Benito Mussolini, die in ihren schicken Uniformen Paraden abnahmen. Horace nahm die Bilder gar nicht wahr, seine Hand glitt über den Pullover und unter den Rock seiner neuen Freundin.

KAPITEL 1

Eva war ein Jahr älter als Horace, aber hundert Jahre erfahrener. Als sie ein paar Wochen miteinander gingen, bat sie ihn, zu ihrem nächsten Date ein Päckchen Kondome mitzubringen. Sie wurden in dem Herrensalon, in dem er arbeitete, verkauft. Manchmal war es eben doch ganz praktisch, ein Friseur zu sein.

Eines Samstagabends, als die Tanzveranstaltung, die sie beide in Evas Dorf Coalville besuchten, erst nach Mitternacht zu Ende war – zu spät für Horace, um noch einen Bus zu kriegen – überredete Eva ihre Mutter, ihn in einem freien Zimmer im Haus übernachten zu lassen. Frau Bell mochte Horace. Sie und Eva überzeugten Herrn Bell davon, dass nichts Schlimmes dabei herauskommen würde. Das Gegenteil war der Fall. Eva mochte Horace, und sie fand es an der Zeit, einen Mann aus ihm zu machen.

Gegen sechs Uhr morgens an diesem Sonntag verlor Horace seine Jungfräulichkeit. Evas Vater war Bergmann und ging um halb sechs zur Sonntagsschicht. Zwanzig Minuten später schlich Eva auf Zehenspitzen in das Zimmer, in dem Horace schlief. Kaum hatte sie ihr Nachthemd ausgezogen, hatte Horace schon einen Ständer. Er versuchte sich das Kondom überzuziehen, und Eva widmete ihm, wie man so sagt, ihre ganze Aufmerksamkeit. Sobald der Gummi drüber war, übernahm Eva die Regie. Wie ein Jockey auf sein Pferd, schwang sie sich auf ihn und schob sein bestes Stück vorsichtig in sich hinein. Horace sah irritiert zu, wie Eva ächzte und stöhnte, bis sie zum Höhepunkt kam. Horace fürchtete, es könne nicht mehr lange dauern, bis Evas Mutter sie hörte und auftauchte. Er blickte immer wieder abwechselnd unruhig zur Tür und auf Evas schöne wippende Brüste nur wenige Zentimeter vor seinem Gesicht. Aber Evas Mutter schlief weiter, und Horace erreichte seinen eigenen Orgasmus, so schnell er konnte. Egal. Von nun an würden sie diesen wundervollen Akt der Natur wiederholen, wo und wann immer es ging. So wurde Horace jeden Samstagabend Gast in Evas Haus.

Horace blieb bei Norman Duncliffe bis 1938, dann überredete man ihn zu einem Wechsel zum Herrenfriseur Charles Beard. „Bart", was für ein toller Name für einen Friseur und Barbier, dachte sich Horace, und die Bezahlung war hier auch besser. Natürlich kam er auch hier an einen genügend großen

SINGEN VÖGEL IN DER HÖLLE?

Vorrat an Kondomen heran, und das ohne die Kosten und Mühen, die seine Freunde hatten. Es gibt schlechtere Jobs als meinen, dachte er.

Obwohl die Bezahlung hier gut war, musste Horace fünfundvierzig Kilometer zu seinem neuen Arbeitsplatz in Leicester zurücklegen. Zwar war sein Fahrrad mit der neuesten Technik ausgerüstet – mit einem AW-Sturmey-Archer-Dreiganggetriebe –, aber der alte Drahtesel war schwer, und an manchen Tagen blies ihm ein starker Gegenwind ins Gesicht und sorgte dafür, dass er nur langsam vorwärts kam. Aber das machte Horace nichts aus. Sein junger Körper war gut trainiert und entwickelt, und die zusätzliche Kraft und Ausdauer fand auch Eva im Bett prima.

Gegen Ende des Jahres 1938 wechselte Horace zu Charles Beards Friseurladen in Torquay. Zum ersten Mal zog er von zu Hause aus. Zuerst schüchterte ihn alles etwas ein, aber er gewöhnte sich schnell an seine neue Umgebung und genoss das Leben in vollen Zügen. Natürlich vermisste er Eva, aber dafür gab es hier eine Menge anderer Zerstreuungen, die ihn ablenkten und nicht an seine Freundin in Leicestershire denken ließen. Er beobachtete auch, was sich politisch auf der anderen Seite des Kanals tat.

England atmete – zumindest vorübergehend – auf, als Premierminister Neville Chamberlain nach seinen Verhandlungen mit Adolf Hitler aus München nach London zurückkehrte und in seiner Rede auf dem Flughafen von Heston ankündigte, er bringe mit dem von Hitler und ihm unterzeichneten Abkommen „Frieden in unserer Zeit". Hitler hatte das Abkommen unterzeichnet und sich verpflichtet, sich auf friedliche Methoden zu beschränken. Horace hörte Chamberlains Rede im Radio in Charles Beards Friseursalon. Irgendwie war er nicht so ganz von der Friedensabsicht überzeugt.

Er sollte mit seiner Skepsis Recht behalten. Der Spaß an der englischen Riviera dauerte für Horace nur sechs Monate lang, dann rief man ihn nach Leicestershire zurück, denn die britische Regierung zog alle wehrtauglichen Männer im Alter von zwanzig bis einundzwanzig Jahren ein. Es war nur noch eine Frage der Zeit, bis Horace und Harold eingezogen wurden. Der Krieg, so schien es, rückte in greifbare Nähe.

Horace nahm seine Arbeit in Charles Beards Laden in Leicester wieder auf, und tatsächlich, binnen zwei Wochen, als er an einem Mittwochabend

KAPITEL 1

heimkam, lag ein Brief an ihn ungeöffnet auf dem Küchentisch. Es war die offizielle Mitteilung an die beiden Zwillingsbrüder, sie sollten sich in sieben Tagen im Gemeindehaus in der King Street in Leicester zum Militärdienst melden, wo das zweite und das fünfte Bataillon von Leicestershire Soldaten rekrutierte. Harold war an diesem Tag früher als sonst aus der Arbeit heimgekehrt. Er saß am Küchentisch und blickte zerstreut drein. Horace dachte zuerst an seinen Zwillingsbruder. Er wusste: Damit kommt er nicht zurecht. In all den Jahren, in denen sie gemeinsam auf dem Bauernhof der Eltern aufwuchsen, hatte Harold nicht ein einziges Mal versucht, mit dem Gewehr zu schießen, einem Kaninchen die Haut abzuziehen oder ein Huhn zu töten, nicht ein einziges Mal hatte er aus Wut mit einem Katapult oder einer Zwille einen Stein geschleudert. Er konnte, wie ihr Vater einmal sagte, keiner Fliege ein Bein krümmen. Harold zitterte bei dem bloßen Gedanken daran, ein Gewehr in die Hand nehmen und auf einen anderen Menschen zielen zu müssen.

Harold war in letzter Zeit sehr religiös geworden. Er ging oft in die Kirche – etwas, womit Horace als Atheist, der er war, nichts anfangen konnte. Horace konnte nicht begreifen, wie ein intelligenter Mensch glauben konnte, dass ein allwissendes höheres Wesen als wir irgendwo da oben auf einer Wolke sitzt und alles sieht und hört, was jeder Mensch hier unten auf der Erde sagt und tut. Das kam Horace zu anmaßend, ja geradezu albern vor.

Harold trank nicht und er rauchte nicht, und Horace war sich ziemlich sicher, dass er so etwas wie den Spaß, den er mit Frauen in Torquay hatte, nicht kannte. Während Horace jedes Wochenende sein Dreierpack Kondome mitnahm – manchmal auch zwei Päckchen – las sein Bruder in der Bibel. Harold war inzwischen ein praktizierender Laienprediger. Jeden Sonntag predigte er vor Konvertiten in der Kapelle ihrer Pfarrgemeinde. Harolds religiöse Überzeugungen verlangten von ihm, alle Menschen zu lieben – sogar die Deutschen. Horace waren ein paar Bier mit seinen Freunden und ein Nachmittag Ausgehen mit Eva lieber.

Als sie jetzt in der Küche saßen, hätte Horace seinen Zwillingsbruder am liebsten mit ins Dorf genommen, ihn betrunken gemacht und ihm klar gemacht, dass alles nicht so schlimm war, wie er glaubte. Aber das ging

SINGEN VÖGEL IN DER HÖLLE?

nicht. Harold war Abstinenzler. Für ihn war Alkohol die Geißel der arbeitenden Bevölkerung, die Wurzel allen Übels. Horace konnte seine Haltung nicht so recht verstehen, aber er hatte nie versucht, ihn vom Gegenteil zu überzeugen oder ihn dazu zu bringen, seine Meinung zu ändern, obwohl Harold seinerseits schon mehr als einmal versucht hatte, ihm das Evangelium nahezubringen.

„Dir ist doch klar, dass er sich in die Hosen scheißt, Horace, nicht wahr?", sagte sein Vater, nachdem Harold schließlich zu Bett gegangen war.

Horace nickte. „Wir zwei bleiben zusammen, Dad. Ich pass schon auf ihn auf."

Joseph streckte den Arm aus und drückte seinem Sohn die Hand.

„Ich weiß, mein Junge. Ich verlasse mich auf dich."

Sie schlossen ein Bündnis. Besser gesagt, Horace versprach etwas. Am nächsten Abend setzte er sich mit Harold zusammen und sagte ihm, dass sie das jetzt miteinander durchstehen müssten. Miteinander würden sie in derselben Einheit dienen, dasselbe tun, auf dieselben Ziele schießen – und wenn es überhaupt möglich war, diesen verdammten Krieg unbeschadet zu überstehen, würden sie es miteinander probieren. Horace hielt die größte Rede seines Lebens, er war aufrichtiger als Chamberlain damals auf dem Flughafen von Heston, und am Ende eines langen Abends, nachdem er ein halbes Dutzend Gläser Whisky getrunken hatte, während Harold ebenso viele Tassen Tee in sich hineingeschüttet hatte, war Horace mit sich und seiner Leistung ganz zufrieden. Er ging glücklich ins Bett. Er war fest entschlossen, das Richtige für sein Land zu tun – und für seinen Zwillingsbruder Harold.

Dieser schien mit der Zusage seines Bruders zufrieden zu sein und sich von ihm beschützt zu fühlen. Zumindest hatte es den Anschein …

Zwei Tage später, als Horace gerade im Friseursalon von Charles Beard einen Kunden bediente, meinte dieser: „Ich glaube, Sie sind heute nicht so ganz bei der Sache, was, Horace?"

Der Kunde hatte recht. Horace war gerade meilenweit von seiner Schere entfernt. Er war in Gedanken bei Harold, bei seiner Mutter und seinen Schwestern. Er fragte sich, wie sein Vater wohl ohne ihn auf dem Bauernhof zurechtkommen würde und wie es wohl wäre, auf einen Deutschen zu schießen.

KAPITEL 1

Horace erzählte seinem Kunden, Herrn Maguire, dass er schon nächste Woche zum Kriegsdienst eingezogen werden sollte und dass er davon überzeugt sei, dass dem Land ein großer Krieg bevorstand.

„Da könnte was dran sein, Horace. Ich habe den Artikel im *Leicester Mercury* gelesen: ‚Ibstock-Zwillinge müssen zum Heer', lautete die Überschrift." Er grinste Horace im Spiegel an. „Jetzt werden Sie noch berühmt, Horace, einer der ersten hier in der Gegend, der eingezogen wird."

„Mir wäre lieber, wenn es nicht so weit käme, Mister Maguire. Ich bin erst einundzwanzig Jahre alt und soll schon zum Grundwehrdienst gehen und danach womöglich direkt in den Krieg. Ich mag mein Leben hier – ich habe einen guten Arbeitsplatz und eine nette Freundin. Warum können die Politiker die Sache nicht selber klären?"

Eigentlich wollte er noch sagen, welche Sorgen er sich um Harold machte und dass er fürchtete, sein Bruder wäre dem allen nicht gewachsen. Er war ganz in Gedanken verloren und hörte kaum, dass Herr Maguire erwähnte, er sei der Chef der örtlichen Feuerwehr. Er teilte Horace mit, als Feuerwehrmann sei man unabkömmlich und könne auch in Kriegszeiten zu Hause bleiben, und das Auswahlverfahren für neue Feuerwehrleute finde diese Woche noch statt.

„Sie können sich immer bewerben, Horace. Am Mittwoch nehmen wir neue Bewerber auf. Wir machen eine halbstündige Prüfung, ein bisschen Fitnesstraining, und dann schauen wir uns an, wie sehr die Lümmel auf der Zehn-Meter-Leiter zittern."

Horace sah seinen Kunden im Spiegel an. Seine Hand, die gerade eine Haarsträhne des Mannes abschneiden wollte, hielt inne. Herr Maguire zwinkerte Horace verschwörerisch zu.

Das Zwinkern ließ das Blut in seinen Adern gefrieren. Ihm zitterten die Beine. Er legte die Schere beiseite, aus Angst, dem Kunden mit seinen zittrigen Fingern wehzutun. Horace wusste genau, was dieses Augenzwinkern bedeutete. Herr Maguire warf ihm einen Rettungsring zu, so etwas wie die „Du kommst aus dem Gefängnis frei"-Karte. Es stand in seiner Macht, Horace vor dem Kriegsdienst zu bewahren und vor all den Schrecken, die dort vermutlich auf ihn warteten.

SINGEN VÖGEL IN DER HÖLLE?

„Wollen Sie damit sagen, dass Sie mir die Chance geben, Feuerwehrmann zu werden?"

Maguire schüttelte den Kopf, sah zu Horaces Spiegelbild auf und lächelte. „Sie sind ein guter Kerl, Horace. Ich kenne Sie schon länger. Sie kommen aus einer guten Familie, sind fit und intelligent. Ich will damit sagen: Wenn Sie eine Leiter hinaufklettern können, wird bestimmt mal ein guter Feuerwehrmann aus Ihnen."

Horace stammelte: „Da hab ich ja gute Chancen."

Maguire schüttelte wieder den Kopf, was den jungen Horace in Verwirrung stürzte. Die Worte, die John Edward Maguire nun aussprach, hätten nicht klarer sein können. Sie stellten Horaces Welt auf den Kopf.

„Wenn Sie wollen, kriegen Sie den Job, Horace. Ich sorge schon dafür, dass Sie ausgewählt werden. Es ist meine Entscheidung."

Danach ging Maguire. Seine Haare waren nicht so sorgfältig getrimmt wie sonst. Horace war immer noch wie in Trance.

Das war's! Kein Krieg, keine Gewehre und zwei Pfund mehr Gehalt. Er würde immer noch für sein Land kämpfen müssen, das Risiko, verletzt zu werden oder Schlimmeres, bestand nach wie vor, aber er konnte zu Hause bleiben und musste nicht irgendwohin – nach Frankreich, Belgien oder Deutschland. Er hätte immer noch den Bauernhof, könnte seine Eltern sehen und seinen nächtlichen Aktivitäten mit Eva nachgehen. Vielleicht wäre es ein bisschen schwieriger, an die französischen Kondome heranzukommen, aber egal, er käme schon zurecht. Er hatte Herrn Maguire noch gefragt, ob er nicht eine ähnliche Stelle für Harold hätte. Der hatte abgelehnt mit der Begründung, das würde nicht gut aussehen, man könnte ihm Begünstigung vorwerfen. Seine Antwort war nein.

Am Tag danach ging Horace in die Feuerwache im Stadtzentrum von Leicester. Zufällig kam gerade John Maguire herein. Mit einem Stirnrunzeln sah er Horace an.

„Tag, Horace", sagte er, gab ihm die Hand und schüttelte sie herzlich. „Sie kommen einen Tag zu früh – die Auswahl der Neuen ist erst morgen Abend."

Horace schüttelte den Kopf – die fünf Pfund Wochenlohn, die Momente der Leidenschaft mit Eva, die Frühstücke am Sonntagmorgen mit seiner

KAPITEL 1

Familie und die schönen Momente auf dem Hof mit seinem Vater, all das zog vor seinem geistigen Auge vorüber.

„Nein, Mister Maguire, ich bin nicht zu früh dran. Ich bin gekommen, um Ihnen zu danken und Ihnen zu sagen, dass ich mich doch nicht bewerbe."

„A– aber ...", stammelte Maguire ungläubig.

Horace ließ ihn sprachlos zurück. Er stellte den Kragen seines Mantels auf und ging auf das vom Nebel gedämpfte Licht zu. Irgendwo läutete eine Kirchenglocke. Es nieselte, und ein Schauer fuhr ihm den Rücken hinunter. Er konnte nur noch an Harold denken und an sein Versprechen, das er ihm gegeben hatte, und hoffte, dass es auch für ihn die richtige Entscheidung war.

Am nächsten Freitagabend ging Horace ziemlich niedergeschlagen durch das Gartentor auf das Haus seiner Eltern zu – sein einziges wirkliches Zuhause. Das Küchenlicht schien hell in die dunkle Nacht. Er blickte durchs Küchenfenster. Seltsam, dachte er, als er seine Eltern und Harold am Küchentisch sitzen sah. Sonst ist Dad doch so früh noch nicht zu Hause – und Mama steht sonst um diese Zeit immer am Herd und kocht das Abendessen. Warum sitzen sie alle um den Tisch wie ... wie bei einer Konferenz?

Als Horace eintrat, stand sein Vater auf. Seine Mutter suchte nach einem Taschentuch und tupfte sich die Augen. Normalerweise hätte Horace vermutet, ein naher Verwandter von ihnen wäre gestorben. Aber diesmal war es anders.

Horace wusste ... er wusste es einfach – und ein Blick in Harolds Augen genügte, um seinen Verdacht zu erhärten.

KAPITEL 2

Harold war zusammen mit seinem Priester der Wesleyanischen Kirche, der ihn moralisch unterstützte, zu einem speziellen Gremium für Kriegsdienstverweigerer gegangen. Horace hatte den Ausdruck „Kriegsdienstverweigerer aus Gewissensgründen", den Harold an jenem verhängnisvollen Freitagabend verwendete, noch nicht einmal gehört.

Harold und der Geistliche hatten überzeugend argumentiert, und das Gremium hatte entschieden, dass Harold nicht an der Front kämpfen müsse, dass er nicht auf einen Menschen zielen müsse und nicht eingezogen werde. Stattdessen verpflichtete sich Harold zum zivilen Dienst in der Sanitätstruppe der Königlichen Armee. Diese Truppe war kein normales Regiment und nahm nicht an Kampfhandlungen teil. Gemäß der Genfer Konvention durften ihre Mitglieder Waffen nur in Notwehr verwenden.

Nun stand Horace vor dem Anmeldungsbüro der Armee in der King Street in Leicester, ganz auf sich allein gestellt, der einsamste Mensch der Welt. Eigentlich wollte er nicht wütend und verbittert sein – aber er war es. Mit offenem Mund, fassungslos hatte er sich anhören müssen, dass sein Vater mehr als eine Woche lang versucht hatte, Harolds Problem zu lösen, dass sogar der Geistliche zu ihnen ins Haus gekommen war. Sie hatten alles gemeinsam geplant – und Horace hatte nichts davon gewusst.

KAPITEL 2

Horace kochte vor Wut, als Harold ihm erzählte, sein guter Freund und Mentor Pastor Rendall habe hier, an diesem Pinienholztisch in der Pretoria Road 101, mehrere Tassen Tee getrunken, und das an jenem Abend, an dem Horace zur Feuerwache gegangen war und dort die Chance seines Lebens ausgeschlagen hatte, um stattdessen auf seinen Bruder aufzupassen.

„Das war ein richtiges Komplott", knurrte Horace, als er sich an den Streit erinnerte, den er mit seinem Bruder an jenem Abend hatte. Am liebsten hätte er ihn verdroschen – nicht weil er das getan hatte, sondern weil er es hinter seinem Rücken getan hatte. Wie sich herausstellte, wusste jeder außer ihm selbst Bescheid – seine Eltern, Daisy und Sybil und natürlich der nette, ach so gottesfürchtige Pfaffe Rendall.

„Was haben Sie gerade gesagt, Soldat?", bellte eine Stimme und rief Horace in die Gegenwart zurück. Ein Oberstabsfeldwebel mit einem langen, nach oben gedrehten Schnurrbart stand in Habachtstellung vor Horace. Horace sah die Sterne auf seiner Uniform und dachte, es sei wohl besser, höflich und korrekt zu antworten.

„Nichts, Sir. Ich habe mich nur gefragt, ob ich hier richtig bin."

Horace zog die Papiere heraus und zeigte sie dem Offizier. Der warf einen Blick darauf und bellte: „Korrekt, Soldat. Zweites und fünftes Bataillon des Leicester-Regiments, eines der besten Regimenter der britischen Armee." Er ging einen Schritt nach vorn und fügte hinzu: „Sie wissen gar nicht, wie froh Sie sein können, dass Sie bei uns gelandet sind."

Horace war verwirrt. Vielleicht lag es daran, dass er im Grunde seines Herzens immer noch wütend war, aber er kannte sich nicht recht aus. In dem Schreiben stand doch, er dürfe zwischen der Armee, der Marine und der Luftwaffe wählen. Er war verlegen, stand ein bisschen unter Druck. Er sah die restlichen jungen Männer in der Schlange an, die alle froh zu sein schienen, dass nicht sie im Mittelpunkt der Aufmerksamkeit standen, sondern er. Ich bin auch nur ein armer Teufel wie die da, dachte er und fluchte innerlich. Horace räusperte sich laut. Er wollte sich von diesem Unteroffizier da nicht einschüchtern lassen. Wenn der ihn schon verlegen machte, wie würde es ihm dann erst mit den Deutschen ergehen?

SINGEN VÖGEL IN DER HÖLLE?

„Wissen Sie, Sir, ich habe mich noch nicht entschieden, zu welcher Einheit ich gehe."

Der Oberstabsfeldwebel machte erneut einen Schritt nach vorn. Horace konnte seinen Atem riechen – er roch nach kaltem Rauch und Tee. Seine Zähne waren fleckig. Der Mann hob die Stimme, und Horace bemerkte den Pistolenhalfter an seinem Gürtel. Der Offizier bellte ihn an: „Sagen Sie mal, wollen Sie erschossen werden, oder was?" Ein Spuckefaden traf Horaces Auge.

Horace war ein rauer Kerl, aber er wollte es nicht auf eine Konfrontation ankommen lassen. Er nickte nur stumm und schüttelte dann schnell den Kopf.

„Wenn nicht, stellen Sie sich gefälligst wieder in diese gottverdammte Schlange und lassen Sie es sich nicht noch mal einfallen, mein Regiment zu beleidigen."

„Nein, Sir ... es tut mir leid ...", flüsterte Horace so leise, dass die Leute in der Schlange es kaum vernahmen.

Nur zwanzig Minuten später hatte er sich per Unterschrift beim zweiten und fünften Bataillon des Leicester-Regiments verpflichtet. Er bekam achtundvierzig Stunden Freizeit und den Befehl, sich in zwei Tagen zu seinem siebenwöchigen Grundwehrdienst zu melden.

Achtundvierzig Stunden. Was soll ein Mann in achtundvierzig Stunden anfangen? Nun ja, da war doch noch was ... Auf dem Rückweg nach Hause ging Horace bei Eva Bell vorbei. Binnen achtundvierzig Stunden verbrauchte er drei Dreierpacks Kondome. Es war gerade Hochsommer, und sie liebten einander in den Maisfeldern, in den Weizenfeldern und Wiesen der Grafschaft Leicestershire.

Der erste Mann, dem Horace zum Grundlehrgang auf dem Kricketplatz von Leicester County begegnete, war Oberstabsfeldwebel Aberfield, der Mann, der ihn neulich eingeschüchtert hatte und zu überreden versucht hatte, zu diesem Bataillon zu gehen. Aberfield hielt den jungen Rekruten einen Vortrag, was es bedeutete, für seinen König und sein Land zu kämpfen, für die Ehre des Regiments, und dass sie einem gewissen dahergelaufenen Österreicher mit nur einem Hoden und einem albernen Bärtchen mal ordentlich zeigen wollten, wo es langgeht. Horace war völlig seiner Meinung und, um der Wahrheit die Ehre zu geben, nur allzu bereit, kämpfen zu lernen und mitzumischen.

KAPITEL 2

Horace hatte zu seiner eigenen Überraschung keine großen Probleme mit der siebenwöchigen Grundausbildung. Gleich am ersten Tag gab man ihm einen neuen Namen: Jim.

„Ich will in meinem Trupp keinen Typen mit dem albernen Namen Horace haben", scherzte der junge Unteroffizier. Ein halbes Dutzend Rekruten standen da und grinsten. Von da an war Horace einfach Jim – ein beliebig aus der Luft gegriffener Name. Selbst Arthur Newbold, sein Freund aus Ibstock, mit dem er hier zusammen war, fing an, ihn Jim zu nennen, und das, obwohl Arthur ihn doch schon ewig kannte.

Horace buckelte, wie man es ihm befahl. Er begriff schnell, dass es wenig Sinn hatte, Hass auf seinen Bruder oder auf die britische Regierung oder auf den Oberstabsfeldwebel zu schieben, der ihn hierher, zur Infanterie, gesteckt hatte. Seinen Hass wollte er lieber für die Männer mit den quadratischen Helmen aufheben, die auf der gegenüberliegenden Seite des Ärmelkanals Amok liefen. Horace hatte einen Job zu erledigen und sich darauf zu konzentrieren. Das war's.

Einmal in der Woche wurden die jungen Rekruten mit dem Bus zu einem Schießübungsplatz an der Grenze zwischen Leicestershire und Northamptonshire gebracht. Horace freute sich schon darauf. Es war sein Heimspiel, seine Lieblingsbeschäftigung. Er mochte das Enfield-303-Gewehr mit der V-förmigen Zielvorrichtung am Ende des Laufes. Jedes Mal, wenn er die Waffe in seine Schulter presste und auf das dreiundsiebzig Meter entfernte Ziel anlegte, sträubten sich ihm die Nackenhaare. Horace war ein ausgezeichneter Schütze. Man sprach schon in der Kompanie über ihn, und es kam auch dem Stabsunteroffizier, der den Schießplatz unter sich hatte, bald zu Ohren. Eines Tages nahm ihn Caswell beiseite, nachdem er zehn Ladungen auf das Ziel gefeuert hatte, alle zehn nicht weiter voneinander entfernt als ein Tennisball. Damit hatte er gute Aussichten, am Ende des siebenwöchigen Lehrgangs die Trophäe des Bataillons zu gewinnen.

Er sagte: „Du bist richtig gut, Greasley, einer der besten Schützen, die ich kenne."

„Danke, Herr Stabsunteroffizier."

„Es ist nur so, dass Oberstabsfeldwebel Aberfield ebenfalls gut schießt. Er ist Rekordhalter in unserem Bataillon. Er übt jeden Tag mindestens eine Stunde."

SINGEN VÖGEL IN DER HÖLLE?

Der Unteroffizier machte eine kurze Pause. Horace hatte so ein komisches Gefühl im Magen.

„Ja und, Herr Stabsunteroffizier?"

„Schau, Greasley, ich will dir nicht den Spaß verderben, aber glaub mir, du hast kein schönes Leben mehr, wenn du den Kerl schlägst. Der macht dir das Leben zur Hölle."

Das konnte sich Horace lebhaft vorstellen. Aberfield war ein roher Geselle, ein unangenehmer Kerl, der nie normal sprach, sondern immer nur brüllte und niemals lächelte.

In der darauffolgenden Woche zielte Horace ein paarmal absichtlich daneben. Ein Schuss verfehlte das Ziel ganz. Oberstabsfeldwebel Aberfield gewann die Trophäe des Bataillons mit zwei Punkten Vorsprung. Der Rekrut Horace „Jim" Greasley wurde Zweiter.

Nach der Hälfte ihres Grundwehrdienstes, am 3. September 1939, saßen Arthur und Horace in der Kantine, als eine Rede des britischen Premierministers Neville Chamberlain über Lautsprecher in den ganzen Speisesaal übertragen wurde. Chamberlain sagte, das Ultimatum für Deutschland, seine Truppen aus Polen zurückzuziehen, sei abgelaufen, „folglich befindet sich England mit Deutschland im Krieg".

Die Soldaten schwiegen betreten. Ein paar waren voller Begeisterung und erzählten jedem, der es hören wollte, was sie alles mit den Deutschen machen würden, wenn der Krieg endlich losginge. Die meisten saßen nur herum und stierten vor sich hin. Horace dachte an seine Familie, vor allem an seinen Zwillingsbruder.

Horace nützte einen weiteren Achtundvierzig-Stunden-Ausgang, und Eva kehrte angenehm wund zwischen den Beinen in ihr Dorf zurück.

„Sag mal, Horace Greasley, kannst du an nichts anderes denken?", fragte sie ihn, als sie sich in einer abgelegenen Scheune ungefähr zwei Meilen vom Lager entfernt zärtlich küssten und seine Finger unter ihre Unterhose schlüpften.

Horace dachte über ihre Frage nach und fand sie ziemlich dumm. Natürlich dachte er über viele andere Dinge nach. Es war nur so, dass Evas schöner junger Körper sein Gehirn im Wachzustand ganz schön oft beschäftigte. Er träumte sogar manchmal von ihr. Seine Lust war unersättlich, und Eva stand

KAPITEL 2

ihm in nichts nach. Noch wusste er nicht, dass die Lust ihn in den Jahren, die vor ihm lagen, noch ziemlich oft quälen würde.

Zu seiner Enttäuschung zog das zweite und fünfte Bataillon des Leicester-Regiments nicht sofort in den Krieg. Den September, Oktober, November und fast den ganzen Dezember verbrachten sie in der Kaserne mit Drill, Stiefelputzen, dem Erledigen diverser Aufgaben um das Lager herum, sie hörten BBC und besuchten immer wieder den Schießübungsplatz. Es war, als hätte die Armee nichts Richtiges für sie zu tun.

Auf einmal, am 23. Dezember 1939, wurde jedem von ihnen der Weihnachtsurlaub gestrichen. Ein offizieller Brief ging an ihre Familien. Schon am zweiten Weihnachtsfeiertag sollten sie nach Frankreich fahren. Horace war am Boden zerstört. An diesem Abend wollte er zu seiner Familie fahren und an Weihnachten, seinem Geburtstag, dort bleiben. Himmel noch mal, dachte er, hätte der verdammte Krieg nicht noch ein paar Tage warten können? Wissen die Herren Generäle und die Politiker denn nicht, wie wichtig dieser Tag für die Menschen ist? Er stellte sich vor, wie seine Mutter am Küchentisch saß, den Brief in den Händen, und weinte. Horace war wütend und verbittert.

Er wachte am Morgen des 25. Dezember um fünf Minuten vor sechs Uhr auf. Er hatte nicht vorgehabt, sich unerlaubt von der Truppe zu entfernen – es passierte einfach.

Horace ging auf die Toilette, wusch sich schnell und lief an dem Schlafsaal mit seinen schlafenden Kameraden vorbei. Manche schnarchten, manche ließen auch einen lauten Furz fahren, denn sie hatten gestern, bei der hastig arrangierten Weihnachtsfeier, reichlich Bier getrunken. Als er im Dunkeln das Quartier durchquerte, fragte er sich, wie viele seiner jungen Kameraden wohl jemals wieder nach England zurückkommen würden. Wie viele von ihnen würden sterben, in einem Kriegsgefangenenlager enden, wie viele würden für immer verstümmelt oder verkrüppelt sein? Ihm selbst würde es wahrscheinlich gut gehen – der Gedanke, dass er selbst nicht gesund heimkehren könnte, kam ihm nicht in den Sinn. Nein, einem Joseph Horace Greasley passiert doch sowas nicht.

Er zog seine Kampfuniform an, griff nach dem Mantel und knöpfte den Kragen bis oben zu. Als er nach draußen trat, nahm ihm die bitterkalte

SINGEN VÖGEL IN DER HÖLLE?

Dezember-Morgenluft fast den Atem. Der Boden unter ihm war gefroren. Eine dicke weiße Eisschicht bedeckte das Gras, und auch die Windschutzscheiben der Fahrzeuge waren dick vereist. Dünner Rauch quoll aus dem Kamin des Pförtnerhäuschens, auf das er zuging. Gestern Abend hatten John Gilbert und Charlie Jackson Wachdienst gehabt. Die armen Schweine hatten nicht an der Weihnachtsfeier teilnehmen können. Horace würde ihnen alles bei einer heißen Tasse Tee erzählen.

Aber John Gilbert und Charlie Jackson schliefen noch tief und fest. Einer der anderen hatte ihnen gegen Mitternacht eine Flasche Whisky vorbeigebracht, und sie hatten sie wahrscheinlich leergetrunken.

Horace kroch unter der geschlossenen Schranke durch und machte sich auf nach Hause.

Als er eine Stunde gegangen war, kam die Sonne heraus, und Horace schwitzte im gleißenden Sonnenlicht. Die Vögel, die im Winter nicht nach Süden gezogen waren, zwitscherten laut, und als Horace etwa sechs Kilometer von seinem Lager entfernt an einem Tor vorbeikam, sah er sein erstes Rotkehlchen. Es saß auf einem Zaunpfahl und reckte den Kopf zu ihm hin, als er auf es zuging. Horace hielt inne. Er bewunderte die Schönheit dieses kleinen, perfekt geformten Wesens wie in einem Bilderrahmen vor dem glänzenden weißen Hintergrund. Und er musste an den Tag denken, an dem er das andere Rotkehlchen erschossen hatte.

Nichts anderes spielte jetzt noch eine Rolle. Es war ihm egal, dass er sich unerlaubt von der Truppe entfernt hatte, auch der Krieg war ihm jetzt egal. Dieser Moment war alles wert, was ihm von Seiten der Militärpolizei drohte, falls sie ihn schließlich aufgriffen.

Horace spazierte kurz nach halb zehn Uhr morgens in die Küche seines Elternhauses in der Pretoria Road 101. Seine Mutter ließ die Teetasse, die sie in der Hand hielt, fallen. Sie zerbrach in hundert kleine Scherben, und der Tee ergoss sich über den Linoleumboden. Sie brachte gerade noch ein „Happy Birthday, Horace" heraus, bevor sie weinend in seinen Armen lag. Harold saß am Küchentisch und sah verdutzt drein. Er war sprachlos. Der Lärm aus der Küche zog Horaces Vater und seine übrigen Geschwister an, die im Wohnzimmer am offenen Kamin saßen. So wurde es doch noch eine

KAPITEL 2

schöne Weihnachtsfeier im Familienkreis, die für Horace, weil unerlaubt, fast noch schöner war.

Sein Vater schob ihn sanft durchs Wohnzimmer in Richtung Stuhl, der vor dem Kamin stand. Er sagte: „Du musst ja völlig durchgefroren sein, mein Sohn. Setz dich hierher und wärm dich erst mal auf."

Horace sah sich den Stuhl an. Der hatte schon bessere Tage gesehen – das Leder war abgenutzt und verkratzt, und an mehreren Stellen trat schon das Innere des Rosshaarkissens hervor. Der Stuhl stand strategisch günstig ein paar Fuß vom Feuer entfernt. Er stand so, dass die Person, die in ihm saß, den ganzen Raum und alles, was sich darin befand, überblicken konnte. Es war der beste Ort im Wohnzimmer, und es war der beste Stuhl, Vaters Stuhl, und niemand außer dem Vater wagte es, auf ihm Platz zu nehmen. Er wurde zu sehr respektiert.

„Aber Dad – das ist doch dein Stuhl ..."

„Setz dich", befahl sein Vater lächelnd und reichte ihm eine Tasse heißen Tee mit etwas Whisky darin, wie es in der Familie an Weihnachten üblich war.

Es war sein vielleicht schönstes Weihnachtsfest – unter Umständen aber auch sein allerletztes.

Horace verließ sein Elternhaus gegen elf Uhr abends und kam kurz nach ein Uhr morgens wieder im Lager an. Diesmal schliefen die Wachposten nicht, sie sprachen ihn sofort an.

„Sag mal, wo warst du bloß den ganzen Tag, Jim? Den ganzen Tag hat dich kein Schwein gesehen. Und unser Weihnachtsessen hast du auch verpasst."

Horace lächelte und sagte: „Ich bin ein bisschen rumgelaufen, Bob, weiter nichts. Ein langer Spaziergang."

Er kroch unter der Schranke durch und ging auf sein Quartier zu. Der andere Posten rief ihm hinterher, aber Horace verstand kein einziges Wort von dem, was er sagte.

Horace rechnete damit, dass an diesem Morgen etwas passieren würde – zumindest ein Besuch des Kommandanten bei ihm, vielleicht auch eine dienstliche Rüge. Aber nichts dergleichen geschah. Was sollten sie auch tun – ihn jetzt ins Militärgefängnis werfen, wo seine Einheit im Begriff stand, nach Frankreich aufzubrechen? Das hatte man ihm gesagt – sie würden nach

SINGEN VÖGEL IN DER HÖLLE?

Frankreich ziehen, um dort etwas südlich von Cherbourg eine französische Eisenbahnstrecke instand zu setzen. Sonst hatte man ihnen so gut wie nichts gesagt, aber Horace wusste aus Rundfunk- und Zeitungsberichten und aus dem „Buschfunk", dass Frankreich bald von der Armee des Dritten Reiches überrannt werden sollte.

Der Zug mit den Soldaten legte die Strecke bis zum Waterloo-Bahnhof in London im Schneckentempo zurück. Horace kannte das schon, denn er war schon auf dem Weg nach Torquay mit dem Zug gefahren. Tausende Soldaten säumten den Bahnsteig, junge Männer in seinem Alter. Sie blickten verwirrt und benommen drein, einige waren auch richtig entsetzt. Horace hatte noch nie so viele Männer auf einmal gesehen. Seine Augen suchten den Bahnsteig nach einem einzigen weiblichen Wesen ab, vielleicht einer jungen hübschen Krankenschwester oder wenigstens einer Fahrkartenkontrolleurin. Aber nichts da. Als könnte er Gedanken lesen, sagte Arthur Newbold, der ihm gegenübersaß, grinsend zu ihm: „Wir werden wohl lange nicht mehr vögeln können, was, Jim?"

„Fürchte ich auch, Arthur."

„Übrigens, hast du gewusst, dass meine Freundin Jane mit deiner Freundin Eva befreundet ist?"

„Nein."

„Eva erzählt Jane alles. Sie sagt, du seist ein toller Bursche und hättest einen unbegrenzten Vorrat an Kondomen, die du ziemlich strapazierst."

Horace musste grinsen. Er konnte nicht so recht glauben, dass Eva ihrer Freundin gegenüber so offen war.

„Wie lange, glaubst du, wird es dauern, Jim? Ich meine, bis du dir Eva wieder vornehmen kannst?"

Horace zuckte mit den Schultern und starrte aus dem Fenster, während ihr Zug langsam aus dem Bahnhof rollte. „Das hängt alles von diesem Hitler ab, Arthur. Er will mit uns Frieden haben, daran zweifle ich nicht, aber Chamberlain will es nicht."

„Angeblich sind derzeit zweihunderttausend englische Soldaten in Frankreich. Meinst du nicht auch, der Bastard wird den Schwanz einziehen und seine Quadratschädel zurückziehen?"

KAPITEL 2

„Das hoffe ich, Arthur. Das hoffe ich schwer. Dann kann ich schon bald zu meiner Eva zurück und ihr was Hübsches zeigen."

Die beiden Soldaten lachten, aber obwohl sie sich so optimistisch gaben, befürchteten sie das Schlimmste. Der französische Premierminister Edouard Daladier hatte Hitlers Friedensangebot zurückgewiesen, und bereits zuvor in diesem Monat hatte Hitler den ersten Luftangriff auf Großbritannien geflogen. Seine Luftwaffe hatte Schiffe im Firth of Forth bombardiert. Erst vor ein paar Tagen hatte die britische Regierung Informationen herausgegeben, dass die Nazis Konzentrationslager für die Juden bauen würden. Horace war nicht dumm. Ihm war klar, dass die Propagandaschlacht zur modernen Kriegsführung gehörte. Aber Konzentrationslager bauen, um eine ganze Rasse zu vernichten? Das klang zu verrückt, wie eine Auferstehung von Dschingis Khan oder so. Dieser Hitler war doch wohl nicht so abgrundtief böse?

Der Zug erreichte Folkstone im Dunkeln. Das Bataillon des zweiten und fünften Leicester-Regiments wartete geduldig am Hafen, um auf die Fähre verladen zu werden, die sie über den Kanal bringen sollte. Als das Schiff schließlich ablegte und Horace einen letzten Blick auf die immer kleiner werdende Silhouette Englands warf, krampfte sich sein Magen zusammen. Er konnte sich das nicht erklären, genauso wenig wie die Gefühle, die er jetzt hatte. Etwas in seinem Kopf sagte ihm, dass er England für lange Zeit zum letzten Mal sah.

Das Regiment kam in den frühen Morgenstunden in der kleinen Stadt Carentan, ungefähr fünfzig Kilometer südlich von Cherbourg, an. Schon am nächsten Morgen sollten sie an der Eisenbahn arbeiten. Es war knochenharte Arbeit, und die Männer fluchten und klagten.

„Verdammt noch mal, Jim, ich habe nicht gedacht, dass es so schlimm wird!", schrie Arthur Newbold von der gegenüberliegenden Seite des Bahndamms zu ihm herüber, als er einen weiteren Spaten voll Steine auf den bereits großen Haufen warf. Die beiden gingen auf eine Seite hinüber, froh über die zweiminütige Pause, die sie hatten, während eine Dampfwalze die Steine in die Erde klopfte, bevor es mit den nächsten Gleisschwellen weiterging.

SINGEN VÖGEL IN DER HÖLLE?

„Hätte ich auch nicht gedacht", erwiderte Horace. „Da würde ich lieber eine Handvoll Deutsche erschießen, von mir aus jeden Tag in der Woche."

Einen Kilometer nach dem anderen legten sie die nächsten Steine und Gleisschwellen für die neue Eisenbahnlinie, die von Cherbourg nach Bayeux und später nach Paris gehen sollte. Sie arbeiteten zehn Stunden am Tag, erhielten aber ausreichend Essen und Wasser und verbrachten ihre Abende damit, zu lesen und die Radiokriegsberichterstattung in einem großen Gebäude am Rande des Dorfes mitzuverfolgen. Erst nach zwei Wochen erhielten sie abends Ausgang und fuhren nach Carentan.

Zwei Lastwagen setzten die Soldaten in der Stadtmitte ab. Sie erhielten die strenge Anweisung, sich drei Stunden später wieder am gleichen Ort einzufinden. Horace und Arthur streiften durch die Stadt und landeten schließlich in einem alten, abgehalfterten Haus, das wie ein Hotel aussah. Die Farbe blätterte von den blau gestrichenen Fensterläden ab, die Scharniere und Beschläge waren alt und rostig.

Die englischen Soldaten wurden freundlich willkommen geheißen, als sie ein paar Bier bestellten und sich an einen Tisch setzten. Die Bar war fast leer, bis auf ein paar weitere alliierte Soldaten aus einem anderen Regiment und zwei alte Männer, die sich auf Französisch unterhielten. Die Bar roch muffig und moderig, an den Ecken löste sich die Tapete von der Wand. Kein Vergleich zu einer guten, traditionellen englischen Bar, dachte Horace. Er probierte das Bier. Es war nicht übel, aber bei weitem nicht so lecker wie ein gutes altes, dunkles Bitter.

Eine Frau Mitte vierzig kam an den Tisch und sagte in gebrochenem, aber gutem Englisch: „Gentlemen, ich habe oben etwas zu Ihrer Unterhaltung."

Nicht übel, dachte Horace, vielleicht wird das ja noch ganz nett. Die Dame deutete auf eine wackelige alte Treppe, die nach oben führte. Stadtszenen aus Paris und Versailles hingen oben an der Wand, ein großer staubiger Kerzenleuchter hing an der Decke, wo die Treppe einen Knick machte, und am obersten Absatz lag ein roter Teppich. Dort standen drei junge Damen in Rüschenblusen, die Hände in die Hüften gestemmt, und lächelten zu den Soldaten runter.

„Nicht übel", freute sich Arthur, „hier gibt es sogar ein paar Tänzerinnen."

„Oder vielleicht Sängerinnen", meinte Horace naiv.

KAPITEL 2

Stabsunteroffizier Thompson, ein gewöhnlicher Soldat um die Dreißig, der gerade den Mund voll französischem Bier hatte, musste lachen und prustete es über den ganzen Tisch.

„Ihr dummen Kerle", sagte er, „das sind Prostituierte, französische Huren! Das Einzige, wo die reinsingen, sind eure Schwänze!"

Als die zwei jungen Männer aus Ibstock das kapierten, blieb ihnen der Mund offen. Es passte alles: der rote Teppich, die auffällig geschminkte Frau mit dem harten Gesicht bei ihnen am Tisch und das viel zu teure französische Bier. Bei ihnen daheim in Ibstock gab es keine Huren. Horace hatte das Wort zu Hause in einundzwanzig Jahren nicht ein Mal gehört. Eine Frau, die für jeden die Beine breit machte, wenn er nur genug Geld hatte, so etwas war bei ihnen daheim in der Gegend unvorstellbar ... Er fand es abstoßend.

Arthur wurde leichenblass. Das Bierglas zitterte in seiner Hand, als er es sich vors Gesicht hielt in dem vergeblichen Versuch, unbeeindruckt auszusehen. Thompson antwortete der Madame. „Nein danke, Süße", sagte er in einem rauen Derbyshire-Akzent, den die Dame nicht heraushören konnte, „ich habe zu Hause alles, was ich brauche."

Nun wandte sie sich Horace zu, der stumm dasaß. Thompson und Arthur sahen ihm über den Tisch hinweg zu. Arthur lachte nervös und schüttelte den Kopf.

„Wer macht denn so was?", fragte er seine Kameraden.

Horace grinste, schob Madame ein Bündel französische Francs in die Hand und ging die Treppe hinauf, immer zwei Schritte auf einmal. Er hatte keine Zeit zu wählen – das am ältesten aussehende der drei Mädchen, Collette, eine schlanke Rothaarige mit großen Brüsten, nicht älter als fünfundzwanzig, griff sich ihn. Sie führte ihn zu einem Raum am Ende des Flurs, öffnete die Tür und schob ihn hinein. Mit dem Rücken zur Tür zog sie sich aus. Zum Vorschein kam ein rotes Mieder mit dazu passenden Strümpfen und Strapsen.

„Und jetzt, Engländer", sagte sie und lächelte verführerisch, „zeig ich dir mal, was eine Lady so alles mit ihrer Zunge anstellen kann."

Als sie auf ihn zuging, löste sie ihr Mieder. Es fiel zu Boden und gab ihre Brüste frei. Instinktiv griff sie Horace in die Leistengegend und knöpfte ihm mit routiniertem Griff die Hose auf, die bis zu den Knöcheln herunterrutschte.

SINGEN VÖGEL IN DER HÖLLE?

Ihre kleine Hand ergriff seinen bereits aufgerichteten Penis, und sie ging vor ihm auf die Knie. Sanft drückte sie ihn mit ihrer freien Hand, seine Knie berührten schon die Bettkante. Als er nach hinten sank und die feuchten Lippen des Mädchens auf sich spürte, lehnte er sich zurück und dachte an England.

Später, im Schlafsaal, kurz bevor das Licht ausging, neckten ihn Arthur und Stabsunteroffizier Thompson ausgiebig. Horace war das egal. Collette hatte ihm in den zwei Stunden, die er bei ihr war, Dinge gezeigt, die er nicht für möglich gehalten hätte. Sie hielt ihr Versprechen, ihm zu zeigen, was eine Lady mit ihrer Zunge alles anstellen kann.

Genau zwei Wochen später kam ein erster Brief von Eva. Horace war aufgeregt und setzte sich auf seine Koje, um jedes Wort auszukosten. Er hatte keine Ahnung, dass Arthur bereits eine Woche zuvor an seine Freundin geschrieben hatte und dass seine Freundin Jane Butler eine richtige Klatschtante war.

Der Brief begann harmlos. Eva fragte ihn, wie das Essen und die Unterbringung hier waren und wann er voraussichtlich in den Kampf ziehen müsse. Er überlegte sich schon Antworten auf ihre Fragen, die er ihr abends schreiben wollte, aber zuerst wollte er noch die zweite Seite ihres Briefes lesen:

Ich weiß alles über dein Techtelmechtel mit der französischen Prostituierten, und, ehrlich gesagt, ich bin entsetzt darüber. Ich hoffe, sie war es wert. Ich kann nicht verstehen, dass du dich so hast gehen lassen, vor allem wo ich mich dir doch so offen hingegeben habe. Deine Worte erscheinen mir jetzt so leer, deine Handlungen so falsch und unehrlich, dass ich nicht weiß, ob ich dir jemals verzeihen kann. Im Moment glaube ich, es ist mir nicht mal mehr möglich, dich in die Arme zu nehmen.

Danach schrieb sie, sie werde ihm ordentlich die Meinung sagen, wenn er wieder nach Hause komme. Horace könne sich auf Einiges gefasst machen. Aber damals ahnten weder Horace Greasley noch Eva Bell, wie viele Jahre es dauern würde, bis sie einander wiedersehen würden.

KAPITEL 3

Es war Mitte Mai 1940, als das zweite und fünfte Bataillon des Leicester-Regiments den Befehl zum Kampf erhielt. Deutschland hatte Frankreich, Belgien und die Niederlande besetzt. Neville Chamberlain hatte abgedankt, nun war Winston Churchill englischer Premierminister.

Das Dritte Reich war auf dem Vormarsch. Luxemburg war eingenommen worden, und General Guderians Panzerkorps war ins französische Sedan durchgebrochen, ein strategisches Desaster für die Alliierten. Churchill versuchte, sein Land durch seine „Blut, Schweiß und Tränen"-Rede zu einen. Rotterdam wurde von der deutschen Luftwaffe zerbombt, dabei starben Tausende von Zivilisten, und die holländische Armee kapitulierte. Churchill besuchte überraschend Frankreich und stellte dort zu seinem Entsetzen fest, dass die französische Résistance so gut wie vorbei war. Das bedeutete, dass Großbritannien in Europa völlig isoliert war.

Nur das Rattern des vier Tonnen schweren Truppentransporters war zu hören, die Soldaten selbst verhielten sich ruhig. Es gab nicht bestätigte Gerüchte, die Deutschen hätten die Maginot-Linie durchbrochen und würden weiter nach Frankreich vordringen. Die Maginot-Linie, bestehend aus Festungen, Panzerbarrieren, Artilleriekasematten und Maschinengewehrposten, war während des Ersten Weltkriegs errichtet worden. Sie

SINGEN VÖGEL IN DER HÖLLE?

wurde geplant, um jeden Angriff der Deutschen zurückzudrängen, und galt als uneinnehmbar.

Oberstabsfeldwebel Aberfield hatte das Gerücht dementiert und gesagt, die Linie würde halten. Er hatte auch gesagt, das Bataillon wäre jetzt auf dem Weg nach Belgien, wo man die Deutschen in Empfang nehmen wollte. Horace hatte seinen Unteroffizier, außerdem einen hochrangigen Leutnant und Oberstabsfeldwebel Aberfield gefragt, wie die Lage sei und wohin genau sie gebracht würden. Jedes Mal hatte er eine andere Antwort erhalten. Er hatte den Eindruck, dass niemand richtig Bescheid wusste.

Horace hatte eine grobe Skizze, die er von der einzigen Nordfrankreich-Landkarte abgezeichnet hatte, die seine Abteilung von neunundzwanzig Männern besaß. Sie gehörte Oberstabsfeldwebel Aberfield, der sie gestern während des Abendessens unbeaufsichtigt gelassen hatte. Horace hatte die Umrisse mit dem Bleistift abgezeichnet und die Namen Lille und Lothringen eingetragen, sowie ein paar kleine Dörfer im Elsass. Sorgfältig hatte er die Grenzen zu Belgien und Luxemburg schraffiert, und er markierte laufend den Weg seiner Abteilung durch die Dörfer und Städte.

Er war mehr als nur leicht verunsichert. Vor Kurzem waren sie durch Caudry gekommen und wollten, wie er annahm, nach Hirson in Richtung belgische Grenze weiter. Zu seiner Überraschung jedoch drehten sie nach Norden bei. Ihr Konvoi hielt in der Stadt Hautmont fünfundzwanzig Meilen von der Grenze entfernt, und die Männer durften für eine kurze Zigaretten- und Pinkelpause aussteigen. Mehrere Offiziere versammelten sich und beugten sich über eine große Landkarte, die sie auf dem Boden ausgebreitet hatten. Oberstabsfeldwebel Aberfield deutete mit einem Stock darauf, aber Horace konnte nicht hören, was er sagte.

Dann kehrten alle zum Lastwagen zurück. Der Fahrer fuhr jetzt nach Westen, in Richtung Cambrai. Horace hielt seine Skizze auf den Knien, seine Hände begannen zu zittern, als ihm dämmerte, was da los war. Das Bataillon hatte nahezu eine Kehrtwende gemacht ... das heißt, sie waren wohl auf dem Rückzug.

Eine Stunde später hielt ihr Lastwagen an, und die Soldaten durften erneut aussteigen. Alle hörten es auf einmal, kurz nachdem ihr Motor ausging: Gewehrfeuer. Es konnte kein Irrtum sein.

KAPITEL 3

Gewehrfeuer und Artilleriefeuer – der Klang kam mit dem Wind von Osten. Es war schwer zu sagen, wie weit die Geräusche weg waren – drei bis sechs Kilometer vielleicht. Horace lächelte, als er fühlte, wie Adrenalin ihm einen Schauer den ganzen Rücken hinunterjagte, er war bereit. Niemals zuvor war er sich seiner Sache so sicher gewesen. Endlich ging es an die Front.

Sie hatten neben der Straße an einem Gehölz gehalten. Der Lastwagen, in dem Horace saß, bog an einer Feuerschneise im Wald ab und fuhr noch ungefähr fünfhundert Meter weit. Der übrige Konvoi fuhr weiter. Jetzt war die Abteilung von Horace auf sich allein gestellt, aber wozu, wussten sie nicht. Horace spürte es, auch einige der anderen, die sehr ruhig waren. Aberfield stand unter den Bäumen und zog mit zitternden Fingern eine Zigarette aus der Schachtel. Er war leichenblass.

Man befahl Horace, mit einem Bren-Gewehr aufs Dach des Lastwagens zu klettern. Die anderen standen um den Lastwagen herum, ihre einschüssigen Lee-Enfield-303-Gewehre schussbereit. Der Unteroffizier sagte ihm, ein deutsches Aufklärungsflugzeug sei ganz in der Nähe und Horace solle es mit einer Salve aus dem Maschinengewehr abschießen.

„Du bist unser bester Schütze", sagte der Unteroffizier zur Erklärung, als Horace hinaufkletterte und man ihm das Maschinengewehr reichte. Horace hätte dieser Rechtfertigung gar nicht bedurft – er war bereit. Er hätte nicht erregter sein können.

Nahezu zwei Stunden lang lag Horace auf der festen Leinwand des Lastwagens. Das Bren-Gewehr war entsichert, sein Finger war am Abzug, als er es auf den Himmel richtete. Ein paarmal dachte er, er hätte in der Ferne ein Flugzeug brummen gehört, aber zu seiner Enttäuschung verschwand das Geräusch wieder.

„Komm runter, Greasley!", schrie der Unteroffizier zu ihm hoch. „Du warst lange genug da oben."

„Mir geht's gut da oben, Sir, alles in Ordnung."

„Runter da, zum Teufel, wenn ich's Ihnen sage, Greasley! Zwei Stunden da oben sind genug für die Konzentration. Los, wir haben nicht den ganzen Tag Zeit!"

„Aber Herr Unteroffizier, ich –"

SINGEN VÖGEL IN DER HÖLLE?

„Runter, sage ich! Das ist ein Befehl!"
Ein anderer junger Soldat kletterte aufs Dach. Er sah nicht sehr erfreut aus. Horace lächelte, als er den Arm ausstreckte, um ihn hochzuziehen.
„Mist, jetzt hast du den Spaß ganz für dich allein, Cloughie."
Der Angesprochene erwiderte nichts. Er sah ganz ängstlich aus.

Der Gefreite Clough war nicht mehr als zehn Minuten auf dem Dach, da hörten sie schon deutlich den Motor eines Flugzeugs, das von Westen her kam. Die Messerschmitt ME 210 war auf einem Aufklärungsflug, sie hatte die Aufgabe, die alliierten Truppenbewegungen zu beobachten und Bericht zu erstatten. Sie hatte zwei 20-Millimeter-Kanonen an Bord und hinten MG-131-Maschinengewehre. Der Pilot funkte zum hinteren MG-Schützen – sie scherzten.

Das Flugzeug drehte steil ein, der Pilot hielt beide Daumen auf den Knöpfen der Kanonen über dem Joystick. Er senkte das Flugzeug um dreihundert Meter und hielt auf die Feuerschneise im Wald zu, als wollte er dort landen. Keine schwere Aufgabe, dachte er – ein paar von den englischen Schweinen hopsnehmen und dann rechtzeitig zum Abendessen heimfliegen.

Horace musste zugeben, dass der Anblick des Flugzeugs nur zweihundertvierzig Meter über dem Boden ihm Angst einjagte. Der Lärm war ohrenbetäubend, als es auf den von oben gut sichtbaren Lastwagen zuflog. Die meisten Soldaten suchten Deckung im Wald. Einige schossen drauflos, konnten aber durch die Bäume und Äste hindurch wenig ausrichten. Horace stand allein auf der Lichtung, das Gewehr an der Schulter, und schoss mit zusammengebissenen Zähnen in den Flugzeugpropeller. Gleich würde das Maschinengewehr eine Salve loslassen und das Flugzeug abschießen. Und so war es – es war Musik in seinen Ohren, eine Salve nach der anderen aus dem Maschinengewehr. Ein schöner Klang, dachte Horace und wünschte sich, er wäre der Mann auf dem Lastwagen gewesen.

Horace rechnete damit, eine Rauchwolke zu sehen, eine Explosion am Himmel. Aber dann bemerkte er zu seinem Entsetzen, dass das Gewehrfeuer nicht von dem Bren-Gewehr auf dem Lastwagen kam, sondern aus dem Flugzeug. Zwanzig Meter vor ihm schlugen die Kugeln auf, eine nach der

KAPITEL 3

anderen. Horace stand direkt im Weg, als sie auf dem Boden aufprallten. Sie kamen immer näher, wie in einem Gruselfilm.

Er hatte keine Zeit zu denken. Das Adrenalin trieb ihn nach vorn, und das Gewehr drückte so stark gegen seine Schulter, dass sie schmerzte. Die beiden Kugellinien rissen das Dach des Lastwagens auf und pfiffen ihm um die Ohren. Und dann ... Dunkelheit. Ein brennender Schmerz in seinem Kopf beförderte Horace in die Bewusstlosigkeit.

Horace fühlte sich nicht wirklich besser, als er ein paar Sekunden später wieder zu Bewusstsein kam und herausfand, was passiert war. Ein Sanitäter hatte eine tiefe Schnittwunde in seiner Stirn verbunden, und er hatte eine eigroße Beule am Kopf. In letzter Sekunde hatte der reine Überlebensinstinkt ihn unter das Auto kriechen lassen, und er war mit dem Kopf an die Eisenstange geknallt, die das Reserverad festhielt. Beinahe wäre er zu Tode gekommen – eine Kugel hatte seine Hose zerfetzt und hätte um Haaresbreite sein Bein erwischt.

Er hatte dem Tod ins Auge gesehen. Er war ihm sozusagen von der Schippe gesprungen. Kein Wunder, dass er geschockt war, ja sogar betäubt. Er konnte froh sein, dass er mit dem Leben davongekommen war, und sich über das Lob seiner Kameraden freuen. Selbst Aberfield hatte ihm auf die Schulter geklopft und ein paar Worte des Lobes gemurmelt.

Aber er fühlte sich nicht wie ein Held, er war enttäuscht. Der Mann, auf den er sich verlassen hatte, war Bill Clough oben auf dem Lastwagen. Das Maschinengewehr, das der bediente, konnte bis zu zweihundert Schuss pro Minute abfeuern, und er hatte kein einziges Mal geschossen. Als Horace Greasley allein auf der Lichtung stand und auf die Messerschmitt schoss, sobald er sie ausmachen konnte, hatte der saubere Bill Clough sich in die Hosen gemacht und war drei Meter tief auf den Boden gesprungen und wie ein Hase in den Wald gerannt. Horace hatte der Messerschmitt allein gegenübergestanden, mit nur einem einschüssigen Repetiergewehr gegen das voll bewaffnete Flugzeug, dessen hinteres Maschinengewehr einen Mann binnen Sekunden in Fetzen reißen konnte.

Horace hatte Glück gehabt, ohne Zweifel. Er hatte allerdings nur deswegen da gestanden, weil er dachte, er erhielte Feuerdeckung von seinem Kameraden.

SINGEN VÖGEL IN DER HÖLLE?

Er sagte dem Unteroffizier, er solle dafür sorgen, dass ihm dieser Clough in den nächsten Tagen nicht unter die Augen komme.

Die ganze Abteilung wurde wieder in den Lastwagen verfrachtet, Horace durfte diesmal vorn sitzen. Aberfield dachte, es wäre nicht gut für die Moral der Truppe, wenn Horace plötzlich mit einem seiner Kameraden aneinandergeriete.

Horace schnappte ein paar Brocken von der Unterhaltung Aberfields mit dem Fahrer auf, aber meistens starrte er nur auf die Felder. Goldgelbe Ähren tanzten im Wind. Gelegentlich bemerkte er ein Ortsschild, das ihm verriet, dass sie sich weiter zurückgezogen hatten. So sollte es nicht sein, dachte er und erinnerte sich an die aufpeitschenden Reden, die er in Leicester im Kricket-Klubhaus gehört hatte. Das gute alte zweite und fünfte Bataillon des Leicester-Regiments war nicht dazu bestimmt zu fliehen und sich zu verstecken, davon hatte der Offizier, der ihnen von der glorreichen Geschichte des Regiments erzählt hatte, nichts gesagt. Und ein Feigling in den eigenen Reihen, wie Bill Clough einer war, war auch nicht vorgesehen. Wie konnte er das bloß tun?

Horace rieb sich den Kopfverband. Der Sanitäter hatte recht, die Schwellung ging zurück, aber dafür wurden die Schmerzen stärker. Eine Stunde später hielten sie an einem Fluss, und Aberfield befahl der Mannschaft abzusitzen. Sie waren kurz vor Hautmont, in der Nähe des Flusses Sambre. Eine alte Steinbrücke überquerte den Fluss, und als die Männer auf der Westseite der Brücke standen, gab Aberfield ihnen Anweisungen.

„Die Brücke ist strategisch wichtig, Leute. Wir haben Informationen erhalten, dass die Deutschen sie bald überqueren wollen."

Aberfield war wieder leichenblass, seine Stimme zitterte leicht, als er fortfuhr: „Eine Patrouille der Deutschen soll demnächst hierherkommen. Bis dahin sind es nur wenige Stunden, also heißt es: eingraben und tarnen."

Zwei Tage und zwei Nächte lang lagen Horace und seine Kameraden da und warteten. Sie wechselten sich ab, um jeder ein paar Stunden Schlaf zu bekommen, das Gewehr immer nah am Körper. Die Bren-Maschinengewehre standen auf einem kleinen Grashügel, bewacht von zwei der ältesten Kameraden. Aberfield glänzte durch Abwesenheit, er bezog am Stadtrand beim Funker Stellung. Gegen Mittag des zweiten Tages kamen Aberfield und ein

KAPITEL 3

Stabsunteroffizier mit einem Dutzend Baguettes und einer Kanne warmer Milch zurück. Die Männer aßen und tranken gierig, hatten sie doch seit drei Tagen nichts mehr bekommen. Die Feldküche des Bataillons war woandershin gezogen, niemand wusste, wohin.

Gegen sechs Uhr abends am zweiten Tag änderte sich die Stimmung der Offiziere plötzlich. Spannung lag in der Luft, als sie erfuhren, dass eine deutsche Patrouille nur Minuten von der Brücke entfernt war. Horace ordnete seine Tarnung um seinen Kopf und legte sein Gewehr an. Er atmete flach und hörte, wie der Unteroffizier befahl, sie sollten erst nach ihm schießen.

Horace lag da, so still er konnte. Es herrschte eine gespenstische Stille. Die fernen Gewehre und der Verkehrslärm, die der Wind ihnen gelegentlich zutrug, schienen wie in einer bizarren Zeitschleife eingefroren zu sein. Selbst die Vögel hörten auf zu singen, als merkten sie, dass etwas in der Luft lag.

Horace erspähte den ersten Deutschen, der sich der Brücke näherte, kaum zehn Minuten später. Die Information war also richtig gewesen – endlich hatte jemand auf Seiten der Alliierten, wie es schien, mal etwas richtig gemacht. Sein Finger war am Abzug, als er sein Gewehr auf die Brust des feindlichen Soldaten richtete, der seine ersten vorsichtigen Schritte über die Brücke machte. Weitere fünf bis sechs Deutsche kamen in Sichtweite. Schweißtropfen traten ihm auf die Stirn. Er war drauf und dran, einen Menschen zu töten, da gab es keinen Zweifel – und kein Zurück mehr.

Jetzt war der erste deutsche Soldat ungefähr mitten auf der Brücke, mindestens ein Dutzend andere folgten ihm vorsichtig. Ohne Vorwarnung kam ein Schuss von hinten. Der Kopf des vordersten Soldaten explodierte wie eine Orange, ein feiner roter Nebel hing einen Moment über ihm, als er zu Boden fiel. Mehrere Schüsse trafen die Patrouille. Horace fixierte den zweiten feindlichen Soldaten. Er drückte auf den Abzug, der Rückstoß seines Gewehres traf seine Schulter, als der Schuss sich löste und der Mann wie ein Sack Kartoffeln auf das Brückengeländer fiel. Jetzt übernahm der Instinkt die Regie. Er hatte nicht mehr die Zeit, über die Absurdität des Krieges nachzudenken, über die Familie des jungen Mannes in Berlin oder in München – oder darüber, wie sie es aufnehmen würden, dass ihr Vater, Sohn und Bruder im Dienste des Vaterlandes gefallen war. Horace gab mindestens zwei weitere Schüsse auf

SINGEN VÖGEL IN DER HÖLLE?

den sterbenden Mann auf der Brücke ab, der verzweifelt nach seinem Gewehr griff. Die Bren-Maschinengewehre vollendeten den begonnenen Auftrag. Die deutsche Patrouille hatte eine vernichtende Niederlage erlitten. Horace fühlte sich seltsam beschwingt. Ohne zu zögern, hatte er seinen Teil zum Ganzen beigetragen. Die Männer jubelten – Horace blieb still.

Der Oberstabsfeldwebel befahl Horace und drei anderen Männern, die Brücke zu sichern – im Soldatenjargon bedeutete das, sich zu vergewissern, dass die Deutschen tatsächlich alle tot waren. Horace ging mit den anderen drei hinter ihm – Ernie Mountain, Fred Bryson und dem Abteilungsführer Charlie Smith – auf die Brücke. Sein Herz klopfte wild, es war eine Mischung aus Adrenalin und Angst. Er war sich sicher, dass die drei hinter ihm es hören konnten. Es war nicht ungewöhnlich, dass ein Verwundeter oder Sterbender eine Handgranate in der Hand hielt, wild entschlossen, wenn er schon sterben musste, auch noch ein paar seiner Feinde mit in den Tod zu nehmen. Horace hatte Geschichten über tote Deutsche gehört, die plötzlich auf wundersame Weise zum Leben erwacht waren und ein halbes Dutzend leichtsinnige alliierte Soldaten getötet hatten. Er war entschlossen, seine Aufgabe gut zu Ende zu bringen und nicht eher Ruhe zu geben, bis jeder der feindlichen Soldaten, die blutend und still auf der Brücke lagen, erwiesenermaßen tot war.

Er sah über die Schulter. Die anderen drei hatten ihre Position eingenommen, sie zielten auf die Brücke. Er konnte nur hoffen, dass sie so gut schießen konnten wie er. Plötzlich wurde ihm bewusst, dass er gerade mitten in der Schusslinie stand. Als er und seine drei Kollegen ihre Stellung bezogen, zielten die Gewehre der anderen auf den Kopf des deutschen Unteroffiziers. Horace lehnte sein Gewehr an die Brückenmauer, kniete nieder und kontrollierte, ob der Deutsche noch atmete – oder vielmehr, dass er nicht mehr atmete. Er hatte den vordersten Körper die ganze Zeit über beobachtet, während er langsam auf ihn zuging. Niemand kann so lange den Atem anhalten, dachte Horace. Er packte den Soldaten an der Uniform, eine Hand an seiner Schulter, die andere am Mantelkragen. Langsam, dann aber immer schneller fiel der Körper nach hinten, und der deutsche Soldat zeigte den drei Männern, die auf ihn zielten, seinen Körper und sein Gesicht.

Ein Ruf ertönte: „Sauber!"

KAPITEL 3

Horace seufzte vor Erleichterung. Sie wechselten sich ab, während sie über die Brücke gingen, und prüften sorgfältig jeden einzelnen Körper. Sie hatten gut geschossen. Nicht ein einziger Deutscher war mehr am Leben. Seine Kameraden grinsten und wurden sichtlich entspannter, als ein Soldat nach dem anderen für tot erklärt wurde. Es waren junge Männer – achtzehn, neunzehn Jahre alt. Jungs eben.

Als sie am anderen Ende der Brücke angekommen waren, geschah etwas Ungewöhnliches. Diesmal war wieder Horace dran, sich dem Körper zu nähern. Es war der letzte Soldat, und die anderen drei nahmen wieder ihre inzwischen vertraute Stellung ein, die Gewehre schussbereit. Der deutsche Soldat lag in einer Blutlache. Teile von Schädelknochen, Gewebe und Gehirnmasse klebten an der Brückenmauer. Horace brauchte sich nicht mal mehr die Zeit zu nehmen, den Atem des Mannes zu kontrollieren. Er war eindeutig tot. Er lag in grotesk verdrehter, unnatürlicher Position mit dem Gesicht nach unten in seinem eigenen Blut. Horace kniete nieder und versuchte, der dampfenden, klebrigen Blutlache auszuweichen.

Der Ruf „Sauber!" ertönte.

„Was ist das?"

Der Gruppenführer deutete auf die Taille des Toten.

„Ein Gürtel mit einer Aufschrift."

Der Soldat beute sich herab, um die Aufschrift lesen zu können. Die anderen Männer senkten die Gewehre.

„G-O-T-T-I-S-T-M-I-T-U-N-S", buchstabierte er langsam.

„Was bedeutet das?", fragte Horace. Er sah zu Ernie Mountain hinüber, der etwas Deutsch sprach. Ernie nahm seinen Stahlhelm ab und kratzte sich am Kopf.

„Nun … ich glaube, das bedeutet so viel wie: Gott ist mit uns."

„Welchen Gott beten die an?", fragte der Gruppenführer.

„Es sind Christen", sagte Ernie.

„Verdammt, das kann gar nicht sein. Es sind gottverdammte Bastarde."

Horace nahm auf dem schmalen Brückengeländer Platz. Die Unterhaltung ging weiter. Die Männer waren sehr erstaunt, dass die Deutschen – die Nazis, die Hunnen – denselben Gott wie sie anbeteten.

SINGEN VÖGEL IN DER HÖLLE?

Horace schüttelte ungläubig den Kopf. Er hatte noch nie darüber nachgedacht. Sie lasen Zeitungen, hörten Radio und sahen die Wochenschau in den großen Kinos. Dieses deutsche Volk, die Soldaten und die SS waren doch so entschlossen, die Herrschaft über die Welt an sich zu reißen und jeden auszurotten, der nicht zu ihrer Ideologie passte. Sie schienen gegen alles zu sein, was die Bibel predigt. Und doch lag hier der Beweis dafür, dass auch sie denselben Gott – den Gott des Christentums – anbeteten wie die Männer, Frauen und Kinder in England.

Horace starrte in die Gesichter seiner staunenden Kameraden. Sie waren nicht religiös, ganz und gar nicht. Aber sie waren in ordentlichen Familien und Schulen aufgewachsen, mit Morgenandacht und Beten vor dem Zubettgehen, mit Sonntagsschulen und so weiter.

„Soll das heißen, Gott versteht Deutsch?", fragte Ernie.

Horace brach vor Lachen fast zusammen.

„Offensichtlich spricht er Deutsch. Und Französisch und Russisch und Polnisch."

„Aber er ist doch auf unserer Seite, nicht auf ihrer!", meinte Fred Bryson mit zusammengezogenen Augenbrauen. Er sah seine Kameraden an, als erwartete er, dass einer von ihnen das Rätsel, das sich ihnen stellte, gleich lösen würde. Vier Männer. Vier Männer, die bis zu diesem Tag niemals vermutet hätten, dass ein Nazi denselben Gott anbeten könnte wie sie – die es nicht glauben konnten, bis sie hier den Beweis fanden, in Form des Gürtels, über den sie zufällig gestolpert waren.

Horace deutete auf die Leiche. „Es hat dem armen Kerl da auch nichts geholfen, oder? Wahrscheinlich hielt er sich für unbesiegbar mit seinem tollen Gürtel, wahrscheinlich hat er gehofft, dadurch ein bisschen besser geschützt zu sein."

Fred sprach. „Aber der Pastor, der hat doch gesagt, wir –"

„Vergiss den Pastor, Fred", unterbrach ihn Horace. „Ist doch alles nur ein Haufen Mist, du weißt es doch auch. Denk mal drüber nach, wenn du heute dein Abendgebet sprichst."

Die Männer machten kehrt und gingen zu ihrer Gruppe zurück. Fred Bryson zögerte einen Augenblick, dann entfernte er den Gürtel des toten

KAPITEL 3

Soldaten. Und als er zu seinen Kameraden zurückging, warf er den Gürtel über das Brückengeländer in den tiefen Fluss. Er wusste nicht, warum er das tat, es erschien ihm einfach richtig so. Dieser Mann hatte es nicht verdient, mit einem anständigen christlichen Spruch begraben zu werden – erst recht keinem deutschen!

Eine Stunde später wurde die Abteilung, die die Brücke bewachte, abgelöst und ungefähr eineinhalb Kilometer nördlich zur anderen Seite der Stadt hinbeordert. Zuerst dachte Horace an den Hunger, der seinen Magen quälte, dann an Schlaf. Der Unteroffizier deutete auf ein altes, heruntergekommenes Bauernhaus etwa dreihundert Meter entfernt, auf der anderen Seite des Feldes.

„Hier könnt ihr schlafen, Leute. Wir haben es uns angesehen, es ist nicht sehr sauber, hat aber genug Betten und fließend Wasser. Ich vermute, die Besitzer sind vor ein paar Wochen vor den Deutschen geflohen."

„Gibt's da auch was zu essen?", fragte Horace.

Der Unteroffizier grinste und meinte: „Wenn es da was gibt, dann wirst du's finden, Jim. Da sind ein paar Konservendosen und das Gemüse auf dem Acker. Und für die unter euch, die schnell sind – da laufen auch ein paar Hennen herum."

Fred rieb sich den Bauch und befeuchtete die Lippen mit der Zunge. „Mmm, Hähnchen und geröstete Kartoffeln, Leute! Klingt gut, was?"

„Vielleicht noch etwas Wein zum Runterspülen ...", meinte Horace und grinste. Ein schöner Gedanke – vielleicht gab es dort einen Weinkeller und einen Ölofen, auf dem man kochen konnte, vielleicht auch ein paar Töpfe und Pfannen. Als sie auf das Gebäude zugingen, lauschte er auf das ferne Artilleriefeuer. Vielleicht täuschte er sich, aber es kam ihm so vor, als wäre es mittlerweile etwas lauter.

Die erste Granate explodierte ohne Vorwarnung. Sie wurde von den französischen Alliierten westlich von ihnen abgefeuert. Die Wucht des Aufpralls, nicht mehr als dreihundert Meter entfernt, riss den Männern den Boden unter den Füßen weg. Horace stöhnte. Er war gegen einen Baum geschleudert worden. Er lag still und schrie zu anderen Männer herüber, ob bei ihnen alles in Ordnung sei.

Fred erhob sich auf die Knien. „Ich glaube, allen geht's so weit gut. Nichts passiert."

SINGEN VÖGEL IN DER HÖLLE?

„Runter, du Idiot!", brüllte Horace, als die zweite Granate über ihre Köpfe hinwegpfiff. Sie explodierte, ohne irgendwelchen Schaden anzurichten, hinter dem Bauernhaus. In den nächsten zwanzig Minuten lag die erste Abteilung des zweiten und fünften Bataillons des Leicester-Regiments auf dem Bauch im französischen Morast, während Artilleriegeschosse auf sie niederregneten. Aberfield bestätigte, die Granaten kämen von der französischen Front. Freundliches Feuer – der Ausdruck stammte aus dem Ersten Weltkrieg. Damals schossen unfähige Generäle auf ein Gebiet, in dem sich ihre eigenen Truppen befanden. Der Grund dafür war meist ein Kommunikationsdefizit. Wäre es nicht zu absurd gewesen, wenn die Männer von denselben Franzmännern, die sie vor den Deutschen beschützen wollten, getötet worden wären?

Die Männer konnten nichts tun. Ihr Schicksal lag in den Händen ihrer alliierten Freunde. Bäume wurden entwurzelt, Felder und Wälder durchsiebt. Der Lärm war unerträglich. Horace zog den Kopf ein, wenn er eine Granate pfeifen hörte, und fragte sich, ob eine davon wohl für Joseph Horace Greasley bestimmt war. So nah war er dem Tod noch nie gekommen, und die zerstörerische Kraft der großen Geschütze jagte ihm Angst ein. Er hatte sie noch nie so nahe gesehen. Gewiss hatte er schon gelegentlich ein zerstörtes Autowrack und natürlich auch die Bilder in der Wochenschau gesehen, aber nichts hatte ihn auf die destruktive Kraft vorbereitet, die er hier aus nächster Nähe mitbekam. Aberfield lag direkt vor ihm, die Hände über dem Kopf. Horace suchte sich einen Baumstamm als Deckung in der Hoffnung, dass der hundert Jahre alte Baum die Sprengwirkung der Granate auf der gegenüberliegenden Seite des Feldes abmildern könnte. Die ganze Gruppe kauerte sich zusammen, so gut sie konnte, oder schmiegte sich möglichst eng an den Boden und betete, dass alles bald vorbei wäre.

Und dann kam sie – die Granate mit dem Namensschild „Greasley" drauf. Horace hörte das ferne Zischen. Sein Mund wurde trocken. Und als das Zischen in ein Pfeifen überging, war es lauter als alles, was er zuvor gehört hatte. Auch die anderen spürten es. Diese Granate war auf sie gerichtet.

„Duckt euch!", schrie jemand hinter ihnen, als das Geschoss immer näher kam. Der Lärm war unerträglich – das Ding flog direkt auf sie zu. Horace

KAPITEL 3

bedeckte seinen Kopf und flehte um Gnade, als die Granate neben ihnen explodierte. Ein großer Feuerball stieg in neun Metern Höhe über ihnen auf, eine Sekunde später herrschte nur noch Dunkelheit.

Horace hörte die Schmerzensschreie zuerst. Er hatte keine Ahnung, wie lange er da draußen gewesen war. Es war still – nur ein paar Vögel sangen. Schon wieder diese Vögel, dachte Horace. Woher wissen die, wann sie zu singen anfangen können? Und wann sie zu singen aufhören sollen?

Die meisten Männer waren wieder auf den Beinen. Einige kümmerten sich um ihre verletzten Kameraden und bandagierten ihnen die Köpfe oder den einen oder anderen gebrochenen Knochen. Soweit er sehen konnte, lag niemand regungslos am Boden. Wie durch ein Wunder hatten sie es alle überlebt. Sie hatten es geschafft.

Horace versuchte aufzustehen. Es ging nicht. Er versuchte noch einmal, sich zu erheben, da spürte er einen heißen Schmerz im Rücken, als er den Hintern anheben wollte. Nichts. Er konnte sich nicht mehr bewegen. Sein Rücken war wie festgenagelt, als würde ihn ein schweres Gewicht niederdrücken. Seine Munitionstaschen drückten auf seinen Brustkorb. Das war sein schlimmster Albtraum – Querschnittslähmung, ein Leben im Rollstuhl. Aber irgendwie fühlte er, dass das nicht der Fall war. Sein Rücken fühlte sich normal an. Er wackelte mit den Zehen. Alles in Ordnung. Er bog das linke Bein, sodass er mit der Hacke gegen eine seiner Pobacken drücken konnte. Es funktionierte. Sein Gehirn schickte das Signal die ganze Wirbelsäule hinunter, und das Bein gehorchte. Gut so. Trotzdem war er in Sorge.

„Hilf mir, Fred! Ich kann mich nicht bewegen."

Fred kam zu Horace herüber. Er bekam vor Staunen den Mund nicht mehr zu.

„Verdammt noch mal, Jim, hast du ein Glück gehabt!"

„Ich? Glück gehabt? Warum?"

Fred reichte ihm die Hand und zog ihn unter einem entwurzelten Baum hervor. Ein Stück Granate, zweieinhalb Zentimeter dick und so groß wie ein Autoreifen, hatte den Baum fast mitten entzweigespalten und sich zwanzig Zentimeter tief in den Stamm gebohrt. Der sichtbare Teil, der aus glühendheißem Metall bestand, steckte parallel zu Horaces Rücken im Baum, nur wenige

SINGEN VÖGEL IN DER HÖLLE?

Millimeter über ihm. Dieses Bruchstück eines französischen Schrapnells hatte Horace vorübergehend am Aufstehen gehindert.

Fred schüttelte ungläubig den Kopf. Er sagte: „Fünf Zentimeter niedriger, und es hätte dich in zwei Hälften zerfetzt."

Langsam wurde es Horace bewusst, wie nahe er am Tod vorbeigeschrammt war. Er atmete schwer. Ein paar Minuten saß er stumm da und starrte auf den gespaltenen Baumstamm und das Geschossteil. Er legte den Gurt ab und seine Hände massierten instinktiv die Nierengegend. Das war zweifellos knapp gewesen, sehr knapp! Er atmete tief ein und erhob sich. Jetzt war das Drama vorbei, es war Zeit, es ganz hinten in seinem Oberstübchen zu verstauen und an Wichtigeres zu denken, zum Beispiel an Essen.

Die neunundzwanzig Männer waren dankbar für den nun folgenden, fast ungestörten Schlaf – das erste Mal in dieser Woche unter einem festen Dach. Mit vollem Bauch schlief jeder auf der Stelle ein. Es war ihnen gelungen, zwei Hühner zu fangen, die sie kochten und sich teilten. Es gab Eier in Hülle und Fülle, und ihr Fest begann mit selbst gemachter Majonäse ohne die Majonäse, aber mit Zwiebeln und klein geschnittenen Tomaten vom Acker. Das Hauptgericht war eine Art Eintopf mit Huhn. Mehrere unbeschriftete Dosen mit grünen Bohnen wanderten in eine riesige Pfanne, zusammen mit Hühnerfleisch, Salz, Pfeffer und Zuckermais. Außerdem gab's für alle genügend gekochte Kartoffeln, und obwohl sie keinen Weinkeller finden konnten, schmeckte ihnen das frische Wasser aus einem Brunnen hinter dem Haus so köstlich wie nichts anderes. Horace schlief zufrieden ein. Es war erstaunlich zu sehen, wie positiv ein voller Bauch sich auf die allgemeine Stimmung auswirkte. Er musste an den Ausspruch eines französischen Generals denken, der einmal gesagt hat: „Eine Armee marschiert auf ihrem Bauch."

Gegen sechs Uhr morgens wachte Horace auf. Er wusste nicht, wer oder was ihn zuerst geweckt hatte: Appetit auf mehr Essen, Evas schlanker Leib oder der Lärm von Artilleriefeuer, das nur ein paar Kilometer entfernt war. Draußen stand Oberstabsfeldwebel Aberfield zusammen mit einem Unteroffizier und zwei, drei anderen Männern. Sie suchten die wogenden Kornfelder im Osten mit den Augen ab. Rauchfahnen begleiteten den dumpfen Donner der Geschütze. Die Kornähren wogten leise im Wind, ein Meer von Gelb und Grün.

KAPITEL 3

Aber dann geschah etwas Seltsames. Das Kornfeld bewegte sich immer noch, aber nicht mehr im Rhythmus. Es ging nicht mehr vor und zurück wie eine Welle, sondern es – schien zu hüpfen. Man sah ein Stück Grau. Auch Aberfield sah es jetzt und zeigte mit offenem Mund auf die grauen Helme. Jeder erstarrte erst einmal, als die Leiber von ungefähr einem Dutzend Deutschen erkennbar wurden. Sie marschierten in gerader Linie voran und gaben sich keine Mühe, sich zu verbergen.

„Verdammt!", fluchte Unteroffizier Graham und sprintete ins Bauernhaus, um seine Waffe zu holen. Horace hatte keine Angst. Er wusste, was zu tun war. Das Maschinengewehr stand schussbereit und unbemannt an der Tür einer kleinen Scheune, ungefähr zwanzig Meter weit weg, und es zielte zufällig auch noch in die richtige Richtung. Was wollten die Deutschen da vorn? Er würde den meisten von ihnen das Licht ausblasen, bevor sie überhaupt merkten, was Sache war. Er rannte die zwanzig Meter wie ein olympischer Sprinter, Aberfield hinter ihm her. Er berührte das dreibeinige Stativ des Maschinengewehrs.

„Hände weg von dem Ding!", knurrte Aberfield und hielt ihm seinen Revolver an die Schläfe.

Er dachte: Das kann nur ein Traum sein – oder vielmehr ein Albtraum.

„Hände weg, oder ich schieße!", wiederholte Aberfield.

„Was machen Sie da, um Gottes willen? Sehen Sie denn nicht, dass die wie Hühner auf der Stange aufgereiht sind?", schrie Horace, unsicher, was hier los war. Die Pistole des Oberstabsfeldwebels zitterte in seiner rechten Hand. Horace hatte nicht den geringsten Zweifel, dass er gleich auf ihn schießen würde. Aberfields linke Hand ging in seine Tasche. Er zog ein weißes Taschentuch heraus.

„Nein!", schrie Horace. „Bitte nicht …"

Das weiße Taschentuch flatterte in der Luft, als Oberstabsfeldwebel Aberfield es hochhielt. Nicht ein Schuss wurde gewechselt zwischen der Abteilung des zweiten und fünften Bataillons des Leicester-Regiments und der Vorhut des 154. Infanterieregiments der Deutschen.

Als Horace nach Cambrai einmarschierte, war er frustriert wie nie zuvor. Die Füße taten ihm weh, sein Magen knurrte und er musste an seine Familie zu

SINGEN VÖGEL IN DER HÖLLE?

Hause denken. Er dachte an jenen Weihnachtsfeiertag und an das Rotkehlchen, er dachte an den Gesang der Vögel und lange heiße Sommertage, an den Duft von frischem Brot und frisch gemähten Wiesen. Er war in Gedanken versunken und versuchte verzweifelt, nicht an die Hölle zu denken, die ihn jetzt erwartete.

Mindestens zehntausend alliierte Kriegsgefangene waren auf dem mittelalterlichen Hauptplatz von Cambrai zusammengepfercht, von deutschen Wachtposten umzingelt. Es dämmerte gerade. Der Tag war grau und trostlos. In den Gesichtern der Gefangenen stand Trauer – alle Hoffnung war verflogen, sie waren im Elend miteinander vereint. Manche waren blutverschmiert und innerlich gebrochen, andere konnten sich vor Erschöpfung kaum gerade halten. Unter ihnen waren auch französische Bürger, die die Besatzer überredet hatten, sich ihnen widerstandslos zu ergeben und ihnen zum Lohn dafür Zwangsarbeit in deutschen Munitionsfabriken in Aussicht stellten.

Sie hatten ihr Heimatland nach nur wenigen Schüssen aufgegeben.

Horace war geschockt von der zahlenmäßig großen Präsenz der Deutschen, von ihren gepflegten und gut gewarteten Fahrzeugen, die denen der Franzosen, die er gesehen hatte, weit überlegen waren. Sie waren besser ausgerüstet, trugen bessere Uniformen, und sie konnten sich am Eingang des Platzes stets ausreichend mit Wurst, Brot und dampfend heißem Kaffee versorgen. Sie waren gut genährt und grinsten. Sie waren gut organisiert, im Kampf gestählt und erfahrener.

Sie waren aber auch brutal und abgebrüht. Sie befahlen den Kriegsgefangenen, sich da, wo sie standen, auf dem blanken Kopfsteinpflaster zur Nacht hinzulegen. Sie bekamen kein Zelt, keine Hütte, nicht einmal eine Decke, sie hatten nur die Uniform, die sie trugen. Ein deutscher Soldat stürzte sich auf einen armen Mann, der unglücklicherweise seine Befehle etwas zu langsam ausführte. Der Mann wurde aus dem Haufen der Gefangenen herausgezogen und von einem halben Dutzend Wächtern mit Gewehrkolben traktiert. Es dauerte keine halbe Minute, da war sein Schädel offen und das Blut ergoss sich über das Kopfsteinpflaster des Platzes. Der schwankende Mann, kaum noch bei Bewusstsein, sah den Offizier an, der über ihm stand, mit flehendem Blick und vor Schreck geweiteten Augen. Er wusste, welches Schicksal

KAPITEL 3

ihn jetzt erwartete. Der deutsche Offizier grinste, zog seine Pistole aus dem Lederhalfter an seiner Hüfte und hielt sie dem Gefangenen an den Kopf. In einem Akt ungezügelter Grausamkeit zögerte er die Hinrichtung hinaus. Der Mann flehte und bettelte, Tränen flossen ihm die Wangen hinab, wie er da blutend und schmerzverzerrt am Boden kauerte. Dann verschwand das Grinsen aus dem Gesicht seines Peinigers, und er trat einen Schritt näher. Horace schloss kurz die Augen, ein Schuss knallte, und als er sie wieder aufmachte, lag der Mann reglos am Boden. Seine Augenhöhle war nun ein blutiges Loch.

Kurz nachdem die Turmuhr Mitternacht geschlagen hatte, begann es zu regnen. Schlimmer kann es nicht mehr kommen, dachte Horace. Eine Stunde lang lag er zitternd in der kalten Nachtluft. Er war völlig durchnässt. Horace schlief tatsächlich die ganze Nacht durch, so unglaublich das auch klingt, und erwachte am nächsten Morgen in einem Rinnsal, das von den Straßen bis in den Platz hinein lief.

Die Uhr schlug sieben. Ein Offizier schoss ein paarmal mit seiner Pistole. Der ganze Platz verstand das als Kommando aufzustehen. Einige konnten das nicht mehr, sie waren über Nacht an ihren unbehandelten Verwundungen gestorben. Ein paar Leute hörten die Schüsse nicht, sie schliefen vor Erschöpfung weiter. Sie wurden ohne mit der Wimper zu zucken von ein paar Wachtleuten exekutiert, die das Ganze wohl als ein witziges Spiel ansahen.

Ein SS-Offizier stand auf den Stufen des Rathauses.

„Für euch ist der Krieg vorbei!", brüllte er. „Ihr seid ab jetzt Kriegsgefangene – Gefangene des ruhmreichen deutschen Volkes."

Er redete noch zehn Minuten weiter. Er genoss die Macht, die er über die versammelten Massen hatte, aber was genau er sagte, hörte Horace nicht. Er dachte an knusprigen Speck und getoastetes Brot, ein weich gekochtes Ei und heißen, süßen Tee. Das Aroma von Bratwürsten lag über dem Platz. Mindestens fünfzig Wachtposten standen geduldig Schlange, um sich ihre Morgenration zu holen. Sie rauchten, lachten und schwatzten, als hätten sie keine Sorgen.

Ernie Mountain hatte sich, um es warm zu haben, an seinen Freund geschmiegt. Die beiden Jungs aus Ibstock redeten miteinander, während die frühe Morgensonne, zusammen mit der Körperwärme, ihre Knochen auftaute. Etwas später dampften die Uniformen der zehntausend armen Seelen,

SINGEN VÖGEL IN DER HÖLLE?

ein bizarres Schauspiel. Die deutschen Wächter standen in Ladeneingängen und auf den Rathaustreppen, grinsten einander an und deuteten auf die Tausende dampfender, vor Hitze dahinschmelzender Gefangenen, die aussahen, als würden sie jeden Moment anfangen zu brennen.

„Schau dir diese Idioten an!", sagte Ernie und zupfte Horace am Ärmel seiner Uniform. Er zeigte auf eine Gruppe französischer Kriegsgefangener, die etwas aus einem kleinen Lederkoffer aßen. Sie saßen auf einer Böschung am Rande des Platzes.

„Hungrige Hunde, was?"

Horace nickte.

Die französischen Gefangenen hatten Zeit gehabt, sich auf ihre Gefangennahme vorzubereiten und hatten ein paar Lebensmittel gebunkert. Sie aßen mit Fleisch und Käse gefüllte Baguettes, ein Mann kaute einen Schokoriegel.

„Glaubst du, die teilen mit uns, Ernie?"

„Keine Chance. Sie stehen da rum wie ein Rudel Wölfe."

Horace hatte eine Idee. Das erste Mal im Leben wollte er einen Diebstahl begehen. Er legte seinem Kumpel eine Hand auf die Schulter.

„Ernie, mein Freund, wir kriegen gleich ein leckeres kleines Frühstück. Was meinst du dazu?"

„Was?"

„Ich gehe klauen. Ihr Job, Mister Mountain, ist es, die Froschfresser aufzuhalten, die mich verfolgen wollen. Ich verschwinde mit meiner Beute in der Menge und komme später wieder zu dir."

„Nein, du verrückter Hund! Die knallen uns ab!"

Horace zeigte hinüber zur Feldküche.

„Die frühstücken doch alle gerade. Ich mach's auf jeden Fall. Halt dich bereit, ich brauche was zwischen die Kiemen."

Bevor Ernie protestieren konnte, verschwand Horace schon in der Menschenmenge vor ihm und stand bald weniger als zwei Meter von den Franzosen entfernt auf der Böschung. Er musste nicht lange warten, da wurde schon ein halbes Baguette herumgereicht. Ohne nachzudenken, überquerte Horace die Entfernung schnell wie ein Blitz und riss dem verdutzten Franzmann das Brot aus der Hand. Wie ein Windhund rannte er die Böschung hinunter, der

KAPITEL 3

Franzose hinter ihm her. Horace suchte Ernies Haufen und rannte hin. Als er an Ernie vorbeikam, sah es so aus, als würde ihn der Franzose einholen. Seine Freunde waren inzwischen aufgesprungen und riefen zu den Wachleuten hinüber: „Au voleur! Haltet den Dieb!"

Ernie biss die Zähne zusammen und zielte auf das Nasenbein des Franzosen. Er boxte ihn nicht einmal, er traf ihn nur mit der geballten Faust. Die Bewegung des Läufers tat ein Übriges. Es gab ein ekelhaftes Knacken, als Knochen auf Knochen traf. Die Beine des Verfolgers rannten noch, als sein Kopf bewegungslos herunterhing. Für den Bruchteil einer Sekunde schwankte er, dann sank er bewusstlos zu Boden. Ernie drehte sich um und guckte unschuldig in den Himmel, als zwei deutsche Wachleute sich mit ihren Gewehrkolben einen Weg durchs Gedränge bahnten.

Die Freunde des Franzosen hoben ihren bewusstlosen, blutüberströmten Kameraden vom Boden auf. „Au voleur! Haltet den Dieb!", riefen sie und zeigten auf die Menge. Ernie verfluchte sie insgeheim und betete, dass Horace nicht erwischt wurde. Gott sei Dank waren die Wachleute nicht sehr daran interessiert, dass es unter den Gefangenen gerecht zuging. Es gab sowieso keine Gerechtigkeit. Um irgendetwas zu tun, nahmen sie ein paar Franzosen in Handschellen mit, bevor sie zu ihrem Frühstück zurückkehrten. Horace kam zu seinem Freund zurück und teilte das erbeutete Baguette mit ihm.

Die beiden grinsten, als sie in das leckere Brot bissen. Ernie kaute und sagte: „Du Idiot! Du hast ein Sandwich ohne was drin geklaut!"

Horace klappte das Baguette auseinander, und tatsächlich, es war nichts drin. Das war ihnen jetzt auch schon egal – sie verspeisten es trotzdem mit Genuss.

Zwei Stunden später marschierten sie aus der Stadt – gen Osten. Die Gerüchteküche, die in den kommenden Jahren ihre wichtigste Informationsquelle sein sollte, meinte, sie würden sich auf einen zwei- bis dreitägigen Marsch in das von den Deutschen besetzte Brüssel begeben. Das Gerücht sollte sich leider als völlig falsch erweisen. Der Marsch sollte eine Ewigkeit dauern und Horace in die Hölle führen – und wieder zurück.

KAPITEL 4

Die Gefangenen waren nur eine Plage. Jeder war ein Niemand und sein Leben keinen Pfifferling wert. Horace bekam das zu spüren, sobald sie Cambrai verließen. Die ersten sechs bis acht Kilometer stadtauswärts mussten die alliierten Gefangenen zu Fuß auf der Hauptstraße marschieren, einer hinter dem anderen. Ihre Schlange war so lang, wie das Auge reichte. Einmal machte die Straße eine Kurve und wurde dann wieder gerade, und Horace konnte bis zum Anfang der Schlange sehen. Die Männer glänzten in der zunehmenden Hitze des Morgens. Horace war entsetzt, wie viele sie waren – die Schlange der verlorenen Seelen war ungefähr fünf Kilometer lang.

Alle paar Minuten fuhren deutsche Konvois und Lastwagen vorbei, und die Gefangenen wurden mit Gewehrkolben in den Straßengraben getrieben, um sie vorbeizulassen. Die deutschen Soldaten, Panzerfahrer und Lastwagenfahrer verhöhnten, veralberten und bespuckten die armen wehrlosen Unglücklichen. Ein kahl rasierter deutscher Schlägertyp hing mit einer Hand am Überrollbügel eines Lastwagens. Seine Hosen waren bis an die Knöchel heruntergezogen, die andere Hand hielt seinen Penis, und er urinierte auf die Gefangenen. Seine Freunde oben auf dem Laster konnten sich vor Lachen kaum noch halten, sie deuteten auf die Männer und gestikulierten wild. Horace musste an die Zeit auf seinem Bauernhof denken. Er fragte sich, wie Menschen so tief sinken

KAPITEL 4

konnten. Selbst ein Tier würde sich nicht so benehmen! Horace fühlte einen nie zuvor gekannten Hass in sich aufsteigen.

Später zwang man die müden, hungrigen, niedergeschlagenen Männer, über die Felder zu marschieren, weil sie den Truppen des Dritten Reiches, die nach Westen fuhren, im Weg waren. Gegen Abend färbte sich der blaue Himmel immer dunkler. Ein leichter Wind machte die Abendluft kühler, und Horace fühlte einen bohrenden Hunger. Ob die Deutschen wohl Vorkehrungen getroffen hatten, ihnen zu essen und zu trinken zu geben?

Eine Stunde später fuhren einige große Lastwagen auf das Feld, sie machten Halt. Horace atmete erleichtert auf, als die Lastwagen drehten und er hinten in einem davon Lebensmittel- und Wasserbehälter sowie eine große Menge Baguettes sah. Wie erwartet, wechselten die deutschen Wachtposten einander ab und stellten sich geduldig an, während die hungrigen und durstigen Gefangenen ihnen zusehen mussten. Ihre Hoffnung verwandelte sich in Angst, dann in Enttäuschung und Verzweiflung, als die Lkw-Ladungen wieder gesichert wurden und die Lastwagen einer nach dem anderen in der Dunkelheit verschwanden. Horace richtete sich auf eine lange Nacht ein.

Nach Tagesanbruch setzte sich der Marsch wieder in Bewegung, aber zuvor mussten sie noch eine weitere Qual über sich ergehen lassen. Der Kaffee, den die deutschen Bewacher in der Hand hielten, dampfte und roch verführerisch. Sie frühstückten genüsslich ihre Baguettes und hart gekochten Eier.

Drei Tage und Nächte lang ging es so. Die Männer um Horace waren verzweifelt. Was für ein grausames Spiel trieben die Deutschen mit ihnen? Auf dem Hauptplatz von Cambrai hatten sie ihnen noch gesagt, sie würden in Lager und Fabriken geschickt, um dort zu arbeiten, aber würden sie, bis sie dort ankamen, überhaupt noch in der Lage sein zu arbeiten?

Unterwegs aßen die Männer alles, was man nur essen konnte. Ihre Augen suchten unablässig den Boden ab nach vergessenen Kartoffeln oder vergammelten Kohlrüben von der letzten Winterernte. Sie pflückten die Beeren von den Hecken und kauten die Sprösslinge aller Pflanzen, die sie finden konnten, auch die neu gepflanzten Gemüse. Es ging ums Überleben, immer wieder stritten sich zwei Männer um eine Ähre Korn oder einen Käfer, der zufällig ihren Weg kreuzte.

SINGEN VÖGEL IN DER HÖLLE?

Am vierten Tag marschierten sie durch das kleine Dorf Cousolre. Ein Wegweiser in der Ortsmitte besagte, dass sie nur zwanzig Kilometer von Belgien entfernt waren.

Ein paar Dorfbewohner, hauptsächlich ältere Frauen, säumten die Straße. Entsetzt beäugten sie die nicht enden wollende Reihe stolpernder, müder, verzweifelter und hungriger Männer. Als Horace an drei alten Frauen vorüberging, sah er eine rasche Handbewegung. Die jüngste der drei Frauen, sie war ungefähr so alt wie seine Mutter, hielt ihm einen Apfel entgegen und lächelte ihn an. Ein Apfel! Ein herrlicher Apfel! Horace lächelte schüchtern und streckte die Hand aus, um die Frucht zu nehmen. Er hatte vor, sich den Apfel gut einzuteilen. Noch ehe er ihn berührte, schmeckte er den süßen Saft. Er stellte sich vor, wie der süße Geschmack in seinem Mund explodieren würde und wie er das Fruchtfleisch genüsslich kauen würde.

Horace kam nicht in den Genuss des Apfels. Ein deutscher Soldat hatte den Vorfall bemerkt. Er packte die alte Frau am Kragen und zerrte sie mitten auf die Straße. Mit dem Gewehrkolben schlug er Horace den Apfel aus der Hand. Er kullerte in die Menschenmenge. Sofort griff ein Dutzend Hände nach der Frucht. Die Männer rauften sich darum, und die Wachen rauften mit und schlugen auf jeden Kopf, den sie erreichen konnten. Horace lag hilflos am Boden und rieb sein schmerzendes Handgelenk, während die Frau wie ein Schwein quiekte, das zur Schlachtbank geführt wird.

„Bâtard allemand!", schrie sie, als der Soldat sie an den Haaren packte.

„Bâtard allemand!", schrie sie noch einmal. Ein paar Gefangene lachten über das Schauspiel, das sich ihnen bot, beeindruckt von der Tapferkeit und der deutlichen Sprache der Frau. Horaces Französischkenntnisse waren mehr als dürftig, um es vorsichtig zu sagen, aber er verstand genau, was die alte Frau meinte.

Der Deutsche warf sie zu Boden und zielte mit dem Gewehr auf ihr Gesicht. Warum bedroht er sie?, dachte Horace. Sie hatte ihm doch nur einen Apfel gegeben. Was hatte sie schon getan, um den Mann zu beleidigen, um das deutsche Volk zu beleidigen? Dann geschah das Unvorstellbare: Die alte Frau erstarrte, sie erschrak, als sie ihrem Angreifer in die Augen sah. Wie in einem bizarren Film wurde alles zur Zeitlupe, als der Soldat den Finger am Abzug drückte.

KAPITEL 4

Die alte Frau lag bewegungslos am Boden, eine Blutlache bildete sich um ihren Kopf. Ein junger Gefangener stürmte mit hasserfülltem Blick auf den Deutschen zu, zwei Kameraden packten ihn und drückten ihn zu Boden.

„Du verdammter Bastard!", schrie er dem Deutschen ins Gesicht. Eine Hand verschloss ihm gerade noch rechtzeitig den Mund. Eine Träne lief Horace die Wange herunter. Er lag immer noch reglos da, unfähig, die feige Tat zu verstehen, deren Zeuge er gerade geworden war. Es war einfach nicht zu fassen! Am liebsten hätte er den Kerl umgebracht, ihm mit bloßen Händen die Augen herausgerissen. Er musste daran denken, wie er ein paar Nächte zuvor die Deutschen mit Tieren verglichen hatte. Die Deutschen waren nicht wie Tiere – mit diesem Vergleich hätte man jedes Tier beleidigt. Diese Männer waren schlimmer als Tiere.

In den nächsten paar Tagen wurde der Gesundheitszustand der Gefangenen immer schlechter, aber wenigstens scherten sich die Deutschen nun einen Dreck darum, dass die Einwohner den Männern allerhand zusteckten, was sie entbehren konnten. Horace befand sich am Ende der Schlange und bekam deshalb nur sehr wenig ab. Einmal war es eine Orangenschale, einmal eine Tasse Milch, ein paar Brotkrumen und etwas Getreide. Der Gefangenenkonvoi fiel über die Dörfer, durch die er zog, her wie ein Schwarm hungriger Heuschrecken.

Nichts überlebte – alles, was man nur essen konnte, verschlangen sie. Hühner, Hunde, Katzen – alles. Sie verschlangen die Tiere roh und tranken das noch warme Blut. Immer wieder gab es handfeste Auseinandersetzungen zwischen einzelnen Gefangenen, die sich um ein Stück schimmliges Brot oder ein fettes Insekt stritten, sogar um stehendes Wasser. Die Deutschen sahen den Faustkämpfen amüsiert zu, es war eine willkommene Unterhaltung für sie auf der langen, eintönigen Reise.

Wann immer man ihnen eine Mittagspause ohne Mittagessen gönnte, saßen die Männer in Gruppen da und sprachen über ihre Familien daheim. Das erhielt sie am Leben. Einige meinten voller Hoffnung, der Spuk hier wäre bald vorbei und sie wären in wenigen Wochen oder Monaten wieder zu Hause. Die größte Sorge, die Horace hatte, war, dass auch England von den Deutschen überrannt würde und dass seine Angehörigen bald genauso zu leiden haben würden wie er.

SINGEN VÖGEL IN DER HÖLLE?

Dann kam die Ruhr. Alle paar Minuten musste jemand aus der Schlange heraustreten und zu einem Graben gehen, sich hinkauern und – ohne einen Funken Menschenwürde – vor den Augen aller den wässrigen Inhalt seines Darms leeren. Manche fanden die Zeit, ein Büschel Gras herauszureißen und sich den Hintern abzuwischen, so gut sie konnten. Anderen war es inzwischen egal. Gleichgültig zogen sie ihre vollgeschissenen Hosen hoch und gingen weiter. Der Gestank war bestialisch, überall waren Fliegen. Einige Männer brachen zusammen, unfähig, weiterzugehen. Sie wurden einfach am Wegesrand liegen gelassen und von den Deutschen, die die Nachhut des Zuges bildeten, hingerichtet. Diese Hinrichtungen fanden regelmäßig statt und waren von allen in der Schlange gut zu hören. Sie folgten einem bestimmten Muster. Horace konnte die Anzeichen sehen – ein Mann taumelte, stolperte wie betrunken, seine Knie knickten ein. Gelegentlich erhielt er einen Schlag mit dem Gewehrkolben in den Nacken und den Befehl, weiterzulaufen. Ein paar Kameraden drängten ihn, weiterzugehen. Einige waren froh über die Unterstützung, standen auf und liefen weiter. Andere ließen sich nicht helfen, sie hatten schon aufgegeben und dachten: Ist doch sowieso egal, ob ich irgendwann mal irgendwo ankomme oder nicht. Man ließ sie so liegen, wie sie hingesunken waren, fertig zum Sterben. Und dann war es da – zwei oder drei Minuten später – das schreckliche Geräusch, das sie alle nur zu gut kannten.

Aus Tagen wurden Wochen. Horace wusste nicht mehr, wie viele Wochen sie schon so marschierten, aber die Männer wurden immer schwächer und die Hinrichtungen immer zahlreicher. Horace hatte ein seltsames Geheimnis, das er nur wenigen seiner Gefährten anvertraute. Als er ein Kind war, hatte seine Mutter im Sommer immer Löwenzahnblätter in den Salat getan. Sie waren feucht und nahrhaft und schmeckten so seltsam süßlich. Wann immer er konnte, pflückte er jetzt die kleinen Blätter am Wegesrand und kaute alle paar Stunden ihren Saft. So wurde sein Mund ständig aufs Neue erfrischt, und er musste nicht das faulige Regenwasser aus den schmutzigen Gräben trinken, das schon die Leute vor ihnen durch ihre Exkremente verschmutzt hatten. Er wollte überleben. Er betete, dass er im nächsten Dorf eine Wasserquelle oder ein frisch gefülltes Regenfass finden möge, dann würde er so lange daraus trinken, bis sein Bauch zum Platzen voll war.

KAPITEL 4

Horace versuchte, weiter nach vorn zu kommen und musste dabei viele schwächere Kameraden überholen, weil er hoffte, dass die Leute vorn eher die Chance hätten, etwas zu essen zu bekommen, falls es überhaupt etwas gab. Er hatte seinen alten Kumpel Eddie Mountain seit fast zwei Wochen nicht mehr gesehen und musste ständig an ihn denken. Er musste auch immer wieder an Oberstabsfeldwebel Aberfield denken, den Feigling, der die ganze Abteilung zum Kapitulieren gebracht hatte, ohne dass ein einziger Schuss gefallen wäre. Horace tröstete sich mit dem Gedanken, dass er selbst niemals aufgegeben hatte. Das war ihm den ganzen Krieg hindurch immer ein Trost.

„Ich habe nie kapituliert", pflegte er jedem zu sagen, der ihm zuhörte. „Ich hatte keine Wahl, ein Bastard hat mir die Entscheidung abgenommen. Er hat mich und uns alle aufgegeben."

Jede Nacht dachte er darüber nach, was wohl passiert wäre, wenn man die Uhr zurückdrehen könnte. Er lag auf dem Rücken und starrte in den klaren Nachthimmel hinauf. Die Sterne einer fernen Galaxie blinkten durch den Nebel hindurch. Seltsamerweise war es ihm ein Trost, stundenlang die Sterne zu betrachten.

Aber irgendwann kam ihm der Mann, der sein Schicksal besiegelt hatte, wieder in den Sinn, und er zitterte vor Wut. Immer wieder ließ er den Film vor seinem geistigen Auge ablaufen. Er hatte nicht daran gezweifelt, dass Aberfield auf ihn schießen würde. Aberfield hatte behauptet, er habe ihnen allen das Leben gerettet. Aber Horace kaufte ihm das nicht ab. Denn ihre Gruppe, ein Teil des zweiten und fünften Bataillons des Leicester-Regiments, war größer gewesen als die der Deutschen, die sie gefangen genommen hatten. Sie hätten eine Chance gehabt, eine sehr gute Chance. Sie hätten die Chance gehabt, die deutsche Patrouille zu vernichten und sich neu zu formieren. Niemand konnte wissen, wie viele Deutsche hinter dieser ersten Patrouille kamen, aber das war Horace gleichgültig. Sie hätten eine Chance gehabt zu kämpfen, zu überleben, abzuhauen und an einem anderen Tag wieder zu kämpfen. Aberfield hatte seine Entscheidung für sie alle getroffen, und dazu hatte er seiner Meinung nach nicht das Recht.

Horace hatte Kriegsberichte aus dem Ersten Weltkrieg gelesen, in denen Soldaten wegen Befehlsverweigerung erschossen wurden. Er hatte von Fällen

SINGEN VÖGEL IN DER HÖLLE?

gelesen, in denen einfache Infanteristen, Arbeiter, auf ihre Offiziere losgegangen waren. Jetzt konnte er verstehen, was sie dazu gebracht hatte.

Inzwischen waren sie mitten in Belgien angelangt. Es gab Gerüchte, sie würden nach Holland weiterziehen und von dort aus per Schiff rheinabwärts in die deutschen Kriegsgefangenenlager gebracht werden. Diese Gerüchte stimmten sogar. Allerdings machte die englische Luftwaffe diesen Plan ein paar Tage darauf zunichte, indem sie jedes deutsche Schiff versenkte.

Horaces Füße versagten ihren Dienst. Er hatte das Gefühl, er könne keinen Schritt mehr weitergehen, als sie sich in einem nassen Feld am Rande von Sprimont, weniger als fünfzig Kilometer von der belgisch-luxemburgischen Grenze entfernt, niederließen. Er hatte sich mit Flapper Garwood, einem Mann aus London, angefreundet. Flapper, ein Riese, der vor dem Marsch ungefähr hundert Kilo gewogen hatte, meinte, er nähme Tag für Tag sechs bis sieben Pfund ab. In den paar Wochen, die sie jetzt unterwegs waren, hatte er schon über zwölf Kilo abgenommen.

Horace sah zu, wie er in die Knie ging. Er fragte: „Warum nennen sie dich alle Flapper?"

Garwood zuckte mit den Schultern. „Der Grund ist nicht so spektakulär, Jim. Schätze, weil meine Arme wie Windmühlenflügel herumflattern, wenn ich Fußball spiele."

„Spielst du häufig Fußball?"

Garwood sah auf die Gefangenen und die deutschen Wachtposten und meinte: „In letzter Zeit nicht mehr, Jim. Aus irgendeinem Grund wurden alle Spiele gestrichen, weiß auch nicht, warum."

Die beiden Männer mussten lachen.

„Na ja, ich habe früher viel gespielt, hab auch bei den Spurs einen Profivertrag unterschrieben, bevor Hitler seine Muskeln spielen ließ."

„Flapper – was für ein blöder Spitzname", meinte Horace.

„Du kannst mich, wenn du willst, auch bei meinem ganzen Namen nennen."

„Und der wäre?"

„Herbert Charles Garnett Garwood."

Horace schüttelte den Kopf. „Nee, da bleibe ich lieber bei Flapper."

KAPITEL 4

Flapper drückte auf Horaces Wadenmuskel, um ihm vorsichtig den Stiefel auszuziehen. Horace schrie vor Schmerzen laut auf, als Flapper den Stiefel in der Hand hielt. Flapper hielt seinen Fuß hoch und untersuchte ihn.

„Schöne Scheiße, Kumpel – ich kann bis auf deinen weißen Knochen runter sehen."

Flapper deutete auf die riesige Blase am Fuß.

Horace fragte: „Du machst wohl Witze?"

Flapper schüttelte wortlos den Kopf.

Er ging weg und kam ein paar Minuten später mit einem Büschel nassem Gras zurück, das er auf die am schlimmsten betroffene Stelle legte. Keiner der beiden Männer wusste, ob diese Art der Wundversorgung etwas nützte und ob die Vorteile die Nachteile überwogen oder nicht. Es war Horace egal – jedenfalls fühlte es sich gut an. Als er am nächsten Morgen aufstehen wollte und seine schweren Stiefel in seinen blutigen, eitrigen Wunden schnitten, fühlte es sich übel an. Die ersten paar Kilometer musste er sich auf Flapper stützen. Der große Kerl klagte nicht und schien ganz zufrieden damit, das Gewicht eines Freundes mitzutragen, den er erst seit wenigen Tagen kannte. Nach ein paar Kilometern ließ der Schmerz nach, und Horace konnte wieder ohne fremde Hilfe laufen. Seine Füße waren so taub, dass er den Schmerz gar nicht mehr spürte.

Plötzlich sah er ihn. Ein paar Meter vor sich sah Horace die Rangabzeichen auf den Schultern, die gebückte Haltung und den kurzen, untersetzten Körperbau von Oberstabsfeldwebel Aberfield.

Horaces Schritte wurden schneller. Flapper bemerkte es und fragte sich, was wohl in seinen Freund gefahren war, dass der das Tempo so erhöhte, lief aber mit ihm mit. Horace tippte Aberfield auf die Schulter, der drehte sich zu ihm um und lächelte. Der Idiot hat mich doch tatsächlich angelächelt, dachte Horace später.

„Morgen, Greasley. Na, immer noch standhaft, alter Bursche?"

Horace langte Aberfield blitzschnell zwischen die Beine, packte seine zwei Hoden mit der Faust, drückte fest zu und drehte sie mit aller ihm verbliebenen Kraft. Der Offizier riss den Mund auf. Das Blut wich aus seinem Gesicht, als er auf Zehenspitzen stand und versuchte, den schauderhaften Schmerz zu unterdrücken.

SINGEN VÖGEL IN DER HÖLLE?

Nie zuvor hatte Horace jemandem bewusst Schmerzen zugefügt – auch nicht im Schulsport oder auf dem Fußballplatz. So etwas wäre ihm gar nicht in den Sinn gekommen. Er hatte diesen Angriff auf seinen Vorgesetzten nicht geplant, es kam einfach so über ihn. Wirkungsvoll war er jedenfalls ... Er ließ Aberfields Eier wieder los und lehnte sich ein paar Zentimeter zurück. Die Erleichterung Aberfields, als der Schmerz nachließ, war sofort zu sehen, sie grenzte fast an einen Orgasmus. Ein Lächeln huschte über das Gesicht des Offiziers – da schlug Horace seine Stirn gegen seinen Nasenrücken. Aberfields Nasenbein brach, Blut spritzte in alle Richtungen. Als er zusammenbrach und vor Schmerzen wie ein Schwein quiekte, bekam Horace einen Gewehrkolben in den Rücken. Er ging zu Boden, sprang aber gleich wieder auf, um dem Verursacher, dem Nazi, seine Faust ins Gesicht zu schmettern, und wenn es ihn das Leben kostete. Jetzt war ihm alles egal. Er war sogar bereit zu sterben, wenn es sein musste.

Aber Garwood warf sich dazwischen. Er umklammerte seinen Freund fest und zog ihn weg, tief in die Menge hinein. Gute fünf Minuten lang ließ Flapper ihn nicht mehr aus dem Schwitzkasten, egal wie sehr Horace protestierte und kämpfte. Als sein Atem wieder normal war, dankte er dem Gott, an den er nicht glaubte, für seine neue Freundschaft.

Für Horace waren diese Wochen ständigen Marschierens quer durch Frankreich und Belgien bis nach Luxemburg ein lebendiger Albtraum voll Hunger, Schmerzen und kräftezehrender Entbehrungen. Er musste zusehen, wie seine Kameraden vor seinen Augen starben, ohne dass er auch nur das Geringste für sie tun konnte. Das war das Schlimmste – die seelischen Folterqualen, das Gefühl der Sinnlosigkeit, die ständige Kontrolle und Dominanz, dieses Eingepferchtsein wie Tiere. Nicht mal mehr selbst entscheiden zu dürfen, wann man essen, pinkeln oder scheißen möchte. Nichts anderes im Leben konnte so schlimm sein wie das – dachte er damals jedenfalls.

Die nächsten drei Tage verbrachten sie in einem Zug nach Polen, was den Fußmarsch im Rückblick geradezu als Luxus erscheinen ließ. Sie durften nicht einfach so in den Zug einsteigen, der in Clervaux in Luxemburg losfuhr, sie wurden wie Vieh in die Waggons hineingetrieben und zusammengequetscht. Wieder einmal waren Gewehrkolben die Lieblingswaffe der Deutschen. Flapper Garwood bekam einmal die volle Wucht davon zu spüren. Seine Haut platzte

KAPITEL 4

unter der Uniform auf. Die unbehandelte und nicht genähte Wunde bildete eine Narbe, die ihm für den Rest seines Lebens erhalten blieb.

Auf dem Bahnsteig lagen ungefähr zwanzig Tote – alliierte Gefangene, die die Befehle ihrer Aufseher lediglich ein bisschen zu langsam befolgt hatten. Sie mussten alle zwischen je zwanzig Deutschen auf jeder Seite Spießruten laufen. Die alliierten Gefangenen mussten buchstäblich in den Zug rennen, sie wurden wie Vieh hinaufgetrieben. Nur wer schnell sprinten konnte, entging den Schlägen mit den Gewehrkolben. Garwood packte Horace am Kragen.

„Alles klar zum Rennen, Jim?"

„Und wie, Flapper. Wenigstens liegt jetzt der verdammte Marsch hinter uns."

„Und sie müssen uns ab jetzt ordentlich zu essen geben, wenn wir arbeiten sollen."

„Genau, Flapper. Also los!"

Die beiden Männer rannten, so schnell sie konnten, sie bedecken den Kopf mit den Händen. Horace bekam einen Fausthieb ab, und Flapper bekam genau an derselben Stelle wie vor ein paar Tagen einen Gewehrkolbenschlag ins Kreuz. Er winselte vor Schmerzen, sein leerer Magen krampfte sich zusammen. Aber es gab andere Kameraden, denen es weit schlimmer erging.

„Sieht so aus, als wären wir noch glimpflich davongekommen", sagte Flapper und deutete auf einen Gefangenen mit einer blutenden Kopfwunde. Manche wurden sogar bewusstlos in den Zug gezerrt.

Als die Deutschen die Türen verriegelten, waren die Menschen wie Sardinen in der Büchse zusammengepfercht, vielleicht dreihundert pro Waggon. Manche von ihnen bekamen Panik und schrien, als die Klaustrophobie bei ihnen einsetzte. Horace konnte nicht mal mehr die Hände über den Kopf heben. Seine Füße schmerzten höllisch, er wollte nichts lieber als sich hinsetzen oder hinlegen, aber das war mangels Platzes nicht möglich.

Als sie etwa eine Stunde lang unterwegs waren, musste Horace kacken. Er war noch besser dran als die meisten seiner Gefährten – er hatte sich noch unter Kontrolle, im Gegensatz zu denen, die die Ruhr hatten.

„Verdammt, Flapper, ich muss kacken", flüsterte Horace dem Freund ins Ohr.

„Oje, ist das dein Ernst?"

SINGEN VÖGEL IN DER HÖLLE?

„Fürchte, ja, mein Freund."

Flapper entschied sich dafür, die anderen diskret um ihre Aufmerksamkeit zu bitten, um seinem Freund nicht jedes bisschen Würde zu nehmen.

„Macht mal Platz hier – der Mann muss kacken", rief er.

Alles stöhnte entsetzt. Die Männer rückten noch enger zusammen und drängten Horace in die äußerste Ecke des Waggons.

„Haltestelle ist in Sicht", rief jemand, der sich weit aus dem offenen Fenster lehnte. Auf einmal hatte Horace eine Idee. Er bahnte sich seinen Weg zu dem Mann, der soeben gerufen hatte. Als er dort angelangt war, schmerzte sein Bauch heftig. Er drückte die Pobacken fest zusammen.

„Sind Deutsche auf dem Bahnsteig?", rief er zum Mann am Fenster hinüber.

„Ja, Dutzende von den Quadratschädeln sind hier draußen", erwiderte der Mann.

„Dann geh mal schnell aus dem Weg, ja?"

Während die Übrigen im Waggon verdutzt zusahen, ließ Horace die Hosen herunter und entleerte seinen Darm in seine Mütze. Der Gestank war entsetzlich, aber es gelang ihm, zur Fensteröffnung zu klettern, ohne etwas von dem Inhalt seiner Mütze zu verschütten. Er prüfte die Bewegung des Zuges. Der Zug wurde nicht langsamer, er hielt auch nicht an, sondern fuhr mit etwa zwanzig Stundenkilometern Geschwindigkeit durch den Bahnhof. Horace grinste übers ganze Gesicht, als er sechs deutsche Soldaten bemerkte, die nur einen halben Meter vom Bahnsteigrand entfernt standen. Er drehte die Mütze so, dass er sie mit beiden Ohrenklappen in einer Hand halten konnte. Jetzt begriffen seine Gefährten, was er vorhatte. Sie jubelten ihm zu und johlten laut.

Horace war geschickt, sein Timing punktgenau. Mit einem Ruck seines Handgelenks ließ er eine der beiden Ohrenklappen wenige Zentimeter vor den Deutschen los. Seine Scheiße segelte in Gesichtshöhe durch die Luft, angetrieben vom Fahrtwind des Zuges. Der erste Deutsche, der da stand, schaffte es gerade noch, sich abzuwenden, als er sah, was passierte, seine Freunde jedoch waren nicht schnell genug. Sie bekamen den faulig stinkenden Inhalt der Mütze direkt ins Gesicht und auf die Schultern. Horace hob die Arme. Alle jubelten, als hätten sie ein Tor geschossen.

KAPITEL 4

Die Freude währte nicht lange, aber die Aktion wurde mehrfach wiederholt. Es war die einzige Waffe, die ihnen noch gegen die Deutschen blieb, aber das war ihnen egal. Es war ihr Protestmittel, ihre einzige Möglichkeit, in aller Munde zu sein und dem Feind den Stinkefinger zu zeigen, und sie nutzten sie in der Folge noch öfter. Eine Ecke des Waggons hieß „Scheißecke". Die Gefangenen machten sich dünn und drehten sich um, damit der nächste unglückliche Kandidat den notwendigen Platz erhielt, die Hosen fallen zu lassen und seine „Bombe" in einen Helm, einen Hut oder eine Kiste zu deponieren und sie am nächsten Bahnhof den Deutschen ins Gesicht zu schleudern. Manchmal mussten sie in den Waggons über Leichen gehen, denn die Hitze, Hunger und Durst forderten ihren Tribut, aber sie „machten es" in Darmstadt, in Hammelburg und in Kronach. Jedes Mal, wenn einer von ihnen die Hosen runterließ und es nach Exkrementen stank, jubelte die eng aneinander gedrängte Menge im Zug.

Aber immer noch starben manche.

Nachts mussten die Gefangenen im Stehen schlafen, dicht an dicht gedrängt, die schaukelnden Fahrtbewegungen des Zuges gewährten ihnen etwas Schlaf. Horace hatte keine Löwenzahnblätter mehr, er hatte seine magere Ration mit seinem Londoner Freund geteilt. Sein Mund war entsetzlich trocken, und in seinem Magen schrie ein Biest nach Essen. So konnte er nur noch ein paar Stunden überleben. Er wollte nur noch liegen und schlafen – sich in das Unvermeidliche schicken.

Jetzt war es wieder taghell, aber er wollte weiterschlafen. Er schloss die Augen und lehnte sich an den Mann neben ihm. Der Mann war steif wie ein Brett, und als Horace in sein Gesicht blickte, war es grau und leer.

Seine Gedanken schweiften ab ... Er stand mit seinem Vater auf einer Wiese, sie schossen Kaninchen, es war ein erfolgreicher Tag, mindestens drei erlegt, und dann die kurze Wanderung nach Hause durchs feuchte Gras. Der Geruch ... der Geruch von feuchtem Gras, und dann die gebratenen Kaninchen im Teigmantel, als seine Mutter den Topfdeckel anhob. Die Familie nahm nacheinander um den Küchentisch herum Platz – Mutter, Vater, Daisy, Sybil und Harold, das Baby Derick saß in seinem Hochstuhl und grinste und brabbelte und schlug sich mit

SINGEN VÖGEL IN DER HÖLLE?

einem Löffel auf den Arm wie ein Trommler. Lauter glückliche Gesichter, jeder freut sich auf das Essen und auf die kühle Limonade, die Mutter als besondere Leckerei in dem mobilen Laden gekauft hatte, der zweimal in der Woche die Pretoria Road hinauffuhr. Und erst der Geschmack des zarten Fleisches, des Kartoffelbreis und der Teigkruste, die nur Mama so machen konnte ... Auf einmal spähte jemand durchs Fenster und leuchtete mit einer Kerze hinein. Ein finster dreinblickender Fremder, dann ein Kommando in einer fremden Sprache. Ein anderer Mann kommt zur Tür herein, ein Gewehr in der Hand, und Horace will zwischen seine Mutter und diesen Mann, der von Kopf bis Fuß mit Hakenkreuzen übersät ist, will dem Kerl ins Gesicht schlagen ...

Stattdessen ist es Flapper, der ihm auf die Wangen klopft.

„He, lass mich nicht allein hier, Landei! Wir gehen da gemeinsam durch."

Flapper schob ihm ein paar Löwenzahnblätter in den Mund.

„Iss. Ich hab ein paar von den Dingern behalten und neue gefunden, kurz bevor wir nach Luxemburg kamen."

Horace hatte kaum noch den Willen zu kauen, die Energie und der Saft in den Blättern waren nicht mehr so toll. Sie waren in der Tasche seines Freundes ausgetrocknet. Er wollte nicht mehr kauen, hatte nicht mehr die Kraft dazu, aber Flapper nahm seinen Kiefer in seine riesigen Hände und zwang seine Zähne, in kreisförmigen Bewegungen zu mahlen.

„Komm und kau das. Wir machen das hier zusammen durch."

Horace nickte und flüsterte: „Wir haben einen Pakt, Flapper. Du und ich, wir bleiben zusammen. Wir geben nicht auf."

Danach wurde er bewusstlos, und keine Überredungskünste, keine Schmeicheleien, keine Ohrfeigen konnten ihn mehr wecken.

Als Horace wieder zu sich kam, saß er auf einem Bahnsteig und der Duft einer Art Suppe lag in der Luft. Flapper kniete neben ihm und gab ihm zärtliche Klapse auf beide Wangen.

„Wach auf, Jim. Endlich kriegen wir was zu essen."

Horace hatte es nicht geträumt – er hatte tatsächlich Suppe gerochen. Er sah, wie eine Reihe von Gefangenen ihre knappen Rationen in Behälter füllen ließen, die sie irgendwie organisiert hatten.

„Heiße Suppe, Jim – das ist der Wahnsinn!"

KAPITEL 4

Mit Flappers Hilfe schaffte es Horace, aufzustehen. Sie rannten beinahe auf die Menschenschlange zu. Er wunderte sich selbst, woher er plötzlich diese Energie nahm. Die Kriegsgefangenen erhielten jeder einen halben Schöpflöffel Suppe und ein größeres Stück Brot, braunes deutsches Brot. Dankbar nahm Horace das Brot an sich, er nahm einen großen Bissen davon und stopfte den Rest in seine Tasche.

„Es gibt keine Suppenschüsseln!", schrie Flapper, als sie immer weiter nach vorn rückten. Horace sah sich vorne um. Einige der Männer hatten das Glück, noch einen Helm zu haben, die übrigen ließen sich die heiße Suppe in ihre bloßen Hände geben.

Diejenigen, die ihre Suppe zu gierig hinunterschluckten, wurden dafür bestraft. Die heiße Suppe traf auf Mägen, die bis zum Gehtnichtmehr geschrumpft waren. Sie spien die flüssige Nahrung schon nach kurzer Zeit wieder aus. Obwohl die heiße Suppe ihre Hände verbrühte, schlürften Flapper und Horace sie langsam und genossen jeden Mundvoll davon. Die Suppe war eine Spende des Roten Kreuzes, das irgendwie von dem Todeskonvoi, der durch Deutschland fuhr, erfahren hatte. Das Rote Kreuz gab ihnen auch das saubere, frische Trinkwasser, das sie anschließend tranken.

Die Toten wurden aus den Waggons geborgen und am äußersten Ende des Bahnhofs aufeinandergestapelt. Dann wurden die Gefangenen wieder in die Waggons getrieben, und Horace hatte Schuldgefühle, weil jetzt mehr Platz im Waggon war. Sie konnten auch jetzt noch nicht sitzen, weil es zu voll war, aber sein Bauch war gefüllt und sein Durst gelöscht. Wieder hatte er einen Tag überlebt.

Früh am nächsten Morgen hielt ihr Zug mit einem kräftigen Ruck. Drei oder vier Gefangene streckten die Köpfe aus den Fenstern.

„P–O–S–E–N", buchstabierte einer.

„Wo zur Hölle ist das?", fragten sie sich.

Flapper Garwood sah Horace an. „Polen, Jim. Wir sind in Polen."

Endlich waren sie am Ziel. Joseph Horace Greasley war im von Deutschland besetzten Polen angekommen. Er hatte keine Ahnung, dass er die nächsten fünf Jahre hier verbringen würde.

KAPITEL 5

Die ersten Kriegsmonate verliefen für die Alliierten nicht gut. Im August 1940 bereitete Hitler sich auf die Invasion Großbritanniens vor. Die Operation namens Sealion –Seelöwe – sollte am 15. September stattfinden. Er war sich eines schnellen Sieges sicher. Seine Truppen und seine Luftwaffe waren gerüstet und bereit zuzuschlagen, auch die militärischen Geräte waren einsatzbereit, die alliierten Truppen hingegen waren nicht gerüstet. Nur Mutter Natur, also das Wetter, hinderte ihn daran, sein Vorhaben wie geplant durchzuführen.

Die britische Luftwaffe, die Royal Air Force, bot einen Hoffnungsschimmer, sie war der deutschen Luftwaffe mehr als gewachsen, was Langstreckenflüge entlang der Ostküste anging. Aber die Deutschen bombardierten London und beschossen Dover mit ihrer Langstrecken-Artillerie. Mitte September schickte Hitler, der allen Juden befohlen hatte, sich durch den gelben Judenstern auszuweisen, Wellen von Bombern über die britischen Großstädte, von denen die meisten aber vertrieben werden konnten. Es gelang der Luftwaffe nicht, deutliche Schneisen in die britischen Verteidigungslinien zu schlagen. Es sah so aus, als würde die Royal Air Force den Kampf um Großbritannien gewinnen.

Horace Greasley bekam von alledem nichts mit. Er und seine Mitgefangenen verbrachten einige Wochen in einem großen Auffanglager in Lamsdorf, dann wurden ungefähr dreihundert von ihnen nachts in ein anderes Lager ein paar

KAPITEL 5

Kilometer weit weggebracht. Man erzählte ihnen vom Fortgang des Krieges, aber nur aus deutscher Sicht. Obwohl es Horace klar war, dass die Deutschen hier auch einen Propagandakrieg führten, musste er an seine Gefangennahme denken und daran, wie leicht Frankreich und die übrigen Alliierten kapituliert hatten. Er erinnerte sich an die deutschen Truppen in Cambrai, an deren Bewaffnung und daran, wie gut organisiert und wie motiviert ihre komplette Kriegsmaschinerie ihm erschienen war. Er befürchtete das Schlimmste. Horace litt an Depressionen, die er so noch nie zuvor gekannt hatte.

Frühmorgens erwachte er auf seinem Bett aus Stroh auf dem Beton. Obwohl die Sommersonne immer noch etwas Wärme spendete, hatte sich der Betonboden unter ihm in den paar Wochen seit ihrer Ankunft bereits deutlich abgekühlt. Bald würde der Winter kommen – für Horace ein entsetzlicher Gedanke.

Beim Aufwachen dachte er jeden Morgen als Erstes ans Essen. Vorbei waren die Tage, an denen seine Gedanken morgens zuerst zu einem bestimmten Mädchen daheim schweiften, zu einem Paar wohlgeformter Brüste oder zu dem weichen Schamhaar von Eva Bell. Heutzutage bestanden seine morgendlichen Träume aus Brot und Fleisch, Mutters hausgemachten Kuchen und Pasteten, Brötchen und Obstkuchen. Jeden Morgen, wenn er erwachte, wurde ihm schmerzlich bewusst, wo er war. Seine ersten Gedanken waren die an Tod und Folter, an Kontrolle und Brutalität, und er fragte sich immer wieder, wie seine Mitmenschen es fertigbrachten, die Taten zu verüben, die er täglich mit ansehen musste. Dann dachte er an sein Zuhause und seine Familie und daran, wie lange es wohl dauern würde, bis das Dritte Reich über England hinwegfegen und auch in seine Heimatstadt eindringen würde.

Horace drehte sich um. Es war noch nicht Zeit, aufzustehen und dem düsteren Tag, der vor ihm lag, ins Auge zu blicken. Genauso empfand er es: Er war in Charles Dickens' *Bleak House*, im Haus der Trostlosigkeit, angelangt. Er erinnerte sich, dass er den Roman als Jugendlicher gelesen hatte, aber dieses Lager hier war hundertmal schlimmer. Denn jeder hier war einsam und verloren.

Horace schloss die Augen. Vielleicht würde es ihm gelingen, den Horror des neuen Tages, der vor ihm lag, noch eine Stunde lang von sich wegzuschieben.

SINGEN VÖGEL IN DER HÖLLE?

Seine Füße schmerzten, er hatte seit jener Nacht damals in Belgien die Stiefel nicht mehr ausgezogen. Er hatte es danach noch des Öfteren versucht, aber es war, als wären seine Stiefel – oder was noch davon übrig war – an seinen Füßen festgeklebt. Der Klebstoff wurde mit jedem Tag fester, und er wollte lieber gar nicht wissen, in welcher Verfassung seine Füße waren.

Das sogenannte Fort acht in Posen war eine alte Kavalleriekaserne aus dem Ersten Weltkrieg. Die Gefangenen schliefen in den ehemaligen Pferdeställen. Es gab keine Betten und keine Decken. In den Gebäuden und dem alten, schmutzigen Stroh wimmelte es vor Mäusen, Kakerlaken und Läusen. Die Zustände in Fort acht in Posen waren ein Eldorado für Menschenläuse, die in den Nähten und Falten der Kleidung hausten – je dreckiger diese war, umso besser – und die durch infizierte Kleidung und Bettwäsche sowie durch den direkten Kontakt mit einer infizierten Person übertragen wurden.

Horace war besser dran als die meisten anderen Gefangenen. Er hatte es geschafft, eine alte Nagelfeile in der Brusttasche seiner Uniform zu verstecken. So hielt er seine Fingernägel kurz und sauber, eine alte Gewohnheit aus seiner Zeit als Friseur, die er nicht aufgeben wollte. Horace kratzte sich nicht, er rieb. Die anderen Männer, die lange, schmutzige Nägel hatten, kratzten sich damit die Haut auf, wenn sie von den Läusen gebissen wurden, und machten das Problem somit nur noch schlimmer.

Jeder Gefangene fürchtete das erste Zeichen der Ansteckung. Man wachte morgens auf und sah die winzig kleinen, dunkelbraunen Flecken von Läusekot auf seiner Haut. Ein paar Tage später juckte alles. Es gab kein Entrinnen, kein heißes Wasser zum Waschen, keine Seife, keine Möglichkeit, sich sauber zu halten. Die Tierchen ernährten sich von menschlichem Blut und legten im Anschluss an ihr Festmahl ihre Eier auf der Haut und in den Kleiderfalten der Menschen ab. Die Infektion führte zu einem starken Juckreiz, der den Männern ihre letzte Würde nahm und sie seelisch fertigmachte, weil sie nichts dagegen tun konnten.

Der Juckreiz war so stark, dass man sich einfach kratzen musste. Selbst wenn die Haut schon wund war, mussten die armen Männer sich weiter kratzen, und aus den wunden Stellen wurden eitrige Geschwüre. Nun kamen die Fliegen als Teil der Nahrungskette ins Spiel. Wenn man morgens aufwachte,

KAPITEL 5

saßen einem schon Hunderte Fliegen auf den blutig gekratzten, eiternden Wunden und ernährten sich von dem Wundgewebe.

Horace lag auf uringetränktem Stroh. Der starke Harngeruch hing den ganzen Tag über in der Luft, denn viele waren zu schwach aufzustehen und ließen es einfach laufen. Horace konnte sich kaum bewegen. Es war, als hätte jemand sein Leben aus ihm herausgesaugt. Alle paar Minuten durchzog ein hämmernder Schmerz seine Füße, weil seine wunden Hacken an den Stiefeln rieben. Es war Wochen her, seit er das letzte Mal seine Stiefel ausgezogen hatte. Die Erinnerung an den Schmerz, als er die Stiefel auf ein Feld in Belgien gestellt hatte, war noch zu frisch, als dass er Lust verspürte, es noch mal zu versuchen. Er sehnte sich nach dem frischen kühlen Grasbüschel, das ihm sein Freund auf die Wunden gelegt hatte.

Der Hunger nagte immer noch wie eine Ratte an seinen Magenwänden. Läuse rannten ihm über die Haut und piesackten ihn den ganzen Tag. Manchmal ließ er sie gewähren, auch wenn er wusste, dass sie ihn ins Fleisch beißen würden. Sollen sie doch mein Blut haben, dachte er, vielleicht lassen sie mich dann eine Zeitlang in Ruhe.

Schlimmer wurde es, wenn sich die Natur alle paar Tage meldete und er aufs Klo musste. Die Gefangenen schoben es, so lange sie konnten, vor sich her, aber nach zwei bis drei Tagen Kohlsuppe regte sich nun mal bei jedem der Darm.

Das Gebäude hieß der Toilettenblock. Horace hatte keine Ahnung, warum. Schon auf dreihundert Meter Entfernung konnte man den unerträglichen Gestank riechen. Je näher man kam, umso stärker wurde er, und man musste sich äußerste Mühe geben, nicht zu kotzen. Horace wollte sein Essen so lange wie möglich im Magen behalten. Diejenigen Kameraden, die das nicht schafften, wurden von Tag zu Tag schwächer.

Der Block selbst war ein primitiver Bau. Über einen riesigen Flüssigkeitstank hatte man einen Fußboden aus Holzlatten genagelt. Man hatte zwei neunzig Zentimeter mal sechs Meter große Löcher freigelassen und in Hüfthöhe an einem separaten Rahmen zwei lange Bretter befestigt. Die Gefangenen saßen zwischen den beiden Brettern und schissen durch das Loch in den darunter befindlichen Tank. Es gab keine Intimsphäre, keinen Abfluss, kein fließendes Wasser und kein Toilettenpapier. Die Gefangenen wischten sich den Hintern

SINGEN VÖGEL IN DER HÖLLE?

mit dem ab, was sie kriegen konnten, normalerweise ein Büschel Gras. Manche, denen alles egal war, ließen es auch sein.

In Bodenhöhe sah man ein Abwasserrohr mit zwanzig Zentimetern Durchmesser. Alle paar Wochen kam ein Tanklastwagen mit einer leistungsstarken Pumpe und saugte buchstäblich zwei Tonnen menschliche Exkremente aus dem Tank. Da das Rohr gut einen Meter über dem Tankboden war, wurde der Tank nie ganz entleert. Das heißt, auf dem Tankboden war immer ein Meter zwanzig Scheiße, auf die sich die Fliegen stürzten. Speziell in den Sommermonaten war es einfach unerträglich – ein Paradies für Fliegen und Kakerlaken.

Horace war körperlich geschwächt, sein seelischer Zustand jedoch war noch viel schlechter. Immer wieder war er kurz davor, das Bewusstsein zu verlieren, er träumte und halluzinierte oft nur. Albträume quälten ihn ständig – Deutsche in seinem Heimatdorf, Deutsche in seinem Elternhaus, Deutsche, die seine Mutter und seine Schwestern quälten. Auch nach dem Aufwachen hörte es nicht auf. Überall Stiefel. Skelette lagen am Boden, manche schnarchten, manche stöhnten. Ein Mann betete auf Knien seinen Gott an: „O Gott, warum hast du mich verlassen? Warum tust du mir das an? Warum lässt du mich so sehr leiden?"

Tom Fenwicks Vater war Geistlicher der anglikanischen Kirche, Tom wurde christlich erzogen.

„Halt die Schnauze, Fenwick!" schrie jemand in seiner Nähe. „Er hört dich sowieso nicht. Schlaf gefälligst weiter!"

„Warum, o Herr? Ich bin doch kein schlechter Mensch. Ich bete jeden Tag. Wenn das deine Art ist, mich zu prüfen, dann lass es ein Ende haben. Ich hab die Prüfung doch bestanden? Gib mir ein Zeichen, Vater."

Die letzten Worte sagte er mit tränenerstickter Stimme, sie waren kaum zu verstehen. Er drehte sich zu Horace um.

„Er kann mich nicht hören, stimmt's, Jim?"

Horace sah Tom Fenwick an. Er war am Ende – jede Hoffnung hatte ihn verlassen. Als kleiner Junge hatte er immer gewissenhaft die Zehn Gebote befolgt. Er hatte fest daran geglaubt, dass das Gute stets über das Böse triumphiert und dass der gute alte Mann da oben in den Wolken ihm zuhören und seine Gebete erhören würde.

KAPITEL 5

„Du sollst nicht töten, Jim. Das sagt uns der Herr. Aber diese Männer brechen Tag für Tag seine Gebote, und Er bestraft sie nicht mal dafür. Warum hindert Er sie nicht daran?"

Horace schüttelte schweigend den Kopf.

Tränen liefen Tom Fenwicks Gesicht herunter. Erneut hörte man ihn sprechen, diesmal lauter: „Warum tut Er nichts, Jim? Warum hindert Er sie nicht an ihrem Tun, wie die Stämme, die sich gegen Israel verbündet haben?"

Horace machte den Mund auf, um zu sprechen. Er wollte Tom Fenwick sagen, dass es seinen Gott nicht gab. Horace hatte schon immer an seiner Existenz gezweifelt, er hatte sich oft gefragt, wie sie seinen Bruder so leicht eingewickelt hatten. Harold hatte immer gewollt, dass sein Zwillingsbruder auch fromm wird. Er hatte gewollt, dass Horace auch ab und zu mal einen der Gottesdienste besuchte, in denen er predigte. Horace hatte Nein gesagt und sich gefragt, warum so viele erwachsene Männer und Frauen so viele Stunden ihres Lebens damit zubrachten, zu jemandem oder etwas zu beten, den oder das sie niemals getroffen, nie berührt oder auch nur gesehen hatten. Er konnte verstehen, dass man in der Antike die Sonne, den Lebensspender, angebetet hatte, wenn es kalt und dunkel wurde oder wenn es einen schlechten Sommer gab. Er konnte jeden verstehen, der um eine gute Ernte bat oder um mehr Sonne ...

Er war stets offen und aufgeschlossen. Er hatte die Lehren der christlichen Kirche bewundert. Er hatte Jesus Christus und seine Ideale geachtet, hatte auch daran geglaubt oder vielmehr darauf gehofft, dass das Gute stets über das Böse siegt. Bis jetzt.

Jetzt glaubte er zu wissen: Es gibt keinen Gott. So etwas wie hier war sonst einfach nicht möglich.

Jetzt wäre er am liebsten in eine Kanzel hochgestiegen und hätte diesem Tom hier gesagt, wie lächerlich sein Glaube doch war. Aber das war nicht mehr nötig. In diesem Moment verlor Tom Fenwick seinen Glauben, er verließ den Gott, an den er geglaubt hatte, seit er denken konnte. Horace sah es an seinen Augen. Der junge Mann schlug die Hände vors Gesicht und schluchzte wie ein Baby.

Nach dem Appell wurden die Gefangenen zur Küche auf der anderen Seite des Lagers begleitet. Ihre Tagesration bestand aus einer Schüssel Kohlsuppe

SINGEN VÖGEL IN DER HÖLLE?

und einem Drittel Laib schwer verdaulichen, braunen Kommissbrotes, ein bis zwei Stunden nach dem Morgenappell um sieben. Es war der beste Teil des Tages. Horace brach seine Brotration in drei Teile, für den langen Tag, der vor ihm lag, wie es die meisten taten. Er saß neben Tom Fenwick, der, im Gegensatz zu sonst, seine ganze Brotration auf einmal hinunterschlang. Es sollte seine letzte Mahlzeit sein, aber Horace wusste das natürlich nicht.

Ihr Lager war von einem großen Festungsgraben umgeben, der aber kein Wasser mehr führte. Die einzige Möglichkeit, aus dem Lager zu gelangen, war über eine Zugbrücke, die zu beiden Seiten von deutschen Wachtposten bewacht wurde. Diese Brücke ohne Genehmigung zu betreten, bedeutete den sicheren Tod.

Tom Fenwick lächelte Horace an und murmelte irgendetwas, von wegen, er werde bald wieder mit seinem Vater vereint sein. Ehe Horace begriff, was er meinte, sprang Tom Fenwick auf die Zugbrücke zu und schrie, so laut er konnte, etwas Unverständliches. Wie er es beabsichtigt hatte, zog er die Aufmerksamkeit sämtlicher diensthabender deutscher Wachtposten auf sich. Er sprang auf die Holzbrücke, und der Kugelhagel traf ihn, noch bevor seine Füße den Boden wieder berührten. Die Deutschen durchsiebten den am Boden Liegenden mit noch mehr Kugeln, und Tom Fenwick tat seinen letzten Atemzug.

Horace blickte in die Gesichter der Soldaten, die das Leben dieses jungen Gefangenen ohne mit der Wimper zu zucken beendet hatten. Sie grinsten und beglückwünschten einander, ähnlich wie Horace als Teenager von seinem Vater beglückwünscht wurde, wenn er mit einem Fernschuss einen Hasen oder ein Kaninchen erlegt hatte. Der morgendliche Sport schien den Nazis gefallen zu haben.

Die Waffen-SS regierte über Fort acht in Posen mit eiserner Hand. Für die Insassen hatten die Wärter nur Hass übrig, sie hatten kein bisschen Respekt für die gefangen genommenen Soldaten. Die Propaganda erzog die SS-Leute dazu, zu denken, dass ordentliche Soldaten auf dem Schlachtfeld starben und nur die Schlechtesten überlebten oder in Gefangenschaft gerieten. Dass ein Gefangener geschlagen wurde, war hier an der Tagesordnung – man musste einen Wachtposten nur irgendwie schief anschauen, und schon wurde man verprügelt.

KAPITEL 5

Nach einer Woche wurden die Gefangenen, die gesund genug waren, in Reih und Glied zu stehen, von einem SS-Offizier gefragt, ob der Zivilberuf, den sie einmal gelernt und ausgeübt hatten, dem glorreichen Fortschritt des deutschen Volkes dienen könne. Das war die falsche Art zu fragen. Die Männer sagten nichts – außer einem. Der meldete sich und meinte: „Ich glaube, ich kann dem glorreichen deutschen Volk mit meinen Berufskenntnissen helfen."

Es war Frank Talbot, ein Gefreiter der Luftwaffe aus Worcester. Die Gefangenen waren verblüfft. Manche von ihnen grinsten und pfiffen.

„Meine Kenntnisse sind wie gemacht für die wunderbaren deutschen Soldaten."

Der SS-Offizier grinste breit und sagte: „Fein – und was haben Sie in England gelernt, Gefangener?"

Talbot sah die Masse der Gefangenen an, und dann wieder den Offizier.

„Ich bin Totengräber, Sir."

Die verblüfften Mitgefangenen lachten und johlten. Frank Talbot jedoch wurde so krankenhausreif geschlagen, dass er zwei Wochen lang mit einem Schädel- und Schienbeinbruch im Lazarett lag. Hinterher sagte er den anderen, die Schmerzen seien furchtbar gewesen, aber das sei es ihm wert gewesen.

Man befahl den Gefangenen, ihre zivilen Berufe zu nennen. Auch wenn es sich unglaublich anhört, aber ein Friseur war von den normalen Aufgaben entbunden. Inzwischen hatte jeder im Lager Läuse, und deren Verbreitung ließ sich nur eindämmen, wenn man alle Gefangenen kahl schor.

Horace wurde in einen kleinen Nebenraum neben der Lagerverwaltung gebracht. Draußen ließ man Gefangene in einer Schlange hintereinander antreten. Hier stand Horace nun und musste von morgens bis abends verlauste Köpfe rasieren – ohne fließendes Wasser, ohne Strom. Seine geschwollenen Füße schmerzten in den engen Stiefeln, aber wenn er die Gefangenen auf einen alten Schuhkarton setzte und sein Gewicht alle paar Minuten von einem auf das andere Bein verlagerte, konnte er seinen Beinen eine Pause verschaffen. Und wie sich bald herausstellte, hatte er es noch gut getroffen, denn nichts war schlimmer als die Arbeiten, die seine Kameraden außerhalb des Lagers verrichten mussten.

SINGEN VÖGEL IN DER HÖLLE?

Als die ersten von ihnen nach einem langen Arbeitstag von draußen zurückkamen, sahen sie blasser und ausgemergelter aus als ihre unterernährten Kameraden im Lager. Flapper war einer von denen, die arbeiten gehen mussten. Er sagte, zuerst seien sie noch froh über den Ortswechsel, die frische Luft und die körperliche Ertüchtigung gewesen, als sie aus dem Dorf Mankowice hinausmarschieren durften.

Die Männer trugen Schaufeln, Pickel und Spaten. Sie vermuteten, sie sollten auf eine Baustelle gehen, etwa das Fundament für eine neue Fabrik oder ein weiteres Lager ausheben. Dann hielt die Karawane der Gefangenen an einem Friedhof an und einer nach dem anderen musste durch das elegante, gepflegte Friedhofstor gehen.

Flapper vermutete anfangs, sie sollten Unkraut jäten, sozusagen als Friedhofsgärtner fungieren. Dann las er ein paar der Namen, die auf den Grabsteinen standen – Isaac und Goldberg, Abraham und Spielberg. Auf jedem Grabstein prangte der Davidsstern. Ein jüdischer Friedhof also. Wer die Gerüchte im Lager gehört hatte, wusste, dass es hier bestimmt nicht darum ging, Unkraut zu entfernen und Büsche zurechtzuschneiden. Stattdessen befahl man den Gefangenen, ein zwei Meter tiefes Loch zu graben.

„Dieses Grab hier ist für jeden bestimmt, der sich meinen Befehlen widersetzt", erklärte ihnen ein englisch sprechender Unteroffizier.

Wie schrecklich ihre Aufgabe war, wurde schnell aus seinen Worten klar. Sie sollten die Leichen von Juden ausgraben und ihnen alles abnehmen, was sie mit in den Tod genommen hatten. Goldringe, Uhren, ja sogar die Goldkronen riss man ihnen mit der Zange aus ihren verfaulten Zähnen. Die SS stand Wache, während die zerfallenden Skelette geschändet und all ihrer Habe beraubt wurden. Anschließend wurden die Leichen zusammen in eine andere Grube geworfen, die ein anderer Gefangenentrupp inzwischen ausgehoben hatte. Garwood musste weinen, als er seinem Freund alles haarklein erzählte: Die Leichen der Frauen und Kinder, in ihre einst schönsten Gewänder gehüllt, die nun nur noch schmutzige Lumpen waren, und dass die Wächter von ihnen verlangten, sie sollten die Skelette ganz entkleiden, um sicherzugehen, dass man nichts Wertvolles übersah.

„Ist den Bastarden denn gar nichts heilig, Jim?", fragte er unter Tränen.

KAPITEL 5

Es war ein schlimmer Tag, vielleicht der schlimmste bisher. Bei dem stets gleichförmigen Ablauf der Tage war Horace bisher immer mit dem Gedanken eingeschlafen, schlimmer als jetzt könne es nicht mehr werden. Von wegen.

So unerfreulich die Zustände hier waren, Horace konnte sich wie gesagt nicht über die Arbeit beklagen, die man ihm in Fort acht in Posen zugewiesen hatte. Die Männer, die er kahl schor, waren froh über die Ruhepause und die nette Unterhaltung, die sie in dem improvisierten Friseurstuhl hatten. Es war, als wäre ein bisschen Normalität in ihr verpfuschtes Leben zurückgekehrt während der paar Minuten, die es dauerte, ihnen mit einer Rasierklinge, kaltem Dreckwasser und einem Stock mit Schaum dran die Haare abzunehmen.

Friseur und Kunde versetzten sich ein paar Jahre zurück und spielten ein bisschen Normalität, bevor sie wieder in die grausame Wirklichkeit entlassen wurden und der Brutalität der SS-Männer und der schlimmen Lage da draußen ausgesetzt waren.

„Gehen Sie am Samstagabend wieder aus, mein Herr?"

„Klar, Jim, und du?"

„Selbstverständlich, mein Herr. Würd ich nie verpassen. Ich habe eine süße kleine Freundin, sie heißt Eva."

„Fantastisch, Jim, du bist wirklich zu beneiden. Ich kenne das Mädel – eine Figur wie eine Sanduhr, auch obenrum gut gebaut."

„Das will ich meinen, mein Herr."

Wieder einmal lief eine Laus die Rasierklinge herunter. Horace zerquetschte sie, als sie sich auf seinen Daumennagel setzte. Das Tierchen explodierte und hinterließ einen Blutfleck.

„Hast du sie schon ausgeführt, Jim?"

Horace lächelte, spitzte die Lippen und grinste seinen Kunden an.

„Und ob, Sir. Die schönsten Brüste von ganz Leicester, und Nippel wie Orgelregister." Und er lachte.

So ging es die ganze Zeit. Manchmal dachte Horace, er stünde tatsächlich noch in dem alten Friseursalon seines Meisters in Leicester. Spielen, so tun als ob, war das Einzige, was ihm blieb – sich etwas vorstellen und so tun, als wäre es wahr. Irgendwie wollte er durch diese schlimme Zeit kommen – er musste es doch.

SINGEN VÖGEL IN DER HÖLLE?

Nach ein paar Wochen kamen zwei SS-Offiziere herein. Drei Gefangene saßen an der Tür auf Schuhschachteln und warteten geduldig, bis sie an die Reihe kamen. Man sagte ihnen, sie sollten gehen, ihre Plätze in der Schlange seien vergeben. Einer der SS-Leute setzte sich. Der andere ging zu Horace hinüber, der gerade einen Gefangenen einseifte, und gab ihm einen Schlag auf den Hinterkopf. Horace erkannte den Wachtmann wieder. Er war ein Zwei-Meter-Hüne mit einem seltsam gebückten Gang und sadistischen Neigungen. Die Männer nannten ihn insgeheim Großer Buckel, und man tat gut daran, ihm aus dem Weg zu gehen. Es gab unbestätigte Gerüchte, er habe schon in früheren Lagern mehr als ein halbes Dutzend Gefangene totgeschlagen.

„Raus hier, das ist mein Platz!", brüllte er.

Der Mann eilte mit nur halb rasiertem Kopf hinaus. Als er zur Tür kam, trat ihm der andere SS-Mann mit dem Stiefel in den Hintern.

„Hinaus!", schrie er.

Horace war peinlich berührt und hatte ein mulmiges Gefühl, allein mit den zwei SS-Schergen in diesem Raum zu sein. Als er mit der Rasierklinge in der Hand vor ihnen stand, wallte Hass in ihm auf.

Der Deutsche setzte sich auf die Schuhschachtel und deutete auf sein Gesicht.

„Gut rasieren!", befahl er Horace.

Nein, hätte Horace am liebsten gesagt, dich Mistkerl rasiere ich nicht. Aber er konnte sich denken, was passieren würde, wenn er sich weigerte.

Horace reinigte die Rasierklinge, so gut er konnte. Als er seinen Kunden einseifte, zitterte seine Hand leicht.

Horace wollte gerade anfangen, da nahm der Deutsche demonstrativ seinen Pistolenhalfter mit der schweren Neun-Millimeter-Luger ab, legte ihn auf sein Knie und sagte etwas, das Horace nicht verstand. Er deutete auf seine Kehle und zog den Finger nach unten, dann nahm er die Luger aus dem Pistolenhalfter und richtete sie auf Horace. Auf einmal verstand Horace, was er meinte. Der Deutsche steckte die Pistole in den Halfter zurück.

Horace sah dem Deutschen gerade ins Auge und lächelte ihn zum Schein freundlich an. Er sagte auf Englisch: „Hör mal, du dreckiger Scheißkerl, wenn ich dein Blut vergieße, wirst du sowieso keine Zeit mehr haben, abzudrücken."

KAPITEL 5

Der andere Deutsche an der Tür sprang auf und rief seinem Kameraden etwas zu. Der kickte die Schuhschachtel weg und schrie Horace an. Horace begriff zu spät, dass der Deutsche an der Tür Englisch verstand und seinem Kameraden gesteckt hatte, was er zu ihm gesagt hatte.
Die Prügelattacke, die nun folgte, dauerte fünf Minuten.
Der Deutsche verwendete nichts anderes als seinen Halfter mit der Pistole darin. Er schlug Horace damit auf den Kopf und ins Gesicht und hörte auch nicht auf, als Horace schon in einer Blutlache lag und die Schläge auf seinen Schädel verzweifelt mit den Händen abzuwehren versuchte. Ein Schlag nach dem anderen mit dem schweren Halfter und dem Stahlgriff der Waffe traf ihn. Der Angreifer atmete schwer und gönnte sich eine kurze Pause. Er betrachtete den blutüberströmten Gefangenen unter ihm. Horace war nicht mehr wiederzuerkennen und kurz davor, das Bewusstsein zu verlieren. Der SS-Offizier schien zufrieden mit dem, was er mit Horaces Kopf und Gesicht angerichtet hatte. Dann bearbeitete der Kerl seinen Körper – zuerst den Rücken, dann die Nierengegend und die Schultern. Horace zuckte zusammen, als die Luger sein Schlüsselbein traf und es verdächtig knackte.
Zum Schluss schlug ihn der Deutsche auf die Beine – nacheinander auf Oberschenkel, Hüften und Waden. Dann war er zu erschöpft, um weiterzumachen und ließ von ihm ab. Aber vorher beugte er sich noch einmal über Horace, spuckte ihm ins Gesicht und gab ihm einen letzten Kick in die Magengrube.
Horace lag auf dem Boden und rang nach Luft. Er konnte sich nicht bewegen. Sein ganzer Körper tat weh. Seine Augenhöhle, Nase, Schlüsselbein und vier Finger waren gebrochen, mehrere Zähne lagen auf dem Boden und schwammen in seinem Blut. Trotzdem musste er innerlich grimmig lachen ... er hatte gewonnen. Der Deutsche hatte seine Rasur nicht bekommen. Auch wenn sein Körper nicht viel mehr als blutiger Brei war, war Horace glücklich. In diesem Zustand verlor er schließlich das Bewusstsein.
Fünf Minuten später ging die Tür auf. Horace lag immer noch da, er konnte sich nicht bewegen.
„Verdammte Scheiße – die Teufel haben ihn erschlagen."
Vor ihm stand Flapper Garwood. Er, John Knight und Daniel Staines versorgten ihren schwer verletzten Kameraden, der auf dem Boden lag.

SINGEN VÖGEL IN DER HÖLLE?

„Ich kann seinen Puls nicht mehr fühlen", sagte Staines, „die haben ihn übel zugerichtet."

Horace atmete schwach. Erst beim dritten Versuch konnte Staines seinen Puls tasten. Sie entschieden sich dafür, ihn nicht zu bewegen und seine Verletzungen lieber an Ort und Stelle zu versorgen. Sie wuschen seine Wunden mit kaltem Wasser und schienten seine gebrochenen Finger mit Holzsplittern, die sie aus der Hüttentür herausrissen.

Flapper war den Tränen nahe. Er sagte: „Dieses Schwein mach ich fertig, das schwör ich euch."

John Knight sah zu ihm auf. „Ach ja, Flapper? Erinnere dich mal daran, wo du hier bist, so ganz ohne Waffen. Nette Idee, aber daraus wird wohl nichts."

Flapper sah zu Horaces Rasierklinge hinüber, die auf dem Fußboden lag, und dachte nach.

Zwei Tage später erlangte Horace das Bewusstsein wieder. Die Männer gaben ihm von ihren eigenen spärlichen Rationen ab, damit er bald wieder zu Kräften kam. Es klingt seltsam, aber es war wohl das Beste, was ihm passieren konnte: Er lag jetzt im sogenannten Lazarett – in einem Raum, nicht größer als zwei mal zwei Meter, in einem Bett aus alten Munitionskisten. Das Bett hatte sogar eine Matratze. Seine Wunden wurden gewaschen, desinfiziert und mit Papier verbunden. Und, was das Beste war: Sie zogen ihm die Stiefel aus, als er zu schwach war, um sich dagegen zu wehren. Sie rissen das schwarze Wundfleisch mit dem Stiefelfutter ab, wie man einem Pfirsich die Haut abzieht, und ein Sanitäter wusch und desinfizierte seine Wunden, und während er tagelang barfuß in der kühlen, feuchten Luft auf der Pritsche lag, tat der Sauerstoff sein Übriges zur Heilung.

Horace wurde von Tag zu Tag gesünder, aber sein Sanitäter verlangte vom Lagerkommandanten, man dürfe ihn vorläufig noch nicht verlegen, und erinnerte ihn an die Genfer Konvention. Der Sanitäter hatte sich lautstark beim Kommandanten über den Angriff auf Horace beschwert, doch der hatte nur mit den Schultern gezuckt und gemeint, diese Härte sei nicht verwunderlich, immerhin habe Horace gedroht, einem Wachtposten die Kehle aufzuschneiden.

Horace lag noch sechs Tage im Lazarett. Er dachte über das Leben nach, über seine Familie, über Atheismus und Freundinnen und über den armen

KAPITEL 5

Tom Fenwick, vor allem aber auch darüber, dass er gegen alle Widerstände einen kleinen Sieg errungen hatte. Er dachte an die Scheiße, die er aus dem fahrenden Zug geworfen hatte, an die großartigen Kumpel, die er hier um sich hatte und an die armen Gefährten, die im jüdischen Friedhof arbeiten mussten. Er dachte auch viel an Flapper Garwood und daran, wie dieser Mann, der härteste Bursche, den er kannte, zusammengebrochen war und wie ein Baby geweint hatte, als er ihm von seiner Arbeit auf dem Friedhof erzählt hatte.

Zum Erstaunen des Sanitäters bestand Horace darauf, seine Arbeit als Friseur wieder aufnehmen zu dürfen, und das nur wenige Stunden, nachdem man ihm weitere achtundvierzig Stunden im Lazarett genehmigt hatte. Man hatte seine alten Stiefel weggeworfen, ihm hölzerne Clogs gegeben und seine Füße in Flanell gewickelt, um ihn gegen die Kälte und das harte Holz der Clogs zu schützen. Vier Jahre lang sollte er keine Socken mehr tragen. Die Clogs fühlten sich seltsam bequem an, und der Sanitäter hatte ihm versichert, sie würden das nasse Wetter abhalten und seinen wunden Füßen trotzdem die nötige Luft zum Heilen gewähren.

An dem Morgen, als er wieder an seine Arbeit ging, klatschten seine Mitgefangenen Beifall und die deutschen Wachtposten sahen ihm grimmig hinterher. Der Große Buckel, der ihn geschlagen hatte, kehrte nie mehr in seinen Friseursalon zurück. Horace wusste, dass er das künftig sein lassen würde, ebenso wie die anderen uniformierten Nazis.

Horace hatte seinen Sieg gehabt. Er hatte, ganz auf sich allein gestellt, über den Großen Buckel und das ganze Dritte Reich seinen kleinen persönlichen Sieg errungen. Er hatte sich gewehrt und seinen Stolz, den sie ihm nehmen wollten, zurückerobert.

KAPITEL 6

Der Winter nahte. Mutter Natur hatte kein Mitleid mit den Kriegsgefangenen in ihrem ungeheizten Lager. Horace dachte, er habe schon einige harte Winter in Ibstock hinter sich, aber nichts war in der Lage, ihn auf die atemberaubenden Temperaturen vorzubereiten, denen er in jenem Winter 1940/41 ausgesetzt war.

Er musste daran denken, wie damals, als er etwa vierzehn Jahre alt war, ein Rundfunksprecher der BBC ansagte, es sei unter zehn Grad minus. Es war ein paar Tage vor Weihnachten, und Horace und seine Eltern, Sybil, Daisy und Harold saßen vor dem Kaminfeuer. Er wurde in den zugefrorenen Hinterhof geschickt, um eine Schütte voll Kohlen zu holen. Der Schnee fiel in großen Flocken auf seinen Nacken, und das Metall der Kohlenschütte entzog seinen Fingern jegliche Wärme.

In diesem Winter in Polen jedoch ging die Temperatur auf knapp unter vierzig Grad minus herunter. Die ehemalige Kavalleriekaserne war so gebaut, dass sie aus der Luft nicht zu erkennen war. Zwei Drittel der Gebäude waren unter der Erde, und das Dach des riesigen Komplexes war mit Gras bewachsen. Das Ganze war ein riesengroßer Kühlschrank.

Die Pferdeställe lagen im untersten Stockwerk, das jetzt den alliierten Gefangenen als Quartier diente. Ein Stockwerk höher, aber immer noch unter der Erde, befanden sich früher die Quartiere und die Büros der Kavallerie, jetzt

KAPITEL 6

wohnten hier die deutschen Wachtposten. Sie hatten komfortable Quartiere mit richtigen Betten, einer Küche und einem Freizeitbereich zum Entspannen. Hier brannte ab September ein großes offenes Feuer, es gab sogar eine Bibliothek und einen Billardtisch. Der Bereich, der über der Erde lag, beherbergte ein paar einzelne kleinere Gebäude, die Büros und Quartiere der Offiziere. Auch hier gab es in fast jedem Raum einen Ofen oder einen offenen Kamin. Die Holzscheite wurden in der Nähe des Lagereingangs unter dem Dach gelagert. Rings um das Lager war Wald, daher war Feuerholz kein Problem. Die Wachen sorgten dafür, dass die Gefangenen immer genügend Nachschub holten, sobald der Winter immer strenger wurde.

Die Quartiere der Gefangenen sahen keine Sonne. Kein Ölofen, kein Holzfeuer wärmte sie. Das Gebäude war schlecht geplant. Horace hatte mit den armen Pferden Mitleid, die hier früher ausharren mussten. Die Temperatur in diesem Eiskeller lag höchstens ein paar Grad über der Außentemperatur. Die einzige Wärme, die man hier genoss, war die Körpertemperatur der Männer, die hier schliefen.

Besonders gefürchtet waren die Nachtstunden im Januar, wenn die Temperaturen in den Keller gingen. In den Boxen, die früher einem Pferd als Stall gedient hatten, schliefen fünf Männer. Die Männer schmiegten sich dicht aneinander, um etwas Wärme zu bekommen, aber trotzdem war es nahezu unmöglich, ein paar Stunden zu schlafen. Alle zitterten vor Kälte, man musste nachts mehrere Male die Schlafposition ändern, damit der Mann am Ende der Stallbox nicht erfror. Trotzdem konnte das vorkommen – es war einfach nicht zu vermeiden.

Horace beschrieb die Kälte in einem kleinen Tagebuch, das er während seiner Gefangenschaft führte. Er bat um etwas Papier mit der Begründung, er wolle den Gesundheitszustand der von Läusen geplagten Gefangenen protokollieren. Der Lagerkommandant gab ihm ein kleines Notizbuch und zwei Bleistifte. Horace schrieb:

Man kann sich nicht vorstellen, wie kalt es da unten war. Man stelle sich vor, wie kalt es schlimmstenfalls in England werden kann und nehme das mal zwei. Stellen Sie sich den kältesten, strengsten Wintertag vor, den Sie jemals erleben

SINGEN VÖGEL IN DER HÖLLE?

mussten. Ich erinnere mich an einen Tag im Februar 1929, als wir von der Schule nach Hause gingen und von einem Schneesturm überrascht wurden. Am Morgen war es noch relativ mild gewesen, sodass keiner von uns mit Mütze oder Handschuhen aus dem Haus gegangen war, aber im Laufe des Tages gingen die Temperaturen steil nach unten. Als wir aus dem Schultor traten, fiel leichter Schnee, und wir hielten das Ganze für einen harmlosen Scherz. Aber dann, als wir schon eineinhalb Kilometer zurückgelegt hatten, kam ein heftiger Schneesturm auf, und ich weiß gar nicht mehr, wie wir es überhaupt schafften, nach Hause zu kommen. Irgendwann schließlich saß ich wie ein Eisblock in unserer Küche und wärmte mich an dem schwarzen, bleiernen Ofen, während meine Mutter mich mit heißem Tee auftaute.

An jenen Tag musste ich denken, als ich vor Kälte zitternd in meinem eisigen Grab in Polen lag. Mein Atem gefror sofort, so kalt war es. Wie gerne hätte ich zehn solche Tage mit Schneesturm gegen eine Nacht in diesem stinkenden, eisigen Loch eingetauscht! Das Schlimmste aber war, dass es jede Nacht so bitterkalt war – Nacht für Nacht, Woche für Woche und Monat für Monat. Es gab kein Entrinnen vor der Kälte.

Die Ausdauer der hier Eingeschlossenen ließ immer mehr nach. Sie waren nur noch gehende und sprechende Zombies. Am Morgen waren sie einfach nur froh, dass sie wieder eine Nacht überlebt hatten, und beteten, dass ihre Tagesration Kohlsuppe, die sie ein paar Stunden später bekamen, noch heiß wäre. Es gab Tage, da war sie nicht einmal mehr warm. Manchmal ließen die deutschen Wachen, deren Aufgabe es war, das Feuer unter dem riesigen Kessel zu beaufsichtigen, es einfach ausgehen, weil sie zu bequem waren, den kurzen Weg bis zum Holzvorrat zu gehen. Es war ihnen egal – sie hatten immer ihre Tagesration Schinken, Eier und heißen Kaffee und konnten sich schon eine Stunde später die Füße am Kamin aufwärmen. Horace konnte es nicht fassen, wie egoistisch und herzlos diese Männer waren.

Bei jedem Wetter zwang man sie, morgens früh draußen in Reih und Glied zum Appell anzutreten. Je schlimmer das Wetter war, umso länger zögerten die sadistischen Wachen diese sinnlose Prozedur hinaus. Während eines Schneesturms machten sie dann gerne eine Hitzepause, wie es einer der

KAPITEL 6

Gefangenen nannte, und kamen erst nach zwanzig Minuten wieder zurück, die Gesichter von der Wärme des Kaminfeuers noch gerötet. Sie grinsten und amüsierten sich über die armen, ausgemergelten, mit einer dünnen Schneeschicht bedeckten Gestalten, die im eisigen Wind, der durchs ganze Lager fegte, stehen mussten.

Warum?, fragte sich Horace. Er versuchte sich in ihre Lage zu versetzen, dachte darüber nach, wie er als Bewacher wohl die deutschen Kriegsgefangenen behandeln würde. Er hasste die Kerle, die ihn höhnisch angrinsten, aber er konnte sich in seinen kühnsten Träumen nicht ausmalen, dass er ein menschliches Wesen so behandelt hätte.

Das ergab doch alles keinen Sinn. Einerseits wollten sie, dass die Männer für sie arbeiten, andererseits hielten sie sie schlechter als jeden Hund. Sie gaben ihnen so wenig zu essen, dass sie kaum Leistung bringen konnten. Sie schlugen die Gefangenen, quälten sie körperlich und psychisch. Horace fragte sich ernsthaft, ob sie jemals daran dachten, was passieren würde, wenn sie den Krieg verloren. In seinem ersten Lager hielt er nach einem netten Menschen Ausschau. Gab es nicht doch wenigstens einen SS-Mann, der die Gefangenen nicht mit den Füßen stieß und sie nicht mit dem Gewehrkolben schlug? Gab es denn hier keinen Soldaten, der etwas Mitleid mit den Leuten hatte und jemandem an einem besonders kalten Tag eine Extrakelle Suppe gab oder das Feuer unterm Kessel etwas länger als nötig brennen ließ, damit die Gefangenen nicht ständig frieren mussten? Er sah sich die Offiziere an, die die Befehle gaben, er sah ihnen in die Augen, ob da nicht doch ein Funken Mitleid war für einen Gefangenen, der Schläge verabreicht bekam, weil er sich nicht schnell genug bewegte oder einen Befehl zu hinterfragen wagte.

Horace sah genau hin, aber er fand nichts dergleichen.

Es war Mitte März 1941, als das Wetter sich änderte. Bis dahin waren mindestens ein Dutzend Männer erfroren. Jetzt verwandelte sich der Schnee in Regen, und die Tropfen rochen nach Tod, nach Hoffnungslosigkeit.

Der Große Buckel hatte mittlerweile insgesamt drei Männer totgeschlagen, zwei weitere hatte er in dem Wald außerhalb des Lagers vergewaltigt. Er hatte sie selbst ausgewählt, weil er seinen homosexuellen Trieb nicht unterdrücken konnte. Dabei wurde Homosexualität im deutsch besetzten Gebiet im Jahr

SINGEN VÖGEL IN DER HÖLLE?

1941 nicht toleriert. Erst vergewaltigte der Große Buckel die beiden Männer, anschließend schlug er sie halb tot, damit sie wüssten, was ihnen passieren würde, falls sie auch nur ein Wort über ihre Vergewaltigung sagten. Der Große Buckel lud sie, so schwer verletzt, wie sie waren, auf einen Karren, der von zwei Gefangenen gezogen wurde, und sagte dem Lagerkommandanten, er habe die beiden bei einem Ausbruchsversuch erwischt. Horace bemerkte den Hass in Garwoods Gesicht, immer wenn vom Großen Buckel die Rede war. Wenn er in der Nähe war, zitterte Flapper regelrecht vor Wut.

Gott sei Dank wurde es von Tag zu Tag wärmer. Die Männer nahmen ihre Arbeit in den jüdischen Friedhöfen der Umgebung wieder auf, nun, da der gefrorene Boden wieder aufgetaut war, manche hackten und stapelten Holz, und Horace rasierte wieder seinen von Läusen geplagten Kameraden die Köpfe kahl.

Horace merkte schnell, dass im Lager ein neuer Wind wehte. Die Tagesration Suppe wurde größer und – man konnte es kaum glauben – gelegentlich schwamm sogar ein Stückchen Fleisch in der Suppe, was natürlich allen Gefangenen sehr willkommen war. Der Lagerkommandant wandte sich neuerdings einmal pro Woche an die Gefangenen. Er meinte, sie würden gut behandelt und er sei ein Anhänger der Genfer Konvention, was die Behandlung von Kriegsgefangenen angehe. Jeden Nachmittag wurde eine Tasse heißer, süßer Tee ausgeschenkt, und die SS-Wachen waren jetzt nicht mehr so wild darauf, die Gefangenen aus nichtigen Gründen körperlich zu züchtigen.

Endlich wurde auch das uralte, von Läusen durchsetzte Stroh in den Schlafquartieren ausgetauscht und der Urin, Kot und tote Kakerlaken mit Wasserschläuchen weggespritzt. Als das Quartier wieder trocken war, brachte man frisches Stroh und befahl den Häftlingen, sie sollten damit die Quartiere auffüllen. Die Gefangenen erhielten Kerzen, so hatten sie nicht nur nachts Licht in ihren Ställen, sondern konnten auch die Läuse aus ihren Körpern und Kleidungsstücken entfernen. Es schien, als würden ab jetzt bessere Zeiten anbrechen.

Einen oder zwei Tage darauf kam ein Wachtmann in Horaces kleinen Friseurladen und brachte eine neue Schere und eine neue Rasierklinge mit. Ein Gasofen wurde aufgestellt, sodass Horace Wasser kochen und den Gefangenen

KAPITEL 6

den Luxus einer warmen Rasur bieten konnte. Im Hof neben der Eingangspforte wurde eine provisorisch zusammengezimmerte Außendusche gebaut, das Wasser kam vom Brunnen her über einen Wasserschlauch aus Gummi. Man befahl den Männern, sich auszuziehen und duschen zu gehen, immer zwanzig auf einmal. Das Wasser war eiskalt, aber Horace genoss seine erste richtige Wäsche nach fast einem Jahr. Er fror wie ein Schneider, wäre aber gerne noch länger unter der Dusche geblieben. Die Deutschen stellten ihnen Bürsten und Seife zur Verfügung, und die Männer ergriffen gerne die Gelegenheit, sich endlich einmal von Dreck und Schleim, von der getrockneten Scheiße, den Läusen und Läuseeiern zu befreien, die ihre Körper schon so lange infiziert hatten. Einige schrubbten sich so fest, dass sie bluteten.

Anschließend standen Horace und seine Kameraden Schlange und ließen sich frische Unterwäsche, frische Hemden und die gestohlenen, aber sauberen Uniformen polnischer, französischer und tschechischer Gefangener geben. Er bemerkte, dass ein paar seiner Gefährten tatsächlich lächelten. Das war wie ein Fest für ihn – er hatte sie noch nie lächeln gesehen. Endlich, dachte Horace, zeigen die Deutschen etwas Mitleid für ihre Mitmenschen.

Leider war das nicht der Fall. Zwei Tage darauf kam eine Delegation aus Genf im Lager vorbei. Alles war nur Verstellung gewesen – die Deutschen wollten der Delegation beweisen, dass sie sich bei der Behandlung ihrer Kriegsgefangenen an die Bestimmungen der Genfer Konvention richteten. Horace und seine Leidensgenossen sahen angeekelt zu, wie alle in ihrer neuen Kleidung zum Appell antreten mussten. Die meisten Männer hatten in den letzten Tagen ein paar Pfund zugenommen, sie waren sauber und frei von Läusen – jedenfalls im Moment, die Läuse kamen bald zurück. Der Lagerkommandant grinste und zeigte stolz die neuen Duschen her und deutete auf das frische, trockene Stroh in den Boxen.

Nun wurden die Insassen gefragt, ob sie in irgendeiner Weise misshandelt worden wären. Mehrere SS-Wachleute standen mit drohenden Mienen hinter den Delegationsmitgliedern und rieben demonstrativ an ihren Gewehrkolben, einer von ihnen fuhr mit dem ausgestreckten Zeigefinger an seiner Kehle entlang. Die Gefangenen schüttelten brav die Köpfe.

Bis auf einen.

SINGEN VÖGEL IN DER HÖLLE?

Charlie Cavendish trat einen Schritt vor und bat darum, persönlich mit der Delegation sprechen zu dürfen. Die Gefangenen starrten ihn ungläubig an, die Wachleute ebenfalls. Der Mann zitterte vor Angst. Er hatte nicht zugenommen und sah krank aus. Ein deutscher Wachtmann versuchte ihm sein Ansinnen auszureden, beide wurden lauter. Die Delegation sah nicht glücklich aus, ein Mitglied zitierte aus einem Papier, das es in Händen hielt. Der Mann wurde weggebracht und kehrte nach einer Stunde wieder auf seinen Platz zurück. Nun wurde die Delegation laut und sprach dem Kommandanten einen scharfen Tadel aus.

Der Mann, der so viel Zivilcourage gezeigt hatte, lächelte, und gleichzeitig liefen ihm Tränen übers Gesicht. Horace sah ihn an und fragte: „Worüber bist du so glücklich, Charlie?"

Er erwiderte: „Darüber, dass sie dieses Scheißloch dichtmachen wollen. Ihr kommt alle bald hier raus. Ich habe den Leuten erzählt, was diese Schweine hier mit uns gemacht haben."

Er deutete auf einen Mann mit Uniformmütze. „Das ist der Boss. Er hat gesagt, sie hätten gegen jede einzelne Regel im Buch verstoßen. Er ist richtig wütend und hat dem Kommandanten mitgeteilt, dass unser Lager bis Ende der Woche geschlossen wird. Ich habe ihnen auch erzählt, was der Große Buckel gemacht hat, wie viele er auf dem Gewissen hat und dass er Insassen vergewaltigt hat."

Charlie wischte seine Tränen ab. Horace verstand ihn nicht. Er fragte: „Warum weinst du denn, wenn wir bald aus der Hölle hier herauskommen?"

Der Mann runzelte die Stirn und sagte: „Du hast mir wohl nicht richtig zugehört, Jim. Ich sagte, *ihr* dürft das Lager verlassen – nicht *ich*, nicht *wir*. Du glaubst doch nicht, dass diese Schweinehunde mich am Leben lassen nach all dem, was ich getan habe?"

Am nächsten Morgen fehlte der Gefangene Charlie Cavendish beim Appell. Niemand hatte ihn gehen gesehen. Er war einfach über Nacht nicht mehr da. Sie sahen ihn nie wieder. Er hatte freiwillig sein Leben geopfert, um seine Freunde und Kameraden zu retten.

Flapper Garwood hatte die Operation sorgfältig geplant. Wochenlang hatte er die Bewegungen und die Arbeitszeiten des Großen Buckels studiert. Er hatte die Zahl der diensthabenden Wachtposten, ihre Arbeitsgewohnheiten

KAPITEL 6

und Essenspausen auf die Sekunde genau beobachtet. Und er hatte in den vergangenen Wochen den Großen Buckel ein paarmal vielsagend angelächelt, hatte mit ihm geflirtet.

Garwood hatte fast kotzen müssen, als der Große Buckel ihm eines Morgens zuzwinkerte. Er hatte sich auf die Zunge gebissen und zurückgelächelt. Das Gesicht des Deutschen war deutlich entspannter geworden. Garwood war eigentlich nicht sein Typ – er bevorzugte normalerweise jüngere, weiblicher aussehende Gefangene –, aber dieser Mann schien etwas von ihm zu wollen. Die Vergewaltigungen stimulierten ihn, aber einer, der sich freiwillig mit ihm einließ, war bestimmt auch nicht schlecht. Der Große Buckel kam zu Garwood rüber, als der in der Schlange stand, um sich seine Kohlsuppe zu holen.

„Gefangener, mitkommen. Ich habe Arbeit für dich."

Garwood tat, wie ihm befohlen wurde und ging mit dem Bewacher mit. Als sie außer Hörweite waren, flüsterte der Große Buckel: „Du willst doch ein bisschen Spaß haben, Gefangener, stimmt das?"

Garwood nickte und versuchte zu lächeln. Er fragte sich, ob der Offizier seine List nicht durchschauen würde.

„Heute Nacht", sagte er. „Um Viertel vor zehn, wenn alle eingeschlossen sind."

Der Deutsche wunderte sich. „Warum zu solch einer merkwürdigen Zeit, Gefangener?"

Garwood fuhr dem Deutschen mit der Hand an den Schritt und drückte zu.

„Weil wir dann nicht gestört werden. Die Gefangenen sind weggesperrt und deine Kameraden in der Kantine."

Als ihm das Blut in die Leistengegend floss, grinste der Große Buckel.

„Ich sehe, du hast unser kleines Rendezvous gut geplant. Ich selbst werde dich heute Nacht einschließen, aber ich lasse die Haupttür zu den Ställen offen. Niemand von uns wird probieren, ob sie wirklich zu ist, das tut niemand, und wir Deutschen machen sowieso keine Fehler. Wir treffen uns an der Tür zum Hauptbüro. Niemand wird da sein."

Der Deutsche beugte sich leicht nach vorn und öffnete den Mund. Garwood roch seinen sauren Atem. Er fragte sich, wie jemand so ein Monster lieben konnte. Er wollte nur noch hinaus, zur Tür. Er sagte: „Du musst Geduld haben. Wenn sie uns jetzt erwischen, hat keiner von uns beiden Freude daran."

SINGEN VÖGEL IN DER HÖLLE?

Der Große Buckel grinste und lachte hässlich, fast animalisch. Er sah dem Gefangenen nach, der durch die Tür ging, und rief ihm hinterher: „Ich hoffe nur, du enttäuschst mich nicht, mit deinem geilen Hintern!"

Flapper Garwood drehte sich noch mal um und sagte: „Keine Angst, ich werde dich nicht enttäuschen – bestimmt nicht."

Flapper ging schnurstracks in die frische Luft hinaus. Dort erbrach er sich.

Pünktlich um neun Uhr ging der Große Buckel in den schmutzigen Stall und befahl den Gefangenen, sich auf ihr Stroh zu legen. Das irritierte Horace. Normalerweise hörten sie nur, wie sich irgendwann zwischen neun und zehn Uhr der Schlüssel der Hauptstalltür drehte.

Der Große Buckel hatte sich extra gewaschen. Es roch nach billigem Herrenparfum. Das macht er wohl auch, wenn er abends ausgeht, dachte Horace. Das deutsche Monster zog die Tür hinter sich zu. Es dauerte etwas, bis sie den Schlüssel in dem uralten Schloss drehen hörten.

Der Deutsche kam gut fünf Minuten zu früh. Er hatte sich schon den ganzen Tag auf diese Momente der Wollust gefreut und sich vorgestellt, was er alles mit dem Gefangenen anstellen wollte. Wie ein Tier im Käfig lief er immer wieder um das Gebäude herum. Schließlich erspähte er den englischen Gefangenen. Was er nicht ahnte: Garwood wusste, dass Horaces Rasierklinge nachts immer in der Schublade des Büros eingesperrt wurde.

„Na, endlich!", grinste der Große Buckel, als Garwoods Gestalt vor dem Bürofenster auftauchte. Er öffnete die Tür und bat den Gefangenen herein.

Flapper atmete schwer, sein Gesicht war rot angelaufen. „Nicht hier", keuchte er, „hier kann jeden Moment einer reinkommen."

Der Deutsche ging auf ihn zu und packte ihn an der Kehle.

„Du tust, was ich sage, Gefangener. Hier rein."

„Nein, bitte nicht hier drin. Hier erwischen sie uns womöglich. Dann werde ich erschossen und du auch."

Der Große Buckel lockerte seinen Griff, und Flapper sog die kühle Abendluft ein. „Da hinten", sagte Flapper und zeigte mit dem Finger, „im Wald, hinter den Toiletten. Ich habe dort einen Teppich versteckt. Da ist es bequemer."

Der Deutsche kicherte. „Ich sehe, du hast an alles gedacht, nicht wahr? Du willst es wohl lieber draußen machen, wie die Tiere?"

KAPITEL 6

Er schnurrte wie ein Kater, drehte Garwood herum und gab ihm einen Klaps auf den Po. „Also, mach schnell."

Flapper musste einen Würgereiz unterdrücken, aber er schaffte es, seine List aufrechtzuerhalten. Er ging die paar Schritte bis hinter das Toilettengebäude. Der Wachtposten folgte ihm.

„Geh weiter, mein Süßer, hier stinkt's mir zu sehr."

Flapper stand reglos da. Der Große Buckel versuchte vergeblich, seinen Blick zu deuten.

Der Deutsche ging auf ihn zu und wollte ihn wegstoßen. „Komm schon, verdammt noch mal. Hier stinkt's, hast du mich nicht verstanden?"

Garwood packte den Arm des Deutschen und drehte ihn so herum, dass er mit dem Rücken zu Garwood stand. Ehe der Große Buckel begriff, was hier vor sich ging, fuhr ihm Flapper mit einer geübten Bewegung mit der Rasierklinge durch die Kehle. Die scharfe Klinge durchtrennte ihm mühelos die Haut, die Sehnen, das Gewebe und die Luftröhre und machte erst an seinem Halswirbel Halt. Garwood nahm die Waffe weg und hielt sie in der geschlossenen Hand.

Der Deutsche öffnete den Mund, er wollte schreien. Aber sein Blut lief wie ein Wasserfall an ihm herunter, und aus seiner neuen Körperöffnung kam nur noch ein leises Gurgeln. Als der Deutsche schwankte und kurz davor war, zusammenzubrechen, durchtrennte Flapper mit der Rasierklinge seinen Gürtel und zog ihm die Hosen herunter. Das Letzte, was der Deutsche sah, bevor er starb, war sein eigener blutiger Penis direkt vor seinem Gesicht.

Garwood schleifte den schweren Körper des Mannes in den Toilettenblock und füllte dessen Hosentaschen mit Steinen. Er atmete schwer vor Anstrengung, und der Geruch der Exkremente war für ihn noch schlimmer zu ertragen als je zuvor. Er schob die Leiche unter das Holzgestell und hielt sich mit beiden Händen am Brett fest. Er stellte einen Fuß auf den Oberschenkel des Deutschen und den anderen auf seine Wirbelsäule. Mit letzter Kraft schob er den Leib über den Rand des Loches, von wo er knapp zwei Meter tief in den Tank mit den Exkrementen fiel. Er sah zu, wie der Körper des Deutschen kurz an der Oberfläche trieb und dann, während ein paar Luftblasen nach oben stiegen, wie ein sinkendes Schiff zur Seite kippte und schließlich ganz verschwand.

SINGEN VÖGEL IN DER HÖLLE?

Garwood brachte fast die ganze nächste Stunde damit zu, sich zu reinigen und die Blutspuren auf dem Platz mit Dreck und Sand zu verdecken. Er hatte Glück, dass die Uniform des Deutschen das meiste Blut aufgesogen hatte, aber ein paar verräterische Spuren blieben. Mit Piniennadeln aus dem Toilettenblock wischte er die blutige Schleifspur auf dem Boden ab. Verschwitzt, aber zufrieden mit dem Erfolg seiner Arbeit reinigte er als Letztes noch die Rasierklinge und legte sie wieder dahin, wo er sie gefunden hatte. Langsam ging er in sein Quartier zurück. Er war zuversichtlich, dass die Insekten heute Nacht und morgen früh den Rest der Spurenvernichtung erledigen würden.

Am Mittag des darauffolgenden Tages wurde der Große Buckel offiziell vermisst gemeldet. Der Lagerkommandant schickte einen Wachtmann ins nahegelegene Dorf, wo er wohnte, aber sein kleines Haus war leer. Der Lagerkommandant versuchte Nachforschungen anzustellen und befragte ein paar der Gefangenen, aber keiner wusste etwas. Man nahm an, dass der Große Buckel desertiert war. Das passierte ab und zu – und nicht einmal so selten.

Mittlerweile gab es wieder nur noch einen Schöpflöffel Suppe pro Mann ohne Fleisch drin, auch der Nachmittagstee wurde vom Speiseplan gestrichen. Die provisorischen Außenduschen wurden wieder abgebaut und das dafür verwendete Holz zu Brennholz verarbeitet. Aber die Sonne schien und ein Hauch von Optimismus hing über dem Lager, als die Deutschen Vorbereitungen trafen zu gehen. Achtundvierzig Stunden später rollten Lastwagen ins Lager, und die Gefangenen mussten einsteigen.

Horace war mehr als glücklich, als die Lastwagen mit ihm und den anderen über die Zugbrücke fuhren. Man hatte es nicht für nötig befunden, den Gefangenen mitzuteilen, wohin man sie nun bringen würde und warum überhaupt. Aber nichts konnte schlimmer sein als das, was sie in Fort acht in Posen durchmachen mussten. Jetzt waren Horace und seine Leidensgenossen wieder auf Achse. Hinter ihnen lag die Hölle auf Erden – und sie hatten sie überlebt.

KAPITEL 7

Horace saß hinten auf dem offenen Lastwagen. Hinter ihm verschwand das Lager, das so viele seiner Kameraden das Leben gekostet hatte, langsam außer Sichtweite. Die Männer waren seltsam kleinlaut und ruhig, sie wollten die bösen Geister und die schlimmen Erinnerungen an den schrecklichen Ort für immer hinter sich lassen. Horace musste an die Schlägerei denken, bei der er um ein Haar gestorben wäre, an Tom Fenwick und die bittere Kälte des Winters, als es wochenlang, Tag für Tag, schneite. Er dachte an das teuflische Grinsen des Großen Buckels und der anderen SS-Leute, wenn sie Gefangene verprügelten, und an den armen Charlie Cavendish und seine Tränen, in die sich Freude und Verzweiflung mischten, nachdem er der Genfer Delegation alles über die Zustände im Lager verraten hatte.

Horace fragte sich, ob Charlie eines natürlichen Todes gestorben war oder ob die Wachen nachgeholfen hatten. Charlie war todkrank gewesen, er ergab sich seinem Schicksal, und als die Wachen mit den Schweizern diskutierten, wusste er bereits, dass dies sein letzter Tag werden würde. Horace hatte die Anzeichen des nahen Endes an ihm gesehen, genau wie an Tom Fenwick, als er seinen letzten Laib Brot gierig hinuntergeschlungen hatte. Es war, als hätten beide Männer endlich ihren Frieden mit der Welt geschlossen. Sie ahnten, dass ihre Zeit gekommen war, und hatten wenigstens den einen

SINGEN VÖGEL IN DER HÖLLE?

Trost, dass das ohnmächtige Ausgeliefertsein an die Wachen nun sein Ende haben würde.

Stundenlang gab sich Horace den schrecklichen Bildern hin, die er aus dem Lager mitgenommen hatte. Flapper saß ihm gegenüber. Ihre Vertrautheit miteinander war inzwischen so groß, dass sie nicht mehr viele Worte brauchten, weil jeder wusste, dass der andere gerade seinen Erinnerungen nachhing.

Erst nach einer Stunde fragte Horace: „Wo hast du die Leiche versteckt?"

„Wessen Leiche?"

„Die vom Großen Buckel."

„Keine Ahnung, wovon du sprichst."

Horace prüfte das Gesicht seines Freundes auf verräterische Zeichen. Er konnte keine erkennen.

Nach einer Minute, es können auch zwei gewesen sein, fragte Garwood: „Warst du heute Morgen schon auf dem Klo, Jim?"

Horace dachte kurz nach, dann nickte er. „Ja, Flapper, war ich."

„Gut, Jim. Gut. Besser draußen als drinnen, was?"

Stunden vergingen. Der Lastwagen legte Kilometer um Kilometer zurück, und je mehr Kilometer es waren, desto besser wurde die Stimmung der gequälten Seelen an Bord. Nach sechs Stunden Fahrt hielt ihr Konvoi an. Sie standen vor einem riesigen Gebäudekomplex, einer Art Fabrik. Die Wände waren weiß verputzt und sahen steril aus, wie ein Krankenhaus. Es war aber kein gewöhnliches Krankenhaus. Krankenhäuser brauchen keinen Stacheldraht und keine mehr als mannshohen Zäune, um die Patienten davon abzuhalten, wegzulaufen.

Es war ein anderes Lager. Als man Horace und seine Mitgefangenen auf den Vorplatz trieb und ihnen befahl, geordnet Schlange zu stehen, hatte er das Gefühl, er würde nicht lange hierbleiben. Auf einmal war er nervös, ja sogar ängstlich. Die Deutschen hatten ihnen nicht einen Ton gesagt, und ein oder zwei Gefangene fingen an, nervös zu werden. Jeder wälzte seine privaten Gedanken, manche diskutierten sogar miteinander darüber, was wäre, wenn die Kriegsgefangenen den Deutschen zu lästig würden. War es jetzt so weit? Niemand wusste es. Niemand stellte diese Frage.

KAPITEL 7

Sie befahlen den Gefangenen, sich nackt auszuziehen und schubsten sie unsanft herum, so dass sie in Haufen zu je fünfundzwanzig Mann standen. Obwohl es Frühsommer war, blies ein kühler Wind durchs Lager. Zitternd vor Kälte, mussten sie über eine Stunde nackt herumstehen, bevor sie vor den Augen von einem Dutzend Zivilisten quer über den ganzen Platz geführt wurden. Die Zivilisten waren mit sauberer Wäsche und Uniformen beschäftigt. Zwei Mädchen um die sechzehn Jahre kicherten nervös, als die nackten Männer dicht an ihnen vorbeigeführt wurden. Als sie sie anstarrten, taten die Gefangenen ihr Bestes, um ihre Blöße mit den Händen zu bedecken.

Sie gingen auf ein großes Ziegelhaus auf der gegenüberliegenden Seite des Platzes zu. Horace hörte fließendes Wasser und, wenn er sich nicht irrte, das Gejohle von Männern.

„Was zum Teufel ist das, Jim?", fragte Garwood.

„Klingt wie ein Duschblock, Flapper", antwortete Horace und deutete auf einen Gitterrost über dem Gebäude. Aus dem Dach stieg Dampf auf. „Und wenn mich nicht alles täuscht, haben sie hier sogar warmes Wasser."

Horace stand unter dem Wasserstrahl. Er hatte schon vergessen, wie sich warmes Wasser anfühlt. Seit einem Jahr hatte sein Körper kein warmes Wasser mehr genossen. Er musste an seine letzte warme Dusche denken, das war nach seinem Schäferstündchen mit der französischen Prostituierten. Er hatte direkt danach geduscht, als würde ihn das warme Wasser reinwaschen, als könnte er den Duft des Mädchens einfach abwaschen und schnell in die offenen Arme von Eva Bell zurückkehren.

Daniel Staines sah zu seinem Kumpel herüber. Das herrlich warme Wasser lief ihm über Gesicht und Körper, er lächelte und stöhnte laut vor Behagen.

„Ahhh, das ist besser als Sex, was, Jim?"

Horace grinste und schüttelte den Kopf. „Du machst da was falsch, Dan. Es ist gut, aber so gut ist es nun auch wieder nicht."

Jedenfalls war es schön. Es war ein richtiger Luxus für sie. Die Deutschen hatten Seife und Bürsten besorgt, und die Männer konnten endlich ihre läusegeplagten Körper reinigen. Auf dem weißen Steinboden des Duschraums schwammen lauter tote Läuse. Nach der Dusche wurden die Gefangenen

SINGEN VÖGEL IN DER HÖLLE?

mit einem weißen Pulver entlaust, und die Deutschen versicherten ihnen, sie wären die Plage jetzt los.

Als Nächstes erhielten die Männer saubere Kleidung. Diesmal erwischte Horace die Uniform eines polnischen Soldaten der 16. Pommerschen Infanteriedivision. Sie war vollständig, hatte aber ein kleines Einschussloch in der linken Brusttasche. Das größere Austrittsloch im Rücken war geflickt und mit grobem schwarzen Faden genäht worden. Egal. Flapper, Horace, Dan und ein paar andere lachten und scherzten miteinander über ihre schlecht sitzenden Uniformen. Die Wachleute sahen ihnen erstaunt zu.

Etwas später bekamen sie in der frühen Abendsonne den Befehl, zu den Lastwagen zurückzugehen und aufzusteigen. Ziel der Reise sei das Kriegsgefangenenlager Saubsdorf in der Tschechoslowakei nahe der polnischen Grenze. Es war bereits dunkel, als sie dort ankamen. Man reichte jedem von ihnen ein warmes Eintopfgericht. Keine Suppe, wohlgemerkt, sondern richtigen Eintopf mit Fleisch, Kartoffeln und Karotten drin. Eine richtige Mahlzeit! Binnen weniger Stunden hatte Horace heute zwei Dinge erhalten, die er so lange sehnsüchtig vermisst hatte. Zwei Dinge, das Wichtigste im Leben – warmes Wasser und Essen. War das zu viel verlangt?

Verglichen mit dem vorhergehenden Lager, war das hier das Ritz. Zwar gab es auch hier nur eine Mahlzeit am Tag, aber was machte das schon? Horace dachte, er wäre schon gestorben und im Himmel angekommen, als sie in einen großen Schlafsaal mit Duschen, Stockbetten und richtigen Matratzen gebracht wurden. Die Männer fühlten sich wie Kinder in einem Schullandheim, als sie freudig in die Betten kletterten. Das Licht wurde ausgeschaltet, und wenn sie sich auch alle Mühe gaben, wach zu bleiben, schnarchten alle schon nach fünf Minuten. Zum ersten Mal in seiner Gefangenenzeit konnte Horace die ganze Nacht durchschlafen.

Er wachte gegen sieben Uhr früh auf und hatte gleich ein weiteres freudiges Erlebnis, das er schon lange nicht mehr verspürt hatte. Er hatte eine Erektion. Vor lauter kindlicher Begeisterung sprang er aus dem oberen Stockbett herunter, ließ die Unterhosen runter und rief: „Schaut mal, Jungs, wie schön das ist!"

John Knight machte die Augen auf. Er lag unter Horace und hatte dessen geschwollenes Glied vor seinen Augen.

KAPITEL 7

„He, Jim, was machst du da?", schrie er und zog sich die Decke über den Kopf, um die männliche Pracht nicht länger sehen zu müssen.

Horace hielt sein Glied mit beiden Händen fest und zeigte es freudestrahlend jedem, der die Augen aufkriegte.

„Ich habe einen Steifen!", rief er.

„Na und?", schrie Dan von der anderen Seite des Raumes herüber.

„Aber ich hatte schon seit Monaten keinen mehr! Ist das nicht fabelhaft?"

Flapper schaute unter seiner Decke hervor. „Verdammt, Jim, pass mit deinem Ding auf! Sonst stichst du noch irgendwem damit ein Auge aus!"

Ernie Mountain saß aufrecht im Bett und lachte. „Da kannst du sechs Paar Stiefel dran aufhängen, Jim. Du warst nicht gerade in der letzten Reihe, als die Dinger verteilt wurden, was?"

„Nützt dir aber nichts, Kamerad", murmelte Dan. „Wofür kannst du den hier schon gebrauchen?"

Das war Horace im Moment egal. Hauptsache, es wurde besser für ihn und seine Leidensgenossen. Ein warmes Bett, eine warme Dusche und dann noch ein Steifer. Alles, was er jetzt noch begehrte, war eine süße junge Dame zum Ausprobieren. Nun ja, was soll's, dachte er sich, Rom wurde auch nicht an einem Tag erbaut. Er ging duschen und fragte sich, ob es wohl möglich wäre, hier drei oder vier Minuten lang allein zu sein.

Noch an diesem Morgen hieß es „Sammeln". Die Wachtposten teilten den Männern ihre Arbeit zu. Horace war ungemein erleichtert, als er sah, dass sie hier nicht die gefürchteten SS-Uniformen trugen. Verglichen mit den jungen SS-Schergen sahen die Männer hier – sie waren zwischen vierzig und fünfzig Jahre alt – wie Engel aus.

Das Lager befand sich in der Nähe eines großen Marmorsteinbruchs. Die Gefangenen erhielten Spitzhacken und Vorschlaghammer, als sie am Arbeitsort ankamen. Ein deutscher Zivilist, ein Herr Rauchbach, wandte sich in seiner Muttersprache an die Männer. Obwohl die meisten nicht ein Wort von dem, was er sagte, verstanden, war es allen auch so ziemlich klar, was für eine Arbeit sie hier erwartete. John Night grinste, als sie den kurzen Weg auf den Steinbruch zugingen und die deutschen Wachen auf die riesigen Marmorplatten deuteten. Die Arbeit war keine leichte, aber wenigstens

SINGEN VÖGEL IN DER HÖLLE?

mussten sie hier keine jüdischen Skelette mehr ausbuddeln und konnten nachts ruhig schlafen.

Die knochenharte Zehnstundenschicht begann. Horace arbeitete mit Flapper zusammen. Sie spalteten den Marmor in handhabbare Stücke auf und luden sie von Hand auf den Lastwagen. Bei den Männern arbeiteten ein halbes Dutzend Zivilistinnen. Sie füllten die kleineren Bruchstücke in große Eimer und stapelten diese vor der Tür einer großen hölzernen Werkstatt. Die Frauen hatten Angst, das sah man. Es war ihnen verboten, mit den Gefangenen zu sprechen. Wenn die deutschen Wachtposten dabei waren, arbeiteten sie mucksmäuschenstill vor sich hin.

Aber die Wachleute waren wenige an der Zahl und standen ziemlich weit auseinander. Das befremdete Horace zunächst etwas. Der Gedanke an Flucht war bei ihm stets präsent, aber im ersten Lager war an Flucht nicht zu denken gewesen. Hier jedoch war das durchaus machbar. Das Lager war nicht eingezäunt – später fand er heraus, dass Rauchbach Zäune verboten hatte – man schloss sie einfach nachts in ihren Hütten ein. Um eine Flucht zu verhindern, patrouillierten ständig vier bis fünf Wachtposten auf dem Gelände. Tagsüber schien es, als wären sie geradezu nachlässig.

Horace kapierte, dass eine Flucht hier durchaus möglich war. Aber wohin konnte man fliehen? Das Lager lag am Rande eines großen Waldes. Perfekte Tarnung, dachte Horace. Aber wohin, wenn man weder Karte noch Kompass hatte? In jeder Himmelsrichtung waren mindestens sechshundert Kilometer deutsch besetztes Gebiet. Wohin sollte er da fliehen? In den Westen, Richtung Deutschland, war für ihn keine Option, und sein Wissen über die Tschechoslowakei und Polen war lückenhaft, um es freundlich auszudrücken. Wie sehr wünschte er sich jetzt, er hätte damals in der Schule im Erdkunde-Unterricht besser aufgepasst! Die Deutschen waren nicht dumm, genau deswegen hatten sie die Gefangenenlager hier in dieser Gegend eingerichtet.

Jede Nacht, wenn er im Dunkeln dalag, kämpfte Horace innerlich mit sich. War er es nicht seiner Familie und seinem Land schuldig, eine Flucht zumindest zu versuchen? Die Gefangenen bildeten Komitees. Stundenlang sprachen sie miteinander über ihre Chancen zu fliehen, schmiedeten Pläne und fantasierten, was wohl hinter dem Wald lag. Aber dabei blieb es auch.

KAPITEL 7

Nichts als Luftschlösser. Sie saßen hier mitten im Nirgendwo fest, ohne Papiere, ohne Polnisch oder Tschechisch zu können, ohne Geld, ohne Lebensmittel, ohne Waffen – ohne alles.

Horace wusste, dass eine Flucht unmöglich war, und das wussten die Deutschen bestimmt auch. Deshalb waren die Wachtposten wohl so dünn gesät. Das bot andererseits den Männern eine Chance, mit den Frauen aus dem Arbeitslager zu sprechen. Sie stammten aus den Dörfern an der Grenze zwischen Polen und der Tschechoslowakei. Sie waren mittleren Alters, und ihre harten Gesichter voller Falten und Narben zeugten von der jahrelangen schweren Arbeit. Die Grenzstädte hatten eine turbulente Geschichte hinter sich und gehörten über die Jahrhunderte hinweg mal zu diesem, mal zu jenem Staat. Obwohl einige der Dörfer in der Tschechoslowakei lagen, betrachteten sich die Einwohner dort als Polen und verabscheuten die Deutschen nicht weniger als die Kriegsgefangenen. Die Frauen wurden für ihre Arbeit bezahlt und durften nachts in ihre Heimatdörfer zurückkehren, aber sie waren für die Deutschen nicht mehr als Sklavinnen und wurden von ihnen auch so behandelt.

Die Frauen erzählten den Männern von einem Mädchen, das hier gearbeitet und sich mit einem französischen Kriegsgefangenen angefreundet hatte und dann von ihm schwanger wurde. Irgendwie hätten die Deutschen es herausgefunden, und weder das Mädchen noch der Mann wurden jemals wieder gesehen. Der Franzose sei am nächsten Morgen von einem Tötungskommando erschossen worden, das Mädchen sei ins Gefängnis gekommen. Wenn die Frauen von ihr erzählten, bekreuzigten sie sich jedes Mal, sie nahmen also vermutlich an, sie sei inzwischen gestorben.

Mit der Zeit schmuggelten ein paar Frauen Lebensmittel für die Männer herein – ein altes Sandwich, schimmeligen Käse oder Schinken. Niemand scherte sich darum, wie frisch die Sachen waren. Sie waren jedenfalls eine willkommene Ergänzung ihrer mageren Rationen und schmeckten himmlisch.

Horace war nun schon mehr als ein Jahr in deutscher Gefangenschaft. Er verstand schon etwas Deutsch. Herr Rauchbach, der Eigentümer des Steinbruchs, nahm ihn beiseite und redete ein bisschen mit ihm. Rauchbach schien anders zu sein als die anderen Deutschen, besonders dann, wenn kein Wachtposten zugegen war. Er hatte fast so etwas wie Mitleid mit den

SINGEN VÖGEL IN DER HÖLLE?

Gefangenen, und Horace merkte mehr als einmal, dass er die Wachleute auch nicht mochte. Er fragte Horace nach dem Essen und den Lebensbedingungen im Lager. Er versprach, sich dafür einzusetzen, dass die Gefangenen mehr zu essen bekämen, und tatsächlich, eines Abends, als die Gefangenen mit ihrer Schicht fertig waren, gab es eine Art Auseinandersetzung zwischen dem Lagerkommandanten und Herrn Rauchbach. Der Kommandant wurde laut und sagte, die Gefangenen bekämen genug zu essen. Rauchbach hielt ihm entgegen, mehr Essen bedeute auch mehr Leistungsfähigkeit. Er sagte, es seien schon mehrfach Gefangene während der Frühschicht wegen leerer Mägen zusammengebrochen.

Danach erhielten die Gefangenen morgens als Frühstück eine Tasse lauwarmes Wasser und einen Keks, der nach nichts schmeckte, und im Eintopf schwammen mehr Kartoffeln als bisher. Die Arbeitsleistung im Steinbruch wurde besser, und der Lagerkommandant war zufrieden. Allerdings war die bessere Leistung nicht auf mehr Essen zurückzuführen, sondern weil Rauchbach den Männern erzählt hatte, dass der Marmor für deutsche Kriegsgräber benötigt werde.

Eines Morgens kündigte Rauchbach Horace an, er werde nächste Woche seine Tochter als Dolmetscherin mitbringen. Er habe es mit dem Lagerkommandanten abgesprochen, der ihr erlaubt habe, alle vierzehn Tage in den Steinbruch zu kommen, um besser Englisch sprechen zu lernen.

An einem warmen Tag im August kam Rauchbach zu Dan Staines und Horace hinüber, die miteinander arbeiteten.

„Jim!", rief er. Horace sah von der Arbeit auf.

Da stand sie – wie eine Göttin.

Rauchbach stellte ihm seine Tochter Rosa vor. Horace verschlang jeden Zentimeter des Mädchens mit seinen Augen. Schüchtern nickte sie und wurde rot. Horace fühlte ein nervöses Zittern in sich aufsteigen. Es war so lange her, dass er eine so reizende Person gesehen hatte. Es gab im Lager keine Zeitungen oder Zeitschriften, keine Fotos und keine Wochenschau. Er besaß nicht einmal ein Foto von Eva. Er konnte sich kaum noch an den Anblick eines hübschen Mädchens erinnern – bis jetzt.

Horace nickte seinerseits und grüßte sie höflich auf Deutsch. Rosa lächelte und blickte zu Boden. Nach einer kurzen Pause sah sie ihn an und

KAPITEL 7

sagte nervös auf Englisch: „Ich spreche Englisch. Mein Vater möchte, dass ich etwas dolmetsche. Ich muss mehr Englisch üben."

Ihre Stimme war sanft und weich. Vielleicht lag es an ihrem gebrochenen Englisch, jedenfalls klang sie irgendwie sinnlich und geheimnisvoll. Ich fürchte, die haut mich um, dachte Horace. Er sah zu Flapper Garwood hinüber, der bewegungslos dastand.

Flapper flüsterte: „Mit der würd ich's sofort machen, Jim. Du nicht?"

„Klar. Und nicht nur einmal!", flüsterte er.

„Entschuldigung,", meinte sie, „ich habe nicht richtig verstanden."

Horace stotterte und ließ den Vorschlaghammer sinken. „Ich habe gesagt, dein Englisch ist gut."

Rauchbach sagte auf Deutsch: „Ja, aber es muss besser werden. Wir müssen uns auf die Zeit nach dem Krieg vorbereiten."

Er drehte sich zu Horace um und lächelte ihn an. „Wärst du bereit, Rosa ein bisschen Unterricht zu geben?"

„Natürlich, gern, Herr Rauchbach."

„Und jetzt gehen wir zum Kommandanten und bedanken uns bei ihm, Rosa."

Rauchbach und seine wunderschöne Tochter ließen die beiden Männer allein, die aus dem Staunen nicht mehr herauskamen und zurück an die Arbeit gingen. Das Hinterteil des siebzehnjährigen Mädchens in der engen schwarzen Reithose war ein zu überwältigender Anblick für die beiden. Eine ganze Division Waffen-SS hätte es nicht geschafft, sie zu zwingen, in eine andere Richtung zu starren.

„Sieh dir diesen Hintern an, Jim. Wie sie ihn bewegt."

„Ich krieg meine Augen gar nicht mehr weg von ihr", erwiderte Horace.

„Und jetzt stell dir vor, wie dieser Hintern rauf und runter geht ..."

„Lieber nicht", sagte Horace. „Weißt du nicht mehr, was ich neulich morgens für 'nen Ständer hatte? Wenn ich an diesen süßen kleinen Po denke, fürchte ich, wird er morgen noch mal so groß."

Horace stand da, bis das schönste Hinterteil, das er je gesehen hatte, aus seinem Blickfeld verschwand. Er verfluchte die verhassten Deutschen, weil sie ihm ein weiteres Grundrecht raubten. Er hatte recht – der Besuch der schönen Rosa war nicht gesund für ihn. Er musste schleunigst aus diesem

SINGEN VÖGEL IN DER HÖLLE?

Lager raus. Er brauchte seine Familie, er brauchte Essen, er wollte die Freiheit haben, kommen und gehen zu können, wann er wollte – und da war noch etwas, was er dringend brauchte: Sex.

In der darauffolgenden Woche war Horace sehr deprimiert. Rosas Besuch hatte ihn an sein Zuhause erinnert und daran, wie es war, ein freier Mann zu sein. Er verabscheute die Wachtposten, wenn sie die Leute abends einschlossen. Er wurde leicht aggressiv. Die anderen Gefangenen spürten es und gingen ihm lieber aus dem Weg. Seine Aggressionen ließ er an den Marmorscheiben aus. Jeder Brocken Marmor, den er aus dem Gestein schlug, war für ihn ein toter Deutscher. Wie sehr er sie hasste! Abend für Abend kehrte er körperlich und seelisch vollkommen erschöpft ins Lager zurück. Garwood und John Knight meinten, er solle es nicht übertreiben, aber er hörte nicht auf sie.

Seine Laune wurde erst besser, als er die Tage zählen konnte, bis er Rosa wiedersehen würde. Er zählte die Tage auf Papierfetzen ab und führte heimlich Tagebuch – ein Tagebuch, das, falls man es entdeckte, so gut wie sicher seine Hinrichtung bedeutet hätte. Darin fantasierte er über Sex. Sex mit einer Deutschen – mit der jungen Tochter des Steinbrucheigentümers. Es war eine Gelegenheit, die er nutzen wollte. Wieder ein kleiner Sieg über die Deutschen.

KAPITEL 8

Zwei Wochen später, bei ihrem nächsten Besuch, sah Rosa sogar noch schöner aus. Es war ein warmer Tag, und sie war dementsprechend gekleidet. Weg war der schwere Regenmantel, stattdessen trug sie heute eine enge weiße Bluse, die ihre Brüste zur Geltung brachte, und einen dünnen, weiten Rock, der ihr knapp bis über die Knie ging. Ihre Wangen hatten mehr Farbe, und ihre Lippen, so kam es ihm zumindest vor, waren voller und roter als zuletzt. Und sie lächelte öfter. Sie lächelte Horace an – nicht Flapper oder John Knight, sondern ihn, Horace.

Das fiel auch Flapper Garwood auf. Er ließ einen Kommentar los, der vage andeutete, dass das junge Mädchen drauf und dran war, sich in Horace zu vergucken.

Er sagte: „Mach jetzt keinen Fehler, Jim. Ich glaube, sie will, dass du ihr dein großes Ding da reinschiebst." Und er grinste breit.

In den nächsten Wochen entwickelte sich zwischen ihnen ein Kontakt, der immer enger wurde. Rosas Vater schien mit den Fortschritten, die seine Tochter in Englisch machte, sehr zufrieden zu sein – so sehr, dass er keine Probleme damit hatte, sie mit den englischen Gefangenen alleinzulassen.

Beim vierten Treffen fragte Horace sie, welche Arbeit in den Werkstätten stattfand. Sie erklärte, da stünden Drehbänke und Hobel, und ihr Vater sei ganz enttäuscht, dass er niemanden habe, der diese Geräte zu benutzen verstehe.

SINGEN VÖGEL IN DER HÖLLE?

„Mein Vater und Ackenburg, der Vorarbeiter, sind die Einzigen, die überhaupt da drin arbeiten. Die Wahrheit ist, dass alle geschickten Handwerker entweder tot oder im Krieg sind."

Rosa machte ein Gesicht, das Horace noch aus Ibstock und Torquay und von den Tanzabenden in Leicester her kannte. Sie signalisierte Interesse.

„Mein Vater meint, es gäbe nicht mehr viele gute Männer hier."

Von diesem Moment an legte Horace die Grundlagen für ihr erstes Rendezvous. Bildete er sich das bloß ein, oder zeigten ihre Körpersignale ein Interesse an ihm, das über die Fremdsprache hinausging? Er hatte solche Signale so lange nicht mehr gesehen, aber jetzt sah er sie deutlich: Ihr ständiges Lächeln, das Wegstreichen einer Haarsträhne, die sanften Handbewegungen und die Tatsache, dass sie meistens so verdammt nah neben ihm stand. Dann brachte er sie – die tollste Anmache der Welt.

„Meinst du, du könntest mir diese Maschinen mal zeigen?"

Rosa schwieg. Sie sah zu den Werkräumen, dann wieder zu Horace hinüber. Es herrschte ein peinliches Schweigen, dabei hätte Horace ihr gern so viel gesagt. Sie schüttelte den Kopf und sah zu Boden.

Horace hätte ihr so gern gesagt, wie schön sie war und wie gerne er sie in die Arme nehmen würde. Er hätte ihr am liebsten gesagt, wie groß sein Verlangen nach ihr war, wie er sich immer wieder ausmalte, wie sie unter diesen Kleidern wohl aussah und wie gern er mit ihr schlafen würde. Stattdessen schwieg er und dachte: Sie ist eine Deutsche und absolut tabu für mich.

Er wollte sich nicht in sie verlieben – er wollte sie vögeln, wollte einen weiteren kleinen Sieg über Deutschland erringen. Er wollte ein deutsches Fräulein flachlegen und sie zu seiner eigenen Freude besitzen. Er wollte sie entjungfern, sie vergewaltigen und mit ihr die Deutschen entehren. Nicht mehr und nicht weniger.

Dann geschah etwas Ungewöhnliches: Die Tür zur Werkstatt ging auf. Rauchbach und Ackenburg kamen heraus. Sie hielten kurz inne, betrachteten ein Stück Papier und gingen auf Rosa und Horace zu. Horace ging in entgegengesetzter Richtung an ihnen vorbei und steuerte wie zufällig auf die Werkstatt zu. Die Tür war offen, er drehte am Griff und ging hinein. Eine große, staubige Werkbank nahm die Hälfte des Raumes ein. An ihr waren

KAPITEL 8

in regelmäßigen Abständen eine Drehbank oder ein Schraubstock montiert oder eine Maschine, um die Bohreinsätze zu schärfen. Im rückwärtigen Teil des Raumes standen, ebenfalls mit Staub bedeckt, zwei große Schleifscheiben. Horace drehte sich um und sah aus dem Fenster. Die Wachtposten waren weg, wahrscheinlich machten sie gerade eine Kaffeepause. Gruppen von Gefangenen beugten sich über ihre Arbeit, ohne dass sie beaufsichtigt wurden. Rosa sprach mit ihrem Vater. Ackenburg saß auf einem Stapel Marmorbruch und beäugte den Fortgang der Arbeiten. Horace fühlte sich dumm, als er sich auf die Werkbank setzte. Was wollte er schon erreichen? Wahrscheinlich hatte er sich die Signale des Mädchens nur eingebildet – Wunschdenken. Welches deutsche Mädchen würde auch nur im Traum daran denken, etwas mit einem feindlichen Kriegsgefangenen anzufangen? Er musste daran denken, was die Frauen über die einzige Beziehung damals im Lager gesagt hatten.

Horace starrte weiterhin aus dem Fenster. Er ging von der Werkbank herunter und fragte sich, wie lange es wohl dauern würde, bis sie ihn vermissten. Die deutschen Wachen gingen jeden Tag drei- bis viermal in ihre Kaffeepause, es schien ihnen so ziemlich egal. Er starrte in Gedanken verloren vor sich hin. Da ging die Tür auf. Er nahm an, es sei ein deutscher Wachmann oder Ackenburg. Er erwartete, dass sie ihn schelten würden – oder gar Schlimmeres.

Es war Rosa. Sie stand in der Tür, die Wangen gerötet, und atmete schwer. Sie war nervös. Ihre schönen Brüste hoben und senkten sich. Das vertraute Gefühl stieg in ihm hoch. Mit den Augen verschlang er ihre wunderschöne Gestalt. Sie machte einen Schritt nach vorn und sagte: „Ich weiß, ich sollte nicht hier sein, es ist zu gefährlich. Ich werde lieber –"

Horace schüttelte den Kopf und ging langsam auf sie zu. Ihre Gesichter waren nur wenige Zentimeter voneinander entfernt. Er konnte ihren moschusartigen weiblichen Duft riechen. Es bedurfte keines Wortes mehr. Ihre Augen versenkten sich ineinander, sie kamen sich immer näher. Und als sei es das Selbstverständlichste der Welt, trafen sich ihre Lippen – zuerst sanft, langsam und zart, dann ängstlicher, gieriger, verzweifelter. Sie streichelten einander im Gesicht, nahmen einander fest in den Arm, gingen auseinander und starrten sich wortlos an. Das wiederholte sich mehrmals. Horace griff nach ihrer Brust, sie stöhnte wohlig. Er hatte vergessen, wie weich sich die

SINGEN VÖGEL IN DER HÖLLE?

Haut anfühlt. Er suchte ihre steife Brustwarze und drückte sie sanft. Er war überrascht, wie stark das Blut in seinem Körper pumpte, bloß weil er eine schöne Frau berührte.

Es war ihm unmöglich, den Drang zu kontrollieren. Er wollte aufhören, wollte ihr sagen, wie verrückt das doch war, und aus der Werkstatt fliehen, so schnell ihn seine Beine trugen. Er tat es nicht. Er konnte es nicht.

Ein Gefühl überflutete ihn, ein Gefühl, das er so noch nie gekannt hatte. Seine Hände wanderten zu ihrem Po, ihre Küsse wurden intensiver, er zog sie an seine harte Stelle und ging zu rhythmischem Stoßen über. Sie atmete heftig, unterbrach das Küssen und versuchte sich loszumachen. Horace zog sie noch fester an sich. Seine rauen, schwieligen Hände griffen nach ihren zarten Pobacken, und als er sie zärtlich, aber auch kraftvoll küsste, reagierte sie darauf. Zuerst war es nur langsam, eine kaum spürbare Bewegung, aber dann öffnete sie die Beine etwas, sie entspannte sich und warf den Kopf zurück, als sie seine Bewegungen mitmachte. Sie war ungeschickt, beide waren sie ungeschickt, aber allmählich wurden ihre Bewegungen eine Bewegung. Ihr Haar fiel ihr übers Gesicht, sie keuchte, ihr Mund öffnete sich und sie stöhnte sanft. Er schob die Hand unter ihren Po und hob ihr ganzes Körpergewicht an. Sie hing an ihm für eine kleine Ewigkeit und grub ihren Beckenknochen an sein spürbar erigiertes Glied.

Er keuchte nun stärker, er grunzte fast wie ein wildes Tier im Dschungel. Er hatte den Punkt, an dem sie noch aufhören konnten, überschritten. Er ließ sie mit beiden Händen los und fuhr mit der Rechten über ihren Rücken und ihr Gesäß bis hinunter zu ihrem Oberschenkel. Sein Kopf neigte sich nach vorn, ihre Augen trafen sich erneut. Auch sie beugte sich nach vorn und küsste ihn noch mal, und er genoss es eine Sekunde lang. Sie sah ihn erstaunt, fast erschreckt an. Horace trat einen Schritt zurück und griff nach seinem Hosenknopf. Sie schüttelte panisch den Kopf und sah zum Fenster hin, aber sie verharrte in derselben Stellung. Sie konnte keinen Widerstand leisten, nicht weglaufen.

Horace ließ die Hosen auf den Boden fallen und zeigte seine Erektion. Er hielt inne, sie sahen einander noch einmal an, sie schüttelte sanft, aber beinahe sich ergebend den Kopf und hatte diesmal richtig Angst in den Augen.

KAPITEL 8

Er wollte aufhören, dieser Raserei ein Ende bereiten. Es waren die längsten Sekunden seines Lebens. Er war drauf und dran, eine Feindin zu vögeln, mit einer Gegnerin Sex zu haben. Wenn er sich dabei erwischen ließ, würde das als Vergewaltigung bewertet und mit Sicherheit mit dem Tode bestraft. Vermutlich würde Rosa dasselbe Schicksal ereilen, wenn es ihr nicht gelang, die Behörden von ihrer Unschuld zu überzeugen.

Horace trat einen Schritt nach vorn und packte Rosa an den Schultern. Er riss sie unsanft herum und drückte ihr Gesicht auf die schmutzige Werkbank. Er griff nach ihrem Hemd und zog es über ihre Hüften. Über ihrer Scham war nur eine dünne, schneeweiße Unterhose. Horace griff unter sie, zog ihre Unterhose zur Seite und schob zwei Finger in ihre feuchte Vagina.

Rosa sah ihn über die Schulter an. „Nicht – bitte nicht. Hör auf. Sie werden uns erwischen."

Horace wollte aufhören. Es war ein Wahnsinn. Der ganze Krieg war ein Wahnsinn, die polnischen Gefangenenlager waren ein Wahnsinn, Scheiße aus fahrenden Zügen werfen und ausgehungert werden war ein Wahnsinn, einen kleinen Sieg über den übermächtigen Feind zu feiern war Wahnsinn, aber er konnte nicht anders. Er trat nach vorn, zerriss ihre Unterhose und schleuderte sie auf den dreckigen Boden. Dann trat er einen Schritt vor und drückte ihre Beine mit seinen Knien auseinander. Ihr Atem ging stoßweise, ihre Gesäßmuskeln waren angespannt, als er eine Hand auf jede ihrer Hüften legte. Sein Penis schwankte und suchte den Eingang ihrer Vagina, und mit einer schnellen, geübten Bewegung drang er tief in sie ein. Rosa quiekte. Vielleicht hatte das jemand da draußen gehört, es war gut möglich, dass man sie beide hörte.

Es war Horace jetzt schon egal. Wenn er die nächsten paar Minuten erleben durfte, war ihm das eine Kugel in den Kopf wert. Er pumpte und gab alles. Das deutsche Mädchen war nichts als ein Stück Fleisch, zu seiner eigenen Freude gemacht. Sie war ein Objekt, ein Gegenstand. Sie war der Feind, und er, Joseph Horace Greasley, hatte Sex mit einem feindlichen Mädchen, und das, während er hier gefangen war – es war das schönste Gefühl der Welt für ihn.

Rosa krümmte sich und heulte unter ihm. Sie hielt sich die Hand vor den Mund, während Horace ihre beiden Hüften hart gegen die hölzerne Werkbank drückte und so hart und tief in sie eindrang, wie es ihm nur möglich war. Nach wenigen Minuten kam er zum Höhepunkt und atmete schwer, sein Gesicht nahe an dem ihren. Er fühlte ihr seidenweiches Haar an seiner Wange, roch ihren süßen Atem, als sie sich keuchend erholte. Und irgendwie wäre er gern für immer hier bei ihr gelegen.

Aber es ging nicht. Sie war eine Feindin.

Er griff zu Boden und zog sich die Hose an. Er starrte auf die schöne Gestalt ihres Hinterteils, die Form ihrer Hüften und ihrer immer noch brutal auseinandergedrückten Oberschenkel, die in das daunenhaft weiche, dunkle Schamhaar ausliefen.

Rosa bewegte sich nicht. Sie wimmerte leise, schnurrte fast wie eine Katze. Er wollte sie festhalten, wollte ihr sagen, wie speziell dieser Moment für ihn gewesen war. Er wollte sie küssen und streicheln, mit ihr im Sonnenschein spazieren gehen und ihr erzählen, wie er es einst mit Eva gemacht hatte, vor so langer, langer Zeit. Am liebsten hätte er gleich ihr nächstes Stelldichein, den nächsten Moment todesverachtender Leidenschaft mit ihr geplant.

Ohne ein Wort drehte er sich um und verließ die Werkstatt. Er ging fast entspannt hinaus in die warme Nachmittagsluft – nur fast, denn eine Träne lief ihm die Wange hinunter und tropfte auf den ausgetrockneten, staubigen Boden.

Es war kein Traum gewesen, es war wirklich passiert. Die ersten Strahlen der Morgensonne blitzten durch die vergitterten Fenster und bahnten sich ihren Weg durch den Staub, der hier überall in der Luft zu hängen schien. Horace lag wach, als Einziger der dreißig Gefangenen.

Es war geschehen. Er hatte ein feindliches Mädchen gevögelt, hier im Kriegsgefangenenlager, direkt vor der Nase der deutschen Wachtposten, des Lagerkommandanten und, was noch unfassbarer war, ihres Vaters, der keine fünfundzwanzig Meter weit weg gestanden hatte.

Es war kein Traum. Er lag da und hatte ein seltsam glückliches Lächeln auf den Lippen. Da war er, Horace, eingesperrt und halb verhungert, ein Sklave und eine Marionette des Feindes, der mit ihm alles machen konnte, was ihm in den Sinn kam und der ihm, wenn er wollte, jederzeit das Leben

KAPITEL 8

nehmen konnte – und doch lächelte er. Wie gern hätte er ihnen von seinem Triumph erzählt! Wie gern hätte er diesen Schweinehunden gesagt, wie oft er ihre Kameraden schon mit Scheiße beworfen hatte. Wie sehr er sich wünschte, er könnte ihnen sagen, wie oft er in diesem einen Jahr bei ihnen schon über sie triumphiert hatte.

Vor allem aber hätte er ihnen zu gerne erzählt, wie er eine von ihnen gevögelt hatte, hier, direkt neben ihnen. Sie hat sich mich ausgesucht, würde er sagen. Mich, diese gedemütigte, schmutzige, halb verhungerte und versklavte Kreatur, die in ihrer aller Augen weniger wert war als eine Kanalratte ... mich hat sie gewählt. Seine Haare waren ungekämmt, seine Haut hing herab, seine gebrauchte, schlecht sitzende Uniform war wenig schmeichelhaft. Als er an die Vorträge der SS-Leute im ersten Lager denken musste und an ihre Behauptungen, die Deutschen würden ihnen immer überlegen sein, musste er laut lachen darüber, dass er diese Theorie soeben gründlich widerlegt hatte.

„Was gibt's da zu lachen, Jim, du Idiot?"

Es war Flapper. Horace beugte sich über den Rand nach unten und sah Flapper an, der eben erst die Augen geöffnet hatte.

„Sie werden uns niemals besiegen, Flapper, verstehst du das nicht? Sie können uns unsere Freiheit rauben, aber besiegen werden sie uns nicht. Wir sind besser als sie, größer und besser."

Er wollte seinen Freunden und Kameraden alles über seine neue Eroberung erzählen. Er wollte es ihnen sagen und ihre Moral heben, er wollte erreichen, dass jeder von ihnen die Deutschen hinter ihrem Rücken auslachte. Aber er konnte es nicht.

Flapper seufzte tief. „Ich sag's ja schon lange, Jim, du bist ein bescheuerter Idiot."

Horace sprang aus dem Bett. Er musste ihnen sagen, dass sie durchhalten sollten und die Hoffnung niemals aufgeben dürften. Er wusste nicht, woher diese plötzliche Inspiration kam und was ihm die Kraft gab zu reden, aber als er seinem Freund einen Vortrag hielt, geschah etwas Seltsames. Ein paar andere um sie herum wachten ebenfalls auf. Er drehte sich zu ihnen um und hielt eine improvisierte Rede.

SINGEN VÖGEL IN DER HÖLLE?

„Wir werden diesen verdammten Krieg gewinnen, Jungs, ich sag's euch, wir müssen nur tief in unserem Herzen daran glauben, und wenn wir es wirklich, wirklich wollen, dass dieser österreichische Eunuch seine wohlverdiente Strafe kriegt, dann wird es auch so kommen. Wir müssen den Kopf hochhalten. Wenn sie uns abends einschließen, wenn sie reihenweise Befehle und Schläge austeilen, müssen wir fest an uns glauben und daran, dass wir besser sind als sie."

Die Männer versammelten sich rings um Horace. Einige lagen vor ihm schläfrig auf dem Boden. In einer Art Trancezustand hörten sie, was dieser kleine Bergarbeitersohn aus Leicester ihnen zu sagen hatte. Seine Worte hätten auch aus Churchills Mund kommen können, so leidenschaftlich sprach er zu ihnen.

„Ist euch aufgefallen, wie ruhig die Deutschen in letzter Zeit sind? Sie, die uns Woche für Woche brühwarm erzählt haben, dass London bombardiert wurde und dass die Luftwaffe längst den gesamten Luftraum über Europa kontrolliert? Wisst ihr noch, wie sie vor Freude getanzt haben, als sie uns verkündeten, sie hätten Coventry dem Erdboden gleichgemacht und würden jetzt Liverpool und Bristol vernichten? Könnt ihr euch daran noch erinnern, Jungs?

Und jetzt? Singen und tanzen die Schweinehunde heute immer noch? Wann habt ihr zum letzten Mal einen von den Bastarden grinsen sehen? Ihr wisst es nicht? Das liegt daran, dass wir gewinnen, Leute! Die Lage hat sich geändert."

In Wirklichkeit gewann keine von beiden Seiten den Krieg. Jedes daran beteiligte Land war der Verlierer. Die jungen Männer aus England, Frankreich, Russland und Deutschland wurden reihenweise massakriert. Überall in Europa und darüber hinaus lagen wehrlose, niedergemetzelte Zivilisten – Männer, Frauen und Kinder – auf den Straßen der Großstädte.

Weitaus schlimmer aber war das, was in den Konzentrationslagern in Deutschland, Polen und der Tschechoslowakei geschah, seit Hitler seinen teuflischen Plan der Weltherrschaft systematisch umsetzte. Er und seine Generäle betrieben darin die massenhafte Vernichtung ganzer Völker, Volksstämme und religiöser Minderheiten, der Homosexuellen und der geistig Behinderten. Die Kriegsgefangenen damals konnten nicht wissen, dass der Zweite Weltkrieg mit zweiundsiebzig Millionen Toten der blutigste und

KAPITEL 8

zerstörerischste Krieg in der Geschichte der Menschheit werden sollte. Unter Hitlers Herrschaft wurden nahezu fünf Millionen Juden vernichtet, sie wurden in den Konzentrationslagern Osteuropas vergast. Polen verlor über sechzehn Prozent seiner gesamten Bevölkerung, und bis Kriegsende mussten knapp siebenundzwanzig Millionen Russen ihr Leben lassen.

Leider war der Krieg im Sommer 1941 noch in vollem Gange. Allein im Jahr 1941 wurden Jugoslawien, Russland, Bulgarien, Finnland und Ungarn in den Krieg hineingezogen. Ende 1941 bombardierten die Japaner Pearl Harbor auf Hawaii, wo eine große amerikanische Flotte vor Anker lag, und zogen damit die größte Macht der Erde mit in den Krieg hinein. Horace wusste von alledem nichts.

„Glaubst du, der Krieg wird bald enden, Jim?", fragte ein schottischer Unteroffizier.

Horace sprach mit ganzer Leidenschaft. Er war davon überzeugt. Er wollte es glauben, er musste es einfach glauben, aber es war reines Wunschdenken und entsprach in keinster Weise der Wahrheit. Als er auf Garwoods Bett saß und ihm der gesamte Schlafsaal zuhörte, konnte er nicht ahnen, dass er selbst noch weitere vier Jahre Teil dieses entsetzlichen Massakers wäre.

„Wir sollten über sie lachen, sie hinter ihrem Rücken auslachen. Sie können uns jeden Abend einschließen und uns zehn Stunden am Tag schuften lassen, aber wir wissen, dass wir an den Grabsteinen ihrer Kameraden arbeiten."

Horace fragte grinsend in die Runde: „Ist das nicht großartig, Jungs?"

Aus den Männerkehlen kam raues Gelächter.

Horace fuhr fort: „Lasst uns noch härter arbeiten, lasst uns lachen und scherzen über jeden Marmorblock, den wir zerlegen! Lasst uns über die Deutschen lachen, wenn wir ihre Grabsteine meißeln! Lasst uns grinsen und sagen: Der hier ist für dich, mein Freund!"

„Aber nur zu denen, die kein Englisch sprechen, Jim", mahnte Ernie Mountain. „Denk daran, wie du im letzten Lager fast zu Tode geprügelt wurdest, weil einer der Bastarde Englisch konnte."

Horace hielt kurz inne, als er an jene schlimmen Tage denken musste. Aber dann erinnerte er sich wieder daran, wie viel Kraft und Stolz ihm der Vorfall eingebracht hatte. Stimmt, er war in den Tagen danach schwach gewesen wie

SINGEN VÖGEL IN DER HÖLLE?

ein Kätzchen, aber mental so stark wie zwei Löwen. Er dachte daran, wie die Männer hinten auf dem Lastwagen saßen, als sie diese Hölle verließen – ein Haufen Elend, niedergeschlagen, halbtot, nur noch Haut und Knochen, die Augen tief in den Augenhöhlen. Einige trugen eine Kopfbedeckung, um sich vor der Kälte zu schützen, manche hatten keine, nur kahl rasierte Köpfe, auf denen, wie zum Hohn, die eine oder andere Locke wuchs. Lebende Tote – das waren sie damals gewesen.

„Aussteigen!", brüllten die deutschen Wachleute und stürmten in den Schlafsaal. Horace hatte den Eindruck, dass ihr Tonfall heute aggressiver als sonst war. Bald wurde sein Verdacht Gewissheit, als sie beim Antreten zum Morgenappell zwei SS-Offiziere erblickten, die auf der gegenüberliegenden Seite des Geländes mit dem Lagerkommandanten sprachen. Als er ihre Uniformen sah, gefror Horace das Blut zu Eis. Üble Erinnerungen suchten ihn heim. Er dachte an die Grausamkeit der SS-Männer auf dem langen Marsch nach Luxemburg und an das brutale Grinsen, mit dem sie im ersten Lager Leute geschlagen und sogar getötet hatten.

Die SS-Männer gingen zu den Gefangenen herüber, die sich inzwischen in Reih und Glied aufgestellt hatten. Sogar der Lagerkommandant fühlte sich in ihrer Gegenwart sichtlich nicht wohl in seiner Haut. Sie hatten versteinerte Mienen und schmale Lippen. Weiß Gott, was diese zwei Burschen schon alles angestellt haben, dachte Horace. Er erinnerte sich an unbestätigte Gerüchte über Konzentrationslager, an Massenhinrichtungen von Polen und Slawen, und er fragte sich ernsthaft, ob an diesen Erzählungen etwas dran war. Er dachte an das Auswahlverfahren der SS. Ob sie wohl immer die Burschen nahmen, die besonders finster dreinblickten? Gab es bestimmte Aufnahmeverfahren, die jeder von ihnen absolvieren musste? Mussten sie beweisen, wie grausam sie waren, bevor sie auf Dauer aufgenommen wurden?

Einer der SS-Offiziere trat vor. Er sprach perfekt Englisch, nahezu fließend. Er kündigte ihnen an, die SS werde von nun an einmal im Monat das Lager inspizieren. Er habe gehört, dass die Gefangenen hier zu sehr verwöhnt würden. Die Gefangenen müssten ständig daran erinnert werden, dass sie Gefangene, Sklavenarbeiter, seien, und sie müssten der deutschen Herrenrasse den gebotenen Respekt erweisen.

KAPITEL 8

Er sagte, ihr Arbeitstag werde von nun an länger dauern. Das war Horace ziemlich egal. Es bedeutete nur mehr Zeit mit Rosa und noch mehr Grabkreuze für die Deutschen. Er grinste.

Der SS-Offizier sah das und trat vor Horace hin.

„Du findest das wohl witzig, du englisches Schwein, was?", bellte er Horace an.

Er zog seine Luger aus dem Halfter und wedelte damit vor Horaces Gesicht herum.

„Findest du das auch witzig?"

Seine Erfahrung gebot Horace, sich ruhig zu verhalten. Er wusste, jede Geste, die er jetzt machte, würde gegen ihn verwendet und ihm als Beleidigung ausgelegt werden.

„Antworte gefälligst! Findest du das witzig?"

Horace verhielt sich ruhig.

„Verstehst du deine eigene Sprache nicht mehr, du englisches Schwein?"

Der SS-Offizier spannte den Hahn seiner Pistole und zielte aus wenigen Zentimetern Entfernung auf Horaces Gesicht.

Horace zitterten die Beine, Schweißtropfen standen ihm auf der Stirn.

„Der schwitzt vor Angst wie ein kleines englisches Schwein", sagte der Offizier. Blitzschnell, mit all seiner Kraft, hieb er Horace mit dem Griff seiner Pistole auf den Kopf.

Mit dem Schlag hätte man einen Elefanten niederstrecken können. Horace taumelte zur Seite, als der Schmerz mit ganzer Wucht einsetzte. Blut lief aus der Wunde über seiner Schläfe. Er kippte auf seinen Nachbarn John Knight, ihm drehte sich alles vor Augen, und aus dem SS-Mann, der ihn beleidigt hatte, wurden plötzlich zwei oder drei Männer. Er wäre am liebsten hingefallen und wollte nur noch liegen und schlafen, aber dann riss er sich zusammen und nahm wieder seine aufrechte Stellung ein. Er stand in Habachtstellung, drückte die Brust heraus und biss sich auf die Unterlippe, um den Schmerz zu betäuben.

Der deutsche Offizier hatte sich bereits umgedreht, um zu gehen. Vielleicht hätte er den Gefangenen gerne bewusstlos geschlagen. Stärke zeigen, den Kerl warnen, und die Sache beenden – das genügte ihm jetzt nicht mehr. Dieser

SINGEN VÖGEL IN DER HÖLLE?

Gefangene hatte ihm getrotzt, hatte ihn beleidigt. Er hatte die ganze Wucht seines Schlages hingenommen und war trotzdem stehen geblieben. Es wurde Zeit, dem Kerl eine Lektion zu erteilen. Flapper Garwood sah dem SS-Offizier in die Augen und ahnte, was der gerade dachte. Diesmal traf seine Faust Horace in den Solarplexus. Es war ein kraftvoller Schlag. Horace jaulte und ging in die Knie, er lag mit dem Kopf im Dreck. Schon spannte er die Muskeln an, um sich wieder aufzurichten, da sah Flapper, was er vorhatte und flüsterte: „Bleib liegen, du Wahnsinniger."

Der deutsche Offizier hatte es gehört und richtete jetzt seine Waffe auf Flapper. Er hatte Hass in den Augen und den Finger am Abzug.

„Was hast du gesagt?", bellte der SS-Mann Garwood an. Er konzentrierte sich jetzt ganz auf den Hünen aus Essex. Er trat einen Schritt näher, den Tod in den Augen. Die anderen Wachen rannten herbei, die Gewehre auf die Gefangenen gerichtet, und der Lagerkommandant stellte sich zwischen sie und versuchte, sie zu beruhigen.

„Bitte, Hartmut, lass sie, lass uns gehen. Lass uns Kaffee trinken und Kuchen essen."

Der Kommandant zog den Offizier am Kragen. „Du weißt doch, die Männer aus der Schweiz kommen nächste Woche wieder. Bitte, mach mir nicht noch mehr Schwierigkeiten."

Stille. Der Offizier hielt inne. Die Gefangenen standen vor Schreck und Angst regungslos da und fragten sich, ob sie jetzt noch eine Hinrichtung oder gar zwei erleben würden. Die Entscheidung darüber lag nur bei einem einzigen Mann. Der Offizier überlegte ein paar Sekunden, dann machte er kehrt und ging zusammen mit dem Lagerkommandanten in Richtung Kantine. Der Offizier ging wortlos durch die Tür. Hätte er sich noch einmal zu den Gefangenen umgedreht, dann hätte er sehen können, dass einer von ihnen, obwohl er blutete und noch etwas nach Luft rang, schon wieder auf zwei Beinen stand und grinste.

KAPITEL 9

Am anderen Morgen, als Horace in seinem Bett erwachte, war es, als donnerten sechzehn Züge durch seinen Kopf. Sein Körper tat ihm weh, als wäre ein ganzes Regiment deutscher Soldaten auf ihm herumgetrampelt.

„Verdammt, tut das weh, Flapper!", rief er seinem Freund zu, der unter ihm lag.

„Geschieht dir ganz recht. Was bist du auch so stur! Deswegen hast du jetzt die Schmerzen, weil du nicht umgefallen bist, als der Nazi-Bastard dich mit seiner Luger geschlagen hat – weil du ihm ja unbedingt beweisen musstest, dass du besser bist als er."

„Das bin ich auch."

„Deine Sturheit wird dich noch mal umbringen, Mann. Du musst endlich mal kapieren, wie das Spiel hier läuft. Jeder hier weiß, dass du besser bist als die, du musst es nicht dauernd beweisen."

Horace erinnerte sich kaum noch an den Vorgang. Der Hieb mit der Luger war sehr kräftig gewesen. Er erinnerte sich noch daran, dass er in Halbachtstellung gestanden und gegrinst hatte, und an den Geschmack von Blut, das ihm über den Mund lief, aber alles Übrige war verschwommen. Flapper erzählte ihm, wie das Ganze weiterging. Horace hörte zu und war stolz auf sich, hatte andererseits aber auch das Gefühl, er sei ein bisschen

SINGEN VÖGEL IN DER HÖLLE?

dumm gewesen, nur um wieder mal einen weiteren kleinen Sieg über die Deutschen davonzutragen.

In den darauffolgenden Stunden kehrte sein Gedächtnis allmählich zurück. Er erinnerte sich wieder an das Lager, die Wachen, die Arbeit im Steinbruch und die Werkstatt, dann auch an Rosa und an jenen gewissen Augenblick.

Rosa kam genau zwei Wochen nach ihrem letzten Besuch wieder. Horace erinnerte sich genau daran. Sie trug stahlgraue Reithosen und schwarze Lederstiefel. Wie er später herausfand, war sie eine vorzügliche Reiterin und verbrachte jede freie Minute auf einem Bauernhof in der Nähe mit Pflege und Reiten der Pferde. Heute waren ihre Haare ungekämmt, ihre Kleidung etwas schmutzig und ihre Hände ebenfalls. Etwas verlegen sagte sie: „Bitte verzeihen Sie mein Aussehen, meine Herren. Ich habe die Pferde gepflegt. Das war heute bitter nötig."

Ihr Aussehen entschuldigen?, dachte Horace. Sie sah fantastisch aus. Es war ein warmer Tag, und die viele Stallarbeit ließ ihr Gesicht natürlich glühen. Ihre Haut glänzte, sie war etwas verschwitzt. Die feuchte Kleidung klebte an ihrer wunderschönen Figur, ihre Augen glänzten und ihre Pupillen weiteten sich, als sie ihren gefangenen englischen Lover ansah. Ihre sexuelle Spannung war deutlich zu spüren. Horaces Herz schlug schneller, sein Atem beschleunigte sich. Ihm wurde bewusst, dass auch er zu schwitzen begann. Wieder kam dieses nur allzu vertraute Gefühl in ihm hoch. Das Blut pulsierte durch seinen Körper. Sie ignorierte ihn eindeutig nicht. Das hätte schließlich auch ihre Reaktion sein können, nachdem sie die Werkstatt verlassen hatte und ihr klar wurde, in welcher Gefahr sie beide geschwebt hatten.

Aber konnte so etwas wieder unbemerkt passieren? Es war ein einmaliger Zufall gewesen, eine Chance von eins zu einer Million, die sie genutzt hatten, und es war nur ihrem ungeheuren Glück zu verdanken, dass man sie nicht in flagranti erwischt hatte. Seine Gedanken gingen zurück zu der Werkstatt, zu dem Moment, in dem er seine Finger in ihre zarte, feuchte Vagina gesteckt hatte und wie sie gequiekt und gestöhnt hatte. Er dachte an den Moment, in dem er das erste Mal in sie eingedrungen war, wie sie da vor Schmerz und Freude gestöhnt hatte, wie er alles gegeben hatte und schließlich zum Höhepunkt gelangt war.

KAPITEL 9

Es war eine einmalige Sache, dachte er, etwas, das so wohl nie wieder passieren wird. Er hatte seine Erinnerungen daran, die konnte ihm niemand mehr nehmen, aber er durfte wohl nicht darauf hoffen, dass ihm dieses schöne junge Mädchen noch einmal erlauben würde, sie in solche Gefahr zu bringen. Es würde fortan ihr Geheimnis bleiben, und sie würden beide darüber hinwegkommen.

Rosa hatte so etwas noch nie zuvor erlebt. Dieser Mann hatte Gefühle in ihr geweckt, die sie bis dahin gar nicht gekannt hatte. Sie konnte gar nicht genau sagen, was es eigentlich war. War es die Gefahr des Entdecktwerdens, die ihren Genuss so sehr gesteigert hatte? War es die Tatsache, dass er der erste Mann für sie war, oder war es etwas Tieferes? Am Ende sogar Liebe?

Sie wusste es nicht. Er war so aggressiv gewesen, und zugleich auch so zärtlich. Er hatte ihr wehgetan, als er in sie eingedrungen war, trotzdem hatte er ein sexuelles Verlangen in ihr geweckt, von dem sie bis dahin höchstens geträumt hatte. Wie er jetzt vor ihr stand mit seinem dreckigen Hemd und der Hose, die lose an seinem ausgemergelten Körper zu hängen schien, mit der Wunde an Kopf und Augen und dem verlegenen Gesicht eines ertappten Schuljungen, musste sie daran denken, wie sie mit dem Gesicht nach unten auf der schmutzigen Werkbank gelegen hatte und er, derselbe Mann, in ihr ejakuliert und etwas Unglaubliches in ihr ausgelöst hatte.

Sie hätte laut schreien können. Jeder Muskel, jede Sehne, jede einzelne Nervenzelle ihres Körpers waren in diesem einen Augenblick explodiert. Es war ein wahnsinniger, im Grunde total dummer Moment gewesen, einer, der, wenn man sie da ertappt hätte, vielleicht ihrer beider Hinrichtung zur Folge gehabt hätte. Sie musste an die Geschichte denken, die ihr Vater ihr erzählt hatte, von dem armen Mädchen, das von dem Franzosen schwanger wurde. Sie zitterte vor Angst, als ihr richtig bewusst wurde, in welch große Gefahr sie sich da begeben hatten. Egal, wie schön das Gefühl war, wie erregend dieser eine Augenblick war, es war absurd, dafür alles aufs Spiel zu setzen.

Rosa sah zu ihrem Vater hinüber, der sich gerade mit dem Lagerkommandanten unterhielt. Was wäre dann wohl aus ihm geworden? Wäre auch er bestraft worden, weil er seine Tochter nicht beaufsichtigt hatte? Vielleicht hätte auch er mit einer Binde über den Augen vor einem deutschen Erschießungs-

SINGEN VÖGEL IN DER HÖLLE?

kommando stehen müssen. Sie war egoistisch und eigensinnig gewesen. Es würde, es durfte nicht mehr vorkommen.

Horace arbeitete auf der anderen Seite des Lagers. Die Tür zur Werkstatt war nicht weit entfernt. Er versuchte nicht hinzusehen, nicht an jenen wunderbaren Moment der Leidenschaft zu denken. Es war schwierig. Im Geiste stand er wieder dort, sah die Maschinen, die dreckige Werkbank. Er wünschte, er hätte woanders arbeiten können. Warum musste sie auch da stehen und sorglos herumlaufen, lächeln und mit ihrem Vater und den Wachtposten lachen, als wäre nichts gewesen? Und dann die engen Reithosen und die schöne Form ihrer Oberschenkel. Jedes Mal, wenn er den Vorschlaghammer mit beiden Armen hob, tasteten seine Augen den Platz ab und suchten nach Rosa. Sie war wie ein Magnet, sie zog ihn hypnotisch an. Rosa ging mit ihrem Vater zusammen auf dem Gelände herum, sie wich nicht von seiner Seite, als er die Männer beaufsichtigte, die in den Marmor bohrten, und die Zivilisten, die mit dem Sprengstoff hantierten, der die größten Brocken auseinandersprengen sollte.

Sie gingen mehrere Male ins Büro. Zweimal kam der Lagerkommandant heraus und schloss sich ihnen für eine spontane Inspektion an. Einmal kamen der Kommandant und Rosas Vater auch dahin, wo Flapper und Garwood arbeiteten. Rosa ging nicht mit, sie verweilte lieber bei der Tür zu den Büros. Das war's, dachte Horace. Ab sofort zeigt sie mir die kalte Schulter – das ist das Ende unserer kurzen, viel zu kurzen Beziehung.

Mittagessenszeit – es war, als hätten alle deutschen Wachtposten den ganzen Morgen die Stimmung der Gefangenen geprüft und das Risiko potenzieller Ausbrüche erwogen. Wegen der geografischen Lage des Lagers entschieden sie wieder einmal, das Risiko sei gering, und aus den vier Wachleuten wurde einer. Sie waren hungrig und langweilten sich, alles war schon so vertraut. Der eine verbliebene Wachtmann saß auf einem Baumstumpf. In fünf Minuten sollte einer seiner Kollegen ihm Kaffee und etwas zu essen mitbringen. Danach sollte er eine Stunde lang allein herumsitzen. Aber schon nach zwanzig Minuten schlief er ein, bedingt durch die Langeweile und die Mittagshitze.

John Knight bemerkte ihn als erster. „Er pennt, Jim. Wer ist heute dran?"

KAPITEL 9

Die Gefangenen waren ein eingespieltes Team. Solange der Wachtmann friedlich schlummerte, konnten auch sie eine Pause machen. Es gab für sie keine offizielle Mittagspause, auch kein Mittagessen, aber ein schlafender Wachtposten bedeutete für sie, dass sie die Werkzeuge niederlegen und sich ausruhen konnten. So mancher von ihnen machte ebenfalls ein Nickerchen, denn einer von ihnen schob immer Wache für den Fall, dass der Wächter aufwachte oder dass jemand unerwartet aus dem Büro kam, und warnte die anderen. Sie durften sich also eine Weile entspannen.

„Ich bin nicht müde, John. Ich kann Wache schieben", bot sich Horace an.

Knight war etwas verwundert, denn Horace war erst vor drei Tagen dran gewesen.

„Aber du hast doch schon vor drei Tagen –"

„Egal, ich mach's, John. Keine Widerrede, ich bin nicht in der Stimmung zu diskutieren."

Knight zuckte mit den Schultern.

„Na meinetwegen, Jim. Aber ich sage dir, übernimm dich nicht. Entspann dich lieber."

„Vielleicht ein andermal, aber nicht heute. Gib den anderen per Handzeichen Bescheid."

Knight zuckte mit den Schultern. Wie ein Zähler auf dem Golfplatz machte er ein paar Handzeichen, die den übrigen Männern signalisierten, dass Horace Wachdienst machte. Die Männer setzten oder legten sich hin. Einige plauderten miteinander, die meisten suchten sich ein schattiges Plätzchen und betrieben Augenpflege. Rosa war nirgendwo zu sehen. Wahrscheinlich isst sie mit ihrem Vater und dem Kommandanten zu Mittag, dachte er und streckte gemütlich die Beine aus. Er ging zu dem Wachtposten hinüber. Der schlief mit offenem Mund, ein Spuckefaden lief ihm das Kinn hinab. In seinen Armen hielt er das Karabiner-98k-Gewehr wie ein schlafendes Baby.

Der Gedanke an Flucht war bei Horace allgegenwärtig. Er hatte sich an Verhandlungen der Gefangenen beteiligt, die ein Fluchtkomitee bildeten. Erst vergangene Woche hatten sie ihr erstes offizielles Treffen gehabt. Alle waren sich einig gewesen, dass der bloße Gedanke an Flucht hier aussichtslos war. Die Deutschen hatten ihre Lagerorte gut gewählt. Der einzige Grund, warum sie es

SINGEN VÖGEL IN DER HÖLLE?

mit der Aufsicht nicht genau nahmen, war, dass es eben nicht nötig war. Kein Stacheldrahtzaun, nur eine Handvoll Wachen, aber Hunderte von Kilometern Feindesland, von den Deutschen besetztes Gebiet. Es war einfach unmöglich.

Vielleicht war Selbstmord eine realistischere Option? Schlimmer als dieses Leben hier konnte der Tod auch nicht sein. Sie hatten von den japanischen Kamikaze-Piloten gehört, die zum Ruhm ihres Kaisers so viele Feinde wie möglich mit in den Tod rissen. Horace hatte darüber gelacht, wie feige und dumm sie doch waren, und doch saß er hier und dachte genau dasselbe wie sie. Es würde seinen Tod bedeuten, aber ... wie viele Deutsche konnte er wohl mit in den Tod nehmen, bevor sie ihn überwältigten?

„Tu es nicht", flüsterte jemand hinter ihm, „sie werden dich töten."

Es war Rosa. Sie zog ihn am Kragen zurück, sie hatte den schlafenden Wachtposten bemerkt.

„Was soll ich nicht tun?", fragte er. Rosa sah ihm in die Augen. Sie wusste genau, woran er gerade dachte. Er konnte sie riechen, so nahe war sie – süßer weiblicher Schweiß, gemischt mit einem guten Parfum.

„Es gibt ein Leben danach für dich, Jim – ein Leben nach dem Krieg."

Horace zuckte mit den Schultern. „Und wann wird das sein, Rosa? Wie viele Monate oder Jahre muss ich noch hier drinbleiben?"

„Das Blatt wird sich wenden, Jim. Die Deutschen kämpfen an zu vielen Fronten."

„Warum sagst du ,die Deutschen', Rosa? Es sind deine Leute, aber du sprichst, als gehörtest du gar nicht zu ihnen. Uns hat man gesagt, dein Vater ist ein Deutscher."

Rosa warf einen prüfenden Blick über seine Schulter. Der Wachtmann schlief immer noch tief und fest.

„Komm", sagte sie und ging außer Hörweite des Wachtmanns. Horace ging mit.

Wütend fuhr sie fort: „Ich bin keine Deutsche. Nenn mich nie wieder eine Deutsche, hörst du?"

Horace stammelte: „Aber du sprichst Deutsch. Du ..."

„Es ist so: Die Deutschen sind vor vielen Jahren in Schlesien einmarschiert. Sie haben meine Vorfahren vergewaltigt und ermordet und sie haben mit

KAPITEL 9

ihrem Blut den schlesischen Boden getränkt. Schlesien wird nie ein Teil Deutschlands werden, egal was die Politiker und die Generäle behaupten."

Stumm hörte Horace ihr zu. Rosa fuhr fort, mit Tränen in den Augen.

„Schlesien ist schon seit ewigen Zeiten ein Teil von Polen, aber wir Schlesier haben uns immer von Polen unabhängig gefühlt, als Staat im Staate sozusagen, so ähnlich wie Schottland. Schlesien hat seine eigene Sprache und Kultur. Als ich noch klein war, haben mir meine Eltern die Traditionen und die Geschichte unseres Landes beigebracht."

Ihre Augen glänzten feucht, sie sah durch ihn hindurch.

„Aber leider scheint es so zu sein, dass der Mensch immer Land erobern muss, immer töten und mehr Land, mehr Macht, mehr Gebiete an sich reißen will. Mir scheint, unser kleines Land war immer schon an irgendwelchen Konflikten beteiligt. Binnen kurzer Zeit musste es immer wieder den Besitzer wechseln. Erst war es Polen, dann Deutschland, dann war es für kurze Zeit unabhängig und wurde dann wieder deutsch."

Sie fuhr fort: „1871 war ein düsteres Jahr in der Geschichte Schlesiens. In jenem Jahr verboten uns die Deutschen, unsere eigene Sprache zu sprechen, unsere traditionellen Musikinstrumente zu spielen und unsere Landestracht zu tragen. Sie erklärten alles, was an das traditionelle Schlesien erinnerte, zum Verbrechen, als wollten sie alles Schlesische ausrotten. Sie brachten Tausende Deutsche ins Land, um die Bevölkerung zu durchmischen. Sie holten deutsche Lehrer ins Land, sie krallten sich die Ämter in unseren Rathäusern, und jede prominente Stelle in Schlesien wurde mit Deutschen besetzt, die sie mit Geld dazu verlockten, sich hier anzusiedeln. Sie machten uns zu Bürgern zweiter Klasse – in unserem eigenen Land."

„Bist du Polin?"

Rosa schüttelte den Kopf.

„Ich bin weder Deutsche noch Polin, sondern Schlesierin. Wir Schlesier haben oft gegen die deutschen Eroberer rebelliert. Jedes Mal wurden wir mit brutaler Kraft unterdrückt. Das ist die deutsche Art. Was auch immer du unter den Deutschen zu leiden hast, meinen Landsleuten ist es schon lange vor dir so ergangen. Und jetzt geht das Ganze wieder von vorn los. Wieder massakrieren sie jeden Menschen und jedes Land, das sich ihnen in den Weg stellt.

SINGEN VÖGEL IN DER HÖLLE?

Die Geschichten, die wir derzeit aus Russland und Polen und von unseren Freunden und Angehörigen in Deutschland, die keine Nazis sind, zu hören bekommen, sind so schlimm, dass du sie lieber nicht hören willst, glaub's mir."
Sie drehte sich zu ihm um. Ihr Gesicht lief rot an, eine Träne rann aus ihrem Auge und Horace sah zu, wie sie über ihre weiche Wange lief.
„Ich weiß nicht, ob man all diesen Geschichten Glauben schenken darf, sie sind so entsetzlich. Da ist die Rede von Frauen und Kindern und …"
Sie hörte auf zu reden und hielt sich mit der Hand den Mund zu. Es dauerte eine Minute, bis sie sich wieder in der Gewalt hatte. Dann weinte sie hemmungslos, ihre Tränen benetzten den staubigen Boden und bildeten ein feuchtes Loch in der ausgetrockneten Erde.
Sie sagte: „Wie sehr du deine Eroberer auch hasst, Jim, ich kann dir versichern, ich hasse sie nicht weniger als du."
Horace stand verblüfft da. Tausend Gedanken gingen ihm durch den Kopf.
„Ich möchte dich lediglich bitten, Jim, mich nicht mehr als Deutsche anzusehen."
Er dachte an den Sex in der Werkstatt und daran, wie sehr er die junge Frau plötzlich gehasst hatte, in die er eingedrungen war.
Sie sagte: „Ich bin Schlesierin … und Jüdin."
„Was bist du?"
„Ich komme aus einer jüdischen Familie."
„Aber dein Vater – er ist doch der Besitzer des Lagers hier und –"
„Rauchbach ist kein arischer Name, Jim. Er stammt aus Israel."
Horace konnte es kaum glauben. Rosas Vater arbeitete doch mit den Deutschen zusammen, sie achteten ihn, das sah man, sie schauten bisweilen sogar zu ihm auf.
Rosa fuhr mit ihren erstaunlichen Enthüllungen fort.
„Mein Urgroßvater Isaak brachte unsere Familie nach Schlesien. Schon damals war ihm bewusst, wie gefährlich es war, jüdisch zu sein. Nach allem, was ich über ihn gehört habe, war er ein großartiger Mensch und zwang seine Kinder nicht zu irgendwelchen religiösen Praktiken. Er gestattete ihnen, sich ihre eigene Meinung zu bilden. Mein Großvater väterlicherseits gab dieselben Ideale, die er von ihm übernommen hatte, an seine Kinder weiter. Mein Vater

KAPITEL 9

bildete sich seine eigene Meinung, und als Hitler an die Macht kam, warf er alles aus dem Haus, was an unsere jüdische Vergangenheit erinnerte. Selbst die Fotos von seinen Eltern, als sie das Heilige Land besuchten, verbrannte er. Bücher, Schmuck, hebräische Texte und Gewänder – alles nahm er und verbrannte es in unserem Garten. So hart es klingt, es war vernünftig, denn die Nazis kamen auch in unser Haus, als sie den Steinbruch hier übernahmen. Vater wusste genau, wonach sie suchten. Glücklicherweise war er ihnen zuvorgekommen."

Horace dachte, dass dieses hübsche Mädchen hier vor ihm kein Spielzeug mehr für ihn war und kein Stück Fleisch. Er sah sie jetzt in einem anderen Licht. Ihre Gesichtszüge wirkten zarter, ihr ganzes Gesicht wirkte freundlicher auf ihn.

„Okay. Ich bin auf deiner Seite, was auch geschieht."

Sie war keine Feindin mehr für ihn. Er durfte ihr vertrauen, mit ihr über alles reden.

Sie nahm seine Hände. „Bitte hör mir zu, Jim, bitte."

Ihre Unterlippe zitterte. „Ich hasse die Schweinehunde, Jim – wie ich sie hasse!"

Er dachte an Flucht und daran, ob dieses Mädchen wohl dazu bereit wäre, ihm dabei zu helfen.

Rosa sah ihm in die Augen, dann auf ihre Hände. Sofort ließ sie ihn los und sah sich prüfend um, ob sie auch niemand gesehen hatte und ob der Wachtmann noch schlief. Alles war still. Beide atmeten tief durch und gingen instinktiv auseinander.

„Das ist zu gefährlich", sagte sie. „Man darf uns nicht miteinander sehen."

Sie drehte sich um und blickte beim Weggehen über ihre Schultern zurück. Sie sagte: „Schnell – in die Werkstatt!"

Er konnte ihr Gesicht nicht deuten, als sie es hastig sagte.

Horace ging an den schnarchenden Wachtmann vorbei. Er lauschte. Im Lager war es still. Auch ein paar der Gefangenen schliefen, der Rest, der locker plauderte, schien ihr Rendezvous gar nicht bemerkt zu haben. Es musste sie doch jemand gesehen haben, ihr Gespräch, ihre Hände, die einander hielten? Erneut suchten seine Augen das Lager ab. Garwood saß am Waldrand

SINGEN VÖGEL IN DER HÖLLE?

in einem Bereich, der normalerweise tabu für sie war, und war froh über den Schatten. Er hatte die Mütze über die Augen gezogen und schlief.

Als Horace in die Werkstatt kam, stand Rosa neben derselben Werkbank. Sie fielen einander in die Arme. Sie fühlte sich für ihn anders an, sie war nicht mehr die auf der anderen Seite stehende deutsche Bürgerin, als die er sie zuvor wahrgenommen hatte. Gierig fielen sie übereinander her, ihre Küsse waren voller Leidenschaft, und sie betasteten einander wie zwei Liebende, die einander lange nicht mehr gesehen haben. Er schob ihre Haare zurück und sah ihr liebliches Gesicht an, fing den verwirrten Blick auf, dann küsste er sie noch einmal, noch leidenschaftlicher, noch heftiger. Er drückte sich an sie, wieder war sein Glied steif, und sie spürte es sofort.

„Mach schnell, Jim, schnell – wir haben nicht viel Zeit."

Diesmal war sie es, die sich losriss. Sie öffnete die Knöpfe ihrer Reithose, die ihr auf die Knie hinunterrutschte. Horace stand verblüfft da und sah zu, wie sie sich die Unterhose herunterriss. Ohne zu zögern, drehte sie sich um, beugte sich über die Werkbank und machte die Beine breit, so gut sie konnte. Es war schwierig mit den auf die Knie heruntergerutschten Reithosen, aber sie bot Horace die Chance. Der ging einen Schritt vor und griff mit einer Hand nach ihr, mit der anderen Hand nahm er seinen steifen Penis und schob ihn in sie hinein. Wie beim ersten Mal musste sie sich den Mund zuhalten, um ihre Freude nicht zu laut werden zu lassen. Er blieb so stehen und wollte, dass der Moment andauert. Er stöhnte, als er sich zurückbeugte, sah zur Decke hinauf und begann mit seinen rhythmischen Bewegungen.

Der Wachtmann war irritiert. Er war verärgert. Die Gefangenen hatten seine vorübergehende Schwäche schamlos ausgenutzt. Wer konnte ihm übelnehmen, dass er kurz eingenickt war? Schließlich war es so heiß, und die Aufgabe, etwa zwanzig Häftlinge zu beaufsichtigen, von denen keiner fliehen wollte, war so langweilig. Er hatte es dem befehlshabenden Offizier immer wieder gesagt, aber der hatte darauf bestanden, dass sie niemals unbeaufsichtigt sein dürften. Zwei der Gefangenen schliefen, die anderen lehnten untätig auf ihren Hacken und Schaufeln. Die faulen Bastarde. Das sollten sie ihm büßen! Und wo war der Kerl, der etwas Deutsch sprach, dieser Jim? Wo war der Bastard? Hatte er es vorhin nur geträumt, oder hatte

KAPITEL 9

er ihn tatsächlich in der Werkstatt herumlaufen sehen, als er in der Sonne döste? Er hatte es wohl nicht geträumt. Der Wachtmann stand ächzend auf, er verwendete sein Gewehr als Stütze. Er verfluchte seine Arthritis im Knie, als sein Knie sich versteifte und der Schmerz ihm ins Schienbein fuhr. Und das Mädchen, wo war die bloß? „Na warte", flüsterte er, „Einer von euch wird mir dafür büßen."

Rosa bekam einen Orgasmus. Sie explodierte innerlich. Schweiß tränkte ihre Bluse, die ihr am Rücken klebte. Es wurde Zeit für Horace, auch zum Höhepunkt zu kommen. Seine Bewegungen wurden schneller und schneller. Rosa wurde verspannt.

„Bitte, beeil dich!", stöhnte sie und warf den Kopf vor und zurück. „Ich höre schon den Wachtposten reden."

Panik stieg in Horace auf, als er es auch hörte – halb Deutsch, halb gebrochenes Englisch. Und doch schien sein Genuss sich mit zunehmender Gefahr noch zu steigern.

Nach wenigen Sekunden hatten sie beide den Höhepunkt erreicht, sich wieder beruhigt und die Hosen hochgezogen. Nacheinander gingen sie in den hellen Sonnenschein hinaus – beide befriedigt, aber sie hätten gern noch so viel mehr voneinander gehabt. Hier gab es kein Vorspiel, kein Experimentieren und Necken, keine ungeschickten Momente, kein Lachen und keine Liebesschwüre oder Gefühlsausbrüche, wie er es mit Eva kannte. Sie hatten oft stundenlang nebeneinander im Schlafzimmer des Hauses ihrer Eltern in Ibstock im Bett gelegen, Eva und Horace, während ihre Eltern in der Arbeit waren. Sie hatten in den Maisfeldern und Wiesen von Leicestershire herumgetollt, hatten einander stundenlang geliebt, immer wieder hatte er ihren ganzen Körper gestreichelt und liebkost und sie immer wieder neu zur Erregung gebracht. Horace hatte völlig nackt neben ihr gelegen, die Hände an der Seite, und Eva hatte ihm Komplimente zu seiner Männlichkeit gemacht. Lachend und scherzend waren sie aus dem Feld gekommen, noch in ihren gemeinsamen Eskapaden schwelgend. Er erinnerte sich noch gut daran, dass Eva eines Tages, nach einer besonders heftigen Episode, regelrecht geglüht hatte. Sie hatten sich oft gefragt, ob sie wohl jemand gesehen hatte und was geschehen wäre, wenn sie von einem Bauern oder sogar einem Bekannten entdeckt worden wären.

SINGEN VÖGEL IN DER HÖLLE?

Alles war jetzt, da er auf den schlafenden Flapper Garwood zuging, ganz anders. Kein Lachen und Scherzen, keine Maisfelder, die sich im Wind bewegten, keine sich zart berührenden Hände und keine Umarmung – nur noch Gedanken an ein Erschießungskommando und ein noch größerer Hass auf die deutsche Rasse. Horace, der am Wachtmann vorbeilief, vermied den Blickkontakt zu ihm und sah nur seinen schlafenden Kumpel Flapper an.

Auf einmal brüllte der Deutsche hinter ihm her: „Was machst du da, Scheißkerl?"

Horace erstarrte. Er drehte sich um und sah, wie der Deutsche auf ihn zulief, das Gewehr auf seine Brust gerichtet. Er spannte den Hahn, rannte über den Platz und glühte vor Wut. Horace sah sich um. Gott sei Dank, wenigstens war Rosa nirgendwo zu sehen. Sie war verschwunden. Hoffentlich hatte der Wachtmann sie nicht gesehen.

„Du glaubst wohl, ich bin blöd?", schrie er auf Deutsch.

Instinktiv hob Horace die Arme.

Der Deutsche rannte an ihm vorbei und beugte sich über den schlafenden Flapper Garwood. Armer Flapper! Jetzt war er es, um den sich alles drehte. Der Wachtmann ließ seinem Zorn freien Lauf und versetzte ihm einen leichten Fußtritt in die Rippen.

„Faules Schwein! Steh gefälligst auf!"

Ein Hieb mit dem Gewehrkolben traf den Gefangenen in die Brust, der die Luft aus seinen Lungen entweichen ließ. Er stöhnte laut und kam schwankend zum Stehen. Flapper griff nach seinem Werkzeug, rannte zu dem großen Marmorblock hinüber und hämmerte wütend auf ihn ein. Der Wächter ging ihm nach, gab ihm noch einen Tritt in den Hintern und einen Schlag ins Genick.

Dann wandte er sich zu Horace um. Hass lag in seinem Blick, seine Stimme klang bedrohlich.

„Und du, englisches Schwein, du Sklave, wo kommst du so plötzlich her?"

Horace war in der Zwickmühle. Er wusste nicht: Hatte der Wachtmann ihn aus der Werkstatt kommen sehen? Hatte er Rosa gesehen? Hatte er sie etwa beide gesehen, wie sie in die Werkstatt gelaufen waren? Adrenalin schoss ihm in die Adern. Er hatte Angst um Rosa und um ihre Sicherheit. Als er jetzt vor dem deutschen Wachtmann stand, der offensichtlich scharf

KAPITEL 9

darauf war, noch mehr Strafen zu verteilen, wurde ihm klar, er musste vor allem Rosa schützen.

Und er merkte, dass er Gefühle für sie entwickelt hatte.

„Mach's Maul auf, du Bastard!"

Horace antwortete auf Englisch. Der Wachtmann verstand einigermaßen gut Englisch, aber seine Grammatikkenntnisse und sein Wortschatz waren gering.

„Du bist nichts als ein Stück Scheiße!", sagte Horace auf Englisch.

Garwood ließ den Pickel fallen. Er konnte nicht fassen, was sein Freund da soeben gesagt hatte. Der Deutsche machte einen Schritt nach vorn, hob das Gewehr hoch und zielte Horace zwischen beide Augen. Er sah verwirrt, fast geschockt aus. Hatte er richtig verstanden?

„Was hast du da gesagt?", brüllte er.

„Dass ich scheißen gehen musste, Sir."

Horace nahm Habachtstellung ein. Der Posten ließ das Gewehr sinken.

„Sprich gefälligst Deutsch mit mir. Ich weiß, dass du Deutsch kannst."

Er grinste höhnisch. „Deutsch wird bald die Sprache der ganzen Welt sein. Es wird Zeit, dass ihr euch alle daran gewöhnt."

Horace wiederholte den letzten Satz auf Deutsch. Er sagte, er hätte sonst um Erlaubnis gefragt, die Toilette in der Werkstatt zu benutzen, habe aber die wohlverdiente Ruhe des Wachtmanns nicht stören wollen. Der Deutsche signalisierte ihm, er solle wieder an die Arbeit gehen, und ließ vom ihm ab. Horace atmete tief durch.

Es war Ende August 1941. Das Wetter war im Großen und Ganzen schön, mit reichlich Sonnenschein und warmen, schwülen Tagen. Der Angriff der Deutschen auf Russland stockte. Obwohl sie Smolensk eingenommen und über dreihunderttausend russische Gefangene gemacht hatten, zeichnete sich eine Belagerung der Stadt Leningrad ab. Am 30. August setzte ein lang anhaltender Regen ein. Es schüttete stundenlang wie aus Eimern, und die Männer im Steinbruch waren nass bis auf die Haut. Horace zitterte vor Kälte und kämpfte mit seinem Pickel, der mehr als einmal vom Marmorblock abrutschte und dicht neben seinem Fuß landete. Er sah zu den deutschen Wächtern hinüber, die unter einer provisorischen Leinwand standen, Zigaretten rauchten und

SINGEN VÖGEL IN DER HÖLLE?

grinsten. In seinem besten Deutsch und mit Mitleid erregendem Blick bat er sie: „Es ist zu gefährlich, mein Herr. Der Marmor ist zu glatt."

„Weitermachen", befahl einer von ihnen ungerührt. Rosas Vater stand daneben und sah zu.

In den nächsten zwei Stunden bearbeiteten die Männer halbherzig den glatten, schlüpfrigen weißen Stein. Wenn er zu einer passenden Größe verkleinert und geformt war, mussten zwei Mann auf einmal die Brocken zirka fünfzig Meter weit auf einen Lastwagen mit Pritsche heben. John Knight und Danny Staines mühten sich langsam ab, ihre Finger um den schlüpfrigen Marmor gekrallt, so gut es eben ging. Danny Staines war hundemüde. Er zitterte vor Kälte und war hungrig. Er dachte an seine Ration Kohlsuppe am Abend, an die Handvoll Brot, die er gebunkert hatte und daran, wie klug er sie an einem trockenen Plätzchen neben seiner Koje versteckt hatte. Er konnte sich nicht richtig konzentrieren, und als John Knight ihm zunickte, mussten beide synchron den schweren Marmorblock auf den Laster hieven.

Heraus kam eine Katastrophe. Staines hatte nur Sekundenbruchteile später angehoben als John Knight, aber das genügte, damit die Scheibe auf seine Seite kippte. Bei normalem Wetter hätten die Männer den Marmor besser greifen können, sie hätten sich nur mehr konzentrieren müssen und den Stein mit einer raschen Drehung des Handgelenks oder einem Ziehen der Schulter zurechtrücken können. Heute war das aber nicht möglich. Beide Männer erkannten sofort die Gefahr und reagierten entsprechend, indem sie noch fester zupackten. Es war vergeblich. Der nasse Marmor entglitt ihren Fingern, und die vierzig Pfund schwere Last fiel fünfundsiebzig Zentimeter tief auf Danny Staines Fuß.

Jedermann im Steinbruch konnte hören, wie Dannys Knochen knackten und wie er vor Schmerzen schrie. Rosas Vater rannte aus der Werkstatt herbei, den Lagerkommandanten im Schlepptau. Er war wütend und schrie den Kommandanten an.

„Ich hab euch doch gesagt, dass das passieren kann!", schrie er die Wachen an.

Es entwickelte sich ein hitziger Streit. Horace schnappte die Worte „zu gefährlich" und „unhaltbare Zustände" auf. Binnen zwanzig Minuten wurden alle Gefangenen in ihre Hütten gebracht.

KAPITEL 9

Der Fuß von Danny Staines wurde in eine Position gebracht, dass er in etwa wieder so aussah wie zuvor, aber er bekam weder ein Schmerzmittel noch einen Mundvoll Whisky, um den Schmerz zu lindern. Sein Fuß wurde provisorisch versorgt und mit einem zerrissenen Hemd notdürftig verbunden. Er brauchte die nächsten sechs Wochen nicht mehr zu arbeiten, konnte aber von da an nur noch hinken.

Es regnete tagelang. Zuerst waren die Männer froh über die Pause, so konnten sie sich erholen und neue Kräfte tanken. Einige unter ihnen hatten zwei Jahre lang jeden Tag gearbeitet, ohne einen einzigen freien Tag. Aber bald setzte die Langeweile ein, und das ständige Trommeln des Regens auf das Holzdach, unter dem sie schliefen, forderte seinen Tribut. Aus nichtigem Anlass brach immer wieder Streit aus. Bei einem Kartenspiel kam es zu einer handfesten Schlägerei. Stabsunteroffizier Owen, der offizielle Vermittler, beschloss zu handeln. Er half, den Streit zu schlichten und ging anschließend hinüber ins Büro des Lagerkommandanten. Als er nach einer Viertelstunde von dort zurückkam, strahlte er übers ganze Gesicht.

Er sagte: „Kommt, Leute, es wird Zeit für ein bisschen Sport."

„Was für ein Sport?", wollte Horace wissen.

„Das wirst du gleich sehen."

Als Horace zusammen mit den anderen die Hütte verließ, dachte er, der Regen hätte schon nachgelassen. Er deutete nach oben und sagte zu John Knight: „Der Himmel ist blau, John. Ich glaube, es fängt an besser zu werden."

Die Männer folgten Owen. Er führte sie quer über den Platz und den Hügel hinauf zu dem Bereich, wo das Marmorgestein gesprengt und abgebrochen wurde. Sie wurden von sechs deutschen Wachleuten begleitet. Stabsunteroffizier Owen stieg den Hügel hinauf und sah hinab auf das große Becken, das die Natur und der von Menschenhand gemachte Dynamit in den letzten Jahren dort geformt hatten. Es war voller Regenwasser und so groß wie ein Fußballplatz.

„Lasst uns schwimmen gehen, Jungs. Alle ausziehen."

Seit nahezu drei Jahren war Horace nicht mehr ganz im Wasser gewesen. Er erinnerte sich noch genau an seinen letzten Tag: Es war am zweiten Weihnachtsfeiertag 1939. Er war, während er sich unerlaubt vom Dienst entfernt hatte, im Haus seiner Eltern in eine heiße Badewanne gestiegen. Danach

SINGEN VÖGEL IN DER HÖLLE?

hatte er nur noch Armeeduschen abgekriegt, was schön war, aber nicht so entspannend, wie seinen Körper komplett in warmes Wasser zu tauchen. Und dann hatte er im Fort acht in Posen die Hölle erlebt – ohne Bad und Dusche, es gab einfach gar nichts.

Als er seinen Gefährten zusah, wie sie nackt ins tiefe, milchig-trübe Wasser eintauchten, zog es Horace magnetisch an, und er zog sein Hemd aus. Er war vorsichtig, war es schon immer gewesen. Früher war sein Vater mit ihm und seinem Bruder Harold jeden Samstag nach Leicester ins öffentliche Schwimmbad gefahren. Er hatte ihnen klargemacht, dass es wichtig ist, schwimmen zu können. Horace erinnerte sich noch gut daran, wie er die kurze Distanz über die Breite des Beckens geschwommen war und stolz sein Freischwimmerzeugnis in Empfang genommen hatte.

Trotzdem hatte er sich im Wasser nie so richtig wohlgefühlt. Ein paar Wochen später, an einem warmen Sommertag, als sie einen Ausflug nach Skegness machten, hatten Daisy, Harold und ihr Vater im Meer herumgetollt, und obwohl Horace mit dem Kopf voraus in die sich brechenden Wellen schwimmen wollte und auch so weit hinausschwimmen wollte wie sein Vater, hielt ihn etwas zurück. Es war eine gewisse Vorsicht, ein Respekt vor den gewaltigen Wellenbrechern, die an die Küste schlugen, und Angst vor den riesigen Wassermassen, die sich vor ihm erstreckten, so weit das Auge reichte. Harold hatte ihm damals zu erklären versucht, das Auge könne höchstens zwölf Kilometer weit sehen, der Rest des Ozeans wäre wegen der Erdkrümmung sowieso nicht sichtbar, was ihm seine Angst aber nicht nehmen konnte. Er war damals nur so weit hinausgeschwommen, wie er noch stehen konnte, hatte aber nicht ein Mal versucht weiter rauszuschwimmen.

Doch heute war es anders. Heute wollte er schwimmen, er wollte sich in das warme Wasser dieses natürlichen Schwimmbeckens begeben. Das nahm er sich vor, während er seine Hose auszog und nackt am Ufer stand. Es war ein Schwimmbecken – wie das damals in Leicester. Er sah den Männern zu, die von den großen Holzstämmen aus ins Wasser sprangen, die im Wasser schwammen. Sie wurden dazu verwendet, die großen Marmorblöcke durch den Steinbruch zu transportieren und waren das letzte Mal, als er sie gesehen hatte, noch sauber auf der anderen Seite des Geländes

KAPITEL 9

gestapelt gewesen. Jetzt dienten sie als schwimmende Plattformen, die im trüben Wasser auf- und abtrieben.

Rosas Vater stand in der Nähe und murmelte: „Es wird tagelang dauern, bis wir das Wasser wieder herausgepumpt haben. Wieder eine Menge Zeitverlust."

Es war ein seltsamer Moment. Horace stand nackt da, und Herr Rauchbach sah ihn an. „Komm, Jim, schwimm ruhig zusammen mit deinen Freunden."

Rauchbach schüttelte den Kopf und lachte. „So viele englische Ärsche, Jim, und so viele Schwänze."

Horace sah ihn an und grinste.

„Und du, Jim, du bist besser bestückt als die meisten anderen – bist bestimmt beliebt bei den Damen daheim, was?"

O Mann, wenn du wüsstest, dachte Horace und sprang ins Wasser.

Am Anfang nahm ihm das kalte Wasser fast den Atem. Aber schon nach zwanzig Sekunden befand sich Horace in einer Welt, die er so noch nie erlebt hatte. Er verlor seine Angst und konnte zum ersten Mal in seinem Leben richtig schwimmen. Vielleicht war es so, weil er dem Tod inzwischen mehr als einmal ins Gesicht geschaut hatte, weil er seit Kriegsbeginn so viel Leid gesehen hatte – vielleicht fürchtete er sich deshalb nicht mehr so sehr. Jetzt schwamm er, sechshundert Meter vom Ufer entfernt, tapfer weiter, mit eleganten, fließenden Bewegungen und kontrollierter Atmung. Er musste lachen, als er an den verzweifelten, ängstlichen und atemlosen zwölfjährigen Jungen in Leicester und später in Skegness am Meer dachte.

„Komm rauf, Jim!", rief ihm Flapper zu, der auf einem Holzstamm balancierte und sich anschickte, ins kühle Nass zu tauchen. „Das hier ist wie am Strand von Clacton on Sea im Juli."

Darkie Evans, ein Mulatte aus Cardiff, saß daneben. „Komm rauf, Jim! Am anderen Ende des Stammes ist Llandudno, das größte Seebad in Wales."

Horace schwamm auf den riesigen Stamm zu. Sein Selbstvertrauen wuchs mit jedem Stoß. Jeder der Männer befand sich in seiner eigenen Wasserwelt, das Wasser versetzte sie alle in ihre glückliche, längst vergessen geglaubte Kinderzeit zurück. Horace war im Geiste in Skegness, Garwood in Clacton, die Waliser in Llandudno und die Schotten in Ayr, Dunoon oder Portree.

SINGEN VÖGEL IN DER HÖLLE?

Als Flapper über Horaces Kopf hinweg ins Wasser sprang, begann der hölzerne Stamm sich zu drehen. Evans fluchte, als er die Balance verlor und ins Wasser fiel. Horace, der nach dem Stamm griff, merkte, dass er etwas heftiger atmete. Der Holzstamm drehte sich immer noch, als Horace ihn erreichte, sein Gewicht war zu groß, als dass man ihn stoppen konnte. Aber er drehte sich langsamer, und Horace begann im Wasser zu treten, sein Gesicht nahe am Stamm.

Er sah den Bolzen mit fünf Zentimetern Durchmesser erst, als es zu spät war. Zwei oder drei dieser Bolzen wurden in jeden Stamm hineingebohrt, um den Seilen darum herum mehr Halt zu verleihen. Der Bolzen ragte nur zwölf Zentimeter aus dem Stamm heraus. Als der Drei-Tonnen-Stamm sich im Wasser um die eigene Achse drehte, bohrte sich der Bolzen in Horaces Schädel, und seine Welt drehte sich auch.

Er befand sich plötzlich unter dem Stamm, und sein neu gewonnenes Selbstbewusstsein war wie weggeblasen. Wieder waren seine Arme und Beine merkwürdig steif, wieder musste er um Luft ringen. Fauliges Wasser, durchmischt mit seinem eigenen Blut, drang in seinen Mund und biss ihm in die Lungen. Ihm wurde übel, und er musste kotzen, was das Wasser noch mehr verschmutzte. Er hatte zu kämpfen, um an die Oberfläche zu kommen, die nur wenige Meter über ihm war.

Der Stamm hatte sich bewegt, er konnte das Sonnenlicht darüber sehen und die Beine und Gesichter der anderen. Es war nicht mehr weit bis nach oben. Nur noch zwei bis drei, höchstens vier Schwimmstöße, und er war oben angelangt. Aber irgendetwas funktionierte nicht. Vielleicht war es der Mangel an Sauerstoff? Die Wasseroberfläche, die er soeben noch gesehen hatte, verschwand, die Luft wurde knapp, seine Beine wurden immer kleiner ... er konnte die Gesichter über ihm nicht mehr erkennen. Die Formen flossen ineinander, Panik überkam ihn, und er trieb wie ein Embryo hilflos im Wasser. Er war wie in Trance, ein Lächeln auf den Lippen und ein wunderbares Gefühl der Zufriedenheit in sich.

Da war kein Krieg mehr, kein Leid mehr, nur noch schöne Bilder von seiner Familie. Das lächelnde, stets zufriedene Gesicht seiner wunderschönen Mutter und ein Foto von ihr im Alter von zwanzig Jahren, das eleganteste Mädchen der Welt. Ein Bild vom Vater auf dem Feld, mit Gewehr in der

KAPITEL 9

Hand auf Kaninchenjagd, und sein stolzer Gesichtsausdruck, als der Schuss fiel, und der kleine Horace mit seinem strahlenden Lächeln, das sein Vater und er niemals vergessen würden.

Nun ein paar letzte Bilder. Da waren Daisy, Sybil und Harold, dann das Baby Derick. Weihnachten mit viel Schnee, mit Whisky im Tee und einem Feuer im Kamin. Zum Schluss ein Bild von Horace. Jemand sieht von oben auf ihn herab, Horace treibt dahin, seine Arme und Beine wie eine Marionette ohne Führung. Horace im Wasser, Wasser mit Blut vermischt, jemand lächelt – und es wird dunkel – und es wird Frieden.

KAPITEL 10

Rosa lag im Zimmer auf ihrem Bett und weinte. Sie konnte nicht glauben, was ihr Vater ihr soeben erzählt hatte. Sie hatte ihre Gefühle vor ihm verstecken müssen, als er von dem Unfall berichtete und davon, dass man vergeblich versucht habe, den Gefangenen Jim wiederzubeleben, draußen am Ufer des überfluteten Steinbruchs. Eine kleine Ewigkeit hatten sie verzweifelt versucht, Jim ins Leben zurückzuholen. Schließlich war Henryk Rauchbach gegangen, nachdem er eingesehen hatte, dass es ein hoffnungsloses Unterfangen war.

Als sie seinen Namen hörte, hörte ihr Herz vor Schreck auf zu schlagen. Er, der erste Mann, den sie liebte, der Einzige, dem sie sich freiwillig hingegeben hatte – war tot. Sie schaffte es nur kurz, ihre Gefühle nicht zu zeigen, entschuldigte sich und ging auf ihr Zimmer. Hier, im Dachgeschoss ihres Elternhauses, drückte sie ihr Gesicht in ihr Kopfkissen und weinte hemmungslos.

Horace lag wieder im Lazarett. An seinen Unfall hatte er keine Erinnerung mehr, was wohl ganz normal war. Das Erste, woran er sich erinnern konnte, war, dass er Darkie Evans, Flapper und Owen einen Schwall fauligen Wassers ins Gesicht gespuckt hatte, die ihn daraufhin glücklich anlächelten. Die deutschen Wachtposten zeigten keine Regung. Ein Gefangener mehr oder weniger – das war ihnen ziemlich egal. Es war vielleicht sogar besser, wenn man einen weniger durchfüttern musste.

KAPITEL 10

Darkie Evans erklärte, wie er ihm das Leben gerettet hatte. Irgendwie, dachte Horace, wird der Waliser immer erwarten, dass ich ihm dafür dankbar bin.

Er sagte: „Ich konnte dich da unten kaum finden! Das Wasser war trübe wie Milch, Jim!"

Flapper stand daneben und grinste. Sollte der Waliser ruhig Dank dafür ernten. Er hatte ihn sich verdient. Auch Flapper hatte nach Horace getaucht und hielt es für hoffnungslos, ihn da unten zu finden. Das Wasser war ganz trübe gewesen vor lauter Schlick und Treibsand, und er konnte kaum ein paar Zentimeter weit sehen.

„Du musst sechs Meter unter der Wasseroberfläche gewesen sein, Jim. Du hast dich gar nicht mehr bewegt, mein Guter."

Wie hatte Evans ihn nur finden können? Das würde Flapper für immer ein Rätsel bleiben.

„Ich bin dann wieder nach oben, um tief Luft zu holen und habe Flapper und den anderen gesagt, dass ich dich gefunden habe."

Jetzt übernahm Flapper. „Darkie hat dich als Erster gefunden. Zwei von uns sind mit ihm runter, um dich zu holen. Er muss Augen haben wie ein Luchs, Jim, ich schwör's dir. Ich konnte gar nichts mehr sehen, nur seine Beine."

Darkie Evans saß da und strahlte. Seine Brust schwoll immer mehr an.

„Ich habe dich dann unter der Achsel gepackt und dich nach oben gezogen. Du warst ganz schön schwer, Junge!"

„Ich hab dich am anderen Arm gezogen", ergänzte Flapper, „und Robbie Williams hat uns geholfen, dich an Land zu ziehen. Der Sanitäter hat mindestens zehn Minuten gebraucht, um dich wiederzubeleben. Wir dachten schon, es wäre aus mit dir."

„Ich kann mich an nichts mehr erinnern", flüsterte Horace. Seine Lungen waren noch sehr schwach.

Henryk Rauchbach erzählte seiner Tochter die gute Nachricht am nächsten Abend, als sie beim Essen saßen. Wieder durfte Rosa sich nichts anmerken lassen. Sie hoffte, dass ihr Vater und ihre Mutter nichts ahnten.

Wie immer räumte sie den Tisch ab und ging abwaschen. Als sie in der kleinen Küche verschwand, sahen ihre Eltern einander vielsagend an. Sie

Oben: Bevor der Krieg ausbrach, pflügte Horace oft und gern gemeinsam mit seinem Vater Joseph ~~Gr~~easley senior (abgebildet) die Felder des heimischen Bauernhofes.

Unten: Während des Zweiten Weltkriegs wurde Horace zum zweiten und fünften Leicester-Bataillon ~~ein~~gezogen, aber schon bald musste seine Einheit sich ergeben und geriet in Gefangenschaft. Das ~~Bi~~ld zeigt Horace *(rechts oben)* zusammen mit Mitgefangenen, darunter Jock Strain *(links unten)*.

Oben und unten: Das Lager, in dem Horace war, lag nahe bei einem großen Marmorsteinbruch. Hier musste Horace hart arbeiten. Der Besitzer des Steinbruchs war Roses Vater.

en: Kriegsgefangene.

ten: Horace und Jock, ohne Hemd. Sie blieben Freunde und gingen miteinander
rch Dick und Dünn – und durch einen höllischen Krieg, den niemand wollte.

Horace *(rechts)* in einer polnischen Uniform, 1940.

SINGEN VÖGEL IN DER HÖLLE?

fanden es höchst ungewöhnlich, dass Rosa seit der guten Nachricht keinen Bissen mehr heruntergebommen hatte.

Horace folgte Rauchbach durch ein Wäldchen. Er trug einen schweren Bohrer und eine Segeltuchtasche mit mehreren Bohrteilen. Man hatte ihn nach dem Morgenappell gebeten, sich sofort im Büro zu melden. Dort erklärte ihm Rosas Vater, er komme ab jetzt in einen anderen Teil des Lagers und bekomme eine neue Aufgabe zugewiesen.

„Ich habe dich ausgesucht, Jim, weil ich finde, dass du intelligent und geschickt bist", sagte Rauchbach, als sie auf den Hügel stiegen, von dem aus man auf den einst überfluteten Steinbruch herabschauen konnte.

„Ich habe dich beobachtet, wie du den Männern die Haare geschnitten hast – ebenso genau wie behutsam. Genau das brauche ich für deine neue Tätigkeit."

Er ging zu den großen Marmorblöcken hinüber.

„Dieser Block hier ist zu groß und zu schwer, um ihn bewegen zu können. Man muss ihn zerkleinern." Er ging in die Knie, nahm seinen Rucksack ab und packte etwas aus.

„Das machen wir mit Dynamit."

Er öffnete die Tasche und zeigte ihm die kleinen Stäbe aus Sprengstoff, die etwa so groß waren wie eine kleine Kerze.

„Aber das Ganze muss sorgfältig und präzise ablaufen. Der Dynamit muss genau so platziert werden, dass er den Marmor nur spaltet, nicht in die Luft jagt." Er lächelte. „Es ist eine Aufgabe, für die man ungewöhnlich viel Geschick braucht, Jim. Eine, von der ich glaube, dass du dich dafür sehr gut eignest. Aber damit du nicht auf schlechte Gedanken kommst, gebe ich dir nicht das Dynamit. Nein. Du bist der Mann am Bohrer. Das mit dem Sprengstoff macht dann ein Deutscher. Wir können euch Gefangene ja schließlich nicht mit Bomben allein lassen, nicht wahr?"

Rauchbach stand auf und lachte. „Heute Morgen schaust du dir an, wie das alles geht, und am Nachmittag übernimmst du dann."

In den nächsten paar Stunden bohrte Rauchbach eine Reihe strategisch platzierter Löcher in die riesigen Marmorplatten. Er zeigte Horace, wie man die Fugen und die natürlichen Bruchlinien in dem Gestein erkennt, an denen

KAPITEL 10

der Marmor am schwächsten strukturiert ist. Horace beobachtete, wie die Sprengladungen detonierten und wie der Marmor scheinbar mühelos auseinanderbrach, als würde man einen Block Butter mit einem riesigen Messer abschneiden. Einmal fluchte Rauchbach auf Deutsch, als der Marmor nur einen Sprung bekam, anstatt sich sauber zu spalten. „War mein Fehler, Jim", sagte Rauchbach und prüfte den Marmor. „Hier, sieh mal." Er zeigte auf eine Seite des Felsens. „Das Loch hier liegt neben der Bruchlinie, und das kommt dann dabei raus."

Rauchbach streckte sich, rieb seinen Rücken und drückte leicht zu. Er drehte den Griff des Bohrers so, dass er auf Horace zeigte.

„Jetzt bist du dran, Jim. Ich glaube, du hast nun genug gesehen."

Horace machte seinen neuen Job gut. Es war eine willkommene Abwechslung für ihn, eine Gelegenheit, den knochenharten und eintönigen Zehn-Stunden-Schichten zu entkommen. Diese Aufgabe verlangte ein bisschen Überlegung, Geschick und Geduld. Horace bohrte die Löcher, und Rauchbach füllte sie mit den Sprengladungen. Als sich der erste Block entlang der richtig platzierten Reihe von Löchern aufspaltete, freute sich Rauchbach.

Er lobte ihn: „Du bist ein Naturtalent, Jim. Ich gehe jetzt in die Mittagspause. Mach du so lange weiter."

Rauchbach deutete auf die drei Meter vom Waldrand entfernten Brocken. „Fang mal mit denen hier an. Wir sprengen sie nach der Mittagspause."

Horace sah sich um. Keine Wachleute hier, keine anderen Gefangenen. Rauchbach bemerkte seinen Blick und sagte: „Ich vertraue dir, Jim. Enttäusche mich bitte nicht, und hau nicht ab."

Dann sagte Rosas Vater noch etwas, das ihm einen Schauer über den Rücken jagte.

„Ich glaube nicht, Jim, dass du mich enttäuschen und fliehen wirst. Das Lager hier hat auch einige Reize. Du hättest es schlimmer treffen können."

Bevor er ging, zwinkerte er kurz mit den Augen. „Und du, Jim, du hast mehr Glück als die meisten hier."

Horace hatte gerade seine dritte Reihe gebohrt, als der unverkennbare Geruch seiner Liebsten ihm in die Nase kam. Er streckte sich, wischte sich den Schweiß von der Stirn und spürte es. Er wandte sich um. Da stand sie,

SINGEN VÖGEL IN DER HÖLLE?

wie eine Göttin, der Wind spielte mit ihrem dünnen Kleid. Sie eilte direkt in seine Arme, sie küssten sich leidenschaftlich. Jetzt erst bemerkte er, dass sie weinte und zitterte.

„Was ist, Rosa?", fragte er, löste sich von ihr und blickte in ihre feuchten Augen.

Sie drehte den Kopf weg. Sie wollte nicht, dass er sie so sah.

Sanft hob er ihr Kinn hoch und küsste sie auf den Mund.

„Nun sag schon, Rosa."

Rosa zog ein Taschentuch aus dem Ärmel und wischte ihre Tränen ab. Sie fasste sich schnell wieder und versuchte zu lächeln. Ihre Tränen versiegten. Sie ging nach vorn, küsste ihn noch einmal und legte die Arme um seinen verschwitzten Körper.

„Ich dachte schon, du wärst tot, Jim. Vater kam heim und sagte, du wärest ertrunken. Und ich dachte, ich hätte dich endgültig verloren, ich würde dich niemals wiedersehen."

Jetzt erst begriff Horace, dass dieses junge Mädchen ihn liebte, mehr liebte als alles andere auf der Welt. Von da an änderte sich etwas für Horace, etwas, das er noch nicht benennen konnte, als sie Hand in Hand in den Wald gingen. Er fühlte sich anders als zuvor, viel wohler und zufriedener. Er war immer noch in diesem Kriegsgefangenenlager eingesperrt, aber er wusste, er konnte es künftig besser aushalten, bis der Krieg vorbei war, solange Rosa hier bei ihm war.

Sie liebten sich auf dem grasbewachsenen Waldboden, auf toten Piniennadeln und Wildblumen. Sie waren ganz nackt, es war das erste Mal, dass sie es waren. Sie liebten sich langsam. Horace sah dabei seine Freundin an und schaute ihr tief in die Augen. Sie sprachen kein Wort. Jeder von ihnen genoss den Moment, als ihr Atem tiefer wurde. In der Werkstatt hatten sie miteinander Sex gehabt, hier liebten sie einander wirklich.

Horace hob den Rücken. Seine Arme waren gestreckt und trugen das ganze Gewicht seines Körpers. Rosa streckte die Arme aus und legte sie ihm um den Hals. Er bewunderte ihre perfekt geformten Brüste, die sich parallel zu ihrem keuchenden Atem hoben und senkten. Dann senkte sich sein Körper wieder, und er drückte mit seiner Brust auf ihre, während seine

KAPITEL 10

rhythmischen Bewegungen schneller wurden. Plötzlich waren sie wie ein Mensch. Ihre Beckenbewegungen waren parallel, sie waren Liebende, die beide instinktiv wussten, welches Timing sie brauchten, um miteinander zum Höhepunkt zu kommen.

Anschließend lagen sie auf dem Rücken auf dem Waldboden, eins mit der Natur. Sie waren befriedigt, ihre Hände griffen ineinander, während ihr Atem wieder normal wurde. Sie wollten am liebsten für immer hier liegen, immer wieder aufs Neue Liebe machen. Schließlich zwang sie der kühle Herbstwind, sich wieder anzuziehen. Eine Viertelstunde später bohrte Horace wieder mit frischer Kraft, und Rosa saß bei ihrem Vater, der die Reste seines Mittagessens schmauste.

Willie McLachlan hätte sich daheim in Helensburgh, nördlich von Glasgow und ein paar Kilometer von Loch Lomond entfernt, niemals als homosexuell betrachtet. Er dachte gar nicht daran. Wie jeder andere hatte er gelegentlich eine Freundin gehabt. Er konnte sich noch gut daran erinnern, wie Jenny Murray ihn in den Schuppen im Garten ihres Vaters mitnahm, um ihm ihre Hühner zu zeigen. Heute lachte er darüber. Damals war er dreizehn Jahre alt und stammte aus einer Siedlung mit Sozialwohnungen. Der Junge hatte wirklich geglaubt, dass die zwei Jahre ältere Jenny im Gartenschuppen ihres Vaters Hühner hielt. Warum auch nicht? Schließlich kam es nicht selten vor, dass Bergarbeiter oder Werftarbeiter sich ein paar Hühner hielten, um den Speiseplan der Familie etwas aufzubessern.

Aber irgendetwas stimmte nicht so ganz, als Jenny ihn bei der Hand nahm und ihn durch die Tür führte. Im Schuppen war nichts als Gerümpel, außer einem schmutzigen Teppich, der in der Mitte des Schuppens auf dem Boden ausgelegt war.

„Wo sind denn nun die Hühner?", fragte er unschuldig. Jenny grinste und zog sich das Kleid über den Kopf.

„Du wirst gleich eins sehen", antwortete sie. Es dauerte nicht lange, da stand sie mit der Hose in der Hand da und streckte dem verwirrten jungen Willie ihre flauschig-weiche, behaarte, dreieckige Scham hin. Nein, er war nicht schwul gewesen damals, als Jenny ihre Hand nahm und ihn ihr Innerstes

SINGEN VÖGEL IN DER HÖLLE?

ertasten ließ. Als sie lustvoll stöhnte, nachdem er ihr seine Finger hineingesteckt hatte, merkte er, dass sich etwas in ihm regte und ihm die Hose zu eng wurde. Auch Jenny merkte es, zog ihm die Hosen aus und massierte ihm sein Glied, bis es hart war, so hart wie nie zuvor.

Er hatte dieses Erlebnis mit Jenny in ihrem Schuppen damals in Helensburgh sehr genossen. Er hatte den Moment, als sie sein steifes Glied in sich hineinschob, sehr genossen und vor Freude laut geschrien, als er nach ein paar Sekunden kam. Nein, damals war er wahrhaftig nicht schwul gewesen. Aber jetzt, nach einem Jahr Eingesperrtsein und nur gelegentlichem Anblick einer bedeckten weiblichen Brust oder eines bedeckten weiblichen Pos, kamen seine homosexuellen Neigungen zum Vorschein, und er fühlte sich zu einem jungen Mann des zweiten und fünften Leicester-Regiments hingezogen.

Es begann mit einem harmlosen Pfeifen. Immer wenn Horace an dem Schotten vorbeiging, sei es im Schlafbereich, in der Gruppe im Steinbruch, im Duschhaus oder wo auch immer, vernahm man dieses zarte Pfeifen, von einem gelegentlichen Augenzwinkern begleitet. Zuerst ignorierte Horace es, er verstand nicht, was das sollte, aber dann wurde McLachlan etwas mutiger. Das Pfeifen wurde lauter und häufiger, und er pfiff jetzt auch ungeniert in Gegenwart der anderen. Ernie hatte schon durch die Blume gesagt, dass Horace wohl „dran" sei. Es war ein Ausdruck, der im Lager geläufig war. Die Männer hier waren Männer, aber wegen ihrer schlechten Lebensbedingungen und der Unterernährung war ihr Sexualtrieb meist nicht sehr stark. Bei einigen war er allerdings immer noch vorhanden. Manche befriedigten sich ab und an selbst, um sich einen Ausgleich zu verschaffen, manche wurden aber auch homosexuell.

Es wurde im Allgemeinen nicht gern gesehen. Diejenigen, die sexuell mit Mitgefangenen verkehrten, behielten es für sich, sie gaben nicht damit an und verabredeten sich dazu im Geheimen. Schlimmer als die Missbilligung der anderen Gefangenen waren die anhaltenden Gerüchte, was die Deutschen mit Schwulen machten. Ob Juden, Polen, Slawen oder Russen, ob geistig oder körperlich behinderte Menschen, Zigeuner, Freimaurer oder Homosexuelle – es hieß, Hitler und seine Schergen würden sie alle in polnischen und deutschen Konzentrationslagern umbringen.

KAPITEL 10

Horace glaubte nicht an solche Gerüchte. Er konnte und wollte es nicht glauben – es war einfach unvorstellbar für ihn. Er konnte noch verstehen, dass Hitler Macht ausüben wollte und Deutschland als führende Weltmacht etablieren wollte. Die Geschichte der Menschheit war voll von Männern und Ländern, die Männern und Frauen anderer Abstammung ihre Ideologie und ihre Überzeugungen aufzwingen wollten – von Dschingis Khan bis hin zu den Römern, von den christlichen Kreuzzügen bis hin zu den spanischen Eroberern der Neuen Welt. Aber wenn diese Gerüchte, die man immer wieder hörte, stimmten, dann wollten Adolf Hitler und das Dritte Reich etwas völlig anderes. Ihre Grausamkeit hatte er selbst während des langen Gewaltmarsches und der Zeit im ersten Lager zur Genüge kennengelernt. Aber nein ... ging das wirklich so weit? Das kann doch gar nicht sein, dachte sich Horace immer wieder. Aber was ist, wenn es wirklich stimmt? Und was wäre, wenn die Versuche des Schotten den Wachen zu Ohren kommen? Nicht auszudenken! Horace wollte mit ihm unter vier Augen sprechen.

Zwei Tage später zupfte Horace ihn am Ärmel, als er vor seiner Hütte am Boden saß und gerade seinen Teller Suppe auswischte.

„Kann ich bitte ein paar Worte mit dir sprechen, Willie?"

Willie sah zu ihm hoch. Die Abendsonne blendete, und Willy blinzelte, als er hochsah.

„Klar, Jim, kein Problem. Worum geht's?"

„Aber bitte unter vier Augen", sagte Horace, dem das Gespräch sowieso schon peinlich war. McLachlan war nämlich immer mit seinen schottischen Landsleuten zusammen. Die Schotten im Lager waren stets unter sich: Sie aßen zusammen, schliefen zusammen und tranken zusammen. Es war wie ein exklusiver Klub, eine Gemeinschaft für sich, und das nervte Horace und die anderen ziemlich. Manchmal waren die Schotten arrogant, fast ein bisschen feindselig, und weil sie jedem, der es hören wollte, dauernd erzählten, wie stolz sie auf ihr Land und ihre Kultur waren, waren sie in Wirklichkeit gegen jeden anderen (vor allem gegen die Engländer) und schienen sich ständig zu beklagen. Flapper traf den Nagel auf den Kopf, als er eines Nachts meinte: „Diese verdammten Schotten sind immer ausgeglichen und immer was Besseres. Sie tragen Ehrenabzeichen auf beiden Schultern."

SINGEN VÖGEL IN DER HÖLLE?

Willie McLachlan, erhob sich zu seiner ganzen Größe – ein Meter neunzig. Sie hatten ihn vor etwas mehr als einem Jahr in Frankreich gefangen genommen. Obwohl auch er stark abgenommen hatte, waren ihm der Todesmarsch und die schrecklichen Monate in Fort acht erspart geblieben. Horace fühlte sich ganz klein, als der Schotte einen Schritt auf ihn zuging und auf ihn herunterschaute.

„Und was für Worte sollen das wohl sein, mein Lieber?"

„Hier rüber." Horace drehte sich um und ging ein paar Meter weiter. McLachlan folgte ihm.

Horace drehte sich zu ihm um und sah ihn an. Der Schotte grinste.

„Ist das jetzt unser erstes Date, Jim?"

Horace ging nicht darauf ein. Er sagte: „Schau, Willy, ich will dir nur sagen, dass ich nicht so einer bin. Ich möchte, dass du mir nicht mehr hinterherpfeifst."

Willie McLachlan hörte auf zu grinsen.

Er fragte: „Was meinst du mit ‚dass ich nicht so einer bin'?"

Horace saß in der Klemme. Er wünschte, er hätte sich anders ausgedrückt. Der Schotte fragte nach: „Was, zum Teufel, unterstellst du mir?"

Horace erwiderte: „Schau, Willie, du hast mir schon mehrmals hinterhergepfiffen. Das kann nur eines bedeuten. Da, wo ich herkomme, pfeifen wir nur hübschen Mädels hinterher."

„Und was bedeutet das dann, mein Hübscher?"

McLachlan trat näher, er wirkte bedrohlich.

„Und? Was meinst du?"

„Schau, Willie, ich will keinen Ärger. Ich möchte nur, dass du aufhörst, mir hinterherzupfeifen. Du kennst doch die Gerüchte über die Deutschen und was sie mit …"

Er hielt inne, entschied sich dann dafür, das Wort offen auszusprechen und die Folgen zu ertragen.

„… mit Homosexuellen machen."

Der Schotte zitterte vor Wut. Er wurde laut und tippte Horace mit dem Zeigefinger in die Brust.

„Wie? Du nennst mich schwul, du englischer Bubi?"

„Nein, Willie, nein … ich sage nur –"

Wieder kam der Zeigefinger, diesmal stärker als vorher.

KAPITEL 10

„Was, zum Teufel, meinst du dann?"
Adrenalin pochte in Horaces Adern. Er konnte nicht mehr zurück, sein Körper signalisierte es ihm. Gern wollte er zurückrudern, dem Schotten sagen, dass er einen Fehler gemacht habe. Aber er konnte es nicht. Es war nicht seine Art. Er hatte noch nie vor jemandem gekuscht, nicht auf dem Spielplatz und nicht im Boxring, wo er als Jugendlicher so gern gewesen war. Als Boxer hatte er nie einen Kampf gescheut – auch dann nicht, wenn sie ihn gegen jemanden antreten ließen, der schon fünfzehn oder sechzehn Jahre alt und viel größer war als er.

McLachlan unterbrach seine Gedankengänge. Er hakte nach: „Was zum Teufel willst du damit sagen?"

Sei taktvoll, sagte er sich. Er sah sich um. Ein paar andere waren wegen ihrer Lautstärke bereits auf sie aufmerksam geworden. Sie merkten, da bahnte sich ein Streit an, direkt vor ihrer Nase.

„Also?"

Er sammelte sich und versuchte, den wütenden Schotten nicht noch mehr zu reizen.

„Ich sage nur, McLachlan, wenn du mir noch einmal hinterherpfeifst, ein einziges Mal, dann gibt's Schläge."

Der Schotte sprang vor und packte Horace am Kragen, er hob ihn fast hoch. Horace war darauf nicht gefasst. Er hätte sich an sein Boxtraining erinnern und sich den größeren Gegner geschickt vom Leib halten sollen. Den Fehler wollte er nicht ein zweites Mal machen. Garwood und ein oder zwei Schotten kamen herbei und wollten schlichtend eingreifen. Eine Rauferei vor ihren Augen würden die Deutschen nicht dulden. So etwas endete im Allgemeinen in einem Scharmützel mit zwei bis drei Gewehrkolbenhieben.

„Der Sauhund bezeichnet mich allen Ernstes als schwul!", schrie der Schotte. Zwei oder drei seiner Landsleute konnten ihn nur mit äußerster Anstrengung zurückhalten.

„Lasst mich los, ich bring den Kerl um!"

Horace gewann seine Fassung zurück. Nun, da das Adrenalin seinen Körper gleichmäßig durchströmte, fühlte er sich besser. Er hörte auf zu zittern und sagte mit wiedergewonnenem Selbstvertrauen: „Heute Abend, im Keller von Haus drei. Da klären wir die Sache ein für allemal."

SINGEN VÖGEL IN DER HÖLLE?

Flapper sah ihn ungläubig an und zeigte auf den schottischen Hünen.
„Was, den Riesen willst du verprügeln, Jim? Spinnst du?"
„Heute Abend, um sechs."
McLachlan fing an zu lachen, als könne er nicht glauben, was dieser kleine, ausgemergelte Engländer da soeben gesagt hatte. Wut kam in ihm hoch, und er sagte mit zusammengebissenen Zähnen: „Sechs Uhr, du englischer Bastard. Ich werde da sein und dir den Kopf abreißen. Verlass dich drauf."

Horace ging mit Flapper weg. Auch die Schotten gingen dahin zurück, wo sie hergekommen waren, um Pläne zu schmieden. Auch Garwood hatte früher mal geboxt, und als die beiden Freunde sich auf den Fight des Jahres vorbereiteten, übernahm Garwood die Aufgaben des inoffiziellen Trainers und Assistenten, mit Tipps und Vorschlägen, wie man den großen Schotten schlagen könnte. Die Chancen standen gegen Horace, weil er mindestens dreißig Kilo leichter und fünfzehn Zentimeter kleiner war. McLachlans Hände waren groß wie Schaufeln, seine beiden Arme waren beängstigend stark. Vom Quartier der Schotten war zu hören, dass McLachlan früher mal Straßenkämpfer gewesen wäre und als Mitglied einer Straßengang in Glasgow sogar schon einmal einen Mann getötet hätte.

Horace stand da in traditioneller Boxhaltung, die linke Führhand vorgestreckt. Garwood hatte seine beiden Fäuste dick mit zerrissenen Hemden umwickelt. Er hatte beim Training alle Mühe, sich unter Horace wegzuducken, der ihn öfter traf, als er ihn verfehlte. Um halb sechs beendete Garwood das Training und bat Horace, sich eine halbe Stunde hinzulegen. Horace fühlte sich wohl. Sein Kampfeswille war mit den alten Erinnerungen zurückgekehrt, als wäre alles erst gestern gewesen, und er wusste, wenn es ihm gelang, McLachlan auf Distanz zu halten, hatte er gute Chancen. Was auch immer passierte, er wollte sein Bestes geben.

Fünf Minuten vor dem geplanten Kampf hatten sich bereits die meisten Gefangenen im Keller von Haus drei eingefunden. Sie waren schon richtig gespannt. Es hatte schon vorher viele Kämpfe im Lager gegeben, seit Horace in Gefangenschaft geraten war, manchmal sogar einen pro Woche, aber sie waren immer von anderen Gefangenen abgebrochen worden, aus Angst vor Ärger mit den Deutschen. Diesmal war es anders. Es waren keine Deutschen

KAPITEL 10

in der Nähe, die alles abbrechen konnten. Man hatte notdürftig eine Art Boxring gebaut, und die Männer wetteten auf den Ausgang des Fights. Sie freuten sich auf die willkommene Abwechslung, die die normale Routine von Abendessen, Ausruhen und Licht-Löschen unterbrach.

Erst um zehn vor sechs erlaubte Flapper Garwood Horace, aufzustehen. Der Londoner bezweckte damit, McLachlan unruhig und selbstgefällig zu machen, in der Hoffnung, sein Gegner würde gar nicht erst kommen. Vierzehn Minuten nach sechs stürmten Horace und sein Trainer durch den Eingang von Haus drei.

„Er ist da!", rief jemand nach unten, wo die unruhige Menge stand und um die besten Plätze rangelte. Gedämpfter Jubel brandete auf, und Horace standen die Haare zu Berge. Er sagte: „Weißt du was, Flapper, ich freu mich schon richtig darauf."

„Komm ihm bloß nicht zu nahe, Flapper! Der ist ein Raufbold, kein richtiger Boxer. Bleib auf Distanz, hau zu und geh in Deckung. Hau zu und geh weg, bis du wieder eine Chance siehst. Mach nur immer so weiter, dann kannst du ihn schlagen, aber verdammt noch mal, bleib besonnen!"

Garwoods Taktik war dieselbe wie die von Horace. Das Letzte, was Horace wollte, war, in einen Ringkampf oder eine Schlägerei verwickelt zu werden. Er wollte kontrolliert und ordentlich boxen, wie er es damals im Boxverein in Ibstock gelernt hatte.

McLachlan stand mit nacktem Oberkörper in der Ecke des provisorischen Boxrings. Er grinste höhnisch und meinte nur: „Ach, auch schon da, du Stück Scheiße? Wir dachten schon, du kneifst und machst dir in die Hose."

Horace schwieg. Er kletterte zwischen den Seilen hindurch und machte ein bisschen Schattenboxen, während Garwood einen Eimer und einen Krug Wasser in seine Ecke stellte. Oberst David Valentine von den Northumberland Fusiliers übernahm die Funktion des Schiedsrichters. Er führte die beiden Männer zueinander. „Ich will einen sauberen Kampf sehen, Jungs."

McLachlan ging nach vorn und versuchte seinen Gegner einzuschüchtern.

„Keine Schläge unter die Gürtellinie, und wenn ich sage, unterbrechen, dann tut ihr das auch."

„Klar. Dem unterbrech ich das Genick!", verkündete der Schotte mit einem breiten Grinsen.

SINGEN VÖGEL IN DER HÖLLE?

Horace schwieg.

Der Schiedsrichter bat beide Kontrahenten, in ihre jeweilige Ecke zu gehen. Ein paar Schotten standen hinter McLachlan, klopften ihm auf die Schulter und sprachen ihm Mut zu. Flapper bot Horace Wasser an und gemahnte ihn noch einmal, die Distanz zu wahren. Valentine bat die beiden Männer zu sich, und als sie nur noch ein paar Meter voneinander entfernt waren, trat er beiseite und rief: „Los geht's!"

Die Menge johlte, als Horace seine vertraute Boxhaltung einnahm, die Augen immer auf McLachlan gerichtet. Er war bereit.

McLachlan eilte kraftvoll auf ihn zu, die Arme ausgestreckt wie ein Ringer. Horace tänzelte hin und her, immer bereit, in letzter Sekunde in die richtige Richtung zu springen. Als McLachlan in seine Reichweite kam, gab er ihm mit der Linken einen Jab auf die Nase. Das saß, die Nase des Schotten platzte wie ein Ballon. Sogleich drehte sich Horace weg und floh, bevor McLachlan recht wusste, was ihn da getroffen hatte. Er stand nun in Horaces Ecke und blutete heftig. Horace stand nur wenig von den schottischen Assistenten entfernt.

„Du verdammter Hurenbock", schimpfte ein Rothaariger hinter ihm. Horace ignorierte den Mann und ging auf McLachlan zu. Sein Selbstvertrauen wuchs von einer Sekunde zur anderen. Diesmal war der Schotte schlauer, er begriff, wie dumm er sich verhalten hatte. Er nahm beide Fäuste vors Gesicht, um sich zu schützen. Er wusste nun, dass es ein echter Fight war. Horace ging nach vorn, in Reichweite seines Gegners. McLachlan konnte der Versuchung nicht widerstehen, er warf sich nach vorn, seine Rechte fuhr aus. Horace beugte sich nach hinten, und die Faust des Schotten ging ins Leere. Horace konterte mit einer schnellen Kombination, seine Linke ging an die Schläfe des Gegners, seine Rechte fast gleichzeitig in McLachlans Solarplexus.

Die Menge johlte. McLachlan ging in die Knie. Horace ging zu ihm, beugte sich über ihn und fragte: „Na, reicht's jetzt, Willie? Sollen wir lieber aufhören?"

McLachlan erwiderte: „Ja – mir reicht's ... Hilf mir auf."

Er tat Horace leid. Der Kampf war vorbei, Horace hatte bewiesen, was in ihm steckte. Er reichte McLachlan die Hand. Als der Schotte wieder in voller Größe stand, grinste er und schüttelte Horace die Hand. Doch als Horace keine Gefahr mehr witterte, schlug ihm McLachlan mit der Stirn ins Gesicht.

KAPITEL 10

Horace lag auf dem Boden, er hatte wohl ein oder zwei Sekunden lang das Bewusstsein verloren. Die Schotten jubelten und johlten, während Valentine ihrem Landsmann eine strenge Belehrung erteilte.

Garwood sagte zu Jim: „Scheiß auf die Regeln, Jim. Hol dir das fiese Schwein!"

Horace spürte, dass er heftig blutete. Adrenalin pochte durch seine Adern. Als er aufstand, war er wütend. Die Engländer im Raum jubelten ihm zu, die Schotten buhten ihn aus und nannten ihn einen Idioten. Einer rief McLachlan zu: „Bring den Kerl um!"

Aber der hörte ihn gar nicht. Er sah Horaces wutverzerrtes Gesicht und war mehr als beunruhigt, als dieser ihm jetzt entgegenkam. Horace nahm die Fäuste wieder hoch und grinste ihn teuflisch an.

„Gut, du mieser schottischer Bastard. Kämpfen wir ab jetzt so, wie du es willst!"

Horace ließ jede Kontrolle fahren. Er ging nicht mehr in Deckung. Er rannte mit einer Wut und einem Hass auf McLachlan zu, dass dem himmelangst wurde. McLachlan bedeckte seinen Kopf mit den Händen und stand leicht gebückt da. Horace trommelte ihn mit Fausthieben zu und gab ihm zwei hervorragend ausgeführte Kinnhaken, genau in die Mitte. Der Schotte lag in den Seilen, und seine Helfer waren still. Valentine erklärte die erste Runde für beendet.

McLachlan saß auf einem Hocker, seine Helfer bespritzten ihn mit Wasser und versuchte sein Blut zu stillen, das ihm aus dem rechten Auge, aus Nase und der dicken, aufgeschlagenen Lippe lief. Der Hüne war ein Wrack, er atmete schwer.

Als Valentine die zweite Runde ankündigte, sprang Horace auf die Beine. Der Schotte stand jetzt fast in der Ringmitte, und Horace machte da weiter, wo er vorhin aufgehört hatte. McLachlan konnte sich nicht mehr mit den Händen schützen, und Horace läutete das Ende ein – zwei linke Jabs, jeder mit voller Kraft und geschickt platziert. McLachlans Kopf fiel nach hinten, ihm versagten die Beine, sein Blick wurde trüb. Horace ging auf ihn zu und spannte die rechte Faust an. Der Schotte ging nach hinten und unternahm einen letzten vergeblichen Versuch, sich zu decken. Er tat Horace

SINGEN VÖGEL IN DER HÖLLE?

schon beinahe leid, als seine gezielte Rechte auf seiner Wange landete und McLachlan zu Boden ging.

Garwood klatschte leise, als er in seine Ecke zurückging. Die Engländer jubelten, die Schotten leckten ihre Wunden.

„Halt, eins noch, Flapper", sagte Horace, trankt einen Schluck Wasser und wandte sich um. „Ich bin noch nicht fertig."

Er ging lässig zu den Schotten hinüber, wo McLachlan langsam wieder zu Bewusstsein kam. Horace sagte zu dem Rothaarigen: „Du hast mich doch vorhin Hurenbock genannt, nicht?"

McLachlan sah zu, als Horace noch einmal seine berühmte Rechte sprechen ließ. Wieder voll ins Ziel, ein weiterer Schotte lag am Boden.

Horace sah die anderen an und fragte: „Wer will noch? Wer hat noch nicht?"

Totenstille.

Am nächsten Morgen musste McLachlan auf dem Weg zum Morgenappell von zwei Kameraden geführt werden. Seine Beine waren gesund, seine Balance auch, aber seine Augen waren zugeschwollen, er konnte kaum noch etwas sehen. Die deutschen Wachtposten fragten ihn sofort nach dem Grund. Er machte ihnen etwas vor und gab an, er sei in der Dusche ausgerutscht und gestürzt. Die Deutschen glaubten ihm nicht, aber sie gaben sich widerwillig mit seiner Antwort zufrieden. Horace tat er leid. Es dauerte weitere 24 Stunden, bis er wieder richtig sehen konnte.

Das Lagerleben wurde wieder normal, und die Feindseligkeiten zwischen Schotten und Engländern schwelten nicht weiter. Horace wurde fortan geachtet, auch wenn die anderen über den Boxkampf nicht mehr viele Worte verloren. Was er erwartet hatte, trat ein – McLachlan pfiff ihm jedenfalls nicht mehr hinterher.

KAPITEL 11

Man schrieb Dezember 1941. Die Japaner waren drauf und dran, einen Fehler zu begehen, den sie noch lange bereuen sollten. Sie zogen die USA mit in den Zweiten Weltkrieg hinein. Als sie sahen, dass der größte Teil der amerikanischen Flotte in Pearl Harbor vor Anker lag, dachten sie, ein schneller, aggressiver Schlag würde der US Navy das Kreuz brechen und dazu führen, dass sie nicht in den Krieg eingriff.

Ungefähr dreimal in der Woche wurde Horace auf den Hügel zum Bohren abkommandiert, von wo aus er das Lager überblicken konnte. Seine Geschicklichkeit im Umgang mit dem Bohrer nahm immer mehr zu. Ein- oder zweimal in der Woche ließ Rauchbach ihn da oben allein, und jedes Mal kam Rosa vorbei. Hier, im Wald über dem Lager, liebte Horace die Tochter des Eigentümers – Rose, wie er sie inzwischen nannte – den ganzen Winter 1941/42 hindurch. Er hatte ihr gesagt, er wolle kein deutsches Mädchen lieben und sie gefragt, ob sie etwas dagegen habe, wenn er sie Rose statt Rosa nannte. Er wolle, dass sie seine englische Rose werde, und sie fand die Idee schön. Es war ihr kleines Geheimnis, ihr Weg zu einem neuen Leben.

Diesmal war der Winter nicht mehr so schlimm wie der im Vorjahr, dort in der Hölle von Posen. Horace erinnerte sich noch gut daran und fragte sich ernsthaft, wie sie es damals überhaupt geschafft hatten zu überleben. Die beiden

SINGEN VÖGEL IN DER HÖLLE?

liebten einander bei warmem und kaltem Regen, wenn es nicht anders ging, auch im Schnee, als es wieder Winter wurde. Die eisige Kälte durchdrang ihre Körper, was die sexuelle Erregung eher noch steigerte. Lachend hoben sie ihre feuchten, kalten Kleidungsstücke vom Boden, sie zogen einander zitternd vor Kälte an und staunten selbst über ihren Wagemut, es nur wenige hundert Meter von den deutschen Wachen entfernt miteinander zu treiben.

Das Leben im Steinbruch war jetzt für Horace einigermaßen erträglich, vor allem wenn Rosa bei ihm war, aber er konnte seine Schuldgefühle nicht unter Kontrolle bringen und dachte, als der Winter in den Frühling überging, oft an Flucht. Er sprach darüber auch mit Rose. Sie versuchte stets, es ihm auszureden. Sie erklärte ihm die geografische Lage des Lagers und die Aussichtslosigkeit früherer Ausbruchsversuche, und natürlich hatte sie mit dem, was sie sagte, recht, aber das Thema war etwas, das er nicht aus dem Kopf bekam. Er bat Rose, ihm eine Karte mitzubringen, und sie sagte unter Tränen ja. Horace hatte das Gefühl, er hatte in diesem Lager genug Zeit verbracht, genug Zeit mit seinen Bewachern. Die versprochene Landkarte brachte sie ihm nicht mit. Nach ein paar Wochen fragte er sie nicht mehr danach. Ohne eine richtige Karte war eine Flucht für ihn aussichtslos. Das wusste Rose.

Eine Woche später kam Rose zu ihm, als er gerade das letzte einer Reihe strategisch genau abgemessener Löcher in einen besonders großen Marmorblock bohrte. Er sah es sofort – ihre Augen waren voller Tränen, ihre Unterlippe zitterte, und der Rest von ihr zitterte auch wie Espenlaub. Die Landkarte, dachte er, jetzt hat sie sie dabei. Und er dachte daran, welcher Gefahr er sie aussetzte. Er lag falsch. Es gab keine Karte.

Unter Tränen teilte Rose ihm mit, was ihr Vater ihr am Abend zuvor gesagt hatte. Horace und seine Gefährten sollten in ein anderes Lager verlegt werden. Rauchbach teilte es den Gefangenen am nächsten Morgen beim Appell persönlich mit. Er wirkte traurig, aber er musste sich eben damit abfinden, dass die Deutschen ihm eine Gruppe von Männern wegnahmen, die er persönlich hier zu einer sehr produktiven, gut geölten Maschine ausgebildet hatte. Er wünschte den Männern alles Gute und sagte, die Lebensbedingungen im nächsten Lage seien besser als die, die er ihnen bieten könne. Es gebe mehr Duschen, mehr Toiletten, sogar warmes Wasser, und die Essensrationen seien,

KAPITEL 11

so deutete er an, auch größer. Es sei ein moderneres Lager mit einer Konzerthalle und einem Freizeitraum, sagte er. Im Großen und Ganzen waren Horaces Mitgefangene erfreut – etwas skeptisch, aber froh.

Sie hatten keinen Grund, an den Worten des Deutschen Rauchbach zu zweifeln. In allem, was er gesagt hatte, war er bisher immer ehrlich und fair zu ihnen gewesen. Er hatte erreicht, dass sie mehr zu essen bekamen und hatte die Zustände verbessert. Ihr Wohl schien ihm tatsächlich am Herzen zu liegen. Manche sagten nachts in der Hütte, er sei schließlich auch nur an der Produktivität interessiert und sie seien nur ein Werkzeug für ihn, das man ausbeuten kann. Aber Rauchbach hielt seine letzte Rede ordentlich, während die Deutschen mit kritischen Mienen danebenstanden. Als eine letzte Geste des guten Willens kündigte Rauchbach an, die Gefangenen müssten heute nicht mehr arbeiten. Er habe ein letztes gemeinsames Abendessen mit extra viel Brot, Kaffee und Keksen organisiert, um sich bei den Gefangenen für ihren Arbeitseinsatz zu bedanken. An ihrem letzten Tag dürften sie sich erholen, ihre Batterien aufladen und sich auf die lange Reise vorbereiten, die ihnen ab morgen bevorstand.

Den Rest des Tages hingen die Gefangenen in ihren Wohnhütten herum. Sie plauderten über das neue Lager und darüber, was ihnen die neue Umgebung wohl bringen werde. Die meisten schienen zufrieden, ja fast glücklich zu sein und waren schon gespannt auf die neue Umgebung und die neuen Lebensbedingungen, die Rauchbach ihnen in Aussicht gestellt hatte. Horace lag im Bett, allein mit seinen Gedanken. Ihn interessierten bessere Bedingungen wenig, mehr Essen, Konzerthallen oder Spielsalons. Ihm wurde erst jetzt bewusst, wie sehr er Rose vermisste. Zum ersten Mal in seinem Leben war er wirklich verliebt. Es war eine verbotene Liebe, eine Liebe, auf die er sich nie hätte einlassen dürfen. Eine Liebe, die die Deutschen vorzeitig beendet hatten.

Am nächsten Morgen saß Horace, wie schon einmal, hinten auf einem deutschen Militärlastwagen, der aus dem Lager fuhr. Flapper saß ihm gegenüber. Es war wie ein Déjà-vu. Horace schaute aus dem Fenster des Lasters und sah sich jeden gefahrenen Kilometer Land genau an. Er versuchte, sich die Meilensteine zu notieren, die Kurven, die T-förmigen Kreuzungen und die Verkehrsschilder. Alles kam ihm so sinnlos vor.

SINGEN VÖGEL IN DER HÖLLE?

Horace fühlte, wie aussichtslos seine Lage jetzt war. Er kannte ja nicht einmal den Namen des Dorfes, in dem Rose wohnte. Warum hatte er sie bloß bei ihrer letzten Begegnung nicht danach gefragt? Nachdem sie eine Stunde gefahren waren, dämmerte es ihm: Selbst wenn er es schaffte, aus dem nächsten Lager auszubrechen, war es trotzdem unmöglich für ihn, zu Rose zurückzufinden.

Nie zuvor hatte er einem Mädchen gegenüber solche Gefühle gehegt. Ihm tat das Herz weh. Ihm war schlecht, sein Mund war trocken, er wollte am liebsten in Tränen ausbrechen wie ein neunjähriger Schulbub – so stark waren seine Gefühle für dieses Mädchen. Sein Kumpel Flapper versuchte ein- oder zweimal, ein Gespräch mit ihm anzufangen, aber er sah ein, dass dies jetzt nicht der richtige Zeitpunkt war. Horace verbarg den Kopf in seinen Händen und konnte nur mit Mühe seine Tränen zurückhalten.

KAPITEL 12

Nach der dreistündigen Fahrt wurden die Gefangenen in ihrem neuen Lager mit einem Mittagessen begrüßt. Es war dieselbe altbekannte Kohlsuppe, diesmal aber mit etwas Fleisch und ganzem Gemüse darin. Mitten auf dem Lagerplatz stand ein großer Eimer voll Brot, und die Männer durften sich davon so viel nehmen, wie sie wollten. Vielleicht war das ein gutes Omen?

Die Männer wirkten glücklich, als sie in der frühen Nachmittagssonne saßen und miteinander plauderten. Flapper versuchte noch einmal, mit Horace zu reden, was schwierig war, weil er den Mund noch voll Brot hatte.

„Was hast du, Jim? Willst du nichts essen?"

„Ich hab keinen Hunger", antwortete Horace und fügte hinzu: „Vielleicht so 'ne Art Reisekrankheit."

Flapper sprach weiter. Brotbröckchen flogen aus seinem Mund.

„Also, ich verstehe dich nicht. Da lassen uns diese Hurensöhne zwei Jahre lang fast verhungern, dann gibt es endlich mal ein Fest und du hast keinen Hunger. Ich fürchte, Jim, mit dir ist irgendwas Ernsthaftes."

Ich wünschte, ich könnte es dir sagen, mein Freund, dachte Horace. Ich würde es nur zu gerne tun.

Rauchbach hatte recht gehabt mit seinen Aussagen über das neue Lager. Es lag in Freiwaldau in der Tschechoslowakei. Es war ganz anders – mehr zu

SINGEN VÖGEL IN DER HÖLLE?

essen, bessere sanitäre Verhältnisse und Waschgelegenheiten und ein neuer Duschblock mit zehn Duschen nebeneinander. Und zum ersten Mal warmes Wasser!

Das Lager hatte keine mit Männern besetzten Wachtürme und nicht viel Stacheldraht – ein deutlicher Hinweis darauf, dass die Deutschen eine Flucht für aussichtslos hielten. Der zentrale Lagerplatz war ungefähr so groß wie zwei Footballfelder, also etwa zweihundert mal hundertvierzig Meter, die Gebäude außenrum enthielten Wachräume, Personalräume, die Verwaltung, einen Duschraum und einen Konzertsaal.

Die Wände dieser Gebäude waren gleichzeitig die Außenwände des Lagers. Zwischen diesen Hütten und dem Wald lag ein riesiger Gemüsegarten. Daneben lag das L-förmige Gebäude mit den Kasernen, in denen die Gefangenen schliefen und aßen, sowie eine Toilettenanlage, in der bis zu vierzig Männer gleichzeitig ihre Notdurft verrichten konnten. Es gab auch hier keine Privatsphäre, aber alles war etwas sauberer als im letzten Lager.

Die Gebäude bildeten miteinander eine große Fläche. Am oberen Ende des Lagers befand sich der Haupteingang, der vierundzwanzig Stunden am Tag von mindestens sechs Posten bewacht wurde. Die Lücken zwischen den einzelnen Gebäuden waren mit Stacheldraht gesichert.

Horace lernte hier einen anderen Gefangenen kennen, Billy Strain aus Falkirk in Schottland, der später ein enger Freund werden sollte. Wie die meisten schottischen Gefangenen wurde er liebevoll Jock genannt. Die Deutschen hatten entdeckt, dass er gut kochen konnte, weshalb er in der Gefangenenküche arbeitete und das Personalquartier mit Horace und ein paar anderen wichtigen englischen Mitarbeitern teilte.

Am Ende der Woche erhielt Horace zum ersten Mal nach zweieinhalb Jahren einen Brief von daheim, geschrieben von seiner Mutter. Der Brief war wie erwartet, er war von den englischen und den deutschen Behörden überprüft worden. Es gehe ihnen allen gut, schrieb seine Mutter, nannte aber keine einzelnen Namen. Horace fragte sich, wie es Harold wohl erging. Wo war er? War er noch am Leben? Die Mutter schrieb, sie hoffe, der Krieg sei bald vorbei, aber sie erwähnte mit keinem Wort, wie die Lage war oder wer Aussicht hatte, den Krieg zu gewinnen. Der Brief ähnelte denen, die

KAPITEL 12

die anderen Gefangenen von zu Hause bekamen, als hätte eine Behörde die Feder geführt. Trotzdem war Horace erleichtert, von seiner Familie zu hören. Es war ungemein beruhigend für ihn, dass seine Familie wenigstens wusste, dass er noch am Leben war.

Dennoch konnte nichts die Depressionen lindern, die er hatte, weil er Rose verloren hatte. Er dachte den ganzen Tag über immer wieder an sie, und abends vor dem Einschlafen auch. Er sorgte sich um ihre Sicherheit, und obwohl sie ihm an jenem letzten Tag, an dem sie nackt im Wald neben dem Lager gelegen hatten, ihre Liebe geschworen hatte, fragte er sich, wie lange es wohl dauern würde, bis sie einen anderen Mann kennenlernen würde, der ihn ersetzte. Schließlich war sie ein junges, attraktives Mädel in der Blüte ihrer Jahre. Er hatte sie in die Freuden der Lust eingeweiht, und sie war ihm lernbegierig und mit Leidenschaft gefolgt. Sie war eine tolle Liebhaberin gewesen, experimentierfreudig und leicht zu beglücken, und nach ihrem für sie so speziellen ersten Orgasmus wollte sie immer mehr davon haben. Bestimmt würde sie einen neuen Lover finden. Horace betete nur, dass es kein Deutscher sein würde.

Mittlerweile war es Ende September 1942. Die ersten Schauer, die Vorboten des Winters, fielen auf die Männer beim Morgenappell. An der russischen Front standen die deutschen Truppen kurz vor Stalingrad. Horace versuchte verzweifelt, seine Depressionen abzuschütteln, aber es fiel ihm nicht leicht. Er dachte mit der Zeit immer weniger an Rose, aber immer noch mehrmals am Tag.

Eines Morgens erhielten die Männer zum ersten Mal Pakete vom Roten Kreuz. Darin waren Schokolade und Zigaretten, Kerzen und Streichhölzer, Dosenfleisch und Milchpulver von Nestlé. Die Männer nahmen die Gaben dankbar entgegen, und Horace bekam wieder Schuldgefühle. Er wurde gut ernährt, hatte eine Matratze zum Schlafen und konnte durchschlafen, und sein Acht-Stunden-Arbeitstag war gut zu bewältigen. Wieder war Horace der Friseur im Lager. Er sprach viel mit den übrigen Gefangenen, denen er die Haare schnitt. In diesem dritten Lager war es nicht notwendig, die Köpfe seiner Gefährten kahl zu rasieren – Läuse waren hier eher die Ausnahme als die Regel. Seine Begabung fürs Frisuren-Schneiden – gewissermaßen

SINGEN VÖGEL IN DER HÖLLE?

das Gegenteil von der Kahlrasur – kehrte schnell zurück. Aber er fand es anstrengend, so viele Gespräche führen zu müssen. Sie waren in Leicester und in Torquay gewesen und dann in den beiden vorigen Lagern – ein gutes Gespräch war eine Ablenkung und ließ ihn die trüben Gedanken an seine Geliebte ein bisschen vergessen.

Die meisten Männer, mit denen er sprach, verrichteten Holzarbeiten auf dem Lagergelände. Die Baumstämme wurden zu handlichen Holzstapeln zerkleinert und in eine Fabrik im Umkreis des Lagers gebracht. Hier wurde das Holz zu feinen Hobelspänen verarbeitet und als Holzwolle für Betten und Polster für den deutschen Wehrmachtsbedarf verwendet. Eines Tages kam einer der Männer von der Arbeit heim und versetzte Horace den Schock seines Lebens.

Er hieß David Crump und nahm mit breitem Grinsen auf dem Barbierstuhl Platz.

„Warum bist du so fröhlich, Dave?", fragte Horace.

„Heute habe ich Rose gesehen", sagte er und grinste. „Zumindest sagte das Mädel, sie heißt so."

Horace ließ beinahe seine Schere fallen. Er schnitt Dave eine ganze Strähne weg.

„Obacht, Jim, sonst schneidest du mir noch ein Auge aus. Leg mal bitte die verdammte Schere weg."

Horace gehorchte. Er war sich nicht sicher, ob sein sogenannter Freund ihm einen bösen Streich spielen wollte. Nein, es konnte nicht sein. Wenn er „Rosa" gesagt hätte, vielleicht ja, aber er hatte wirklich und wahrhaftig „Rose" gesagt.

„Was soll das heißen, du hast Rose gesehen? Wir waren drei Stunden lang in diesem blöden Laster. Du arbeitest keine anderthalb Kilometer vom Lager entfernt. Wie kannst du –?"

„Wenn du mich gefälligst ausreden lässt, Jim, werde ich es dir sagen." Dave holte tief Luft.

„Rose hat mir gesagt, dass sie seit Monaten schon nach dir sucht. Irgendwann letzte Woche kam sie an unserem Lager vorbei. Von ihrem Heimatort aus braucht sie ungefähr eine Stunde mit dem Zug. Anscheinend hat sie ein paar von unseren Leuten da draußen wiedererkannt. Sie hat all ihren Mut

KAPITEL 12

zusammengenommen und mich angesprochen. Sie hat mich gefragt, ob es in meinem Lager einen Friseur namens Jim gibt."

Horace konnte nicht glauben, was der Mann da vor ihm sagte. Es schien fast nicht möglich. Dave griff in seine Hosentasche und zog einen Brief heraus. „Der ist für dich, Jim. Von ihr persönlich."

Er händigte ihm den Brief aus. Horaces Beine gaben nach und er sackte zu Boden. Dave sagte, er würde lieber später noch mal kommen. So, wie Horace im Moment beieinander sei, fürchte er um seinen Skalp.

Horaces Hände zitterten, als er den Umschlag öffnete. Der Brief war nicht unterschrieben und enthielt keine namentliche Anrede. Rose war klug. Sie wusste, dass dieser Brief jederzeit den Deutschen in die Hände fallen konnte. Horace hielt das Papier an seine Nase und sog den Duft ein. Da war er, wenn auch ganz schwach, der moschusartige, leicht parfümierte Duft von Rosa Rauchbach. Ihr Englisch war fehlerfrei. Sie schrieb:

Liebster,
mein Vater wollte mir nicht verraten, wohin sie dich gebracht haben. Er hat mir lediglich gesagt, dass ihr jetzt bessere Bedingungen habt und die Ernährung in Ordnung ist. Ich hoffe, du bist gesund. Ich vermisse dich schrecklich. Ich sehne mich nach unserer gemeinsamen Zeit und frage mich, ob es nicht doch eine Möglichkeit gibt, dass wir uns sehen können.

Du bist nicht unter denen, die draußen arbeiten. Ich habe sie mir alle angesehen. Seit Monaten durchsuche ich die Lager. Ich hatte die Hoffnung schon fast aufgegeben, dich je wiederzusehen. Ich bin mit dem Zug in alle möglichen Richtungen gefahren und bin durch die Wälder gelaufen, durch Lamsdorf, Sagan, Teschen, Silberberg und Sternberg. Ich habe dort viele traurige Gesichter gesehen, aber keines davon wiedererkannt, bis ich vor gut einer Woche nach Freiwaldau kam. Es liegt sechs Kilometer von dem Wald entfernt, wo die Männer arbeiten. Allmählich erkannte ich einige Männer vom Steinbruch wieder. Ich habe gesucht und gesucht, konnte dich aber nicht finden. Jeden Abend bin ich wieder mit dem Zug heimgefahren und habe geweint. Ich weiß nicht, was die anderen Reisenden wohl gedacht haben. Schließlich habe ich all meinen Mut zusammengenommen und deinen

SINGEN VÖGEL IN DER HÖLLE?

Freund angesprochen, und er hat mir gesagt, du bist im Lager und schneidest den Leuten die Haare. Ich hatte so sehr gehofft, du würdest im Wald arbeiten und wir könnten einander sehen.

Vielleicht ist es keine gute Idee, wenn wir versuchen uns zu treffen, es ist zu gefährlich. Aber ich möchte, dass du weißt, dass ich immer an dich denke und dass wir zusammen sein können, wenn der verdammte Krieg vorüber ist. Ich komme nächste Woche noch einmal zurück, um zu sehen, ob du meinen Brief bekommen hast. Wenn du kannst, schreib mir bitte, damit ich weiß, dass es dir gut geht.
Ich liebe dich.

Der Brief fiel zu Boden. Horace wischte sich verstohlen die Träne weg, die ihm über die Wange lief. Er konnte kaum begreifen, was er soeben gelesen hatte. Sie hatte recht – es war zu gefährlich. Wie sollte das gehen? Niemals würden die Deutschen ihm erlauben, seinen kleinen Frisiersalon hier zu verlassen und im Wald zu arbeiten. Seine Geliebte, seine englische Rose – da war sie, so nah und doch so fern.

Horace lag auf seiner Pritsche in dem kleinen Personalquartier mit zwölf Betten. Hier schliefen der englische Lagerleiter und sein Assistent, ein Schuster, zwei Unteroffiziere und ein paar Gefangene, unter ihnen Flapper Garwood, der zum Chefgärtner ernannt worden war. Horace prüfte das Fenster, einen halben Meter über seinem Bett. Er nahm das Fenstersims auseinander, das die Glasscheibe umgab und die sechs senkrechten Eisenstäbe davor.

„Was machst du da?", fragte Flapper. Er sah von dem Brief auf, den er vor ein paar Tagen bekommen hatte.

„Ein wenig Tischlerarbeit", erwiderte Horace. „Lies ruhig weiter. Du hast den Brief ja erst siebenundzwanzig Mal gelesen."

Es stimmte. Flapper hatte den Brief schon unzählige Male gelesen. Er stammte von seiner Frau Cissie und erzählte von der kleinen Shirley, ihrer Tochter, die drei Jahre alt war, als er in den Krieg musste. Sie vermisste ihren Daddy, freute sich schon auf ihren nächsten Geburtstag und betete jede Nacht, dass ihr Daddy wieder nach Hause käme, um ihn mit ihr zu feiern.

KAPITEL 12

Jeder der Gefangenen verschlang jedes Wort von zu Hause – immer und immer wieder. Es war die einzige Verbindung zur Familie, zu den Lieben daheim, zu Frau oder Freundin, Bruder und Schwester. Es waren nur ein paar Worte, aber sie rissen Flapper das Herz aus der Brust. Er schob den Brief vorsichtig unter seine Matratze und ging zu Horace hinüber, der die Gitterstäbe eingehend studierte.

„Los, nun red schon, Landjunge. Was geht dir durch die Rübe?"

Horace deutete auf den unteren Rad der Gitterstäbe. Sie gingen bis zum Boden hinunter, aber sie waren zweigeteilt und wurden von einem Splint zusammengehalten.

„Siehst du, Flapper?", fragte Horace und deutete auf einen der Splinte. „Schätze, wenn wir eines der Dinger rausbekämen, würden die Gitterstäbe auseinandergehen und wir könnten durch das Fenster raus."

„Okay, und was dann?", fragte Flapper achselzuckend. „Wohin gehen wir dann? Am besten den Deutschen direkt in die Arme."

Flapper wiederholte, was ihnen allen nur zu vertraut war: „Ein verdammter Hunne nach dem anderen, so weit das Auge reicht. Niemand ist hier jemals getürmt und hat es bis nach Hause geschafft. Die längste Zeit, die es einer geschafft hat, waren drei Tage – dann haben sie den armen Kerl im Wald erschossen, weil er es gewagt hat, Zivilklamotten zu tragen."

„Ich weiß, ich weiß, Flapper. Ich weiß es nur zu gut."

„Drei Tage, Jim. Wir vermuten, man braucht mindestens sechs Wochen, um aus dem deutsch besetzten Gebiet rauszukommen, und dann muss man noch mal eben die Beringsee überqueren oder bis nach Norwegen kommen und kann nur beten, dass das Schiff nicht auf dem Weg nach England absäuft."

Horace pfiff durch die Zähne. Er lockerte die Splinte. Er beugte sich nach vorn und spuckte direkt auf den Splint, der den dritten Stab sicherte. Die Feuchtigkeit machte den Splint genügend locker, um ihn aus seiner Nut zu entfernen. Er arbeitete an der Lockerung eines weiteren Stabes. Er war sich sicher, ein Mann mit seiner Figur würde da hindurchpassen. Er drehte sich zu seinem Kumpel um und meinte: „Hey, Sir Flapper! Das ist ja der Hammer!"

Flapper schüttelte den Kopf und fragte: „Sag mal, hörst du mir überhaupt zu, du Landei?"

SINGEN VÖGEL IN DER HÖLLE?

Horace lächelte. „Nicht wirklich, Flapper. Wann hab ich jemals auf andere gehört? Selbst ist der Mann. Als ich das letzte Mal auf jemand anderen gehört habe, hat der liebe Herr Offizier kapituliert und uns den Deutschen ans Messer geliefert."

Flapper stöhnte: „Immer die alte Leier, Jim."

Er hatte die Story schon hundertmal gehört. Er war beim Todesmarsch mit dabei gewesen, als sein Kumpel diesen Oberstabsfeldwebel Aberfield eingeholt und zerlegt hatte.

„Jetzt hör mir mal zu, Jim. Du kannst doch nicht –"

„Ich hör dir ja zu, Flapper. Ich verstehe, was du sagst, aber wer hat etwas gesagt von wegen, nach England zurück? Ich weiß, das wäre dumm, und jetzt, wo die Amis sich am Krieg gegen Deutschland beteiligen, wird der Scheißkrieg nicht mehr allzu lange dauern. Ich sitze hier fest wie ihr alle, ich gehe nirgendwohin. Aber können wir nicht nachts ein bisschen raus und Spaß haben, während wir hier herumsitzen und warten müssen?"

Flapper Garwood seufzte und sah Horace ungläubig an. Er wollte nicht glauben, was er soeben gehört hatte. Horace hatte die Gitterstäbe des Fensters gelockert und somit eine akzeptable Lücke geschaffen, durch die er entwischen konnte. Vom Fenster bis zum Waldrand waren es nur fünfundvierzig Meter, und obwohl die deutschen Wachen die Umgebung des Lagers routinemäßig durchstreiften, musste Flapper zugeben, dass ein Entkommen nicht sehr schwierig war. Die Schwierigkeit lag vielmehr darin, was dann kam. Als die zwei Männer einander so gegenüberstanden, der eine mit breitem Grinsen, der andere mit Bedenken, da wusste Garwood genau, dass sein Kumpel es absolut ernst meinte.

Horace passte die Gitterstäbe und die Splinte wieder so ein, wie sie gewesen waren, und setzte den Rahmen wieder davor. Er drehte sich um, ging zu Flapper und gab ihm einen verspielten Klaps auf die Wange.

„Jungs sind nun mal so", meinte er und grinste.

Flapper sah ihn an und meinte: „Du bist durchgeknallt, Mann. Aber dumm bist du nicht."

Am nächsten Abend lag Horace wieder auf seiner Pritsche. Es gab in diesem Haus kein offizielles Kommando „Licht aus!", aber die Männer waren nach

KAPITEL 12

ihrem langen, oft pausenlosen Arbeitstag sehr erschöpft, weshalb es üblich war, zwischen halb elf und elf Uhr nachts das Licht auszumachen. Die Quartiere der Kriegsgefangenen waren genau in der Mitte des Holzhauses. Auf der einen Seite waren die Quartiere der deutschen Wachtposten, auf der anderen eine große Baracke mit weiteren hundert Gefangenen.

Horace lauerte im Halbdunkel, nur ein paar Zentimeter von dem Gitterfenster entfernt, das er am Tag zuvor so leicht auseinandermontiert hatte. Etwa dreißig Meter von der Hütte entfernt befanden sich zwei große Bogenlichter, die diese Seite des Lagers ausleuchteten. Eine Patrouille mit vier Wachleuten ging die Umgebung des Lagers in regelmäßigen Abständen ab. Sie gingen im Uhrzeigersinn am Fenster vorbei, vorbei an der großen Baracke auf der rechten Seite von Horace. Nach ungefähr vierhundertfünfzig Metern machten sie eine Rechtskurve und gingen um das hintere Ende der Baracken herum, noch mal neunzig Meter an zwei weiteren Baracken vorbei, dann gingen sie wieder eine Rechtskurve, machten das Rechteck vollständig und kamen von links aus, an Horaces Fenster vorüber, durch den Haupteingang zurück. Horace schätzte, dass sie etwa neun bis elf Minuten für den ganzen Rundgang brauchten, je nachdem, wie schnell sie gingen und ob sie unterwegs anhielten, um sich eine Zigarette anzuzünden oder nicht.

Horace konnte das Eingangstor des Lagers links von seinem Fenster gerade noch ausmachen. Die Wachen warteten immer ein oder zwei Minuten am Tor. Oft musste einer von ihnen mal auf die Toilette im Wachhäuschen oder eine Tasse Kaffee holen.

Horace hatte keine Uhr. Er zählte die Sekunden und entsprechend die Minuten, indem er mit der Hand aufs Fenstersims klopfte und so den Sekundenzeiger der Uhr simulierte. In jener ersten Nacht beobachtete Horace die Patrouille bis drei Uhr morgens. Sie brauchte immer neun bis elf Minuten und wich kein einziges Mal von ihrer Route ab. Ab elf Uhr abends waren es nur noch zwei anstatt vier Männer. Horace verstand diese Reduzierung der Wachsamkeit nicht so recht, denn wenn jemand fliehen wollte, dann doch wohl am ehesten, wenn es nachts am ruhigsten war – aber gerade dann wurden die Wachen reduziert. Horace sah hinaus zu dem Gemüsegarten, der zwischen ihm und dem fünfundvierzig Meter entfernten Waldrand lag.

SINGEN VÖGEL IN DER HÖLLE?

Es war eine offene Fläche. Der Garten wurde von den Gefangenen bepflanzt und gepflegt. Die besten Stücke nahmen sich die Wachleute. Sie ließen den Häftlingen nur den Rest übrig.

Leider gab es keine Deckung. Horace wünschte, man hätte den Männern erlaubt, etwas Größeres anzupflanzen, hinter dem man sich verstecken konnte. Ein kleines Maisfeld wäre für diesen Zweck ideal gewesen, aber nein, sie durften hier nur Karotten, Zwiebeln und Kohl anbauen, die Hauptbestandteile ihres Essens. Horace fluchte innerlich: Hier wuchs nichts, was größer als zwölf Zentimeter war.

In der darauffolgenden Nacht blieb Horace erneut wach und studierte den Rhythmus der Wachen, bis er gegen vier Uhr morgens vor Erschöpfung einschlief. Auch die nächste und die übernächste Nacht beobachtete er sie. Sie wichen nicht ein Mal von ihrer Routine ab. So viel Präzision fand er lobenswert, egal wie sehr er sie sonst hasste. Diese Deutschen waren gut organisiert, und wenn es einen Plan gab, befolgten sie ihn eisern.

Wenn die Mannstärke um elf Uhr nachts von vier auf zwei verringert wurde, fiel Horace auf, dass die nächste Patrouille immer ein paar Minuten zu spät kam. Er vermutete, dass die vier Männer sich kurz voneinander verabschiedeten. Vielleicht zögerten die zwei verbleibenden Wachtposten auch etwas, bevor sie mit ihrer langen Schicht begannen. Während die Zeitabstände zwischen den Rundgängen sonst immer ziemlich gleich groß waren, war der Abstand vor elf Uhr immer drei bis vier Minuten länger.

Horace traf seine Entscheidung, wann der optimale Zeitpunkt zur Flucht war. Er wollte abwarten, bis die Vier-Mann-Patrouille sein Fenster gegen zehn Minuten vor elf passiert hatte. Dann wollte er ihnen fünf Minuten Zeit lassen und dann die Ecke des Barackengebäudes prüfen, um sicherzugehen, dass sie nicht etwa anhielten, um eine Zigarettenpause zu machen. Er nahm an, dass ihr Fünf-Minuten-Gang sie an den fernsten Punkt des Lagers führen würde, gut neunzig Meter vom manipulierten Fenster entfernt. Er würde nicht mehr als zwei Minuten brauchen, um das Fenstersims abzubauen, die Splinte zu entfernen und die Gitterstäbe zu lösen. Dann wäre er durchs Fenster und würde, so schnell er konnte, durch den Gemüsegarten und den dahinter liegenden Wald fliehen. Zwei Mitgefangene wollten die Stahlstäbe durch falsche Stäbe

KAPITEL 12

ersetzen, die sie eine Woche zuvor in der Werkstatt angefertigt hatten, was Horace ermöglichte, wieder von außen hineinzukommen. Ihm blieben zwei bis drei Minuten Zeitpuffer, bevor die Deutschen wieder am Fenster vorbeikamen. Zugegeben, der Plan war nicht absolut wasserdicht, aber Horace war bereit, es zu wagen, auch wenn der sichere Tod in Gestalt einer oder zweier Kugeln in den Rücken auf ihn wartete, falls er doch gesehen werden sollte.

KAPITEL 13

Am nächsten Morgen, als Horace an seine Arbeit ging, sah er Dave Crump und holte ihn ein.

„He, Dave!", rief er. Der junge Bursche aus Worcester drehte sich um.

„Sag mal, gehst du heute wieder raus zur Arbeit?"

Dave nickte. „Klar, wie immer, Jim. Warum fragst du?"

Horace gab ihm ein Stück Papier, das an den Ecken versiegelt war. Er sagte: „Ich nehme an, Rose kommt irgendwann die Tage draußen vorbei. Kannst du ihr diesen Brief von mir geben?"

Dave grinste. „Klar, Jim, mach ich. Wenn sie kommt, sehe ich zu, dass ich ihn ihr gebe. Was ist denn zwischen euch beiden, Jim? Du hast doch nichts mit ihr gehabt, oder?"

Horace antwortete nicht. Er brauchte nicht zu antworten. Sein Augenzwinkern sagte Dave Crump alles, was er wissen wollte.

Rosa zitterte am ganzen Leib, als sie im Zug auf der Fahrt nach Hause den Brief öffnete. Sie las den Brief noch einmal. Sie konnte kaum glauben, was ihr Geliebter geschrieben hatte. Der Brief war kurz und direkt. Ihr Herz klopfte, als sie die erste Zeile las:

KAPITEL 13

Meine englische Rose,
ich werde nächsten Mittwoch gegen elf Uhr nachts aus dem Lager fliehen. Ich renne in nördlicher Richtung in den Wald. Können wir uns dort sehen? Du brauchst nicht mehr zu schreiben, es ist zu gefährlich. Sag unserem Freund nur, ob ja oder nein.

Obwohl er ganz und gar gegen den Plan seines Kumpels war, unterstützte ihn Garwood auch diesmal. Über eine Woche hatte Horace die Patrouillen studiert, ihre Bewegungen detailliert aufgezeichnet. Er hatte den Brief geschrieben, und Dave war mit einem „Ja" zurückgekommen. Dave wusste von nichts. Er wusste nichts von der geplanten Flucht. Er hatte lediglich das eine Wörtchen von Rose an Horace übermitteln müssen.

Horace lag nervös auf seinem Bett. Seine Beine zitterten leicht. War es Angst, war es Adrenalin – er wusste nicht, was der Grund war, aber er hoffte, dass es ihn nicht daran hindern würde, in einer Stunde den Fünfzig-Meter-Sprint in den Wald zu machen.

Eine Stimme hinter ihm flüsterte: „Willst du immer noch vögeln gehen, Junge vom Land?"

„Fürchte, ja, Flapper. Ich kann nicht mehr zurück."

„Wie meinst du das, Jim?"

„Ich meine, Kumpel, dass mein Ding härter ist als der Amboss eines Hufschmieds. Eine Katze hätte Schwierigkeiten, ihre Klauen reinzuschlagen, so hart ist er."

Die Freunde lachten, um ihre Nervosität zu verbergen. Horace hatte seinen Zimmergenossen von seinem Plan erzählt, aus dem Lager aus- und wieder einzubrechen. Es blieb ihm nichts anderes übrig, als ihnen auch den Grund dafür zu nennen.

Sie waren wie vom Donner gerührt, als er ihnen von seinen Eskapaden im Steinbruch erzählte. Dave Crump konnte seine ungeheuerliche Geschichte bestätigen, hatte ihn das junge, hübsche deutsche Mädel doch höchstpersönlich nach Jim gefragt. Horace machte sich etwas Sorgen über die Enthüllung seines Geheimnisses. Einige dieser Männer waren nun schon fast drei Jahre hinter Schloss und Riegel. Sie hatten kaum einmal eine Frau

SINGEN VÖGEL IN DER HÖLLE?

gesehen, höchstens mal kurz Rose oder eine Arbeiterin im Lager. Natürlich masturbierten die meisten von ihnen, aber die Erinnerungen und die Fantasien, die das erst möglich machten, waren längst verblasst. Die schlechte Ernährung war auch nicht gerade zuträglich.

Je näher die Stunde kam, umso mehr Sorgen machte sich Horace, ob er hier entbehrlich war, ob einer seiner Zimmergenossen ihn verraten oder ihm einen Schraubenschlüssel zwischen die Beine werfen würde. Es war ein Leichtes, das zu tun, wenn man es wollte. Schon eine Blechschüssel, die auf den Betonboden fiel, reichte aus, um die Wachen zum Laufen zu bringen, genau wie das Entfernen eines der Gitterstäbe aus dem Fenster. Es war so einfach! Man würde ihn bei der Platzbeleuchtung wie einen Hasen abknallen. Er fühlte sich so verletzlich. Wenn er nicht mehr da war, würde dann einer seiner Mitgefangenen seine Rolle übernehmen und Rose in die Arme laufen? Vielleicht Dave Crump? Was wäre, wenn er seinen Brief gelesen hätte, ihn wieder verschlossen und Rosa gegeben hätte, vielleicht auch noch dem nächsten deutschen Wachtmann etwas zugeflüstert hätte? Peng! Ein Schuss, und Horace Greasley war nicht mehr, und Dave Crump würde das arme deutsche Mädel trösten und sich in ihr Herz einschleichen.

Horace biss sich auf die Unterlippe. Er verfluchte sich selbst dafür, dass er so etwas überhaupt denken konnte. Der gute Dave hatte für ihn sein Leben riskiert, indem er die beiden Briefe ausgehändigt hatte. Es tat ihm auch leid, dass er an Garwood zweifelte und an den anderen im Raum.

„Bist du bereit?"

Garwood sah auf die Uhr. Es war die einzige Uhr hier im Raum. Flapper hatte sie in jedem der drei Lager verstecken können, er hing an ihr wie an seinem Leben. Horace hätte sie sich gern ausgeborgt, um seine Rückkehr besser planen zu können, aber er wollte dem Freund nicht seinen ganzen Stolz nehmen. Er hoffte, Rose würde eine Uhr mitbringen, wenn nicht, musste er sich eben mit Mond und Sternen behelfen. Horace stand am Fenster und sah in den Himmel hinauf. Es war eine sternenklare Nacht, der Mond und die Bogenlichter leuchteten die ganze Gegend und den Wald da hinten aus.

Zwei der anderen Männer hatten sich von ihren Pritschen erhoben und standen im Dunkeln neben dem Tisch, den sie unters Gitterfenster geschoben hatten.

KAPITEL 13

„Gleich ist es so weit", flüsterte Garwood.
Horace wischte ein kleines Insekt von der linken Brusttasche seiner Jacke. Er fühlte sein Herz durch den dicken Stoff hindurch schlagen. Es war Ende September, und die Luft draußen, die auch durch die Holzwände ihrer Unterkunft drang, war kühl. Aber Horace fühlte sich, als stünde er vor einem heißen Ofen. Seine Hände waren heiß und klamm, Schweiß rann ihm den Rücken hinunter. Flapper sah, wie die Stirn seines Freundes vor Schweiß glänzte, und sagte: „Noch ist es nicht zu spät, Jim. Du kannst das Ganze immer noch abblasen."

Horace schüttelte den Kopf. Er wollte es abblasen, wollte den ganzen Unsinn am liebsten beendet sehen. Der Krieg konnte schon in ein paar Monaten vorbei sein. Er brauchte vielleicht gar nicht mehr lange zu warten. Musste er für ein paar Momente der Leidenschaft sein Leben riskieren? Er hatte einen Kloß im Hals. Die Haare hinten standen ihm zu Berge, und seine verdammten Beine zitterten wie Espenlaub. Es ging ihm aber nicht um ein paar Minuten Sex – es ging ihm darum, mit der Frau zusammen zu sein, die er liebte. Er wollte sie berühren, sie riechen, ihr Lächeln wiedersehen, und, ja, er wollte ihren nackten Körper streicheln und sich selbst zwischen ihren nackten Schenkeln spüren. Vielleicht war der Krieg in ein paar Monaten vorbei – vielleicht aber auch nicht. Aber diese Liebe, seine Liebe, konnte nicht warten – keine zehn Wochen, keine zehn Stunden, ja nicht einmal zehn Minuten. Seine englische Rose wartete irgendwo da draußen in dem dunklen Wald auf ihn, nur fünfundvierzig Meter entfernt, und selbst wenn ein ganzes Regiment Waffen-SS zwischen dem Gitterfenster und dem Waldrand gestanden hätte – er wollte es trotzdem riskieren.

Garwood packte ihn am Arm. Die vier Männer gingen instinktiv in Deckung, als sie den Duft einer starken deutschen Zigarette wahrnahmen. Ein paar Sekunden später gingen die vier deutschen Wachleute schweigend am Fenster vorbei. Die Gefangenen warteten ab, die Augen auf Garwood gerichtet. Er signalisierte ihnen jede Minute, die verstrich. Nach zwei Minuten entriegelte Horace die geschlossenen Glasscheiben, lehnte sie behutsam an die Rückseite der Holzwände und sicherte sie an jeder Seite mit einem kleinen Splint. Sanft presste er sein Gesicht an das vergitterte Fenster und bog den

SINGEN VÖGEL IN DER HÖLLE?

Hals zur Seite, um das andere Ende der Barackenwand sehen zu können, wo die Patrouille manchmal an der Ecke stand und rauchte.

Nichts zu sehen.

Kein Streichholz glühte, keine Zigarette. Kein Rauch lag in der Luft. Die Wachen waren verschwunden. Das bedeutete, sie waren unterwegs zum anderen Ende des Lagers und würden in wenigen Minuten möglichst weit weg von Horaces Fluchtweg sein.

Die Männer standen da und sprachen kein Wort. Garwood studierte seine für ihn so kostbare Uhr. Als drei Minuten um waren, nickte er. Horace und ein Mitgefangener lösten das Fenstersims und legten die Splinte frei, die die Gitterstäbe fest verankert hielten. Horaces Hände waren glatt, und die Operation dauerte etwas länger als gewöhnlich. Die Minute, die er zirka brauchte, um die Splinte zu entfernen und die Gitterstäbe herunterzulassen, schien eine kleine Ewigkeit zu dauern. Aber dann glitten die Stäbe mühelos aus ihrer Verankerung, und sie legten sie direkt unter dem Fenster auf den Boden. Sie mussten lediglich zwei Gitterstäbe entfernen. Horace war nicht kräftig – dank der Deutschen und ihrer kargen Rationen. Er legte sich auf den Tisch unterm Fenster, und die beiden Männer links und rechts neben ihm machten sich bereit.

Garwood packte ihn am Arm und flüsterte: „Mach mir mein Gemüse nicht kaputt, Landei, oder es gibt eins auf die Rübe, wenn du wieder da bist."

Horace grinste. „Ja doch – ich passe schon auf."

Auf ein Zeichen schoben ihn die Männer neben ihm kräftig an.

„Heb an!", flüsterten sie einander zu.

Horace rutschte schnell über die Schwelle des Fensters. Der Schub der beiden trieb ihn nach vorne, er flog ein paar Zentimeter, duckte sich und rollte sich ab, bis er wieder auf den Füßen stand. Er ging in die Hocke, atmete schwer und suchte mit den Augen seine Umgebung ab. Alles war still, aber er dachte, verdammter Mist, der Platz hier ist so hell erleuchtet wie die Londoner Oxford Street an Weihnachten. Nicht zum ersten Mal fragte er sich, warum er das hier alles machte, aber dann kam, wie sonst auch, das Bild in seinen Kopf zurück – ein Bild voll Unschuld und Vertrauen, mit diesen schönen traurigen Augen. Es waren dieselben traurigen Augen, die aus Sehnsucht nach einem englischen Kriegsgefangenen geweint hatten.

KAPITEL 13

Binnen gut sechs Sekunden stand er im Gemüsebeet. Von hier aus waren es nur noch wenige Meter bis zum Waldrand.

Er hatte es geschafft! Es klang unglaublich, aber er war tatsächlich aus einem deutschen Gefangenenlager ausgebrochen. Ehrlich gesagt, war es sogar ziemlich einfach gewesen. Horace stand im Schutz des dunklen Waldes da und blickte kurz zurück auf die großen Bogenlichter, die die Baracken und Holzhäuser, die Eingangstore und die übrigen Gebäude erleuchteten. Er schlüpfte hinter einen Baum und sah die Schatten der zwei deutschen Wachtposten immer länger werden, je näher sie dem Eingangstor des Lagers kamen. Er ging in die Hocke, denn er hielt es für klug, noch eine bis zwei Minuten zu warten, bis die nächste Patrouille ihren Rundweg machte.

Als er den Duft von Rose roch, warf sie ihn auch schon zu Boden. Sie stürzte sich auf ihn wie eine Löwin auf ihre Beute. Sie umarmten einander und lagen auch schon in der Lichtung des Waldes – ohne Deckung durch die Bäume, aber das war ihnen egal. Sie küssten einander leidenschaftlich.

„Ich liebe dich, Jim. Ich hab dich so vermisst!", flüsterte sie ihm ins Ohr.

Tränen liefen ihre Wangen herab, sie küssten sich abermals. Rose presste die Hände zusammen, ihre Fingernägel gruben sich in seinen Hals.

„Was war das?", fragte der jüngere der beiden deutschen Wachleute und starrte in den dunklen Wald.

„Was meinst du?", fragte sein Kamerad.

„Ich dachte, ich hätte eine Stimme gehört und da drüben etwas gesehen." Er deutete direkt auf den Ort, wo Horace und Rose lagen.

Die deutsche Stimme brachte Horace wieder zur Vernunft. Er lag mit dem Gesicht nach unten auf dem Boden und hielt seiner Liebsten den Mund zu. Auch sie sah die beiden deutschen Soldaten, die zu ihnen beiden hinüberschauten, und ihre animalischen Instinkte wichen der nackten Angst. Sie zitterte vor Angst, dass sie bei der geringsten Bewegung entdeckt werden könnten. Sie ließ den Kopf auf den Waldboden sinken und fing an zu weinen. Horace streichelte ihr sanft übers Haar. Wie hatten sie nur so leichtsinnig sein können? Die Deutschen hatten sie gesehen, das stand für ihn fest.

„Lass uns da drüben mal nachsehen, Helmut."

SINGEN VÖGEL IN DER HÖLLE?

Der jüngere der Wachleute war scharf auf ein bisschen Abenteuer, ein bisschen Sport. Nacht für Nacht dieselbe Patrouille, dieselbe Schicht – das langweilte ihn. Er wusste, dass er Glück gehabt hatte, in dieses Lager zu kommen, das nur fünf Kilometer von seinem Heimatort entfernt war, und dass er hier den Rest des Krieges in Ruhe abwarten konnte, aber zugleich sehnte er sich danach, dass mal etwas Ungewöhnliches passierte. Es gab Zeiten, da wünschte er sich alles Ernstes, an der Front zu sein. Er wollte für sein Vaterland kämpfen, fürs Dritte Reich und die Ideale und die Weltanschauung des Führers. Bloß nicht an die Russlandfront ... nein, da wollte er schon lieber hierbleiben. Er kannte die Geschichten, die Gerüchte von dort. Da war er hier schon besser aufgehoben, hier, wo man höchstens durch ein heißes Rohr oder herumliegenden Stacheldraht verletzt werden konnte.

„Lass uns der Sache auf den Grund gehen", sagte er zu seinem älteren Kollegen. „Vielleicht ist einer der Gefangenen abgehauen."

Der Ältere zögerte noch. Er kannte das alles zur Genüge. Im Nachtwind konnte es sein, dass ein Fuchs oder eine Eule wie eine menschliche Stimme klang. Er seufzte laut. Trotzdem mussten sie nachsehen. Das Problem war nur, dass er im Moment nichts sehen konnte, weil ihm diese verdammten Scheinwerfer direkt ins Gesicht schienen.

„Warum sollen wir den ganzen Weg bis nach drüben gehen, Fritz? Komm, lass uns lieber noch mal um die Häuser gehen und die Türen und Fenster kontrollieren. Wenn da alles sicher ist, brauchen wir unsere Stiefel nicht dreckig zu machen."

„Aber Helmut, wir müssen doch ..."

„Ach was, du junger Heißsporn, tu gefälligst, was ich dir sage. Wenn wir etwas Verdächtiges finden, sehen wir im Wald nach."

Ohne auf eine Antwort zu warten, zündete der Ältere ein Streichholz an, machte sich eine Zigarette an und ging auf die Baracken der Gefangenen zu. Fritz Handell-Bosch seufzte enttäuscht und ging hinter ihm her.

Horace konnte sein Glück kaum glauben, als er sah, wie die beiden Deutschen weggingen und im Dunkel verschwanden. Er zog Rose hoch, und sie rannten möglichst leise tiefer in den Wald hinein. Als Rose sicher war, dass man sie vom Lager aus nicht mehr sehen konnte, zog sie eine

KAPITEL 13

Fackel aus ihrer Tasche und zündete sie an. Sie hielten sich an den Händen, Rose ging voran.

„Sieht so aus, als wüsstest du, wohin du willst."

Rose sah hinter sich, sie nickte wortlos und ging weiter durch den Wald. Nach ungefähr achthundert Metern öffnete sich vor ihnen eine kleine Lichtung. Horace sah ein kleines Gebäude vor sich, auf das Rose zusteuerte.

„Es ist eine Kapelle, Jim. Die Wälder in Schlesien sind voll davon."

„Was? Eine kleine Kirche? Nimm's mir nicht übel, Rose, aber mir ist jetzt nicht nach Beten zumute. Vielleicht sollte ich dir mal sagen, wie es mit meinem Verhältnis zur Religion aussieht."

Rose legte ihren Zeigefinger auf seine Lippen. „Pssst, du Dummerchen, mir ist auch nicht nach Beten zumute. Aber da drin ist es warm und trocken, und wir zwei sind ungestört."

Ihr Grinsen sagte alles. Sie zog ihn zu dem kleinen Eingang hin. Sie öffnete, und sie traten ein. Die kleine Kapelle war das Miniaturabbild einer großen Kirche mit Altar und drei kleinen Kirchenbänken, es gab sogar ein buntes Glasfenster mit Jesus Christus am Kreuz, mit Blick in den Wald hinaus. Eine oder zwei Glasscheiben waren kaputt, aber ansonsten machte die Kapelle einen gepflegten Eindruck.

„Die Dörfer in direkter Umgebung des Waldes kümmern sich abwechselnd darum", erklärte Rose. „Sie betrachten die Kapellen als eine Art Zufluchtsstätte, in der man allein sein kann. Im Winter nutzen die Holzfäller und die Bauern sie zum Schutz vor Regen und Schnee."

Horace nahm sie in die Arme und meinte: „Allein sein ... das klingt gut!"

Sie küssten sich erneut, lang und voller Sehnsucht. Diesmal sollte sie kein Deutscher stören. Rose fühlte seine Erregung und warf die Hüften nach vorn. Als ihr Beckenknochen mit seinem steifen Glied in Berührung kam, stöhnte sie lustvoll auf. Horace hatte viel zu lange auf diesen Moment warten müssen, und Rose auch. Obwohl es in der alten Kapelle ziemlich kühl war, rissen sie einander die Kleider vom Leib und warfen sie auf den Boden. Rose ging einen Schritt zurück und zitterte ein bisschen, und Horace bewunderte das schöne Bild, das sich ihm bot, als sie sich auf die schmale Bank legte. Als er nach vorn ging, legte sie ein Bein über die vordere Kirchenbank und

SINGEN VÖGEL IN DER HÖLLE?

präsentierte ihm ihre geöffnete, feuchte Vagina. Horace brauchte keine weiteren Anweisungen mehr. Er setzte sich zärtlich auf sie. Sie nahm sein hartes Glied in beide Hände, zeigte ihm sanft den Weg und stöhnte lustvoll. Horace liebte sie ganz langsam. Diesmal gab es keinen Grund zur Eile, und er brachte sie erfahren zum Orgasmus. Als sie den Rücken krümmte und sich steif machte, wobei sie die Fingernägel in seinen Rücken bohrte, wurden seine Bewegungen schneller, immer schneller. Diesmal durfte sie laut schreien, ohne Angst haben zu müssen, dass man sie hörte. Ihr leidenschaftliches Wimmern löste bei Horace den eigenen, erschütternden Höhepunkt aus.

Erst um drei Uhr morgens machte sich Horace auf den Rückweg ins Lager. Er ließ sich zwanzig Minuten lang Zeit, die Wachen zu beobachten. Ihre Routine war unverändert. Er wartete vier quälende Minuten lang, bis sie um die Ecke der Hütte verschwanden, und hechtete dann ans Fenster. Dort angekommen, lockerte er die beiden angefertigten Holzstäbe und sprang durchs Fenster. Schnell die alten Gitterstäbe an ihren Platz, das Fenstersims auch, und er lag im Bett, als wäre nichts gewesen, und hatte noch eine ganze Minute Zeit, bevor die beiden Wächter wieder an seinem Fenster vorbeikamen. Niemand im Schlafsaal hatte von seiner Rückkehr etwas mitbekommen. Mit zufriedenem Grinsen lag er auf seinem Bett und dachte: Wenn das alles ist, was mir die Deutschen antun können, dann halte ich es hier locker bis zum Kriegsende aus.

Rose hatte ihm zusätzlich Mut gemacht mit dem, was sie ihm über die neuesten Siege der Alliierten berichten konnte. Auf der ganzen Welt konnte man BBC hören, aber die alliierten Kriegsgefangenen im Lager Freiwaldau in Schlesien bekamen vom Weltgeschehen keinen Deut mit. Stalingrad war jetzt vollständig von deutschen Truppen umzingelt. Allerdings wurde Deutschland von den Flugzeugen der Alliierten heftig unter Beschuss genommen. Es gab ein Übereinkommen: Die Amerikaner bombardierten bei Tage, die Briten mit ihrer Royal Air Force nachts.

Es ist kaum zu glauben, aber Horace brach allein in diesem Monat noch weitere sieben Mal aus. Sein Selbstvertrauen wuchs mit jedem gelungenen Ausbruch, und die kleine Kapelle mitten im Wald sah noch viele heiße Liebesszenen. Immer wenn sie einander sahen, berichtete Rose ihm über die

KAPITEL 13

neueste Kriegslage. Obwohl die deutsche Propaganda die Erfolge der alliierten Bombenangriffe totschwieg, drangen immer wieder Gerüchte davon zur deutschen Zivilbevölkerung durch, auch bis nach Schlesien.

Ab Mitte Oktober 1942 funktionierte das System der Russen, ihre Truppen per Schiff über die Wolga direkt nach Stalingrad zu transportieren. Die Deutschen quälten sich ab, als der strenge Winter unerbittlich zuschlug. Auf der ganzen Welt gab es große Schlachten. Montgomery kämpfte in El Alamein, und Rommel erhob sich vom deutschen Krankenbett, um mit seinem Heer in Afrika zu kämpfen. Am 26. Oktober begann die Seeschlacht von Santa Cruz zwischen den USA und Japan. Am Monatsende organisierten führende Geistliche in London einen Protest gegen die Judenverfolgung durch Nazi-Deutschland.

Als die Alliierten sich schon irrtümlicherweise in Sicherheit wiegten und glaubten, ein Ende des Krieges sei in Sicht, hielt Winston Churchill im britischen Parlament eine denkwürdige Rede, mit der er gegen die zunehmende Selbstzufriedenheit der Briten angehen wollte. Er sagte mit seiner sonoren Stimme: „Dies ist nicht das Ende. Es ist nicht einmal der Anfang vom Ende. Aber es ist, vielleicht, das Ende des Anfangs."

Am 18. November zerstörte die Royal Air Force Berlin. In der Schlacht um Stalingrad wendete sich das Blatt. General Friedrich Paulus schickte Adolf Hitler ein Telegramm mit dem Inhalt, die deutsche sechste Armee sei eingekesselt. Hitler befahl Paulus, sich unter keinen Umständen zu ergeben oder zurückzuziehen. „Der Kessel" war das Bild, das Paulus verwendete, um den Kampf zu beschreiben, der in der Stadt tobte.

KAPITEL 14

Im Gegensatz zu den friedlichen Zuständen im Lager ging es überall sonst auf der Welt sehr turbulent zu. Horace war für jede Information über die Kriegslage dankbar. Er nahm an, das Blatt habe sich bereits zugunsten der alliierten Streitkräfte gewendet. Jeden Morgen nach seinem nächtlichen Stelldichein gab er seinen Mitgefangenen die Informationen aus zweiter Hand, die er von Rosa erhalten hatte, weiter. Natürlich wollten die Männer auch zu gerne Einzelheiten über seine sexuellen Abenteuer hören, aber da war Horace ganz der Gentleman, der genießt und schweigt. Er verlor kein Wort über seine Potenz oder die Bereitschaft seiner Geliebten, ihm gefällig zu sein.

Ein Zugeständnis machte er allerdings. Als er eines Tages an einem kalten Novembertag durchs Fenster in sein Quartier zurückkroch, lag sein Kumpel Freddie Rogers wach auf seiner Pritsche. Seine sanfte Stimme erschreckte Horace.

„Sag, ist sie hübsch, Jim?"

Horace ahnte, woher die Worte kamen. Er ging hinüber und setzte sich auf das Bett seines Freundes.

„Sie ist der Wahnsinn, Fred ... Zwanzig Jahre alt, und ein Körper wie ein Filmstar."

„Und du hast sie ...?"

Horace grinste. Er schwieg, aber sein Gesicht sprach Bände.

KAPITEL 14

„Du Glücklicher. Willst du nicht mal mir den Vortritt lassen, wenigstens einmal?"

Horace lachte und strich seinem Freund übers Bein. „Weißt du, Fred, alter Junge, gegen mich hättest du keine Chance. Ich bin der größte Lover von Leicester."

Er wollte gerade zu seinem Bett hinübergehen, um vor dem Morgenappell um sieben Uhr früh noch eine Mütze Schlaf zu erwischen. Da hielt ihn Fred Rogers am Hosenbein fest.

„Eins noch, Jim."

„Was denn?"

„Bitte tu mir einen kleinen Gefallen."

„Sprich."

Freddie Rogers schwieg. Dann sagte er: „Lass mich mal an deinen Fingern riechen."

„Was?" Horace fuhr zurück. „Das mache ich nicht, du verdorbener Kerl."

Er lachte, denn er dachte, sein Freund hätte einen Scherz gemacht. Aber Freddie lachte nicht, es war sein voller Ernst.

„Bitte, Jim, lass mich bloß mal riechen. Es ist schon drei Jahre her, dass ich meine Finger in einem süßen englischen Mädel hatte, drei Jahre, mein Guter ... bitte."

Horace saß in der Klemme. Sein Kumpel wollte in seine Privatsphäre eindringen. Es war fast, als hätte er mit Rose geschlafen.

„Bitte, Jim, es ist drei Jahre her, dass ich eine englische F... gerochen habe. Jetzt sei doch nicht so."

Zunächst hätte Horace seinem Kumpel am liebsten gesagt, er solle sich verpissen. Aber dann wusste er nicht, was über ihn kam. Etwas an der Bitte drang ins Innerste seines Gehirnes vor. War es Mitleid oder einfach Mitgefühl? Er wusste es nicht. Aber dann stand er doch über seinem Freund und wedelte mit Daumen und Zeigefinger der rechten Hand ein paar Zentimeter vor dessen Nase hin und her.

Um diese Stunde war es stockdunkel, aber Horace sah die Tränen in Freds Augen. Erinnerungen an Zuhause, an ein Stück normales Leben, Erinnerungen, die dem Mann so lange verwehrt wurden. Horace ließ seine Hand sinken,

und sein Freund lächelte und sprach ein Gedicht. Es war ein zartes Flüstern, eines, das außer ihnen beiden niemand hören konnte. Es war eine Art Toast von Freddie Rogers an seinen Kumpel Horace Greasley.
„Ein Prost auf die Wunde, die niemals kühlt,
sich mit jeder Berührung weicher anfühlt.
Du wäschst sie mit Wasser oder mit Seife,
der Billingsgate-Duft bleibt trotzdem der gleiche."
Es war das komischste Gedicht, das Horace je gehört hatte, aber keiner der beiden lachte darüber. Freddie Rogers hatte keinen Scherz machen wollen, er hatte es ernst gemeint. Als Horace wegging, um noch etwas Schlaf zu bekommen, wunderte er sich darüber, was drei Jahre Enthaltsamkeit und der Entzug all dessen, was ein Mann naturgemäß braucht, mit dem Bewusstsein der anderen wohl anstellten.

In den nächsten Monaten wurde das Riechen, wenn Horace aus dem Wald zurückkam und Freddie Rogers wach war – was meistens der Fall war – zu einem festen Ritual zwischen den beiden. Jedes Mal dankte Freddie ihm und sagte, da hätte er etwas, worauf er sich freuen könnte. Und er sagte ihm immer wieder, dass Horace wahrscheinlich der glücklichste Kriegsgefangene sei, den es weit und breit gab.

Selbst das zunehmende Winterwetter hielt Horace nicht davon ab, sich aus dem Lager zu schleichen und sich mit Rose zu treffen. Ihm fiel auf, dass jedes Mal, wenn sie die kleine Kapelle im Wald betraten, dort eine neue Kerze stand, die Bänke abgewischt worden waren oder eine der vielen Bibeln neu arrangiert worden waren. Daraus schloss er, dass dies für die Dorfbewohner ein besonderer Ort war, um den sie sich gut kümmerten. Rose hatte einen dicken Wollteppich unter einer der hinteren Bänke versteckt, den sie hervorholte und vor dem Altar ausbreitete. Meist brachte sie auch ein paar Kerzen mit, stellte sie an verschiedenen Orten in der Kapelle auf und löschte das Licht. Sie liebten sich nackt, egal wie kalt es in der Kapelle war. Dank der körperlichen Ertüchtigung wurde ihnen warm, und sie froren nicht. Manchmal lagen sie bis zu zwanzig Minuten lang nackt da, sahen einander tief in die Augen und spielten mit den Haaren ihres Gegenüber, ohne ein Wort zu sagen, während die Kerzen verlockende Schatten über

KAPITEL 14

ihre Körper huschen ließen. Das waren besondere Augenblicke, noch spezieller als der Akt zuvor.

Einmal brachte Rose eine Flasche Wein und schlesischen Käse mit. Nach ihrem Liebesspiel saßen sie im Schein der Kerzen, tranken aus der Weinflasche und kauten etwas von dem stark riechenden Käse. Sie saßen da, immer noch nackt, und rückten immer enger zusammen, bis ihre Lippen nur noch wenige Zentimeter voneinander entfernt waren. Ihre Beine waren ineinander verschlungen, ihre Arme schlossen sich umeinander, ähnlich wie ein Bräutigam und eine Braut ein Glas Champagner halten, sie sahen einander nur an und bewegten sich kaum. Als sie die Flasche miteinander zu Ende getrunken hatten, verspürte Horace die leichte Benommenheit und Beschwipstheit, die er so lange nicht mehr gekannt hatte. Der Wein war zu süß und zu kalt und der Käse alles andere als frisch, aber es war so köstlich wie ein Dinner im Ritz-Hotel. Der beste Chefkoch der Welt hätte keine schönere Atmosphäre für sie beide zaubern können als hier in der kleinen Kapelle mitten im schlesischen Wald, mitten im Winter, mit der Frau, der zuliebe er tausend Männer umgebracht hätte.

Trotzdem verspürte Horace immer wieder den Drang, für immer zu fliehen. Es fiel ihm von Mal zu Mal schwerer, wieder ins Lager zurückzukehren und durchs vergitterte Fenster zu seinen Mitgefangenen zu springen. Er nahm noch einen Schluck Wein, schwenkte ihn genießerisch im Mund und sagte dann: „Ich muss da weg, Rose, ich muss fliehen."

Rose schwieg.

„Dazu brauche ich Landkarten, einen Kompass und Geld, Papiere und zivile Kleidung."

Roses Augen füllten sich mit Tränen, wie jedes Mal, wenn Horace dieses Thema anschnitt. Rose schüttelte den Kopf und sah weg. Sie hatten doch schon hundertmal darüber gesprochen, und jedes Mal hatte sie ihm erklärt, dass es nicht möglich war. Eine Landkarte und etwas Geld konnte sie auftreiben, vielleicht sogar ein paar geklaute polnische Papiere und einen Kompass. Aber die einzige Möglichkeit, die knapp siebenhundert Kilometer deutsch besetztes Gebiet zu durchqueren, war mit der Eisenbahn. Alle fünfzehn Kilometer waren Straßensperren und Patrouillen aufgestellt, und eine Reise quer durch

SINGEN VÖGEL IN DER HÖLLE?

die dichten Pinienwälder Schlesiens und Polens war einfach unmöglich. Rose sagte, selbst auf der relativ kurzen, eine Stunde dauernden Reise von ihrem Heimatdorf zum Lager liefen deutsche Wachleute zwei- bis dreimal durch den Zug und kontrollierten die Papiere eines jeden Reisenden.

„Du sprichst doch kein Wort Polnisch, Jim", redete sie auf ihn ein. „Das erste Mal, wenn sie dich auf Polnisch ansprechen, schnappen sie dich schon. Verstehst du nicht, wie dumm das ist?"

Sie saß vor ihm mit ihren großen, traurigen Augen und bat ihn, bis zum Kriegsende noch im Lager auszuharren. Sie hatte ihre eigenen egoistischen Gründe dafür. Im Lager war er vergleichsweise sicher, sicher vor Gewehren, Bomben und Artilleriefeuer, im Gegensatz zu seinen übrigen Landsleuten. Hier konnten sie sich regelmäßig treffen und lieben, und sie konnte ihm extra was zu essen mitbringen, und jede Nacht, die so war wie die, die sie miteinander verbrachten, machte den Krieg erträglicher. Und sie konnte es nicht erwarten, ihm von den Erfolgen der Alliierten zu erzählen und davon, dass dieser Krieg bald zu Ende sein würde.

„Bitte, Jim", bettelte sie, „bleib hier bei mir. Ich würde nicht mehr leben wollen, wenn du ..."

Ihre Stimme war nur noch ein Flüstern, dann küsste sie ihn. Ihre Lippen trennten sich, und sie presste ihre Wange an seine. Er konnte ihre feuchten Tränen spüren, als sie anfing zu weinen. Jede einzelne Träne ging ihm zu Herzen, jede schien ihn zu bitten: Bleib doch bei mir.

Wie immer versprach er ihr zu bleiben. Aber er wusste, es hatte keinen Sinn – seine Gefühle waren zu stark. Er wollte für immer frei sein.

Am 12. Dezember versuchten die Deutschen in einer Operation namens Wintergewitter, zu ihren Truppen durchzustoßen, die in Stalingrad eingekesselt waren. Der Versuch scheiterte kläglich, der einzig Siegreiche war der Winter. Als das Jahr dem Ende zuging, sah es für die Alliierten besser aus. Rommel wurde in Tunesien in die Enge getrieben, und die deutsche Armee saß immer noch in Stalingrad fest. Auf der anderen Seite der Erde schienen die Japaner bereit, die Insel Guadalcanal aufzugeben.

Im Januar 1943 fand im Holzwollelager von Freiwaldau ein Fluchtversuch statt. Ein großer, kräftiger, schlaksiger junger Kerl aus Newcastle upon Tyne

KAPITEL 14

hatte sich dem Befehl des Fluchtausschusses der Gefangenen widersetzt und war im Schutz der Dunkelheit geflohen. Der junge Mann namens Bruce Harwood war ein notorischer Ausbrecher, was er schon in zwei anderen Lagern unter Beweis gestellt hatte. Niemand wusste, wie er es angestellt hatte, und er erzählte es auch niemandem, trotz des enormen Drucks, den seine Mitgefangenen auf ihn ausübten. Horace fragte sich, ob er wohl das Geheimnis der Splinte entdeckt hatte. Er schaffte es, vier Tage unentdeckt zu bleiben – ein neuer Rekord – und sechzig Kilometer über Land zu marschieren, bevor er von einer deutschen Patrouille aufgegriffen wurde. Sie schlugen ihn so windelweich, dass er nur mit Müh und Not überlebte, und schickten ihn wieder in das Lager zurück, aus dem er ausgebrochen war.

Zur Strafe musste Bruce Harwood die nächsten zehn Tage im sogenannten Loch verbringen. Dieses war ein unterirdischer, eiskalter Sarg, keine vier Quadratmeter groß und nur einen Meter fünfzig hoch, in dem man nicht einmal stehen konnte. Die einzige Nahrung kam von anderen Gefangenen durch eine kleine vergitterte Falltür im Dach. Es gab keine Toilette und kein fließendes Wasser. Am achten Tag zog Horace einen der kurzen Strohhalme und gab ihm einen Teil seiner Ration ab, einen Schokoriegel aus seinem Rot-Kreuz-Paket. Der junge Harwood war so schwach, dass er kaum merkte, dass jemand da war, als Horace den Schokoriegel durch die Falltür fallen ließ. Horace konnte nur beten, dass die arme zitternde Kreatur die nächsten zwei Tage da drin noch überleben würde.

Am zehnten Tag erlaubten die Deutschen den Gefangenen, das Loch zu öffnen. Bruce Harwood lebte – wenn auch kaum noch. Er konnte nicht mehr sprechen, hatte Erfrierungen an beiden Händen und lag in seinen eigenen stinkenden Exkrementen. Die Deutschen gestatteten dem Gefangenen ein paar Tage im Lazarett, und der junge Bruce genas wieder, allerdings verlor er infolge der Erfrierungen vier Finger.

Ein paar Tage danach konnte er wieder gehen. Als er in der Schlange stand, um seine Ration Suppe zu erhalten, beobachtete Horace ihn genau. Der junge Harwood war nervös und unruhig, er suchte mit den Augen den Wald ab, durch die drei Meter breite Rolle Stacheldraht hindurch, die die Deutschen zwischen den zwei Schlafsälen errichtet hatten. Da durchzu-

SINGEN VÖGEL IN DER HÖLLE?

kommen, war völlig unmöglich, besonders tagsüber, wenn sechs deutsche Wachtmänner zusahen. Der junge Harwood dachte nicht weiter darüber nach. Als die Gefangenen und die Wachleute um den großen, dampfenden Kessel herumstanden und plauderten, ergriff er seine Chance. Niemand achtete auf ihn, jeder konzentrierte sich auf den heißen, süßlich duftenden Kessel. Er schlenderte wie zufällig hinüber zu dem unüberwindlichen Hindernis, und irgendwo ganz hinten in seinem Kopf sagte ihm ein Signal, es müsse doch gehen.

Es ging nicht. Er war gefangen wie ein Kaninchen in der Falle. Bei jeder Bewegung von Arm oder Bein, jeder Drehung seines dürren Leibes zog sich der rasiermesserscharfe Stacheldraht noch enger um ihn. Er schnitt gnadenlos in seinen Körper ein, bis er still dalag, schwer atmend und unfähig, sich noch einen Zentimeter zu bewegen, und einsehen musste, dass auch sein neuerlicher Fluchtversuch gescheitert war.

Freddie Rogers sah ihn als Erster, fest verschnürt wie ein Stück Braten. Er rannte hinüber, um ihm zu helfen und rief den anderen Gefangenen etwas zu, die auch helfen wollten. Harwood konnte nur noch schluchzen. Blut bedeckte sein Gesicht und seinen Körper. Die Gefangenen hatten ihre liebe Not mit ihm, auch sie fielen dem Stacheldraht zum Opfer. Die deutschen Wachtposten sahen ihnen zu. Nach zehn Minuten hatten die Männer den Stacheldraht so weit getrennt und auseinandergebogen, dass Horace und Jock je ein Bein von Bruce packen und ihn ins Freie ziehen konnten. Harwood lag völlig erschöpft auf dem Boden. Ohne Vorwarnung trat einer der Wachtmänner vor und schoss dem Gefangenen gezielt in den Rücken. Die übrigen Gefangenen waren entrüstet. Für eine oder zwei Minuten kippte die Stimmung gefährlich. Der deutsche Lagerkommandant stellte sich hinter seine Leute. Er sagte, der Mann hätte nun wirklich genug Chancen bekommen, er könne nicht immer wieder ausbrechen, vielleicht würde eine Kugel ihn wieder zur Vernunft bringen. Harwood war noch am Leben. Er stöhnte, als seine Mitgefangenen ihn auf eine provisorische Trage hoben – eine alte Tür, die schon länger auf dem Abfallhaufen des Lagers gelegen hatte. Als Harwood ins Lazarett gebracht wurde, wurde er ohnmächtig. Er erlangte das Bewusstsein nicht wieder und starb vierundzwanzig Stunden später.

KAPITEL 14

Dieser Vorfall beeindruckte Horace schwer. Nacht für Nacht wälzte er sich auf seiner Pritsche und dachte über Flucht nach, über die Männer und ihren Geisteszustand – und darüber, dass auch er irgendwann ausflippen könnte, je länger sie ihn hier wie ein wildes Tier im Zoo einsperrten. Seine Verabredung mit Rose in ein paar Tagen wollte er aber noch einhalten. Sie hatte ihm bei ihrem letzten Treffen versprochen, ihm eine Landkarte mitzubringen.

Inzwischen lag überall draußen eine dicke Schicht Schnee. Der bloße Anblick nervte Horace unsäglich. Der Gemüsegarten war, obwohl schneebedeckt, ein gut frequentierter Bereich. Überall waren Fußspuren der deutschen Wachtposten sowie der Gefangenen. Horace war sich sicher, seine verräterischen Fußspuren mit einem Holzstock verwischen zu können, der im Herbst noch Stangenbohnen gestützt hatte und nun für die Frühjahrsernte stehen gelassen wurde.

„Lauf diesmal nicht zu schnell, Jim", legte ihm Flapper ans Herz. „Nimm dir dreißig Sekunden Zeit, deine Spuren zu verwischen."

„Mach ich, Flapper."

Mit einer mittlerweile vertrauten Hauruck-Bewegung hievten ihn die Männer hoch, und er schoss aus dem Fenster, rollte sich ein und sprang auf die Füße. Er nahm sich ein paar Sekunden Zeit, sich zu beruhigen, sah auf und lief los in Richtung Wald. Kaum war er ein paar Meter gelaufen, sah er sie – die Lichter eines Autos in der Ferne. Er hatte das Auto nicht gehört, hatte es auch vom Fenster aus nicht bemerkt, aber er hatte keinen Zweifel, wohin es fuhr. Die einzige Straße, die zum Lager führte, war ziemlich gerade und verlief am Wald entlang. Wenige Meter vor dem Lager machte sie aber eine scharfe Neunzig-Grad-Kurve, bevor sie direkt zum Pförtnerhaus führte. Die Vorderlichter des Wagens leuchteten hell. Horace nahm an, dass der Wagen in den nächsten zwei oder drei Sekunden an der Kurve ankommen musste, um die Kurve fahren und ihn wie einen Schauspieler auf einer Bühne beleuchten würde. Es war schon zu spät, um umzukehren, aber er hatte auch nicht genug Zeit, in die Nähe des Waldes zu kommen. Ihm gefror das Blut in den Adern, als er die flatternde und beleuchtete Hakenkreuzfahne auf der Motorhaube des Wagens sah, und er warf sich instinktiv in eine gut einen Meter hohe Schneewehe zu seiner Linken. Ihm blieb fast die Luft weg, als der Schnee die

SINGEN VÖGEL IN DER HÖLLE?

Lücke zwischen seinem Hals und seinem Kragen fand, und er fluchte leise, als er beim Versuch, sich zu verbergen, mit Gesicht und Händen in den eiskalten Schnee tauchen musste. Er schaffte es gerade noch rechtzeitig, bevor die Lichter des Wagens die Schneewehe erfassten. Das Auto fuhr langsamer und kam vor dem Pförtnerhaus zum Stehen, nicht mehr als sechs Meter von ihm entfernt. Horace hörte, wie die Türen des Wagens geöffnet und geschlossen wurden und Stiefel durch den Schnee stapften. Dann, zu seinem Entsetzen, hörten die Schritte auf. Er hatte genug Deutsch aufgeschnappt, um das Gespräch zwischen Wächtern und SS-Leuten verstehen zu können. Es war ein unangemeldeter Besuch der SS-Leute im Lager. Sie wollten nur sehen, ob alles in Ordnung war. Fünf bis zehn Minuten vergingen. Die Wachleute boten den SS-Leuten Kaffee an, aber die lehnten höflich ab.

Geht verdammt noch mal Kaffee trinken, aber geht!, hätte ihnen Horace am liebsten zugerufen. Er zitterte, als der nasse Schnee durch seine Kleidung drang. Aber er wagte es nicht, sich zu bewegen. Hätte er aufhören können zu atmen, er hätte es getan. Ihm war klar, dass auch die kleinste Bewegung seinen Tod bedeuten konnte. Die SS-Leute fackelten nicht lange bei Ausbrechern. Er erinnerte sich noch lebhaft an ihre Grausamkeit auf dem Marsch nach Holland, später weiter nach Luxemburg. Damals brachten sie Gefangene aus nichtigem Grund um – wegen Erschöpfung oder wegen Widerrede. Einmal hatten sie sogar einen jungen Füsilier erschossen, weil er ihnen zu lange gebraucht hatte, um am Wegesrand seine Notdurft zu verrichten. Und er erinnerte sich noch gut an den heftigen Schmerz, der ihm ins Herz fuhr, als sie damals die arme alte französische Frau erschossen hatten, nur weil sie es gewagt hatte, einem Hungernden einen Apfel zu geben. Sie waren Schweine, widerliche Schweine.

Die Kerle plauderten und fanden kein Ende. Sie diskutierten über den Krieg und das Wetter und die Produktion im Lager, dann plauderten sie über ihre Frauen und Freundinnen und erzählten einander, was sie heute zu Abend gegessen hatten.

Horace musste fast eine halbe Stunde lang in der Schneewehe ausharren. Er konnte sich an keine Kälte wie diese erinnern, nicht einmal im ersten Lager im tiefsten Winter. Es war eine andere Art Kälte, eine feuchte Kälte, die ihm bis auf die Knochen ging, und er konnte sie nicht mehr länger ertragen.

KAPITEL 14

Endlich gingen die Autotüren zu, und der Motor sprang an. Jetzt musste er aber noch einmal fünf Minuten lang in seinem Versteck liegenbleiben, denn die Wachtposten rauchten noch gemütlich eine Zigarette, bevor sie sich wieder auf den Weg machten. Mit klammen Händen schüttelte er den Schnee ab und erhob sich auf die Knie. Tausend glühend weiße Nadeln fuhren ihm durch jeden Muskel, jede Sehne seines Körpers, als seine gefrorenen Beine ihm den Dienst versagten. Er zwang sich, einen Fuß vor den anderen zu setzen, ging zurück zum Fenster und fragte sich, wie er da ohne Hilfe hindurchklettern sollte. So durchgefroren, wie er war, konnte er es nicht, er konnte aber auch nicht um Hilfe schreien und seine Freunde bitten, ihm die Hand zu reichen. Die Zeit rannte ihm davon, er musste sofort eine Entscheidung treffen. Jede Minute konnte die Patrouille zurück sein.

Er wusste, Rosa wartete auf ihn. Sie würde Panik bekommen und völlig verzweifelt sein, wenn er nicht kam. Vielleicht hatte sie den Vorfall vom Waldrand aus beobachtet? Nein, jetzt wusste er es wieder. Sie hatten vereinbart, sich in der Kapelle zu treffen. Er musste einfach hingehen.

Für die achthundert Meter Fußweg brauchte er fast zwanzig Minuten, aber bei jedem Schritt schmerzte es etwas weniger. Er blickte durch die Lücken zwischen den Bäumen hinauf in den dunklen Himmel. Er sah schwer aus, wie ein riesiger Sack Kartoffeln, der gleich platzt, und er fragte sich, ob das Tageslicht jemals hindurchdringen würde.

Als er endlich durch die Tür kam, war er schon fast aufgetaut. Rose rannte auf ihn zu und wickelte ihn sofort in den Teppich, den sie wieder vor dem Altar ausgebreitet hatte. Eine kleine Zinnflasche Brandy, die sie aus den Beständen ihres Vaters genommen hatte, half, ihn wiederzubeleben. Sie legte sich auf ihn, und ihre Körperwärme wärmte ihn besser, als er gedacht hätte. Während er ihr die Geschichte mit der SS erklärte, streichelte sie seine Stirn, küsste ihn gelegentlich auf die Lippen und wärmte seine kalten Finger in ihrem Mund.

Horace sah ihr in die Augen und lächelte. „Ich glaube nicht, dass ich heute fit bin und dich glücklich machen kann, Rose."

Rose war nicht enttäuscht. Sie sagte: „Egal, in welchem Zustand du bist, Jim Greasley, du machst mich immer glücklich."

SINGEN VÖGEL IN DER HÖLLE?

„Vielleicht hast du ja recht, Rose, aber ich fürchte, mein alter Herr ist heute nicht in Form."

Rose fragte grinsend: „Bist du dir da sicher?"

Sie fuhr mit der Hand zwischen seine Beine und drückte sanft zu. „Ich glaube, es geht ihm ganz gut."

Horace hatte nicht mehr die Kraft, ihr zu widerstehen. Er legte den Teppich wieder zurück und legte sich auf den Rücken, die Hände hinter dem Kopf verschränkt.

„Ich schwöre, Rose, heute kann ich nicht. Es ist die Kälte und die schlechte Ernährung. Wir brauchen im Winter mehr Fleisch, um der Kälte zu trotzen. Wir bekommen mehr zu essen als im Lager zuvor, aber im Winter brauchen wir noch mehr." Er lächelte und sagte: „Das ist meine Ausrede, Rose, und ich bleibe dabei."

Rose erhob sich und zog ihren Mantel aus. Sie spielte ein wenig mit den Knöpfen und dehnte die Szene aus.

„Ausreden akzeptiere ich nicht!", neckte sie ihn. „Ich bin drei Stunden lang hergereist, und du machst jetzt Liebe mit mir! Es wird dir guttun, dich wieder etwas aufwärmen."

Sie warf ihren Mantel über die Bank, knöpfte langsam und verführerisch ihre Wollhose auf und ließ sie lasziv zu Boden sinken. Horace saß da und staunte über die private und spontane Strip-Show, die er geboten bekam. Dann fuhr sie mit den Händen in ihre zarte weiße Unterhose und ließ sie zu Boden sinken. Wie von einer unsichtbaren Macht gesteuert, ging Horace in die Knie, als Rose ihm immer näher kam.

Er hatte so viel von älteren Männern erzählt bekommen, aber er hatte bislang niemals den Wunsch oder die Neigung verspürt, den weiblichen Körper näher zu erforschen. Heute war es anders. Heute hatte Rose den Drang, die Grenzen ein bisschen weiterzuschieben als bisher. Es war ihrer beider Entscheidung, eine, die sie niemals miteinander besprochen hatten. Es passierte einfach jetzt und hier in der kleinen Kapelle tief im schlesischen Wald. Ihre kleine dreieckige Scham war nur wenige Zentimeter von seinem Gesicht entfernt. Seine Hände fanden instinktiv ihre Pobacken. Sie nahm die Beine auseinander und lehnte sich leicht zurück, er zog sie an sich, und

KAPITEL 14

seine Zunge fand die taufeuchten Falten ihrer Vagina. Sie liebten sich mit einer Heftigkeit, die sie nicht mehr steuern konnten, lagen sich in den Armen und wünschten, dieser Augenblick würde nie vergehen.

„Sag mal, Rose", meinte er und atmete schwer.
„Was?"
„Was ist mit Familie?"
„Was meinst du?"
„So sagen wir in England, wenn eine Frau ein Kind bekommt."
„Ja und?"
„Warum passiert uns das nicht?"
Rose setzte sich hin. „Ich weiß nicht, warum, Jim. Ich weiß es wirklich nicht."
„Wundert dich das nicht?"
Rose hob ihre Kleidung auf und begann sich anzuziehen.
„Nein, nicht wirklich, Jim. In ein paar Jahren muss ich auch in den Krieg, und noch dazu muss ich für die falsche Seite kämpfen." Sie seufzte. „Ein Baby würde mir das allerdings ersparen. Mütter sind beim Führer hoch angesehen, sie werden geradezu angebetet. Wieder ein kleines Kind, das sie im Sinne der Ideale und Philosophien des Dritten Reiches erziehen und indoktrinieren können."
„Also wäre ein eigenes Kind für dich kein Problem?"
„Nein, ganz und gar nicht. Aber eines ist sicher: Wenn ich ein Kind habe, möchte ich, dass es so weit von Deutschland entfernt aufwächst wie irgend möglich. Er soll in einem freien Land aufwachsen, wo man ihm beibringt, was richtig und was falsch ist und wie wertvoll Freiheit ist."
„Er?"
„Wie?"
„Du hast ‚er' gesagt, Rose. Du hättest wohl lieber einen Jungen."
Rose knöpfte ihre Wolljacke zu. „Vielleicht, Jim. Aber wenn, dann nur unter einer Bedingung."
„Unter welcher?"
„Dass wir ihn Jim nennen."
Als Horace durch den Wald zurückging, fiel ihm die Landkarte wieder ein. Wieder hatte sie ihm keine mitgebracht. Er musste an ihr Versprechen neulich denken, ein Versprechen, das sie bisher leider immer wieder gebrochen hatte.

SINGEN VÖGEL IN DER HÖLLE?

Zurück auf seiner Pritsche, dachte Horace darüber nach, wie er in seiner immer enger werdenden Beziehung zu Rose noch intensiveren Sex mit ihr erleben könnte. Er war spät zurückgekehrt. Es war wohl fast vier Uhr morgens, als er endlich den Kopf aufs Kissen legte, aber er wusste, jede Sekunde war es wert gewesen. Er würde es später büßen müssen, am späten Nachmittag, wenn die letzten Gefangenen in seinen kleinen Frisiersalon kamen. Vielleicht würde er sagen, er sei krank und könnte dann eine oder zwei Stunden schlafen. Schließlich wollte er Rose nächste Woche unbedingt wiedersehen, und bis dahin wollte er wieder auftanken.

KAPITEL 15

Davon, dass er beinahe der SS in die Arme gelaufen wäre, ließ sich Horace nicht abschrecken. Er entwich weiterhin zwei- bis dreimal in der Woche, um sich mit Rose zu treffen. Er war nicht jedes Mal körperlich in der Form, mit ihr zu schlafen, denn mit dem Essen wurde es nicht besser und sein Schlafmangel und seine nächtlichen Aktivitäten forderten ihren Tribut. Er fragte sich, ob es am Essen oder an der mangelhaften Ernährung lag, dass Rose nicht von ihm schwanger wurde.

Manchmal gingen sie einfach miteinander spazieren, vier bis sechs Kilometer in den Wald hinein und auf den Hügel, von wo sie das hell erleuchtete Lager von oben sehen konnten. Es waren besondere Momente für sie. Schweigend saßen sie oft stundenlang da, eng umschlungen, und wärmten einander, mit Roses dickem Wollmantel über den Schultern, und der schneidend kalte Wind pfiff über ihre nackte Haut.

Manchmal war Horace traurig, wenn er auf das Lager hinunterschaute, weil er wusste, dass er gleich wieder dorthin zurückkehren musste. Er machte sich auch Sorgen um Roses Sicherheit, wusste er doch, dass sie den langen Weg zurück zum Bahnhof allein im Dunkeln zurücklegen musste. Auch im Wald waren manchmal deutsche Patrouillen anzutreffen, so ähnliche wie die Home Guard in England. Es waren Männer über fünfundvierzig Jahre oder Jüngere mit körperlichen Einschränkungen, die ihre Verwendung an

SINGEN VÖGEL IN DER HÖLLE?

der Front unmöglich machte, aber sie hatten Gewehre bei sich und waren durchaus rücksichtslos. Immer wieder hörte man von Vergewaltigungen oder der gelegentlichen Ermordung eines unglücklichen Wanderers, von dem man annahm, er führe nichts Gutes im Schilde. Diese Männer fragten nicht lange, sie schossen beim geringsten Anlass und begruben ihre Opfer im Wald.

Rose konnte nicht mehr an sich halten, als Horace die Tür zur Kapelle öffnete. Sie rannte direkt in seine Arme und sagte aufgeregt: „Stell dir vor, Jim, die Deutschen haben Stalingrad aufgegeben! Es ist wirklich wahr!"

Die Nachricht war sensationell. Sprachlos setzte sich Horace auf eine Kirchenbank, die Hände auf den Knien. Rose hatte die Information mitbekommen, als sie zusammen mit ihrem Vater am Rundfunkgerät gedreht hatte. Die Meldung kam nicht vom deutschen Rundfunk, sondern von einem amerikanischen Hochfrequenzsender, der jede Kriegsmeldung brachte. Rose hatte sie für ihren Vater aus dem Englischen ins Deutsche übersetzt.

Hitler hatte mit hohem Einsatz gepokert, und es sah ganz so aus, als habe er sich übernommen. Er war dem strengen russischen Winter erlegen und der überwältigenden Übermacht russischer Truppen, die aus jeder Ecke des Landes kamen. Trotzdem hatte Hitler seinem Generalfeldmarschall Paulus befohlen, weiterzukämpfen, auch nachdem die Russen den letzten verbleibenden deutschen Kriegsflughafen zurückerobert hatten. Görings Luftwaffe war nicht länger in der Lage, die belagerten deutschen Truppen am Boden zu versorgen. Sie gingen elend zugrunde, verhungert und erfroren.

„Verstehst du nicht, Jim, dass der Krieg schon fast zu Ende ist?", fragte Rose und fuhr fort: „Endlich können wir zusammen sein! Bald können wir heiraten und Kinder haben."

Horace nahm sie in die Arme und flüsterte zärtlich: „Ich hoffe es, Rose, ich hoffe es."

In dieser Nacht schliefen sie nicht miteinander. Horace sagte, es liege an der Ernährung, dass er sich nicht fit fühle, aber er log. Er dachte an das Kriegsende und daran, was wäre, wenn die Alliierten siegen würden. Aber er musste auch daran denken, wie die Rache der Russen, Amerikaner und Engländer an den Deutschen wohl ausfallen würde. Vergewaltigung, Folter, ethnische Säuberungen? Vor allem den Russen war einiges zuzutrauen, hatten sie doch

KAPITEL 15

besonders stark unter den Nazis leiden müssen. Sie würden an den Deutschen Rache nehmen, an Soldaten wie Zivilisten, daran bestand für ihn kein Zweifel.

Hand in Hand ging er mit Rose durch den Wald, und sie lächelte. Sie war so glücklich, dass der Krieg bald zu Ende sein würde und ein Sieg der Alliierten in Sicht zu sein schien. Aber trotz allem, was sie ihm über Schlesien, über ihre ethnische Eigenständigkeit und den Hass ihrer Familie gegenüber den Deutschen gesagt hatte, war sie in den Augen der Russen eine deutsche Frau. Verstand sie denn gar nicht, in welcher Gefahr sie sich bald befinden würde? Das ging Horace nicht aus dem Kopf. Am liebsten hätte er sie in die Arme genommen und ihr gesagt, was da auf sie zukommen konnte. Aber er ließ es bleiben – er hatte jetzt nicht den Mut, es ihr klarzumachen.

In der darauffolgenden Woche war Horace wieder in der kleinen Kapelle im Wald, und diesmal liebten sie einander wieder. Sie kamen schnell zur Sache und zogen sich danach auch schnell wieder an. Aber dieser Ausflug in den Wald war ein bisschen anders: Rose hatte ihm versprochen, mit ihm zusammen auf die Jagd zu gehen, um seine einseitige Ernährung zu ergänzen. Sie führte ihn ins drei Kilometer von Lager entfernte Dorf. Es war kurz nach Mitternacht, und das kleine Dorf Paseka lag in völliger Dunkelheit vor ihnen. Sie waren sogar froh, dass heute Nacht Vollmond war.

Rose zeigte auf die Gärten, die zum Wald hin lagen. „Siehst du, Jim, alle Bauern haben einen Gemüsegarten."

Horace ließ seinen Blick über das ordentlich bebaute Land schweifen. Er sah die Spitzen von Steckrüben, Kohlrüben und ein paar Büsche mit Sprossen.

„Und, Jim, einige halten auch Tiere." Grinsend zeigte sie ihm ein paar Kaninchen- und Hühnerställe. „Wir müssen dich mit etwas Fleisch aufpäppeln, Jim Greasley."

Es war nicht die Art Jagd, die Horace vorschwebte. Aber Bettler können nicht wählerisch sein.

Wieder war es, als könnte Rose seine Gedanken lesen.

„Hab kein schlechtes Gewissen, Jim – die meisten Dorfbewohner hier sind Deutsche."

Das beruhigte ihn. Zuerst ernteten sie ein paar Sprossen und Karotten, dann so viele Kohlrüben, wie Horace in seiner Tasche unterbekam.

SINGEN VÖGEL IN DER HÖLLE?

„Das nächste Mal bringst du am besten eine Einkaufstasche mit, Rose. Dann kann ich auch ein paar Kohlrüben mitnehmen."

„Mache ich. Aber jetzt, mein Schatz, wird es Zeit für Fleisch."

Horace zeigte auf ein frei stehendes Hühnerhaus, das neunhundert Meter vom nächsten Haus entfernt war. „Da drüben. Du passt auf und pfeifst, wenn du siehst, dass ein Licht angeht oder ein Vorhang sich bewegt."

Er wollte gerade losgehen, da hielt sie ihn fest. „Bist du verrückt, Jim? Weißt du nicht, wie laut Hennen gackern, wenn sie Angst haben? Greif dir ein Kaninchen – die sind ruhig."

Horace hob die Hand und streichelte ihre Wange. „Du hast recht, Rose. Du bist nicht nur schön, sondern auch sehr clever."

„Ich bin schon auch zu was gut, Jim."

Sie zwinkerte ihm zu. Horace ging in die Knie und schlich sich langsam auf allen Vieren an, den Kopf nach unten geneigt. Die Kaninchenställe waren nicht zugesperrt, die Drahtgittertüren wurden lediglich mit Bindfaden zusammengehalten. Die Kaninchen erinnerten Horace an ihn und seine Leidensgenossen im Lager. Eine Flucht wäre für die armen Tiere so einfach gewesen – sie hätten bloß die Bindfäden durchzunagen brauchen. Aber sie wollten gar nicht abhauen – wohin auch? Hier hatten sie ein warmes Bett und regelmäßig zu fressen. Warum sollten sie das Risiko eingehen und irgendwohin gehen, wo sie sich nicht auskannten?

Als Horace hineingriff und das erste Kaninchen herauszog, fragte er sich, ob diese arme Kreatur jemals an Flucht gedacht hatte, jemals daran gedacht hatte, den Bindfaden durchzubeißen. Er tötete das Tier mit einem ihm wohlvertrauten Ziehen und Drehen am Genick. So konnte er den dritten und vierten Halswirbel von der Wirbelsäule des Tieres mühelos trennen, und die kleine Kreatur war auf der Stelle tot. Sein Vater hatte ihm immer befohlen, nicht stehen zu bleiben, sondern mitzukommen und zuzusehen, wie er es in den Feldern und Wäldern von Ibstock machte.

Horace dachte an die ersten paar Male, als er das Unvermeidliche hinauszögern wollte. Damals hatte er Skrupel gehabt, was das arme Wesen wohl fühlte und ob seine Kinder es vermissen würden, wenn es diese Nacht nicht heimkam. Heute Nacht war alles anders. Heute Nacht hatte er keine Skrupel,

KAPITEL 15

keine Schuldgefühle. Er griff noch einmal in den Käfig, packte ein weiteres Kaninchen an den Hinterläufen und drehte ihm den Hals um. Es fiel zu Boden, nachdem es drei Sekunden lang eine Art Todestanz aufgeführt hatte, weil die Nerven seines kleinen Körpers noch rebellierten. Horace musste daran denken, wie ihm das zum ersten Mal passiert war, als sein Vater ein Kaninchen getötet und es ihm zum Halten gegeben hatte. Zögernd hatte er es an den Hinterläufen festgehalten, als es nach ein paar Sekunden heftig zuckte. Horace hatte gekreischt, denn er glaubte, das Kaninchen würde noch leben, und hatte es einen Meter weit weg in einen Graben geworfen. Sein Vater hatte damals Tränen gelacht, während er verlegen dastand und sich dumm fühlte.

Er kehrte zu Rose zurück und grinste breit.

„Morgen gibt es ein Festessen, Rose – Eintopf mit Kaninchen."

Zur Belohnung küsste Rose ihn zwei bis drei Sekunden lang leidenschaftlich. Er hätte sie am liebsten jetzt und hier im Wald geliebt. Wahnsinn, dachte er, so sehr habe ich noch keine Frau geliebt. Er wünschte sich, er könnte gegen das Gefühl ankämpfen. Er wünschte sich, er könnte nur einen ganzen Tag lang leben, ohne ständig an sie denken zu müssen und eine ganze Nacht, ohne an ihren herrlichen Körper, ihre festen Brüste und ihre weiche, zarte, wohlschmeckende Vagina denken zu müssen. Nur einen Tag und eine Nacht, dachte er, nur vierundzwanzig Stunden ...

Als Horace sich an jedes Hosenbein ein Kaninchen band, war er heilfroh darüber, dass die russische Offiziersuniform, die man ihm gegeben hatte, einem viel größeren Mann als ihm gehört hatte. Die Hosenbeine wurde von einer Schnur gehalten, und die Tierchen passten bequem an jedes Bein, mit genügend Beinfreiheit, dass er trotzdem noch durch die Gitterstäbe kam. Als er einstieg, ließ ihn allerdings das zusätzliche Gewicht an den Beinen die Balance verlieren, und er ging mit einem Krach zu Boden.

„Bist du wahnsinnig, Jim?", hörte er Flapper fragen. „Es ist mir wurscht, wenn du nachts stundenlang dein deutsches Weibsstück vögelst, aber hier sind auch noch ein paar Leute, die ein Auge zumachen wollen."

„Ruhe, verdammt noch mal!", knurrte ein Schotte.

Horace konnte mit seiner Aufregung nicht länger hinterm Berg halten. Er machte seinen Gürtel auf. „Wartet nur, Jungs – ihr werdet Augen machen!"

SINGEN VÖGEL IN DER HÖLLE?

Jock Strain machte ein Streichholz an und zündete damit die Kerze unter seinem Bett an.

„Heiliger Strohsack", rief er, „der holt schon wieder sein Ding aus der Hose!"

„Nein, warte, schau mal", sagte Horace und tastete nach den Ohren des Kaninchens in seinem rechten Hosenbein. Wie ein Zauberer im Palladium von London zauberte er mit perfektem Timing das Kaninchen aus seiner Hose.

„Da ist es!"

Jetzt war Jock Strain, der Koch der Gefangenen, hellwach und sah sich mit großem Interesse das tote Tier an, das eine willkommene Bereicherung für den abendlichen Speiseplan darstellte.

„Woher, zum Teufel, hast du das?"

Anstatt zu antworten, zog Horace nun das andere Kaninchen aus seinem linken Hosenbein. Triumphierend hielt er die beiden Kadaver hoch.

„Tja, einmal Jäger, immer Jäger", meinte er.

Er hatte nicht den Mut zuzugeben, dass es sich um zahme Tiere handelte, die er einfach aus einem Käfig genommen hatte.

„Meine Güte!"

„Eintopf mit Kaninchen!"

„Fleisch!"

„Wahnsinn!"

Die meisten Männer waren jetzt hellwach und riefen vor lauter Staunen durcheinander. Flapper Garwood versuchte den Lärm und ihre Aufregung zu dämpfen. Er sah auf die Uhr und rief: „Leute, in einer Minute geht die Wache hier an unserem Fenster vorbei. Wenn ihr nicht verdammt noch mal ruhig seid, kriegt keiner was, höchstens ein oder zwei Tage im Loch!"

Die Warnung kam an, und es wurde still im Raum. Flapper klopfte Horace auf die Schulter, nachdem Jock aufgestanden und den Fang begutachtet hatte.

„Toll, Jim, einfach toll! Heute Abend gibt's einen leckeren Eintopf. Wenn wir nur noch mehr Gemüse hätten, um das Ganze mehr zu strecken."

Da fielen Horace die Kohlrüben, Karotten und Sprossen wieder ein, und er grinste von einem Ohr zum anderen.

„Was ist jetzt wieder los?", fragte Jock.

KAPITEL 15

Jock Strain kochte an diesem Tag für fünfundneunzig Leute. Normalerweise lieferten die Deutschen die Zutaten frühmorgens an, und der Koch bereitete sie im Laufe des Tages zu. Sie hatten lange und heftig darüber diskutiert, ob es nicht besser war, eines der Kaninchen für ein andermal aufzuheben, aber Horace hatte geprahlt, da, wo die Tiere her seien, gebe es noch viel mehr davon. Er hatte das Gefühl, er war den Männern etwas schuldig, weil sie ihn bei jedem einzelnen Ausbruch unterstützt hatten. Das war das Mindeste, was er für sie tun konnte. Er versprach, ihnen jedes Mal etwas mitzubringen, und sei es auch nur etwas Gemüse.

Also sprach sich die Mehrzahl der Männer für ein kleines Festessen aus. Es wurde an nichts gespart. Jedes kleinste Bisschen Kaninchenfleisch wanderte in den Eintopf, auch Hirn, Herz, Leber, Nieren und Lungen der Tiere – sogar die Genitalien des männlichen Tieres. Man ließ die Knochen bis zur letzten Minute im Topf, sodass jedes Gramm Fleisch den Eintopf verfeinerte.

Das Essen roch heute ganz anders, die Männer bemerkten die Extraportion Fleisch und Gemüse sofort. Aus dem einen Löffel Suppe wurden zwei. Jock sagte jedem, der einen zweiten Löffel bekam, es gebe noch öfter einen Nachschlag, aber nur, wenn sie den Mund hielten. Die deutschen Wachleute achteten nicht darauf – sie waren zu sehr damit beschäftigt, über ihre Ängste bezüglich der Entwicklung der Kriegslage zu diskutieren. Horace bildete es sich nicht bloß ein – die Wachleute verhielten sich tatsächlich anders als sonst. Äußere Anzeichen dafür waren Angst, Nervosität und ein gelegentliches Anlächeln der Gefangenen. Hieß das, dass sie sich schon auf das Ende des Konfliktes vorbereiteten? Auf ihre Niederlage?

Am Tag danach, am frühen Nachmittag, sprach einer der ältesten Gefangenen Horace an. Es war Oberstabsfeldwebel Harris vom Regiment der Zehnten Lancers. Nahezu alle seine Kameraden waren im französischen Abbéville schon in den ersten Kriegstagen gefallen.

Harris bat Horace, ein paar Schritte mit ihm zu gehen, während die übrigen Männer schon für ihre Abendmahlzeit anstanden. Sie gingen langsam um das Lager herum, Harris immer einen halben Schritt voraus, die Hände hinter dem Rücken verschränkt.

Auf einmal hielt der Offizier an und sah sich vorsichtig um.

SINGEN VÖGEL IN DER HÖLLE?

„Nicht viele Deutsche hier, was, Greasley?"
„Nein, Sir."
„Das ist gut. Denn das, worüber ich mit Ihnen reden will, ist ziemlich brisant und nicht für deutsche Ohren bestimmt."
Horace glaubte zu wissen, was Harris beschäftigte.
„Ich weiß alles über Sie, Greasley, und ich weiß, was Sie ausgefressen haben."
Horace fühlte sich wie ein zehn Jahre alter Schulbub, der zum Direktor zitiert wird. Er war auf eine Ermahnung gefasst, auf eine Predigt, aber sie unterblieb.
Harris fuhr fort: „Ich weiß, wie oft Sie geflohen sind und was Sie da gemacht haben." Er grinste. Horace hatte alle Mühe, sich nichts anmerken zu lassen.
„Ich weiß auch alles über die Kaninchen und all die Zutaten, für die Sie gestern gesorgt haben."
Er legte Horace eine Hand auf die Schulter und drückte sanft zu.
„Wissen Sie eigentlich, was Sie für die Moral der Männer getan haben?"
Horace wollte schon zu einer Entschuldigung ansetzen, aber der Offizier fuhr fort.
„Sie sind ein Held, Greasley. Sie haben den armen Kerlen hier drin wieder einen Schimmer Hoffnung gegeben." Er lächelte noch einmal. „Mir übrigens auch. Jedes Mal, wenn Sie hier ausbrechen, zeigen Sie den Deutschen, was die Sie mal können, und die Wirkung, die das auf die Gefangenen hat, ist großartig."
Der Oberstabsfeldwebel schwieg eine Sekunde, bevor er fortfuhr. Er wählte seine Worte sorgfältig.
„Ihnen ist doch klar, dass es die Pflicht eines jeden Gefangenen ist, zu fliehen und zu versuchen, nach England zurückzukehren, nicht wahr?"
Horace wollte Ja sagen. Er wollte Oberstabsfeldwebel Harris erklären, dass dies immer sein erster Gedanke war, sobald er aus der Umgebung des Lagers herauskam. Er wollte ihm erzählen, dass Rose ihm eine Karte und Geld bringen würde, auch einen Kompass und neue Kleidung. Er wollte ihm sagen, dass er das Fluchtkomitee bereits um Hilfe gebeten habe und dass er nichts lieber wolle als heimkehren. Aber bevor er auch nur einen Satz sagen konnte, sprach Harris – und das, was er sagte, warf ihn regelrecht um: „Ich will aber nicht, dass Sie nach England zurückkehren, Greasley."
„Wie bitte, Sir? Ich verstehe nicht recht –"

KAPITEL 15

„Ich möchte, dass Sie hierbleiben, dass Sie mit dem, was Sie tun, weitermachen. Der Krieg wird nicht mehr lange dauern. Sie kommen noch früh genug heim."
„Aber Sir –"
„Keine Widerrede, Greasley. Das ist ein Befehl."

KAPITEL 16

Horace traf sich weiterhin heimlich mit Rose. Sie liebten sich regelmäßig und machten auch immer wieder Ausflüge in die Dörfer der Umgebung, um den Suppentopf der Gefangenen zu ergänzen. Über die Karte, das Geld und die anderen Sachen sprachen sie nur selten. Rose brachte nichts davon mit. Dafür berichtete sie Horace weiterhin von der Kriegslage, soweit sie sie über Rundfunk mitbekam. Horace sog ihre Mitteilungen begierig auf, aber er war enttäuscht darüber, dass er die Informationen nicht detaillierter und aus erster Hand hören konnte.

Es war jetzt Sommer 1943, schon der vierte Sommer, den Horace in Gefangenschaft verbrachte. Die Deportation der Juden aus dem Warschauer Ghetto ins Vernichtungslager Treblinka hatte begonnen. Deutsche Zivilisten wurden aus Berlin evakuiert. Rom war gerade zum ersten Mal von den Alliierten bombardiert worden, Ende August prüfte Italien ernsthaft, ob es nicht besser kapitulieren sollte. Es sah gut aus für die Alliierten, aber die Deutschen machten keinerlei Anstalten, mit ihrer Offensive nachzulassen. Besorgnis erregend war auch, dass der Physiker Wernher von Braun Hitler Neues über die Entwicklung der V2-Rakete zu berichten wusste, ein Rüstungsprojekt, das fortan oberste Priorität genoss.

Horace und Rose lagen völlig nackt auf dem Teppich, den sie schon so lange hinten in der kleinen Kapelle versteckt hatten. Rose legte den Kopf auf

KAPITEL 16

Horaces Brust, sie war noch etwas außer Atem von ihrem Liebesspiel. Horace strich ihr mit der Hand übers Haar, auch sein Atem verlangsamte sich allmählich wieder. Beide waren an diesem ungewöhnlich schwülen Abend schweißgebadet. Horace betrachtete ihren wohlgeformten Rücken, der elegant in die Pobacken auslief. Er streckte sich und streichelte ihr den Rücken. Sie schnurrte wie ein Kätzchen. Horace griff ihren Hüftknochen, drehte sie auf den Rücken und lag nun über ihr. Sein Gewicht ruhte auf seinen Armen. Rosa war überrascht, als die Luft aus ihren Lungen entwich.

„Das war ein bisschen wilder, als ich es gewohnt bin, Jim, aber wenn du es noch mal mit mir machen willst, ergebe ich mich gerne."

Es war eine gute Idee, aber nicht das, was er wollte.

„Kannst du mir ein Radio besorgen, Rose?"

„Ein was?"

„Ein Radio."

„Hab schon verstanden, Jim."

„Und? Kannst du?"

Rose griff nach ihrer Unterwäsche und fing an, sich anzuziehen. Horace tat es ihr gleich. Er zog seine Hose von der Lehne der Kirchenbank herunter. Rose überlegte. Er wollte sie nicht dabei stören.

Nach ein paar Minuten meinte sie: „Das ist unmöglich, Jim."

Horace war enttäuscht. „Und warum ist es das?"

Rose zog ihr leichtes Baumwollkleid über die Hüften und knöpfte es zu. Sie sagte: „Weil die Deutschen vor einem Jahr jedes Rundfunkgerät im Ort beschlagnahmt haben."

„Aber dein Vater hat doch eins, ihr hört doch immer die Nachrichten, und du erzählst sie mir ..."

„Schon. Das Gerät steht bei uns oben auf dem Speicher, Jim, es ist so groß wie ein Pony, es ist in eine alte Kommode eingebaut. Das Ding passt leider nicht in meine Handtasche."

Horace gab sich Mühe, seine Enttäuschung zu verbergen. Er hatte diese Radio-Kommoden-Sets in Möbelgeschäften in Ibstock und im Zentrum von Leicester gesehen. Es gab Geräte, die man in Sideboards und Schreibtische einbauen konnte. Um sie zu den betuchten Kunden zu transportieren, brauchte

SINGEN VÖGEL IN DER HÖLLE?

man einen Möbelwagen und zwei Männer. Er wollte mehr von Rosa erfahren, zu Beispiel, ob es nicht möglich war, ein kleineres Rundfunkgerät zu bekommen, aber er konnte sich denken, dass sie in Schlesien in technischen Dingen bestimmt nicht so modern waren wie in seiner englischen Heimat. Selbst wenn es ein tragbares Gerät gäbe, dachte er, wäre es einfach zu gefährlich, sie zu bitten, damit in einen Zug im deutsch besetzten Polen zu steigen, in einen Zug, der in Richtung Gefangenenlager fuhr. Wie konnte er nur so dumm sein?

„Ist schon gut, Rose – es war nur so ein Gedanke. Komm, gehen wir Kaninchen jagen."

Das Liebespaar zog sich an und ging Hand in Hand in den Wald, in Richtung Dorf. Das dichte Dach der Bäume verschwand hinter ihrem Rücken, als sie sich dem Dorf näherten. Die Sterne am Himmel leuchteten ihnen den Weg wie kleine Lichtpunkte.

Sie waren mittlerweile gut in Übung und steuerten in zufälliger Reihenfolge unterschiedliche Dörfer an. Bisher hatten sie immer Glück gehabt und waren nicht erwischt worden, aber Horace hatte das Gefühl, dass dieses Glück nicht ewig währen würde. Sie plünderten die umliegenden Dörfer schon seit Monaten, die Zahl der Kaninchen in der Gegend sank rapide. Es hatte sogar schon Streit und Handgreiflichkeiten zwischen den Zivilisten gegeben, die im Lager tätig waren, einander misstrauisch beäugten und sich fragten, ob es wohl einen Dieb in ihren Reihen gab. Das entbehrte nicht einer gewissen Komik, und Horace musste sich mehr als einmal das Lachen verkneifen. Die Gefangenen waren über jeden Verdacht erhaben. Wie um alles in der Welt hätten sie so etwas anstellen sollen? Schließlich wurden sie jede Nacht eingesperrt, und es gab keinerlei Anzeichen dafür, dass einer von ihnen entwichen war.

Als sie sich dem Waldrand näherten, schienen die Lichter mehrerer Häuser durch die Äste und Zweige hindurch. Rose wandte sich um und sah ihn an.

„Ich könnte die Teile für dich hineinschmuggeln."

„Was für Teile?"

„Von einem Radio. Wenn du mir sagst, was du brauchst, um ein Radio zu bauen, kann ich versuchen, sie für dich aufzutreiben."

Am nächsten Morgen bat Horace Jimmy White, einen Pionier von der Isle of Wight, zu ihm in den Friseursalon zu kommen. Jimmy White lehnte

KAPITEL 16

zunächst ab, aber ein höherer Offizier befahl ihm, der Bitte Folge zu leisten. Kurz nach zehn Uhr kam Jimmy herein. Er murmelte etwas von wegen, er brauche keinen frischen Haarschnitt, er sei doch erst vor zwei Wochen hier gewesen. Er setzte sich auf den Stuhl und beklagte sich.

„Ich weiß nicht, was das soll, Jim. Ich mag meine Haare nun mal etwas länger tragen. Diese Schweinehunde haben mich lange genug gezwungen, sie ganz abrasieren zu lassen. Und jetzt kommst du und bläst ins selbe Horn."

Jimmy White sah in den zerbrochenen Spiegel. Die Augen von Horace sagten ihm, dass es heute nicht um einen neuen Haarschnitt ging.

Jimmy White grinste und drohte dem Spiegelbild mit dem Zeigefinger.

„Du führst doch was im Schilde, nicht wahr, Jim Greasley? Hätte ich mir denken können. Es gibt da ein paar Gerüchte über dich, würde mich nicht wundern, wenn da was dran wäre."

„Schönes Wetter zur Zeit, nicht wahr?"

„He, Greasley, quatsch nicht um den heißen Brei herum."

„Ich weiß nicht, was du meinst", sagte Horace und grinste. „Geht's ums Wochenende?"

Jimmy White saß auf dem Friseurstuhl. Obwohl Horace und seine Schere bereit waren, jederzeit loszulegen, geschah nichts dergleichen. Horace foppte Jimmy noch ein bisschen, dann entschied er sich dafür, Tacheles mit ihm zu reden.

„Ich hab gehört, du bist ein Radiofreak, Jimmy. Stimmt das?"

„Ich wusste es", sagte Jimmy White. „Ich hab geahnt, dass du mich nicht zum Haareschneiden herbestellst."

Horace grinste. „Richtig geraten. Ich habe dich hergebeten, weil ich will, dass du mir ein Radio baust."

Jimmy blieb der Mund offen stehen.

„Du bist verrückt. Ein Radio bauen? Du bist ja völlig durchgeknallt."

Horace griff sich eine Strähne von Jimmys Haar und schnitt sie ab.

Jimmy zog den Kopf zurück.

„Ich kenne die Stories – du haust nachts aus dem Lager ab, plünderst die Dörfer und klaust Kaninchen und Hühner. Du bist total verrückt. Und jetzt willst du ein Radio bauen?"

„Richtig. Ich bringe dir die Teile."

SINGEN VÖGEL IN DER HÖLLE?

„Dann stimmst es also? Du bist der, der abhaut?"
„Stimmt."
Jimmy White stand auf und ging nervös im Raum hin und her.
„Unmöglich. Es ist einfach nicht möglich, fürchte ich."
„Alles ist möglich", erwiderte Horace. „Sie haben uns gesagt, es sei unmöglich, hier rauszukommen, aber ich habe es geschafft – nicht ein Mal, sondern schon 57 Mal."
Jimmy White pfiff durch die Zähne. „Donnerwetter."
„Es geht."
Jimmy White schüttelte ungläubig den Kopf.
„Ich glaube, du verstehst das nicht, Jim. Ich bräuchte Röhren und einen Transistor, einen Kondensator und einen Widerstand, einen Verstärker, primäre und sekundäre Spulen und Kopfhörer. Außerdem bräuchte ich Lötzinn und Kabel, und selbst wenn es irgendwie möglich wäre, all das hier reinzuschmuggeln, wo sollen wir es aufbewahren und wo können wir hier Radio hören?"
Horace sagte: „Schreib auf, was du brauchst. Morgen Abend ziehst du um ins Personalquartier. Colin Jones tauscht seinen Schlafplatz mit dir. Er ist einverstanden."
„Nein, Jim, das mache ich nicht. Es ist unmöglich – du bringst uns noch alle um."
Er schüttelte den Kopf.
„Und woher kriegen wir Strom? Hast du vergessen, dass sie uns immer um elf Uhr nachts den Strom abschalten?"
Horace legte seine Schere in die kleine Holzschachtel und wandte sich zu Jimmy um.
„Das lass mal meine Sorge sein. Mach du bitte die Liste, was du brauchst. Ansonsten brauchst du dir nur darüber Gedanken zu machen, wie du deine Technikkenntnisse auffrischst."
„Sag mal, hörst du mir nicht zu, Jim, du Wahnsinniger? Ich will nicht in dein Haus umziehen, und ich baue dir auch kein Radiogerät!"
Jimmy White warf den Friseurkittel auf den Boden und rannte zur Tür hinaus. Er packte ihn und warf ihn an die Wand. Als er ging, drehte er sich noch einmal zu Horace um und rief mit erhobenem Zeigefinger: „Das ist mein letztes Wort!"

KAPITEL 17

„Ich muss verrückt sein", knurrte Jimmy White, als er in das Personalquartier ging, wo schon der grinsende Horace Greasley auf ihn wartete.

„Ich sag dir, Jim, du kriegst diese ganzen Teile sowieso nicht!"

„Willkommen im Grandhotel, James. Fühl dich wie zu Hause."

„Du blöder Sack."

Horace deutete auf die leere Pritsche. „Ihre Suite, mein Herr. Bitte sagen Sie mir Bescheid, ob ich noch etwas tun kann, um Ihren Aufenthalt hier bei uns so angenehm wie möglich zu gestalten."

Jimmy White fluchte etwas Unverständliches und warf seinen spartanischen Besitz, der in ein Hemd eingewickelt war, aufs Bett.

„Frühstück ist um sieben Uhr dreißig, Room Service um zehn Uhr."

„Blödmann!"

Horace wusste es nicht, aber Jimmy White hatte einen gewaltigen Respekt vor ihm, wusste er doch jetzt aus erster Hand, dass Jim Greasley derjenige Gefangene war, der im Lager für das Fleisch und die Extrarationen Gemüse sorgte. Er war ihm sehr dankbar dafür, dass er in letzter Zeit wieder ein bisschen zugenommen hatte, nachdem er die Jahre zuvor immer mehr abgemagert war. Wie alle anderen Gefangenen war er ihm auch dankbar für die Nachrichten von draußen über den Fortgang des Krieges.

SINGEN VÖGEL IN DER HÖLLE?

Jim hatte sich geweigert, den anderen Gefangenen seine Quelle zu nennen, aber es ging das Gerücht um, er habe eine Beziehung zu einem deutschen Mädchen in einem der umliegenden Dörfer angefangen. Es klang zu gewagt, um wahr zu sein, und natürlich hatte Jim das immer abgestritten. Jimmy White vermutete eher, dass Jim die Nachrichten daher bekommen hatte, dass er die Wachleute belauschte, wenn sie zu ihm zum Haareschneiden kamen oder so.

Und jetzt behauptete dieser Verrückte doch allen Ernstes, er könne die wichtigsten Bestandteile eines Rundfunkgeräts organisieren, wisse, wo er sie verstecken könne und habe sogar einen Stromanschluss! Das konnte ja nicht gut gehen ... es war einfach unmöglich.

Horace musste sich weitere vierzehn Mal mit Rose treffen, bevor er alle Teile, die man für ein Radio brauchte, beieinander hatte und hinter einer lockeren Holzverkleidung in der Wand, an der er schlief, versteckt hatte. Das letzte Teil war ein Kondensator gewesen, den Rose nur mit äußerster Mühe hatte auftreiben können. Selbst ihm wollte sie nicht verraten, woher sie den hatte. Ein durchschnittlicher schlesischer Dorfbewohner sei nicht so hinterwäldlerisch, wie er denke, sagte sie ihm, und es sei nicht so unmöglich gewesen, die Sachen zu bekommen, wie Jimmy White gedacht hatte. Rose wies auch auf das hohe Risiko hin, das jeder der Beteiligten auf sich nahm, und darauf, dass es durchaus möglich sei, dass die Deutschen von dem Radio Wind bekämen. Dann würden Horace und seine Komplizen gefoltert werden, um ihre Lieferanten preiszugeben, und Rose war nicht dazu bereit, diese zu gefährden, falls einer der Gefangenen auspackte.

Horace hatte Verständnis dafür. Er fragte sie nicht noch mal danach.

In der Woche, bevor er den Kondensator bekam, schaffte es Horace, einen improvisierten Stromanschluss zu legen.

In der Mitte des Personalquartiers stand ein großer Bleiofen. Obwohl die Deutschen mit dem Brennholz sehr sparsam umgingen, war der Ofen letzten Winter gelegentlich geheizt worden, um die schneidende Kälte wenigstens hin und wieder loszuwerden. Ein Ofenrohr aus Stahl ging bis hinauf zur Decke, gesichert durch eine Dreißig-Zentimeter-Gusseisenplatte, die durch ein Dutzend Schrauben gehalten wurde. Horace hatte

KAPITEL 17

sich gefragt, ob darüber eine Art falsche Decke oder ein Hohlraum im Dach war. Als es dunkel war, lösten die Gefangenen bei Kerzenschein die Schrauben von der gusseisernen Platte. Wenn man die Schrauben entfernte und den Kamin auch, war gerade noch genug Platz für einen Mann, sich durch das Loch zu zwängen.

Horace stieg auf Jock Strains Schultern und zwängte sich durch das Loch in der Decke. Er hatte recht gehabt. Die Decke des Holzhauses war eine Art doppelter Boden, er konnte die Dachbalken sehen. Jock hob ihn an den Fersen an, bis er auf den schmalen Holzbalken lag. Jetzt musste er sehr behutsam zu Werke gehen. Er nahm ein mit Gummi ummanteltes Kabel aus seiner Tasche und riss es mit den Zähnen auseinander. Die Männer unter ihm löschten die Kerzen aus, und Horace lag volle zehn Minuten lang ruhig da, bis seine Augen sich an die Dunkelheit gewöhnt hatten.

Das Personalquartier und der Raum unter ihm lagen in völliger Dunkelheit. Aber das Licht auf dem Dach der Räume der deutschen Wachtposten schien durch die Deckenlöcher. Horace holte tief Luft und kroch langsam hinüber zur Decke der Quartierräume der Deutschen.

Es waren nur viereinhalb Meter von seinem Loch bis zum Mittelpunkt der Decke des Wachtpostenquartiers, aber Horace brauchte mehr als eine halbe Stunde, um dorthin zu gelangen. Er konnte nur ganz vorsichtig vorwärtskriechen, immer nur ein paar Zentimeter auf einmal. Das elektrische Licht hier war spärlich, ein kleines Loch erlaubte es Horace, nach unten in den Raum zu schauen. Dort saßen vier deutsche Wachleute, sie rauchten und spielten Karten. Horace hatte nicht übel Lust, die Hose aufzuknöpfen und sie durch das Loch hindurch anzupinkeln. Aber heute hatte er Wichtigeres zu tun, Rache üben wollte er ein andermal.

Die Deutschen waren still, sie konzentrierten sich auf ihr Kartenspiel. Man hätte eine Stecknadel fallen hören können. Es hatte keinen Zweck. Sie würden ihn erwischen. Schon das Rascheln eines Kleidungsstücks konnte ihn verraten. Horace fluchte innerlich. In dem Moment machte einer der Männer einen Stich, und auf einmal schrien die vier Deutschen durcheinander, der eine, weil er den Stich gewonnen hatte, die anderen vor Enttäuschung.

SINGEN VÖGEL IN DER HÖLLE?

In den nächsten neunzig Minuten wartete Horace jeweils geduldig ab, bis sie wieder laut wurden, bevor er seine Drähte abschnitt und sie mit der Lampe der Wächter verband. Es war ein quälend langsames Unterfangen.

Fast drei Stunden, nachdem er auf den Dachboden geklettert war, ließ er sich wieder auf den Boden seines Schlafraums fallen, einen Stromanschluss in der Hand und ein fettes Grinsen im Gesicht. Nur Jock Strain und Jimmy White waren immer noch wach.

Jimmy White hatte eine Glühbirne von der Decke der Hütte abgeklemmt. Jock hielt seinen dicken Mantel um die Birne, und die drei Männer bildeten einen menschlichen Lichtschutz, als Horace die Glühbirne an die Drähte anschloss. Als das Kabel die Spitzen der Glühbirne berührte, ging das Licht an, und alle drei grinsten verschwörerisch. Horace zog das Kabel sofort wieder weg, denn es hätte ja sein können, dass just in dem Moment eine deutsche Patrouille am Fenster vorbeilief und den Lichtschein bemerkte. Wieder hatten sie einen Sieg errungen – wenn auch einen kleinen, aber es war ein Sieg, und die Drei konnten es kaum glauben.

Jimmy White wollte sich sofort an die Arbeit machen. Horace redete es ihm aus. Es war auch so schon eine lange Nacht gewesen. Horace umwickelte die losen Kabelenden mit Stoff, kletterte wieder aufs Dach und legte das Kabel vorsichtig ein paar Zentimeter vom Loch entfernt hin. Dann stieg er noch einmal auf Jocks Schultern, um die Gusseisenplatte des Ofens wieder festzuschrauben. Die drei Männer legten sich hin, aber obwohl er erschöpft war, fand Horace keinen Schlaf.

Er war aufgeregt. Am nächsten Tag wollten sie das Radiogerät zusammenbauen. Jetzt hatten sie auch Strom, um es zu betreiben. Ob sie es wohl schaffen würden, innerhalb weniger als vierundzwanzig Stunden die neuesten Nachrichten aus London zu hören? Es war ein gewagtes Unterfangen, und Horace machte sich auf einige Enttäuschungen gefasst. Er versuchte, nicht an die Risiken und Gefahren zu denken, denen er seine Freundin Rose über die letzten Wochen hin ausgesetzt hatte. Er konnte nur hoffen, dass es die Sache wert war.

Am nächsten Morgen öffnete wie jeden Tag um kurz nach sieben Uhr ein deutscher Wachtmann die Schlafräume der Gefangenen. Jimmy White hechtete sofort zur Tür. Horace fand ihn auf der Toilette, mit heruntergezogener Hose.

KAPITEL 17

Er sagte: „Mann, du bist ja weiß wie die Wand."

Jimmy White stöhnte, sein Darm regte sich wieder. „Jim, du kannst dir nicht vorstellen, was ich für einen Durchfall habe. Ich weiß nicht, was ich gegessen habe, aber ich schwöre dir, es ist alles raus – bis zum letzten Tropfen."

„So siehst du auch aus", stellte Horace fest. „Und du stinkst wie ein Jauchefass. Man könnte meinen, ein Tier ist dir in den Hintern gekrochen und verwest."

Jimmy White sah ihn an. „So ist es, Kumpel. Kannst du mich für heute beim Sanitäter entschuldigen? Ich glaube, ich bin zu schwach, um zu arbeiten."

Als der Sanitäter und ein deutscher Zivilarzt später ins Toilettenhaus kamen, saß Jimmy immer noch dort. Der Gestank genügte, um den deutschen Arzt davon zu überzeugen, dass er Jimmy White für den Rest des Tages krankschrieb. Zwanzig Minuten später lag Jimmy auf seinem Bett. Horace überlegte einen Moment lang, ob Jimmy das wohl absichtlich eingefädelt hatte, um tagsüber am Radiogerät basteln zu können, aber das konnte nicht sein – es war unmöglich, so einen Gestank zu simulieren. Jimmy White ging es wirklich schlecht.

Als Horace nach seiner Arbeit in den Schlafraum zurückkam, lag Jimmy White immer noch so da wie am Morgen.

„Na, Jimmy, immer noch im Arsch?", fragte er.

„Ja, Jim. Ich bin so schwach wie ein Kätzchen."

Horace war enttäuscht. Da waren sie so nah dran, das Radio war schon fast fertig, nur noch zwei oder drei Teile anschließen und es müsste gehen. Egal, dachte er, wir warten schon so lange darauf, da kommt's auf einen Tag mehr oder weniger auch nicht mehr an. Er sah Jimmy White prüfend an. Der war ganz grau im Gesicht und nicht in der Verfassung, sich auf etwas technisch Anspruchsvolles zu konzentrieren.

Horace fuhr ihm kurz durch die Haare. „Mach dir nichts draus, Alter, morgen ist auch noch ein Tag."

Als Horace zu seinem Bett ging, fügte er hinzu: „Aber schau bitte, dass du morgen Nacht fit bist, Kumpel. Wir haben eine Verabredung – mit London."

Da keine Antwort kam, sah Horace noch mal zu Jimmy White hinüber. Er lag auf der Seite und hielt sich den krampfenden Magen, aber trotz Schmerzen grinste er. Kein Zweifel, dachte Horace – er grinst tatsächlich.

SINGEN VÖGEL IN DER HÖLLE?

„Was ist los?"
„Rate mal. Was denkst du denn?"
Jetzt war es auch Horace flau im Magen. Sein Mund war trocken, er bekam die Worte kaum raus. „Ist es wirklich fertig, Alter?"
Jimmy White versuchte zu lächeln.
„Darauf kannst du wetten, Greasley. Was meinst du wohl, was ich den ganzen Tag über getan habe?"
Später fand Horace heraus, dass Jimmy White bei der Arbeit im Wald einen Grünen Knollenblätterpilz gefunden, ein kleines Stück davon gegessen und sich Vergiftungserscheinungen zugezogen hatte. Er hatte schon beim Hinunterschlucken würgen müssen, hatte genau gewusst, was die Folgen sein würden und dass er von zu viel Pilz sterben konnte. Jimmy sagte Horace, nur so hätte er bei Tageslicht an dem Radio basteln können – nachts wäre es einfach nicht möglich gewesen.
Die Anstrengungen hatten Jimmy White all seiner restlichen Energie beraubt. Er erklärte Horace, nun sei alles an seinem Platz, aber selbstverständlich sei es ihm noch nicht möglich gewesen, das Gerät an den Strom anzuschließen und zu prüfen, ob es funktionierte, geschweige denn einen Sender einzustellen und englische Nachrichten zu empfangen. Er wusste, dass Horace schon ungeduldig darauf brannte, das Gerät anzuschließen und auszuprobieren, sobald es dunkel war.
Er entschuldigte sich: „Es ist vier Jahre her, seit ich so etwas gebaut habe, Jim. Ich bin ein bisschen eingerostet."
Horace betrachtete das Ofenrohr und die gusseiserne Platte in der Decke. „Die Uhren haben sich weitergedreht ..."
Er sah in der Wand neben seinem Bett nach. Rose hatte nicht nur alles besorgt, worum Jimmy White gebeten hatte, sondern sie hatte jedes größere Teil so klein wie möglich beschafft, damit man das Radio in der Holzwand verstecken konnte. Es war sehr eng bemessen, aber es passte gerade so hinein.
„Ein paar Teile sehen schon ein bisschen alt aus, Jim. Vielleicht passen sie nicht zu den neueren Komponenten."
Horace wollte lieber nicht an den schlimmsten Fall denken, nämlich den, dass das Radio nicht funktionierte. Schließlich hatte Rose mehrmals Leib

KAPITEL 17

und Leben riskiert, um ihm die Sachen zu besorgen. Und Jimmy White? Der wusste bestimmt, wie man sowas zusammenbaut, und wenn er Zweifel gehabt hätte, hätte er es doch gewiss gesagt?

Horace lag auf seiner Pritsche und sah aus dem Fenster. Er wartete auf die Dunkelheit. Jimmy White wurde immer kränker und bat Horace, noch einen Tag zu warten, bevor er das Radio anschloss. Horace wollte nicht so lange warten. Er wollte es zumindest ausprobieren.

Wie üblich löschten die Deutschen gegen elf Uhr nachts das Licht. Horace lag etwa zwanzig Minuten im Dunkeln herum, bevor er hörte, wie Flapper das Streichholz anmachte. Er drehte sich um und sah die vertraute Silhouette seines Freundes im Kerzenschein sitzen.

„Jim", flüsterte Garwood durch den Raum. „Bist du wach?"

Horace drehte sich um und sah seinen Freund an. „Worauf du einen lassen kannst, Mann."

„Sollen wir's mal ausprobieren?"

Horace schlüpfte aus dem Bett und kroch hinüber zu Flappers Bett.

„Und ob, Mann, und ob!"

Sie stellten sich direkt an das Ofenrohr. Horace machte die Beine breit, Flapper Garwood bückte sich, kroch zwischen seine Schenkel und richtete sich wieder zu voller Größe auf. Horace stützte sich zum Ausbalancieren mit den Händen auf Flappers Kopf und richtete sich seinerseits auf seinen Schultern auf. Er griff in seine Hosentasche, holte den kleinen Schraubenschlüssel heraus und löste die Schrauben, während Flapper ihn, so gut es ging, im Gleichgewicht hielt. Er brauchte drei bis vier Minuten, bis er die Platte von der Decke gelöst hatte und sie Flapper herunterreichte.

Flapper hielt das Ofenrohr fest, während Horace an ihm hinunterstieg und auf den Boden sprang. Flapper löste vorsichtig das Ofenrohr vom Ofen und lehnte es an die Wand. Er hob Horace hinauf in das Loch, und Horace führte das Kabel vorsichtig am Dach entlang und die hohle Wand hinunter bis zu dem Regal über seinem Bett. Flapper brachte ihm die Kerze herüber, und als er sie auf das Regal stellte, nahm er das lockere Holzbrett aus der Wand. Horace schob das Kabel in Richtung Regal, und Flapper fuhr mit der Hand von unten in das Loch und betete, dass sich das Gerät mit dem Kabel verbinden möge.

SINGEN VÖGEL IN DER HÖLLE?

„Ich hab's", sagte er.
Horace robbte zurück zu dem Loch im Dachboden und ließ sich leise zu Boden fallen. Er ging zu seinem Freund hinüber, mit einem Grinsen im Gesicht und einem Rest Gummikabel in der Hand. Ein bis zwei Minuten lang standen die beiden Männer da und staunten. Nur die Sekundärwicklung, der Verstärker und ein Teil des Kompressors waren zu sehen. Jedes andere Teil war strategisch clever auf dem Holzrahmen platziert worden, der Innen- und Außenwand des Holzhauses trennte. Jimmy White hatte seine Aufgabe, die Radioteile möglichst gut zu verbergen, fantastisch gelöst und jeden Quadratzentimeter Raum genutzt.

Horace meinte: „Gut gemacht, was?"
„Und wie!", bestätigte Flapper.
„Glaubst du, das Ding funktioniert?"
„Das werden wir gleich sehen."
Horace fackelte nicht lange. Binnen einer Minute hatte er das Radio an den Strom angeschlossen. Das kleine rote Licht neben der Wicklung ging an, es leuchtete schwach. Die beiden Männer strahlten. Als Horace nach dem Kopfhörer griff, legte Flapper seine Hand auf seinen Arm.
„Warte mal, Jim."
„Was ist?"
„Es ist nicht in Ordnung ... Jimmy sollte auch mit dabei sein."
Horace lächelte und nickte. „Du hast recht, Mann. Geh und weck ihn auf."
Unter Protest schleppte sich Jimmy White zu Horaces Pritsche und ließ sich darauf fallen. Er klagte immer noch über Bauchweh.
„Können wir nicht bis morgen warten, Jungs?"
Flapper und Horace verneinten beide. Jimmy sah kaum das Weiß ihrer Zähne, als sie im schummrigen Kerzenlicht grinsten.
„Ihr ungeduldigen Deppen!"
Er legte den Kopf auf die Matratze, die Hände hinter dem Kopf verschränkt.
„Sagt mir, was ihr hört."
Bevor Horace den Kopfhörer aufsetzen konnte, lehnte sich Jimmy White auf seinen Ellenbogen, wandte ihnen beiden den Hintern zu und ließ einen Furz los, der so laut war, dass Horace befürchtete, die Deutschen im

KAPITEL 17

Nachbarhaus könnten ihn hören. Nach weniger als drei Sekunden setzte der Gestank ein. Es war kein Geruch, es war ein Gestank – der schlimmste, den Flapper und Horace je gerochen hatten.

„Du Sau!", rief Flapper und ließ sich auf den Boden fallen, um dem unsichtbaren, aber umso schlimmeren Gestank zu entkommen.

Horace hielt sich Mund und Nase zu und sprach durch seine Finger: „Du widerlicher Hund!"

Jimmy White hielt sich den Bauch, aber diesmal vor Lachen. Er kicherte wie ein Schuljunge.

„Das geschieht euch recht, weil ihr einen kranken Mann aus dem Schlaf gerissen habt, ihr Schweine!", sagte er und lachte.

Als Jimmys Gelächter und der faulige Gestank endlich verflogen waren, nahm Horace die Hand vom Gesicht. Jimmy White schloss erneut die Augen, zufrieden mit seinem wirkungsvollen Protest.

„So. Sagt mir, was ihr hört", wiederholte er.

Horace schüttelte den Kopf und fasste in das Loch für die Primär- und Sekundärwicklungen. Er dachte an das Radio daheim im Wohnzimmer in Ibstock. Der drahtlose Empfänger dort hatte einen sehr nützlichen Frequenzregler gehabt, sodass der Hörer immer wusste, wo er seine Lieblingssender finden konnte. Eine weiße Holznadel war hinterm Glas zu sehen. So konnte sein Vater seinen Lieblingssender im Allgemeinen schon nach wenigen Sekunden einstellen.

Das war hier natürlich nicht so. Hier gab es keinen Regler zum Einstellen und keine Nadel zum Anzeigen der Frequenzen, nur zwei Wickler, die etwa zehn Zentimeter voneinander entfernt waren. Horace wusste, es war ziemliche Glückssache, einen englischsprachigen Sender zu finden. Selbst nach einer Stunde Drehen der Räder konnte er nicht mal einen lokalen Sender empfangen, weder einen deutschen noch einen polnischen. Mit jeder Minute, die ungenutzt verstrich, wuchs seine Enttäuschung.

Jimmy White war immer noch wach. Horace hatte schon ein paarmal versucht, ihn dazu zu bewegen, es auch zu versuchen, aber Jimmy hatte jedes Mal abgelehnt mit der Begründung, am nächsten Abend würde es ihm bestimmt besser gehen. Vielleicht hat er recht, dachte Horace und warf den Kopfhörer frustriert aufs Bett.

SINGEN VÖGEL IN DER HÖLLE?

„Alles, was ich höre, ist ein verdammtes Rauschen, Jimmy. Ich hab noch nicht eine Stimme erkennen können. Man müsste doch wenigstens eine Stimme hören, oder? Es muss ja nicht Churchill sein oder die Queen, nur irgendeine Stimme. Hitler wäre zum Beispiel interessant. Ich würde sogar Hitler, ja sogar diesen Idiot von Mussolini ertragen, aber nein, ich höre nichts."

Jimmy drehte sich auf den Bauch um. „Vielleicht ist es falsch verkabelt oder so. Ich sehe es mir morgen an."

Flapper mischte sich ein. „Lass mich mal ran, Jim."

Horace reichte ihm den Kopfhörer. „Bitte schön."

Trotz seines guten Willens hatte Flapper nicht das Feingefühl in den Fingern geschweige denn die Geduld dazu. Schon nach zehn Minuten warf er den Kopfhörer aufs Bett und sagte: „Ich geh jetzt schlafen. Jimmy hat recht – versuchen wir's morgen noch mal."

Jimmy White erhob sich aus Horaces Bett und ging zu seinem eigenen hinüber. Mit einem tiefen Seufzer schob Horace das Holzbrett wieder vor die Wand und ging hinüber zu Garwood, um ihm dabei zu helfen, das Ofenrohr und die gusseiserne Platte zurück zu setzen. Zumindest etwas haben wir erreicht, dachte er. Das Radio ist angeschlossen, und morgen machen wir die Feinabstimmung. Es kann noch einen Tag oder zwei dauern, aber wir werden es schon schaffen.

In dieser Nacht konnte Horace nicht richtig schlafen. Er döste, aber es gelang ihm nicht, in einen Tiefschlaf zu fallen.

Auch Jock Strain konnte nicht schlafen. Was, zum Teufel, trieb Jim jetzt wieder? Warum machte er das Holzbrett von der Wand schon wieder ab? Er kroch hinüber zu ihm.

„Was, zum Teufel, tust du da?", fragte er ihn.

„Ich kann nicht schlafen, Jock. Ich glaube, ich probier's noch mal."

Horace saß auf dem einen Ende seiner Pritsche, Jock auf dem anderen. Fast eine Stunde lang saßen sie schweigend da, während Horace jede Kombination durchprobierte. Langsam und vorsichtig wie ein Safeknacker, der versucht, die Zahlenkombination des Safes herauszufinden, bekam er ein Gefühl dafür, wann er am Ende des Frequenzbereichs angelangt war und wann es in entgegengesetzter Richtung weiterging. Nach ungefähr zwanzig

KAPITEL 17

Minuten, als er sich sicher war, dass die Spulen wieder am Ende angelangt waren, fing er noch mal von vorne an. Jedes Mal versuchte er es langsamer. Hatte er letztes Mal schon ein paar Stimmfetzen inmitten des Rauschens gehört – oder bildete er es sich bloß ein? Er wollte so gern Stimmen hören – spielte seine Fantasie ihm am Ende einen Streich? Nein, er hatte tatsächlich etwas gehört. Er seufzte und sah Jock an, der erstaunlicherweise immer noch wach war.

„Einmal versuch ich's noch, ja? Dann geben wir für heute auf. Soll Jimmy sich das Ding morgen noch mal vornehmen."

Jock Strain nickte und rieb sich die Augen.

Horace holte tief Luft und fing von vorne an. Nach fünf Minuten hielt er inne. Diesmal gab es keinen Zweifel – er hatte etwas gehört.

Auch der Schotte merkte etwas. Er bemerkte den Funken Interesse im Gesicht seines Freundes, das in den letzten zwei Stunden ziemlich regungslos geblieben war.

„Was ist, Jim?"

Horace hob die Hand und ließ das Frequenzrad los. „Ich weiß nicht, Jock. Ich dachte, ich hätte eine Trommel gehört."

Jock Strain fühlte, wie sich seine Körperhaare aufrichteten. „Beschreib es mal, Jim."

Horace zuckte mit den Schultern. „Es war eine Trommel – wie soll ich das beschreiben? Es ging einfach so: bum, bum, bum – wie eine Trommel halt."

„Drum Radio", flüsterte Jock und sagte noch einmal, diesmal lauter: „Drum Radio."

„Was, Jock? Was hast du gesagt?"

Jock sprang auf und ging neben dem Empfänger auf die Knie.

„Lass das Rad da, wo es ist, Jim. Ich glaube, du hast was gefunden."

„Was gefunden? Was habe ich gefunden? Einen Idioten, der auf eine Trommel haut, oder was? Sorry, Jock, aber dazu habe ich dieses Ding hier nicht montieren lassen. Ich hatte gehofft –"

„Pssst. Drum Radio, Jim!"

„Ich versteh nur Bahnhof."

SINGEN VÖGEL IN DER HÖLLE?

„Drum Radio ist ein Sender der BBC, der ein paar Wochen, nachdem sie dich in Frankreich gefangen genommen haben, auf Sendung ging. Hast du denn noch nichts davon gehört?"
Horace schüttelte den Kopf.
„Es ist ein Nachrichtensender. Ich habe ihn ein paarmal gehört, bevor ich nach Frankreich aufgebrochen bin. Ich bin doch erst nach dir an die Front gekommen."
„Ein BBC-Sender? Wirklich?"
Jock grinste. Horace setzte den Kopfhörer wieder auf. Behutsam drehte er das Frequenzrad nach rechts und links, um den Sender optimal einzustellen, ihn aber nicht zu verlieren. Plötzlich stockte ihm der Atem, er bekam Gänsehaut, Schauer liefen ihm den Rücken hinab. Es war nicht zu überhören – elegantes und akzentfreies BBC-Nachrichten-Englisch drang an sein Ohr.
Horace nahm die Finger vom Rad und atmete tief durch. Er hob die Hand, machte mit zwei Fingern das Victory-Zeichen, grinste übers ganze Gesicht und rief seinem Freund, der auf dem Boden kniete, zu: „Wir haben die Nachrichten, Jock! Die verdammten BBC-Nachrichten – das sind sie!"
Horace brach vor Freude in Tränen aus, Jock auch, als er es sah. Jimmy White hatte sie gehört und erhob sich von seinem Krankenlager.
„Ruhe, verdammt noch mal, ihr zwei Wahnsinnigen! Gleich kommen die Deutschen rein!"
Der Anblick seiner beiden Freunde, die einander umarmten und heulten wie die Schlosshunde, irritierte den Hobbyfunker. Das konnte nur eines bedeuten!
„Sagt bloß, es funktioniert! Wirklich?", fragte Jimmy White ungläubig.
Horace umarmte ihn weinend. Mühsam brachte er die Worte heraus: „Wir hören die BBC-Nachrichten, Alter! Du bist ein Genie, Mann!"
Immer mehr Männer standen auf. Auch Freddie Rogers und Dave Crump eilten herbei. Horace hatte den Kopfhörer wieder auf, er hörte mit seligem Grinsen einen Lagebericht aus Tunesien. Wie es schien, standen die Alliierten auch dort vor einem Sieg und kontrollierten Nordafrika.
Als die übrigen Männer im Schlafsaal in Freiwaldau im deutsch besetzten Schlesien die glücklichen, aber tränennassen Gesichter von Flapper Garwood, Jock und Jimmy White sahen, wussten sie sofort, was diese erreicht hatten. Sie

KAPITEL 17

klopften Horace anerkennend auf den Rücken. Einige Männer gaben Jimmy White die Hand, einer drückte ihm sogar einen dicken nassen Kuss auf die Wange. Sie waren Helden – ähnlich wie alliierte Soldaten, die ein deutsches Maschinengewehrnest ausgehoben hatten oder ein General, der dank seiner List das Blatt noch einmal zum Guten gewendet hatte. Sie fühlten sich so siegreich wie Montgomery, Churchill, General MacArthur und Douglas Bader zusammen.

Gegen alle Widerstände hatten die beiden Kriegsgefangenen Joseph Horace Greasley und Jimmy White ein Radiogerät ins Lager geschmuggelt und gebaut, mit dem sie nun quasi vor der Nase ihrer deutschen Unterdrücker die Nachrichten auf BBC hören konnten! Es war einfach sagenhaft – ein Triumph, der all dem, was Horace bisher erreicht hatte, die Krone aufsetzte. Es war ein erneuter, ein weiterer persönlicher Sieg für ihn, und als er ihn mit seinen Freunden feierte, dachte er natürlich auch an die junge Frau, die dies alles erst möglich gemacht hatte – die Frau, die er von ganzem Herzen liebte.

KAPITEL 18

Am nächsten Abend konnte jeder der Männer ohne große Mühe den Drum-Radiosender hören. Die zwölf Männer im Schlafsaal hörten sich abwechselnd die Nachrichten an. Sie kamen immer zur vollen Stunde, immer eine Viertelstunde lang, und das vierundzwanzig Stunden am Tag. Horace selbst hörte ungefähr fünf Minuten lang zu. Mit großer Genugtuung bekam er mit, dass jetzt deutsche und italienische Truppen in Rom gegeneinander kämpften. Er dachte: Bestimmt dauert es jetzt nur noch ein paar Monate, bevor dieser Albtraum endet – vielleicht auch nur noch ein paar Wochen, wer weiß?

Bis zum darauffolgenden Abend wusste jeder Kriegsgefangene im Lager Freiwaldau über die neueste Kriegslage Bescheid. Binnen vierundzwanzig Stunden erreichte die moralische Stimmung im Lager ein Allzeithoch. Die Männer lächelten, plauderten entspannt und rauchten offen ihre Zigaretten, ohne die Wachen um Erlaubnis zu fragen. Sie dachten an den bevorstehenden Sieg und an ihre Familien daheim. Die deutschen Wachleute spürten den Stimmungsumschwung natürlich, konnten aber nichts dagegen tun. Horace saß auf seiner Pritsche und schaute durchs offene Fenster hinaus. Er blickte auf die Schlange derer, die für ihr Abendessen anstanden, und freute sich über die vielen zufriedenen Gesichter. Er war stolz auf seinen Erfolg. Er hatte wirklich etwas bewegt.

KAPITEL 18

Nach dem Essen lag er auf seiner Pritsche und wartete auf den Einbruch der Dunkelheit. Er konnte es kaum erwarten, Rose die guten Nachrichten mitzuteilen. Horace stand auf und ging hinüber zu Flapper, mit dem er seinen Plan noch einmal in Ruhe besprechen wollte.

Flapper flüsterte: „Wenn du meinst, es funktioniert, Jim – ich bin dabei."

Horace dachte: Kann man sich einen besseren Freund wünschen als Flapper Garwood? Er hatte den freundlichen Riesen Flapper vor dem Krieg nicht gekannt, und jetzt gingen sie beide durch Dick und Dünn miteinander. Im ersten Lager bei Saubsdorf hatte Flapper mehr als sechsunddreißig Kilo Körpergewicht verloren, aber er hatte sich damals mit keinem Wort beklagt, hatte im Gegenteil immer auch an andere gedacht. Er hatte Horace durch den Todesmarsch geholfen und ihm im Todeszug das Leben gerettet. Er war immer da gewesen, und Horace war sich ziemlich sicher, dass er auch vielen anderen Gefangenen das Leben gerettet hatte, indem er den Großen Buckel umgebracht hatte.

Horace war in Gedanken schon beim Kriegsende. Dann würde es wahrscheinlich Medaillen und Orden regnen wie Konfetti. Ob dann wohl noch einer an die Soldaten denken würde, die die ganze Zeit über in den Gefängnissen ausgeharrt hatten? Würde ein Typ wie Flapper Garwood auch nur die geringste Anerkennung bekommen? Wohl kaum.

Flapper hatte darum gebeten, ebenfalls in den Wald fliehen zu dürfen, aber Horace und das Fluchtkomitee im Lager hatten es ihm verboten. Jeder war der Meinung, dass Horace der Einzige war, der wirklich zu Recht immer wieder sein Leben riskierte. Er hatte dafür zwei gute Gründe: Rose und die Extra-Lebensmittel, die er ins Lager brachte. Selbst Garwood musste zugeben, dass eine richtige Flucht nahezu unmöglich war. Und wie würde das Ganze enden? Es würden immer mehr Männer fliehen wollen, und jeder, der es versuchte, würde das Risiko für jeden anderen, erwischt zu werden, zwangsläufig vergrößern. Sie dachten an den jungen Bruce Harwood und daran, was die Deutschen mit ihm gemacht hatten. Aber dieses eine Mal brauchte Horace eine helfende Hand, und seine Wahl fiel selbstverständlich auf Flapper Garwood.

Rose hörte mit offenem Mund zu, als Horace ihr erzählte, was sich in den letzten achtundvierzig Stunden alles ereignet hatte. Sie saß auf einer Bank in

SINGEN VÖGEL IN DER HÖLLE?

der kleinen Kapelle und sprang freudig erregt auf, als Horace ihr erzählte, wie er zum ersten Mal die Stimme aus London vernommen hatte. Er lachte, als sie in der kleinen Kapelle einen Freudentanz aufführte und den Deutschen alle Schimpfwörter an den Kopf warf, die ihr nur einfielen. Jetzt zweifelte er nicht mehr daran, dass dieses Mädchen die Deutschen genauso hasste wie er selbst.

„Mein Vater wird so froh darüber sein."

Kaum waren ihr diese Worte aus dem Mund geschlüpft, hielt sie auch schon erschrocken inne. Eigentlich hätte sie das besser nicht sagen sollen.

Horace hatte schon lange vermutet, dass ihr Vater von den Ausflügen seiner Tochter ins Lager, von ihrer Beziehung zu einem alliierten Kriegsgefangenen und vielleicht auch von dem Radiogerät wusste. Des Öfteren hatte Horace sich gefragt, ob ihr Vater ihm die Teile besorgt hatte. Rose hatte ihren Vater immer schützen wollen. Horace stand auf und ging zu ihr. Ihre Unterlippe zitterte, ihre Augen waren voller Tränen, sie konnte ihm nicht in die Augen sehen.

„Sei nicht traurig, Rose. Nicht an so einem schönen Abend wie heute."

Sie verbarg den Kopf an seiner Schulter und ließ ihren Tränen freien Lauf.

„Du weißt es wohl schon längst?"

„Ich hatte so einen Verdacht."

Sie sah zu ihm auf. Tränen kullerten über ihre Wangen.

„Weißt du, er hasst sie genauso sehr wie du. Zwanzig Jahre lang hat er sein Unternehmen aufgebaut, und sie haben es ihm einfach weggenommen, haben ihm seine jüdischen Arbeiter weggenommen und ihn um seinen Gewinn gebracht."

Horace hatte gar nicht mehr an die Gerüchte bezüglich der Juden gedacht.

„Väter sind klug, Rose, wenn es um ihre Töchter geht. Es würde mich nicht besonders wundern, wenn er nicht schon damals ..."

„Meinst du, Jim?"

Horace zuckte mit den Schultern. „Wie dem auch sei – lass uns nach draußen gehen, Rose. Die Männer wollen auch was zu feiern haben. Wir wollen ihnen wieder Fleisch und Gemüse mitbringen."

Rose wischte sich die Tränen aus dem Gesicht und brachte ein Lächeln zustande.

„Ich hab da etwas für euch zum Feiern."

Sie nahm zwei kleine Flaschen polnischen Wodka aus ihrer Tasche.

KAPITEL 18

„Ich weiß, es ist nicht viel, aber zum Anstoßen reicht es."
Horace nahm die beiden Flaschen und stellte sie neben sich auf den Boden. Er zog Rose an sich und küsste sie eine kleine Ewigkeit. Dann verließen sie die Kapelle in Richtung Wald.
„Rose, heute Nacht holen wir den Männern ein paar frische Hühner."
Rosa pfiff durch die Zähne. „Bist du dir da sicher?"
„Ja. Wir brechen einen Stall auf und packen uns ein paar Tiere. Aber du kommst bitte nicht mit."
„Aber Jim, ich war doch immer –"
Horace legte einen Finger auf ihre Lippen, beugte sich nach vorn und küsste sie zärtlich.
„Aber heute Nacht nicht, Rose. Es wird laut und gefährlich. Heute Nacht werden zwei Soldaten der britischen Armee ein Manöver exerzieren, im Vergleich zu dem die Taten des Herzogs von Wellington ein harmloses Kinderspiel waren."
Rosa lächelte und meinte: „Ich kenne den Herzog von Wellington und seine Taten nicht."
Horace lachte. „Ist auch egal, Rose. Ich muss dich bitten heimzugehen. Die Sache ist nicht ungefährlich. Denk daran, was Hennen für einen Lärm machen können …"
Rose seufzte, legte eine Hand auf ihr Herz und tat, als würde sie in Ohnmacht fallen.
„Du bist so tapfer, mein Held! Du gegen all diese gefährlichen Hühner …"
Horace küsste sie erneut. Als er sich von ihr losreißen wollte, fand ihre Hand sein Gesäß, und sie hielt ihn fest und drückte sich an ihn.
„Jim, ich habe dir noch nicht gesagt, dass du für den Wodka bezahlen musst. Komm mit in den Wald, ich erkläre es dir."
Rosa nahm seine Hand und führte ihn in den Wald zurück. Horace konnte sich schon denken, welche Art Bezahlung Rose da im Sinn hatte …
Flapper saß im Wald und keuchte. Von der Hütte aus bis hierher waren es nur fünfundvierzig Meter, aber das Adrenalin, das durch seinen Körper pumpte, sorgte dafür, dass sich der kurze Sprint wie ein Marathonlauf anfühlte. Er war in Jim Greasleys Fußstapfen gelaufen. Auch er war durch dasselbe

SINGEN VÖGEL IN DER HÖLLE?

vergitterte Fenster geschlüpft und saß nun hier, in demselben Wald, in dem Jim alle seine Abenteuer erlebte – und er war mächtig neidisch auf ihn. Dieses Gefühl, frei zu sein, war unglaublich. Er konnte laufen, sich verstecken, er konnte durch den Wald laufen, wie er wollte, ohne dass ein Deutscher in Uniform auf Schritt und Tritt neben ihm war. Garwood nutzte das Licht des Vollmonds, als er langsam und ruhig zwischen den Bäumen hin- und herlief. Alle paar Schritte hielt er inne, holte tief Luft und saugte die stille, freie schlesische Luft in seine Lungen ein.

Er war kurz nach Mitternacht geflohen und hatte genaue Anweisungen erhalten, wo er seinen Freund treffen würde. Es sollte um halb zwei nachts sein. Flapper hatte bis dahin noch eineinhalb Stunden Zeit, seine Freiheit zu genießen.

Horace saß vor der kleinen Kapelle und kaute an seinen Nägeln. O Mann, dachte er, wo bleibt er denn? Es musste schon nahe an zwei Uhr sein. Er hatte Rose gegen Viertel nach eins gebeten zu gehen (sie hatte ja eine Armbanduhr), und bis zur Kapelle hatte er nur zehn Minuten zu gehen gehabt. Er selbst besaß ja keine Uhr, aber er vermutete, dass seither mindestens fünfundzwanzig Minuten vergangen sein mussten.

Garwood saß da und wusste nicht, was er tun sollte. Die verabredete Zeit war schon längst vorbei, und er saß immer noch am Waldrand und die Tränen liefen ihm übers Gesicht. Er dachte darüber nach, was für ein Mensch dieser Jim Greasley wohl war. Er wusste jetzt, warum sein Freund und das Fluchtkomitee zu verhindern versuchten, dass die anderen auch in den Wald flohen.

Garwood hatte immer gedacht, er habe sich so gut unter Kontrolle, als er die fünfundvierzig Meter Sprint gemacht hatte, er sei nur auf die geplante Operation konzentriert, die vor ihnen lag. Er hatte gedacht, es sei ganz einfach und selbstverständlich, nach erledigter Mission wieder zurückzukehren und in sein Bett zu schlüpfen, aber so einfach war es nicht.

Er wusste, dass es dumm war und dass er sein eigenes Todesurteil unterzeichnete, wenn er floh, aber die Versuchung zu fliehen, seinen Peinigern zu entkommen, war riesengroß. Er hatte weder Karten noch Proviant, weder Geld noch Ersatzkleidung bei sich, aber der Drang in ihm war so groß, dass es ihn innerlich fast in Stücke riss. War er es sich nicht schuldig, es zumindest zu versuchen? Wenn ja, würde er sich einfach nach der Sonne orientieren,

KAPITEL 18

von Feldfrüchten und Beeren leben und unterwegs das eine oder andere kleine Dorf überfallen, um Fleisch und Gemüse zu organisieren, wie Jim und er es vorgehabt hatten. Er brauchte bloß in nördlicher Richtung zu laufen, in Richtung Ostsee. Wenn er erst dort angekommen war, würde er sich auf einem Schiff verstecken, das nach England fuhr. Leicht würde es wohl nicht werden, aber er würde es schon irgendwie schaffen.

Horace ging draußen vor der Kapelle hin und her. Es war bestimmt schon nach zwei Uhr. Was war passiert? Hatten die Deutschen seinen Kumpel erwischt? Ob sie wohl schon gemerkt hatten, dass er auch weg war? Er konnte es sich lebhaft vorstellen – das ganze Lager in Aufruhr, jeder deutsche Wachtmann alarmiert, jeder Quadratmeter Umgebung wurde kontrolliert. Sie würden nach ihm suchen, und er hatte keine Chance, wieder unbemerkt zurückzukehren. Und all das nur, um den Männern ein kleines Fest zu bereiten. Es war zu blöde! Das Komitee hatte recht – wenn zwei Männer entweichen, verdoppelt sich das Risiko, erwischt zu werden, hatten sie gesagt.

Warum hatte er es nicht wie immer gemacht – ein paar Hasen, ein paar Kartoffeln und wieder zurück ins Lager? Jetzt hatten sie doch schon das Radio – warum so eine wichtige Errungenschaft riskieren, nur um ein paar Brocken Fleisch mehr in der Suppe zu haben?

Horace hob seinen Mantel auf und ging los. Nun erst merkte er, dass er gar nicht wusste, wohin er gehen sollte. Das Lager. Vielleicht war es am sinnvollsten, in Richtung Lager zu gehen, um zu sehen, ob schon alles in Alarmbereitschaft versetzt worden war. Vielleicht hatte Flapper den Plan einfach verworfen und war im Bett geblieben. Das war's vermutlich. Er hatte es sich eben anders überlegt.

Horace war erst zwanzig Meter gegangen, als er seinen Namen hörte. Garwood stand hinter ihm im Schatten der Bäume. Er trat ins Mondlicht, sein Gesicht war rot, die Wangen dreckverschmiert.

„Herrgott noch mal, wo warst du, Flapper? Wir haben ausgemacht, um halb zwei."

„Tut mir leid, Jim. Ich …"

Auf einmal begriff Horace, was sich im Kopf seines Freundes abgespielt hatte. Es waren dieselben Gedanken, die er schon hundert Mal gehabt hatte.

SINGEN VÖGEL IN DER HÖLLE?

Die Schuldgefühle, der innere Zwiespalt, das Pflichtbewusstsein. Dieser verführerische Gedanke, ob es nicht möglich wäre, es bis nach Hause zu schaffen – die Gedanken an die Familie und die Freunde daheim.

„Du wolltest zur Insel zurück, stimmt's?"

Flapper stammelte. Diese telepathische Fähigkeit seines Freundes, der anscheinend neuerdings seine Gedanken lesen konnte, war ihm unheimlich.

„Du hast es gewusst. Du –"

„Ich hab es auch schon erlebt, Flapper. Und öfter, als du's dir vorstellen kannst."

Garwood lehnte sich an einen Baum und sank zu Boden. Horace kniete neben ihm, und Flapper schüttete ihm sein Herz aus.

„Ich glaube, ich bin schon drei Kilometer gelaufen und erst dann wieder umgekehrt. Ich habe gedacht, es ist so einfach. Dann habe ich erst kapiert, dass ich nicht einmal weiß, in welche Richtung ich da laufe, und ich hab an dich gedacht und an die anderen Jungs, an unser Radio und an unser kleines Fest morgen. Ich wollte nicht so egoistisch sein und euch im Stich lassen."

Horace hörte ihm aufmerksam zu, als er sich alles von der Seele redete. Er sagte: „Das Lager braucht uns, Flapper."

Garwood sah ihn an und wischte sich eine Träne aus dem Augenwinkel.

Horace fuhr fort: „Wir haben mehr für diesen verdammten Krieg getan als ein durchschnittlicher englischer Soldat im französischen Schützengraben. Männer wie wir werden in den Gefangenenlagern dringend gebraucht. Da gehören wir beide hin. Ich wäre auch nicht mehr hier, Flapper, wenn du nicht wärst. Du hast mir damals im Zug das Leben gerettet. Ich –"

„Nein, Jim, wir –"

„Halt die Klappe und lass mich ausreden."

Flapper lächelte und fügte sich. Er wollte ja hören, was sein Kumpel zu sagen hatte. Er brauchte das sogar. Er hatte oft gefühlt, dass auch er auf seine persönliche Weise zu den Kriegsanstrengungen beitrug. Er kümmerte sich nicht nur um sich selbst, sondern auch um die, die seine Hilfe brauchten. Er schützte sie davor zu verzweifeln und begleitete sie durch ihre persönliche Hölle. Jeder spielte eine wichtige Rolle.

KAPITEL 18

„Übrigens, ich weiß, dass du den Großen Buckel umgebracht hast."
Horace wartete auf die Reaktion seines Freundes. Es kam keine.
„Gott weiß, wie vielen Männern du das Leben gerettet hast, indem du dieses Monster aus dem Verkehr gezogen hast. Du bist mein Freund seit dem ersten Lager. Ich brauche dich, Flapper. Ich muss jeden Tag mit dir reden, ich brauche dich an meiner rechten Seite, wenn wir unseren nächsten lächerlichen Plan aushecken. Ich brauche es, dass du dich um mich kümmerst und mir manchmal, wenn es sein muss, ordentlich die Meinung geigst."

Er lächelte und sagte: „Was habe ich von dir, wenn du in England bist? Ich brauch dich hier, Mann, und die anderen brauchen dich auch! Hör nicht auf die britische Armee, die dir einreden will, deine Pflicht sei es, abzuhauen."

Horace packte den großen Kerl fest am Knie.

„Dein Platz ist hier! Deine Aufgabe besteht darin, die Männer zu beschützen und mir dabei zu helfen, die BBC-Nachrichten jedem armen Gefangenen innerhalb von hundert Kilometern zu übermitteln."

Flapper wollte ihm zustimmen. Er wollte seinem Freund sagen, dass alles, was er jetzt gesagt hatte, einen Sinn ergab und dass es die beste Rede war, die er jemals gehört hatte. Seine Schuldgefühle waren wie weggeblasen. Jim Greasley hatte recht – erstaunlich, dass er nicht einmal sauer auf ihn war. Aber er hatte ja gesagt, er kenne diese Gefühle nur zu gut. Flapper hatte schon immer das Gefühl gehabt, dass es einen Sinn hatte, dass man ihn gefangen genommen hatte und ihn hier festhielt – dass es auch hier einen Daseinszweck gab. Jim hatte es glasklar gesagt – er war der heimliche Aufseher, der Beschützer dieser Männer.

Und wer war dieser Jim, der ihm gegenüber kniete und so dämlich und kindisch grinste? Jim Greasley war wahrscheinlich einer der vielen heimlichen Helden des Zweiten Weltkriegs. Er war ein Jäger und Sammler, ein Ingenieur, ein Schmuggler, ein Liebender und Kämpfer, all das war er. Und er war der sturste Idiot, dem Flapper je begegnet war. Und er, Flapper, hatte den Auftrag, ihn zu beschützen.

Die beiden Freunde saßen auf dem kleinen schlesischen Grundstück. Sie hatten eine große Tasche mit frischem Gemüse gefüllt und nahmen nun einen großen Hühnerkäfig auf der anderen Seite des Gartens ins Auge. Die Hühner

SINGEN VÖGEL IN DER HÖLLE?

waren nervös, sie spürten die Gefahr. Es war unheimlich. Eine Nacht nach der anderen hatten Horace und Rose die Gärten, Grundstücke und Bauernhöfe in der Umgebung geplündert, Hasen und Gemüse gestohlen. Nicht ein Mal hatten sie den Versuch unternommen, Hühner mitzunehmen, und die Hühner hatten ruhig dagesessen und zugesehen, wie sie vor ihren Augen die Hasen getötet hatten. Jetzt aber war es, als ahnten die Hennen, was ihnen bevorstand, als hätte ihnen jemand gesagt, dass es ihnen heute an den Kragen gehen würde. Horace und Flapper hörten ihre Aufregung, das Gegacker, das ihnen der Abendwind zutrug.

„Morgen Abend müssen die Männer Huhn kriegen, mein Freund!", meinte Horace.

„Huhn und Wodka", erwiderte Flapper.

„Genau. Huhn und Wodka."

Flapper sah etwas nervös aus, als er sagte: „Sie werden Lärm machen, Mann. Wir müssen schnell sein – rein und sofort wieder raus, wie ein Fuchs. Es muss so aussehen, als wäre ein Fuchs heute Nacht hier gewesen, nicht zwei Gefangene aus dem Lager an der Straße."

Horace nickte. „Wir müssen schnell wie der Wind sein."

Flapper sah ihn an. „Bereit?"

„Bereit."

„Dann lass uns gehen und Futter für unsere Jungs holen."

Flapper klopfte Horace auf die Schulter, und die beiden rannten, so schnell sie konnten, auf den Hühnerstall zu. Flapper erreichte die Tür zum Hühnerhaus als Erster und riss heftig am Türgriff. Die Schnur, die die Tür zuhielt, ging leicht auf, und er stieß die Tür weit auf. Horace sprang hinein. Man sah nur noch Federn und Sägespäne fliegen, als die armen Tiere verzweifelt versuchten, sich der Gefangennahme zu widersetzen. Horace fing ein Huhn in vollem Flug und brach ihm mit geübter Hand das Genick. Flapper griff sich ein anderes Exemplar und zerrte viermal vergeblich an dessen Hals herum, wobei der arme Vogel von Mal zu Mal lauter schrie.

„Gib her, du Stadtkind", sagte Horace und machte das Tier auf Anhieb unschädlich.

„Eins noch", flüsterte er. Drei Vögel im Kessel – das würde ein wahres Festessen werden. Das dritte Huhn wurde binnen zwanzig Sekunden gefangen und getötet.

KAPITEL 18

Als sie gerade gehen wollten, griff Flapper in die Luft und packte eine vierte Henne. Er griff sie am Bein, nahm ihren Kopf in den Mund und zog an ihr. Der Kopf des Vogels riss ab, und Flapper spuckte einen Mund voller Federn aus. Horace sah ihn entgeistert an. „Was machst du da, um Himmels willen?"

Flapper spuckte den Kopf des Tieres in eine Ecke des Raumes und warf den noch zuckenden Leib auf den Boden. Mit blutverschmiertem Gesicht grinste er Horace an.

„Der Fuchs, mein Freund. Es muss so aussehen, als wäre ein Fuchs hier drin gewesen."

Horace grinste. „Du hast recht ... der Fuchs."

Er musste daran denken, wie eines Tages ein Fuchs in den Hühnerstall seines Vaters in Ibstock eingedrungen war und wie groß am nächsten Morgen das Ausmaß der Zerstörung und das unnötige Töten gewesen waren. Flapper hatte recht – ein Fuchs ließ immer mindestens ein totes Huhn zurück.

Horace und Flapper schliefen mit den toten Hühnern, dem Gemüse und dem Wodka unter ihren Betten versteckt. Der deutsche Wachtposten kam um sieben Uhr früh herein, sah sich kurz um und verschwand dann wieder. Die Männer waren richtig überrascht über die Beute, die sie im Personalquartier gebunkert hatten, und Jock kreierte eigens für diesen speziellen Abend ein neues Rezept. Er hatte in der Küche der Deutschen ein paar Gewürze geklaut und den Lagerkommandanten dazu überredet, heute ausnahmsweise etwas großzügiger mit der Brotration zu sein. Und, was noch unglaublicher klang, er hatte all seine Überredungskünste aufgeboten, um die Zutaten für einen Teig zu erbetteln. Obwohl der Lagerkommandant eigentlich dagegen war, hatte er ihnen gerade so viel Eier, Mehl und Milch gegeben, dass es für eine Pastete für hundert Leute reichte.

An dem Abend regnete es, und wie immer bei schlechtem Wetter durften sie das Abendessen auf dem Ofen des Personalquartiers kochen, wo keiner der deutschen Wachleute danebenstand. Das passte perfekt.

Dort, wo normalerweise zwölf Personen schliefen, drängten sich jetzt fast hundert Gefangene. Jeder von ihnen brachte ein kleines Gefäß mit, in das ein sorgfältig abgemessener Schluck Wodka gefüllt wurde. Einige Gefangene

SINGEN VÖGEL IN DER HÖLLE?

ließen sich den Wodka auf der Zunge zergehen, andere tranken ihn auf ex, und ein paar hoben ihn sich für das nächste Mahl auf.

Der Koch hatte nichts verschwendet. Jede Faser Huhn wurde verwendet, und das ganze Gemüse auch. Jock lieferte heute Abend sein kulinarisches Meisterstück ab. Als Vorspeise gab es pikant gewürzte Kartoffelschalen. Die Männer waren zunächst skeptisch. Keiner von ihnen hätte sich je träumen lassen, dass Kartoffelabfälle so gut schmecken könnten. Aber Jock hatte die Kartoffelschalen in kochendem Wasser aufgeweicht, bevor er sie zusammen mit den gestohlenen Gewürzen, ein paar klein gehackten Zwiebeln und Tomatensaft angebraten hatte. Es schmeckte ganz großartig.

Dann kam das Hauptgericht: Hühnerpastete.

Die Männer mussten sich in Geduld üben, denn die Deutschen hatten dem Koch nur zwei mittelgroße Kuchenformen gegeben. Jede Form fasste nur Teig für zehn Leute, und die Männer mussten stundenlang auf ihr Stück Pastete warten. Aber das schien niemanden zu stören. Sie saßen auf den Betten, rauchten ihren Tabak aus den Rot-Kreuz-Paketen und redeten über das Kriegsende. Horace erhielt als einer der Letzten sein Stück Pastete, und er genoss jeden Mundvoll davon. Anschließend prostete er Jock mit seinem Schluck Wodka zu und trank auf sein Wohl.

Jeder im Raum wusste, wer ihnen die Extras für das heutige Festbankett geliefert hatte, aber niemand verlor ein Wort darüber. Niemand gab ein Prost auf die Jäger aus. Das war Horace ganz recht.

Gegen halb elf, als die Ersten gerade gehen wollten, stand Horace mit einem Blatt Papier mitten im Raum. „Und nun, meine Herren", flüsterte er, „hören Sie die BBC-Nachrichten von gestern."

KAPITEL 19

Als Horace am Abend zuvor den Männern zusah, wie sie sich ihre Zigaretten drehten, kam ihm eine Idee. In jedes zehnte Paket hatte das Rote Kreuz ihnen eine Zigaretten-Drehmaschine gelegt, die sie gemeinsam benutzten. Man legte das dünne Zigarettenpapier der Länge nach in die Maschine, der Tabak in der Maschine wurde gleichmäßig verteilt. Dann befeuchtete man den gummierten Rand des Papiers mit Spucke und machte die Maschine zu. Ein paar Drehungen mit der Hand, die Maschine wurde wieder geöffnet, und heraus kam eine sauber geformte Zigarette. Horace besprach seine Idee mit den anderen Männern in seinem Quartier, aber sie machten ihn darauf aufmerksam, dass es da ein paar Hindernisse gäbe.

Horace wusste, er hatte es Rose zu verdanken, dass das Radio funktionierte. Das Gerät sollte aber nicht nur als Luxusgegenstand betrachtet werden, der einem Dutzend Gefangenen zur Unterhaltung diente. Es hob die Stimmung im Lager, das hatte er bereits gesehen, und er wollte erreichen, dass so viele Gefangene wie möglich regelmäßig mit den neuesten Nachrichten versorgt würden. Sie sollten echte, unverfälschte Nachrichten erhalten, keine Propaganda. Dann würden sie die letzten Monate im Lager viel besser ertragen. Und wenn sie eines Tages das Lager verlassen würden, konnten Kenntnisse über die politische Weltlage von lebenswichtiger Bedeutung für sie alle sein.

SINGEN VÖGEL IN DER HÖLLE?

Es dauerte keinen Monat, dann hatten sie beisammen, was sie brauchten. Zwei ehemalige Journalisten mit Stenografiekenntnissen wurden ins Personalquartier verlegt und bekamen jeder einen Kopfhörer – mit freundlichen Grüßen von Rosa Rauchbach.

Sie erhielten eine Schreibmaschine und dünnes Schreibmaschinenpapier. Normalerweise gaben die Deutschen ihnen nur ihre eigene, sorgfältig zensierte Version der Kriegsereignisse heraus, in Form eines Newsletters, der von zwei Gefangenen getippt und untereinander weitergegeben wurde. Dieser Newsletter wurde aber kaum gelesen, weil er erstunken und erlogen war. So stand zum Beispiel darin, Churchill sei gestorben, die Russen hätten kapituliert und London, Edinburgh und New York seien von deutschen SA-Leuten im Sturm erobert worden.

Diesmal wollten die Gefangenen das Papier, das sie aus den Büros der Deutschen gestohlen hatten, sinnvoller verwenden. Die beiden Ex-Journalisten hörten sich die Rundfunknachrichten um Mitternacht an, machten sich dabei Notizen in Kurzschrift und schrieben das Ganze in der nächsten Stunde in Langschrift um. Um zwei Uhr morgens wurden die Schreiber geweckt und tippten im Dunkeln bei Kerzenlicht die Kurzberichte der Journalisten ab. Dann, um sechs Uhr morgens, standen zwei weitere Leute auf und rollten das Schreibmaschinenpapier mit den Kurznachrichten mithilfe der Drehmaschine zur Zigarette zusammen – mit Tabak an beiden Enden und dem getippten Text in der Mitte.

Diese Zigaretten wurden beim Morgenappell und später im Laufe des Tages unter der Hand weitergegeben: So konnte jeder Gefangene im Lager noch vor dem Abendessen erfahren, was die BBC am Vortag in ihren Nachrichten gesendet hatte.

Aber selbst damit gaben sich Horace und seine Zimmergenossen im Personalquartier noch nicht zufrieden. Sie stockten die Nachtschichten auf und produzierten noch mehr Zigaretten, um sie an das benachbarte Lager zu verteilen. Die Insassen der beiden Lager sahen sich jeden Tag beim Außendienst. Sie hielten an und plauderten miteinander. Die deutschen Wachleute hatten nichts dagegen. Bei dieser Gelegenheit gaben einige Gefangene den anderen ihre Zigaretten weiter, wobei sie stets ihre Aufseher um Erlaubnis baten. Was

KAPITEL 19

ist denn schon dabei?, dachten sich die Deutschen. Diejenigen Gefangenen, die die Zigaretten bekamen, sollten sie nach dem Lesen rauchen. Danach gaben sie echte Zigaretten an die Gefangenen aus Freiwaldau weiter, um die Produktion am Laufenden zu halten.

Dieser hocheffiziente Nachrichtendienst bestand im Winter 1943 und im Frühjahr 1944 fort. Die Empfänger erhielten Nachrichten über das starke Bombardement deutscher Städte und den Rückzug japanischer Truppen aus Burma. Sie erfuhren allerdings auch Ende März 1944 von den schweren Verlusten der Royal Air Force während des großen Luftangriffs auf Nürnberg. Das Komitee der Lagerzeitung – wie sie liebevoll genannt wurden – war sich einig darin, ausnahmslos alle Nachrichten zu übermitteln, ohne Rücksicht darauf, ob sie gut oder schlecht waren und welche Wirkung sie auf die Stimmung der Gefangenen haben mochten. Sie waren sich einig, dass sie immer ehrlich berichten wollten.

Was die Gefangenen in Freiwaldau nicht wussten, war, dass die Alliierten sich im Mai 1944 auf die Landung in der Normandie vorbereiteten. Im Radio hieß es nur, Frankreich werde verstärkt von Alliierten bombardiert. Das Journalistenteam im Lager berichtete darüber, wusste aber nicht, was wirklich hinter den massiven Bombenangriffen steckte.

Manchmal ging ein Bestandteil des Radiogeräts kaputt. Aber sobald sich Horace wieder mit Rose treffen konnte, sorgte sie innerhalb weniger Tage für Ersatz. Im Sommer 1944 lasen sage und schreibe dreitausend Kriegsgefangene Tag für Tag das Lagerjournal. Es waren zu viele. Es war nur eine Frage der Zeit, bis die Deutschen Wind davon bekamen. Dies geschah, als ein ziviler Lagerarbeiter sich hinter einer Hecke erleichterte, die neben einem Arbeitsort der Gefangenen sechs Kilometer von Freiwaldau entfernt lag.

Die Nachrichten vom Vortag waren gut, und die Gefangenen konnten sie in ihrer Aufregung nicht für sich behalten. Ende August und Anfang September 1944 gab es jede Menge guter Meldungen. Wie das Radio berichtete, war Paris befreit worden. General de Gaulle und die französische Résistance hatten ihren Siegeszug über die Champs-Élysées gemacht. Die Deutschen hatten auch in Toulon und in Marseille kapituliert. Kanadische Truppen hatten Dieppe eingenommen, und die Alliierten waren nach Belgien einmarschiert.

SINGEN VÖGEL IN DER HÖLLE?

Brüssel, Antwerpen, Gent, Lüttich und Ostende wurden von den Alliierten befreit. Und die Russen befreiten das erste deutsche Konzentrationslager in Polen. Es war der Anfang vom Ende für Deutschland und das Dritte Reich.
Zwei Kriegsgefangene machten am Wegesrand eine Pause und redeten miteinander. Einer der beiden war leichtsinnig und zu laut, als er seinem Kameraden aus dem anderen Lager eine Zigarette gab und sagte, die Nachrichten seien gut.
„Das Radio war gestern Nacht brandheiß."
„Ach, wirklich?"
Andrezj Netzer, ein Schlesier, der auf der Seite der Nationalsozialisten war, stand an der Hecke und pinkelte. Er war für die beiden Männer nicht zu sehen und bemühte sich, seinen Strahl zu drosseln, um nicht von ihnen gehört zu werden. Was für ein glücklicher Zufall, dachte er, als er die Unterhaltung mithörte. Er überlegte schon fieberhaft, wie er dieses Wissen, wenn er es an die richtigen Leute weitergab, am besten für sich und seinen Aufstieg im Lager nutzen konnte. Die Aufsicht über die Gefangenen außerhalb des Lagers zu führen, war schon besser als so mancher andere Posten im Lager, aber je näher der Winter kam, umso interessanter war ein lockerer Bürojob für ihn – in der warmen Stube, mit Kaffee den ganzen Tag über. Er hörte genauer zu.
„Die Alliierten sind laut BBC nach Deutschland eingedrungen."
„Was du nicht sagst!"
„Ja, stell dir vor, nach Aachen. Und die Deutschen und die Japaner müssen sich ihnen ergeben."
Der zweite Gefangene pfiff durch die Zähne und starrte auf die Zigarette mit den Nachrichten. Er sagte: „Dann stimmt es also, dass dieser verdammte Krieg dem Ende entgegengeht."
„Sieht ganz so aus, Kamerad."
Andrezj Netzer schüttelte die letzten Tropfen Urin von seinem Penis ab und knöpfte seine Hose zu. Er wartete geduldig, bis die beiden Gefangenen sich voneinander verabschiedet hatten und weggingen.

Horace und Rose schmiedeten schon Pläne für das Kriegsende. Heute Abend hatten sie keinen Sex miteinander, Rose war zu aufgeregt und zu sehr mit

KAPITEL 19

Planen beschäftigt. Sie lagen nebeneinander in der Kapelle und plauderten – voll angezogen.
„Neuseeland."
„Was meinst du?", fragte Horace.
Rose fuhr fort: „Neuseeland. Wir könnten nach Neuseeland gehen. Mein Vater hat gesagt, die Regierung dort stellt sich schon auf das Kriegsende ein. Es ist ein riesiges Land, und sie suchen Landarbeiter."
Horace nickte. Rose fuhr begeistert fort: „Du hast doch schon auf dem Bauernhof gearbeitet, Jim. Wir könnten uns dort bewerben."
Die nächsten paar Sätze hörte er gar nicht mehr. Er war im Geiste schon in Neuseeland. Er träumte von einer Schaffarm, einer Frau und Kindern, von gutem Wetter und Frieden. Sie hatten schon oft darüber geredet, was sie nach Kriegsende machen würden. Er wollte mit ihr zusammenleben, für immer, aber er hatte sich bislang immer gefragt, wo sie beide leben sollten. Eine Frau aus Schlesien nach England mitzubringen, war unmöglich. Fünf Jahre lang hatten die Deutschen seinem Land nichts als Terror beschert. Sie hatten seine Landsleute ausgebombt, erschossen, niedergemetzelt. Wie viele Familien mochte es allein in Ibstock geben, die ihre Söhne und Töchter, Väter und Mütter, Onkel und Tanten wegen der Deutschen verloren hatten? Seine Landsleute würden es nie und nimmer akzeptieren, wenn er mit einer Deutschen am Arm nach Hause kam, und schon gar nicht in so einem kleinen Ort wie Ibstock.
Er konnte mit Rose nicht in England leben.
Was war mit Schlesien? Konnten sie sich hier niederlassen? Hier war alles zu unsicher für sie. Niemand konnte vorhersagen, welche Art von Wiedergutmachung die Russen von der deutschen Bevölkerung verlangen würden und ob sie die Schlesier nicht als Deutsche ansehen würden. Rose hatte im Lager gearbeitet, ihr Vater war der Eigentümer. In den Augen der Russen war sie wohl eine Deutsche. Horace brauchte nicht länger über diese Option nachzudenken. Er hatte genügend Gerüchte darüber gehört, was die Russen anderswo mit der deutschen Bevölkerung angestellt hatten. Ob Soldaten oder Zivilisten, da machten sie keinen Unterschied. Es gab haufenweise Geschichten über Massenhinrichtungen, Erhängen, Folter und Massenvergewaltigungen. Ein Schauer lief ihm den Rücken hinunter.

SINGEN VÖGEL IN DER HÖLLE?

„Du hörst mir ja gar nicht zu!", sagte Rose vorwurfsvoll.
„Ich war gerade in Neuseeland."
Horace zog sie hinunter auf den Teppich und küsste sie. Seine Hand glitt an ihrem Rock hoch, fand den dünnen Stoff ihrer Unterhose und massierte ihre Klitoris mit dem Zeigefinger. Sie stöhnte kurz lustvoll auf, dann packte sie ihn am Handgelenk und nahm seine Hand weg.
Sie löste sich aus seinem Kuss und fragte: „Denkst du wirklich über Neuseeland nach, Jim?"
„Ja."
„Heißt das, du willst dort mit mir leben und mir viele Babys schenken?"
„Ja, das will ich."
Rosa lächelte. „Ich liebe dich so sehr, Jim Greasley."
„Ich dich auch, meine englische Rose."

Als Andrezj Netzer durch das Eingangstor des Lagers Oflag VIII Oberlangendorf ging, konnte er vor Aufregung kaum an sich halten. Er schritt ohne zu zögern direkt auf das Büro des Lagerkommandanten zu. Ein Unteroffizier im mittleren Alter sah von seinem Schreibtisch auf. Netzer kannte ihn schon, diesen Blick, mit dem ihn die meisten Deutschen ansahen. Der Blick sagte so viel wie: Du bist für mich nicht mehr wert als ein Stück Scheiße, das ich von meinem Schuh abwischen kann, wenn ich will. Er dachte: Wenn ich denen sage, was ich weiß, werden sie mich nicht mehr so geringschätzig behandeln.

Horace lag auf seiner Pritsche und konnte nicht schlafen. Er hatte den Mond beobachtet, wie er im Laufe der Nacht langsam den Himmel entlangzog. Es war eine kalte und sternenklare Nacht. Man konnte die Sternbilder Orion, Großer Wagen und Großer Bär deutlich erkennen. Während seiner Zeit im Lager hatte er gelernt, die Zeichen des Himmels zu deuten. Er nahm an, es müsste so gegen drei Uhr morgens sein. Am Abend hatte er die Nachrichten gehört und wusste jetzt, dass die Russen immer weiter nach Preußen, Polen, Ungarn und sogar Schlesien vordrangen. Es waren gute Nachrichten, aber er dachte auch an Rose. Aus irgendeinem Grund, den er selbst nicht genau

KAPITEL 19

benennen konnte, wäre es ihm lieber gewesen, die Amerikaner würden durch Schlesien marschieren als die Russen.

Er blickte hinaus auf den Wald. Als er in drei bis vier Kilometern Entfernung einen schmalen Lichtstrahl sah, setzte er sich im Bett auf. Das Licht kam näher. Trotz der Nachtkälte spürte Horace die Schweißtropfen auf seiner Stirn und ein stickiges, warmes Gefühl, das sein Hemd auf dem Rücken kleben ließ. Aus dem einzelnen Lichtstrahl wurden zwei Autolichter, dann noch mal zwei und noch mal zwei. Insgesamt acht Autos fuhren am Lagereingang vor. Die deutschen Wachtposten rannten zum Eingangstor. Sie fragten sich nervös, wer das wohl um diese Zeit sein konnte. Sie befürchteten schon das Schlimmste. Waren es etwa die Amerikaner? Oder die Russen? War jetzt der schreckliche Tag gekommen?

Nein. Es waren keine Lastwagen voller Soldaten, keine Panzer und keine Artillerie. Es waren Wagen mit SS-Leuten darin. Instinktiv ahnte Horace, dass sie nach seinem Radiogerät suchten. Es war eine gut geplante und grausam ausgeführte Operation. Man wollte den Gefangenen beweisen, dass die deutsche Kriegsmaschinerie noch lange nicht machtlos war. Die SS ging laut und bewaffnet in die Schlaf- und Personalräume. Jeder Gefangene, der etwas langsam und schlaftrunken auf den morgendlichen Weckruf reagierte, wurde aus dem Bett geworfen und erhielt ein paar kräftige Hiebe mit dem Gewehrkolben. Binnen weniger als drei Minuten stand jeder Inhaftierte draußen in der kalten schlesischen Oktoberluft, manche nur in Hemd und Unterhosen.

Ein großer, finster dreinblickender SS-Offizier mit einem dunklen Schnurrbart ergriff das Wort.

„Gefangene des Vaterlands, wir sind heute Nacht hier, um einige Fehler richtigzustellen. Wir sind nicht dumm, und wir wissen, dass in einem der Lager hier ein Kommunikationsnetz errichtet wurde. Wir haben Grund zu der Annahme, dass dies hier in Freiwaldau der Fall ist."

Horace sah Jock Strain und danach Jimmy White an. Er konnte nur hoffen, dass er nicht so verängstigt aussah wie die beiden, aber er fürchtete, auch ihm war die Angst, die in ihm hochkroch, ins Gesicht geschrieben.

„Nur ruhig", flüsterte jemand. Es war Flapper. „Sie wissen nicht alles. Sie können nur raten."

SINGEN VÖGEL IN DER HÖLLE?

„Aber ziemlich gut", gab Horace zurück.
Der Offizier fuhr fort. Er zog ein Blatt Papier aus der Brusttasche.
„Zunächst wollen wir Ihnen mitteilen, wie die Kriegslage wirklich ist. Das, was Sie aus Ihrem Land gehört haben, ist Unsinn. Die behaupten doch glatt, die Armee des ruhmreichen deutschen Vaterlandes sei auf dem Rückzug."
Der Offizier lachte laut. Die Rangniederen um ihn herum grinsten wie auf Kommando, einer oder zwei lachten mit.
„Nichts könnte weiter von der Wahrheit entfernt sein, ihr dummen englischen Hunde."
Der Offizier nahm eine Brille aus seiner Tasche und setzte sie auf. Über die Gläser hinweg sah er in die Gesichter der Gefangenen.
„Die folgende Meldung stammt aus einer abgefangenen amerikanischen Nachrichtensendung." Er sah wieder auf und grinste. „Dies ist also keine deutsche Propaganda, es kommt von eurer Seite: Deutschland hat den sogenannten Warschauer Aufstand niedergeschlagen, während die angeblich ruhmreiche russische Armee untätig danebenstand und zusah."
Er las vom Blatt. Die Meldung war kurz und bündig und enthielt eine völlig andere Einschätzung als die, die Horace in den letzten Wochen von der BBC her kannte. Er bemühte sich, die Stimme des deutschen Offiziers auszublenden, aber die Ereignisse, über die er berichtete, waren alle geschehen – er hatte sie mit eigenen Ohren gehört, allerdings aus Sicht der Engländer.
„Wir gewinnen die Schlacht von Debrezin gegen eure russischen Verbündeten." Er hielt inne und sah auf. „Seid froh, wenn ihr keinen russischen Soldaten zu Gesicht bekommt. Die sind schlimmer als die Tiere und töten und vögeln alles, was sich bewegt. Die sind wahre Teufel und kommen aus der Hölle." Er kam wieder auf seinen Text zurück. „Unsere japanischen Freunde gewinnen die Schlacht am Golf von Leyte und kontrollieren den gesamten Pazifischen Ozean."
Der Offizier redete noch zehn Minuten lang weiter. Er machte seine Sache gut, nur ein paar Unzufriedene murmelten in der kalten Luft.
Alles Lügen, hätte Horace am liebsten laut geschrien, alles nur deutsche Propaganda. Aber was war, wenn das hier wirklich von den Amis kam? Das hätte bedeutet, dass die BBC wirklich Lügen verbreitete und der Krieg noch

KAPITEL 19

lange nicht beendet war. Horace war verwirrt, aber nur so lange, bis er in die Gesichter der deutschen Wachtposten sah. Sie lächelten nicht, ihre Brust war auch nicht stolzgeschwellt. Sie hatten dieselben traurigen Gesichter wie schon die ganzen letzten Wochen. Horace grinste, er trat Jock heimlich ans Bein und nickte hinüber zu zwei deutschen Wachleuten.

„Schau mal!", flüsterte er. „Sieh dir diese Deppen an, die glauben ihm auch nicht."

Jock sah hin, und sein Stirnrunzeln wich einem Grinsen. Es war ein bizarres Spiel – ein Gefangener nach dem anderen berührte seinen Nebenmann unauffällig am Arm oder Bein und wies auf die Miene der Bewacher hin. Horace verstand, wie wichtig es für alle war, dass die echten Nachrichten, die jede Nacht aus London kamen, weiterhin die dreitausend alliierten Gefangenen erreichten, die sich hier in der Gegend befanden.

Die SS baute sich draußen vor den Gefangenenquartieren von Oflag VIII G Freiwaldau auf. Auf ein Zeichen des Offiziers gingen sie hinein. Die Gefangenen konnten sie durch die offenen Fenster sehen, ihre Uniformen glänzten im Morgenlicht. Sie zerstörten sämtliche Schlafräume. Sie zerschlugen die Betten, zerrissen Matratzen und Kissen und schafften die persönlichen Habseligkeiten der Gefangenen auf den Platz. Die Briefe von daheim, Fotos, Bücher, Zeitschriften und die Sachen aus den Rot-Kreuz-Paketen – alles warfen sie auf einen großen Haufen, übergossen ihn mit Benzin und zündeten ihn an.

Die SS-Männer wüteten drinnen weiter. Sie rissen Bretter und Regale heraus. Einer der deutschen Wachtmänner zertrümmerte systematisch die falsche Holzdecke des Gebäudes mit seinem Gewehrkolben.

Horace befürchtete das Schlimmste.

Jemand flüsterte ihm zu: „Bleib ruhig, Jim."

Horace spürte, dass die Augen der hundert Gefangenen auf ihm ruhten. Jeder im Lager wusste, wo sein Radiogerät versteckt war. Jeder wusste, dass er es war, der die Teile einzeln ins Lager geschmuggelt hatte, dass er persönlich dafür die Verantwortung übernommen hatte und darauf bestanden hatte, dass das Radio neben seinem Bett in der Wand versteckt wurde.

Die SS-Leute und die Wachtposten kamen auf den großen Platz zurück. Sie hatten nichts gefunden.

SINGEN VÖGEL IN DER HÖLLE?

Der SS-Offizier hielt eine zweiminütige Besprechung mit einem seiner Untergebenen, dann nickte er in Richtung Personalquartier. Seine Truppen und die Wachleute liefen auf die offene Tür des Hauses zu. Horace hatte Angst, er würde gleich zusammenbrechen. Der SS-Offizier legte die Hände auf den Rücken, grinste die Gefangenen an und folgte seinen Leuten in die Hütte.

Horace schloss die Augen. Es reichte ihm zu hören, wie die Personalquartiere systematisch zerlegt wurden, er brauchte es nicht zu sehen, er konnte es sich auch so lebhaft vorstellen. Er konnte hören, wie sie die Betten zerlegten und die Matratzen mit dem Messer zerfetzten. Schlimmer noch war für ihn das Splittern von Holz, das von Paneelen und Decke kam. Die völlige Zerstörung der Räume dauerte keine fünf Minuten, darauf folgte eine eisige Stille. Als Wachleute und SS-Leute aus der Hütte kamen, sah Horace, dass ein paar von ihnen höhnisch grinsten.

Sie hatten wohl etwas gefunden.

Als Letzter trat der deutsche SS-Offizier aus dem Gebäude. Er stand in der Tür und sah die versammelten Gefangenen nacheinander prüfend an. Er sah wütend aus. Er holte tief Luft und bellte, so laut er konnte: „Bringt mir den Friseur her!"

Horace schwankte hin und her, er war kurz vor dem Zusammenbruch. Das war's – sie hatten ihn. Zwei deutsche Wachleute nahmen ihn in die Mitte und marschierten mit ihm in Richtung Hütteneingang. Sie hatten das Radio bestimmt gefunden – über seinem Bett. Er würde erschossen werden, das war klar, aber was passierte wohl mit den anderen? Es war kaum zu glauben, aber just in diesem Moment musste er an seine Leidensgenossen denken, besonders an seine Zimmergenossen. Was würde mit ihnen geschehen? Würden sie auch mit dafür haftbar gemacht werden? Er dachte an Rose. Sie wollten bestimmt wissen, wer ihm die Sachen geliefert hatte.

Hier und jetzt traf er eine grundlegende Entscheidung. Ein Verhör wollte er nicht riskieren – dazu liebte er Rose zu sehr. Er war innerlich stark, ein sturer Hund, wie Flapper und Jock und die anderen oft sagten, aber wie stark und stur war er wirklich, wenn es darauf ankam? Er wollte auf keinen Fall Gefahr laufen, mitten im Verhör seelisch zusammenzubrechen und Rosas Namen preiszugeben. Lieber wollte er sich, wenn sie aus der Hütte kamen,

KAPITEL 19

losreißen und in Richtung Wald fliehen. Natürlich würde er dann im Kugelhagel sterben, aber wenigstens Rose war sicher. Seine englische Rose ... sie war sicher.

Sie zerrten Horace zu seinem Bett und zwangen ihn, in Habachtstellung zu stehen. Der SS-Offizier schäumte vor Wut. Er stand nur wenige Zentimeter von seinem Gesicht entfernt, fluchte und schrie ihn an. Horace sah nach hinten, über seine Schulter. Das Regal und das Holzbrett waren intakt.

„Du verdammter dreckiger englischer Scheißkerl!"

Horaces Blick fiel auf die überquellende Dose mit Zigarettenasche und die Zigarettenstummel auf dem Regal. Da lagen auch ein Schokoladenpapier und eine Dose mit schimmeligem Hackfleisch. Eine Fliege kroch über eine alte Brotrinde. In der Nähe des Fensters sah er eine klebrige Flüssigkeit.

„Du Hurensohn – ich habe noch nie ein Schwein gesehen, das so viel Dreck macht wie du!"

Das Regal blieb unangetastet. Der deutsche Offizier wollte nicht, dass seine Männer mit so viel Schmutz und Dreck in Berührung kamen. Der SS-Mann schlug Horace auf die Wange, er fiel zu Boden. Niemals zuvor war er über einen Schlag ins Gesicht so froh gewesen wie heute.

Sein Plan war aufgegangen. Er sah, was die SS-Leute mit den Betten und Sachen seiner Kollegen gemacht hatten. Sein Bett hatten sie nicht angefasst, auch das Regal nicht, und auch die losen Holzbretter, hinter denen sich das Zubehör der Lagerzeitung verbarg, nicht. Mehr als alles andere amüsierte Horace, dass der SS-Offizier nur Zentimeter von all dem entfernt stand, wonach er suchte.

Der SS-Offizier schubste und stieß Horace zurück nach draußen, in Reih und Glied, dann ließ er alle Gefangenen noch eine ganze Stunde lang in der Kälte stehen. Niemand verstand so recht, warum Jim Greasley die ganze Zeit grinsend dastand, obwohl ihm vor Kälte die Zähne klapperten.

Das Radio hatte überlebt. Das war die Hauptsache.

Ein paar Wochen später schickte der Lagerkommandant von Oberlangendorf nach seinem Stellvertreter.

„Ich habe einen Auftrag für Sie, Brecken."

„Jawohl, Herr Kommandant."

SINGEN VÖGEL IN DER HÖLLE?

„Ich möchte, dass Sie Andrezj Netzer und die anderen Arbeiter heute in den Wald begleiten."

„Zu Befehl, Herr Kommandant."

„Und dann, in einem geeigneten Moment, nehmen Sie Netzer mit in den Wald." Der Kommandant hielt inne und streichelte sein Kinn. „Sagen Sie ihm, Sie hätten eine besondere Aufgabe für ihn, schmieren Sie ihm Honig ums Maul, damit er sich geschmeichelt fühlt ... Das mag er." Er grinste.

„Zu Befehl, Herr Kommandant."

„Und noch etwas, Brecken."

„Herr Kommandant?"

„Jagen Sie ihm von hinten eine Kugel in den Kopf und überlassen Sie ihn den Wölfen."

KAPITEL 20

Horace lag auf seiner Pritsche. Er hatte eine dieser nachdenklichen Phasen, wie sie alle Gefangenen immer wieder durchmachen. Er war jetzt schon viereinhalb Jahre eingesperrt ... Jahre, die eigentlich die besten im Leben eines Mannes sein sollten – vergeudet, weggeworfen, für nichts und wieder nichts.

Kaum war er vom Jungen zum Mann geworden, hatte man ihn in den Krieg geschickt. Gerade, als er dabei war, beruflich weiterzukommen, das schöne Geschlecht zu entdecken, am Wochenende tanzen zu gehen und die Zeit daheim im Familienkreis zu genießen. Er hatte damals Fußball und Kricket gespielt und als junger Kerl in Leicester boxen gelernt. Er hatte so viel geben wollen, so viel erleben wollen. Und dann? Von einer Sekunde auf die andere hatte so ein Hornochse mit seinem weißen Taschentuch ihm alle Chancen genommen.

Vier Mal Weihnachten ohne seine Familie. Man sagte ihnen immer, wenn Weihnachten war. Manche der Gefangenen notierten sich das Datum und versuchten, übers Jahr hin Tagebuch zu führen. Aber normalerweise ging in so einem Lager wie diesem ein Tag in den anderen über. Da der 25. Dezember auch noch sein Geburtstag war, hatte er obendrein vier Geburtstage versäumt. Voller Wehmut dachte er an die Tasse Tee mit Whisky, die ihm sein Vater jedes Jahr an Weihnachten gab. Er stellte sich vor, wie sein Vater ihm in

SINGEN VÖGEL IN DER HÖLLE?

der Küche zuprostete. Weihnachten – das war für Horace Greasley im Lager immer der schlimmste Tag von allen.

Aber dieses Jahr würde es vielleicht ein anderes Weihnachten für ihn werden. Er dachte an die verrückteste Einladung, die er je erhalten hatte. Familie Rauchbach lud ihn zum Weihnachtsessen zu sich ein, in das schlesische Dorf Klimontów. Es hörte sich alles so einfach an. Rosa und ihr Vater hatten an alles gedacht. Die Straßen würden am Weihnachtstag menschenleer sein, hatte sie gesagt, es sei der einzige Tag des Jahres, an dem die Deutschen nicht auf dem Antreten zum Morgenappell bestanden. Sie gaben den Gefangenen einen Tag lang frei und überließen sie ganz sich selbst. Rose hatte recht – niemand würde ihn vermissen.

Herr Rauchbach wollte ihn an der Kreuzung, acht Kilometer von Lager entfernt, erwarten. Der Fußmarsch zu ihnen nach Hause würde etwas mehr als eine Stunde dauern. Dort erwarteten ihn zum Lohn eine gefüllte Gans und eine gute Flasche Wein. Vor der Gans gab es nach alter Tradition Fischsalat, danach Weihnachtspudding und Pralinen.

Eine richtige Weihnachtsfeier im Kreis der Familie, dachte Horace, mit Kaminfeuer und vermutlich sogar einem Gläschen Whisky, wer weiß. Er hätte Rose zu gern ein Geschenk mitgebracht. Alles, was er hatte, waren sechs Stückchen Schokolade aus dem letzten Paket des Roten Kreuzes. Das war's.

Er grübelte weiter. Sollte er nach so einem schönen Fest überhaupt wieder ins Lager zurückkehren? Der Krieg war fast zu Ende, sagten sie zumindest im Radio. Selbst die britische Bürgerwehr hatten sie neulich nach Hause geschickt, so gering war das Risiko der Eroberung durch den inzwischen zahnlos gewordenen deutschen Tiger. Auch die Japaner machten immer häufiger Kamikaze, ein untrügliches Zeichen ihrer Ohnmacht und Verzweiflung.

Wie würden ihr deutscher Lagerkommandant und seine Vorgesetzten wohl reagieren, wenn sie eines Tages die Nachricht bekamen, vor der sie sich schon lange fürchteten – dass sie den Krieg verloren hatten? Warum sollten sie die Gefangenen am Leben lassen? Warum sollten sie sie den Russen, den Amerikanern oder dem Roten Kreuz überlassen? War eine Übergabe mit Gefahren für sie verbunden? Am einfachsten war es doch, die Gefangenen in den Wald zu führen und sie dort zu erschießen.

KAPITEL 20

Horace musste wieder an die Nacht denken, in der die Deutschen das Radiogerät gesucht und die persönlichen Habseligkeiten aller Gefangenen verbrannt hatten. War das nicht schon eine Art vorweggenommene Spurenbeseitigung gewesen, die es ihnen später ermöglichen sollte abzustreiten, dass die Gefangenen hier gelebt hatten? Waren seine Briefe überhaupt zu Hause angekommen?

Je länger er darüber nachdachte, umso besser gefiel ihm die Einladung der Rauchbachs. Vielleicht konnte er sich bei ihnen ein paar Wochen verstecken?

Es war am 23. Dezember um sieben Uhr morgens. Horace rief seine engsten Freunde vor dem Morgenappell zu einer kleinen Besprechung zusammen. Jock Strain, Flapper, Freddie Rogers und David Crump saßen auf dem Fußboden des Personalquartiers und fragten sich, was Horace ihnen wohl zu sagen hatte.

Die Männer saßen schweigend da, während Horace ihnen seine Pläne mitteilte. Es war ein weiteres Anzeichen dafür, dass der Krieg bald zu Ende sein würde. Die Gefangenen wussten es, die Familie seiner Freundin wusste es, und jeder der Gefangenen bemerkte die Veränderungen im Verhalten ihrer Bewacher. Als Horace mit seiner Ankündigung fertig war, sagten seine Freunde kaum ein Wort. Sie gingen zum Morgenappell und danach wieder an ihre tägliche Arbeit. Auch Horace ging mit schwerem Herzen und Blei in den Stiefeln in seinen improvisierten Friseurladen zurück.

Die Zigaretten mit den Nachrichten vom Vortag wurden wie immer weitergegeben. Freddie Rogers und David Crump waren vier Kilometer vom Lager entfernt zu Außenarbeiten eingesetzt. Sie sprachen nur ein paar Worte über den bevorstehenden Weggang ihres Freundes und verschafften sich Erleichterung, indem sie mehr Zigaretten als sonst verteilten. Das kam zwei deutschen Wachleuten komisch vor.

„Die verteilen Zigaretten wie Geschenke, Brecken – als wäre schon Weihnachten."

Feldwebel Brecken beobachtete die beiden Gefangenen scharf.

„Ja, heute sind sie richtig großzügig. Wahrscheinlich wissen sie, dass sie nur noch ein paar Tage hier sein müssen. Aber dann, nach ein paar Tagen, bekommen sie von denen Zigaretten, denen sie welche gegeben haben."

SINGEN VÖGEL IN DER HÖLLE?

Wachtmann Froud runzelte die Stirn. Er fragte: „Was hat das wohl zu bedeuten?"

Brecken zuckte mit den Schultern. „Vielleicht tun sie so, als wären sie zu Hause, wo sie immer genug Zigaretten hatten. Vielleicht spielen sie Wochenende in der Heimat oder so. Oder sie verteilen Weihnachtsgeschenke. Sie verschenken die Dinger gar nicht wirklich, sondern schenken sie sich wieder zurück. Es ist wie ein Gesellschaftsspiel, eine Art Maskerade."

„Herr Feldwebel, ich an Ihrer Stelle würde –"

Der Angesprochene hob die Hand. „Ruhe. Ich habe weiß Gott Wichtigeres zu tun, als mich um irgendwelche blöden Engländer zu kümmern, die Zigaretten an ihre Kameraden verteilen."

Brecken schulterte sein Gewehr und ging zu Freddie Rogers und David Crump hinüber. Ein Mann aus Schlesien bat sie um eine Zigarette, aber die beiden lehnten ab.

„Was soll das? Warum geben Sie dem Mann keine Zigarette?", fragte Brecken Freddie Rogers.

„Weil er nicht mein Freund ist", antwortete Freddie Rogers, der keine Zeit hatte nachzudenken. „Ich kenne den Mann nicht. Ich schenke meine Zigaretten nur meinen Freunden."

Der Deutsche, der vermutete, dass es sich hier wohl um ein seltsames Spiel der Engländer handelte, sah sich in seiner Theorie bestätigt. Er wandte sich an den Schlesier.

„Kommen Sie, Netzer, folgen Sie mir in den Wald. Da wartet eine ganz besondere Aufgabe auf Sie."

„Eine besondere Aufgabe?", stammelte Andrezj Netzer. Er grinste. „Jawohl, mein Herr, zu Befehl, mein Herr."

Der Deutsche ging in den Wald hinein, der Schlesier folgte ihm. Brecken streichelte den Kolben seines Gewehrs, als wäre er ein Hündchen. Er prüfte, dass das Gewehr entsichert war und legte unauffällig den Finger an den Abzug.

Es war am Weihnachtsmorgen des Jahres 1944. Nach einer weiteren gelungenen Flucht lag Horace frierend am Waldrand und schaute auf das Lager

KAPITEL 20

zurück. Er sah seinen Schlafsaal und das Personalquartier und das Fenster, das ihm in den letzten zwei Jahren immer so gute Dienste geleistet hatte.

Alles schien ruhig. Flapper hatte die Gitterstäbe bereits ersetzt. Horace sah zu, wie zwei frierende, gelangweilt und hungrig aussehende Wachleute an seinem Fenster vorübergingen, ohne vom Boden aufzusehen. Er dachte an die guten und die nicht so schönen Zeiten, die er mit Flapper, Jock und den anderen Jungs in seinem Quartier verbracht hatte. Vielleicht war es ihr letztes Weihnachten unter deutscher Knute.

Er war heute später weggegangen als sonst, erst nach fünf Uhr dreißig, bis zum Sonnenaufgang blieb ihm noch genügend Zeit. Um halb sieben wollte er sich mit Rose treffen, an der Hauptstraße, zwei Kilometer vom Lager entfernt.

Er sah ihre Umrisse im Dunkeln, eine kleine Gestalt, die ab und zu mit den Füßen aufstampfte, um die Kälte abzuwehren. Er beobachtete sie ein paar Minuten lang, sah, wie sie die Straße entlangblickte, in Richtung Lager. Vom Wald her kroch er auf sie zu und schlang beide Arme um sie. Sie kreischte, als er sie herumdrehte und küsste. Schnell löste sie sich aus seiner Umarmung.

„Komm schnell, Vater wartet."

Sie nahm ihn an der Hand und zog ihn fort. Horace machte keine Anstalten zu gehen. Sie spürte sein Widerstreben sofort. Sie sah tief in seine traurigen Augen und wusste Bescheid. Ehe sie auch nur ein Wort sagen konnte, weinte sie schon.

„Was ist los, Jim? Sag es mir."

Horace schüttelte den Kopf. Er sagte: „Ich kann nicht mitkommen, Rose. Du weißt es."

„Aber warum, Jim? Bitte, wir –"

Er legte den Finger auf ihre Lippen. Eine Träne fiel auf den Boden.

„Du weißt, warum."

„Nein, weiß ich nicht. Bitte, erklär's mir."

Horace seufzte. Er nahm ihre Hand in seine und ging langsam mit ihr die leere Straße entlang.

„Ich würde gern deinen Vater wiedersehen und ihm für alles danken, Rose, aber ich will dich nicht noch mehr Gefahren aussetzen, als ich es ohnehin schon tun musste."

SINGEN VÖGEL IN DER HÖLLE?

„Nein, Jim. Ich ... wir ..."

Horace unterbrach sie. „Du hast mich mehr geliebt, als eine Frau einen Mann lieben kann. Jedes Mal, wenn wir uns getroffen haben, wenn wir uns geliebt haben, habe ich dich in Lebensgefahr gebracht."

Rose schüttelte den Kopf. Sie schluchzte hemmungslos, als sie begriff, dass sie heute nicht, wie geplant, ihren ersten Tag in Freiheit zusammen erleben würden.

„Unsere Liebe hat das Unmögliche möglich gemacht. Eines Tages will ich der ganzen Welt davon erzählen."

Er hielt inne und drehte sie sanft um, um sie anzusehen. Er nahm ihre beiden Hände in seine. Er sah, wie eine Träne ihre Wange herunterlief und beugte sich nach vorn, um sie zu küssen. Sie drehte ihr Gesicht weg, um ihm zu zeigen, dass sie ihn nicht verstand.

Horace wartete.

Sie sah ihn wieder an.

„Ich liebe dich, Jim ... Ich will heute mit dir zusammen sein – heute und alle Tage."

„Das weiß ich, Rose", sagte Horace, „und ich will es auch. Aber ich will dich und deine Familie nicht länger in Gefahr bringen. Eines Tages werde ich der Welt alles über meine englische Rose erzählen. Ich werde den Leuten erzählen, wie schön sie ist und wie herzlich und großzügig sie ist und wie besonders es jedes Mal war, wenn wir uns liebten. Ich erzähle ihnen von der kleinen Kapelle im Wald, von den Kaninchen und den Hühnern und davon, wie meine englische Rose meine Freunde mit ernährt hat und dreitausend Gefangene mit den Radioteilen, die sie ihnen besorgt hat, glücklich gemacht hat."

„Dreitausend Gefangene erreichen wir?", fragte sie erstaunt.

„Ja, stell dir vor!", sagte Horace und strahlte stolz übers ganze Gesicht. „Wir haben es letzte Nacht herausgefunden."

Rose schüttelte den Kopf. Horace zog sie an sich, sie legte ihm die Arme um den Hals. Er strich ihr übers Haar, und sie drückte ihr Gesicht an seine Brust.

„Ich werde der Welt in meinem Buch erzählen, wie wichtig meine englische Rose für uns alle war. Und jedem, der es hören will, werde ich sagen, dass sie all das aus Liebe zu mir getan hat."

KAPITEL 20

Sie sah ihn an. „Und wie willst du der Welt das alles erzählen, du englischer Dickschädel?"

Horace sah zum Himmel hinauf. Die Morgendämmerung tauchte ihn in ein schmutziges Rosa, und zum ersten Mal fühlte er sich wirklich frei. Er hörte etwas. Zuerst wusste er nicht genau, was es war. Dann wurde es ihm klar.

„Hör mal."

Rose sah ihn an. „Was ist das?"

„Hörst du es nicht?"

„Was denn?"

Horace lächelte und zeigte es ihr. „Schau."

Auf einem Straßenschild, gut einen Meter von ihnen entfernt, saß ein Rotkehlchen mit roter Brust und sah sie an, als würde es die ganze Szene verstehen. Es zirpte und sang, drehte den Kopf von einer Seite auf die andere und machte keine Anstalten wegzufliegen.

Rose lächelte. „Es ist wunderschön."

„Und so frei", sagte Horace.

Die beiden standen zwei Minuten lang schweigend da und sahen dem kleinen Lebewesen zu, das mit seinem Gesang den Morgen begrüßte. Dann flog es in den Wald.

Rose gab Horace einen kleinen Schlag in den Bauch.

„Du hast meine Frage immer noch nicht beantwortet."

„Welche Frage?"

„Wie du der Welt von uns erzählen willst."

Horace dachte kurz nach. „Ich werde ein Buch schreiben. Es wird die größte Liebesgeschichte werden, die jemals ein Mann geschrieben hat."

Rosa lachte. „Du bist und bleibst ein Träumer, Jim Greasley ... ein verdammter Träumer."

Horace nahm sie bei der Hand und ging weiter. Die Idee eines Buches stand schon klar und deutlich vor seinen Augen. Das Einzige, was noch fehlte, war das Ende.

Herr Rauchbach verstand ihn. Es war ein seltsames Treffen – ein Kriegsgefangener, der Eigentümer eines deutschen Gefangenenlagers, und seine Tochter, die mit just diesem Kriegsgefangenen seit drei Jahren eine sexuelle

SINGEN VÖGEL IN DER HÖLLE?

Beziehung unterhielt. Rauchbach bat Horace nur einmal, es sich noch mal zu überlegen. Letzten Endes mussten er und seine Tochter seine Entscheidung respektieren.

Horace machte sich auf den langen Weg zurück ins Lager. Die Landschaft verschwamm vor seinen Augen. Er sah nur noch seine beiden Füße und die Straße vor ihm, er machte sich nicht einmal mehr die Mühe, sich im Wald zu verstecken. Jeder Schritt, den er machte, war ein Schritt weiter weg von Rose, vom Weihnachtsessen, von einem normalen Leben. Mit jedem Schritt, der im dünnen Schnee knirschte, fiel ihm seine Entscheidung, in Gefangenschaft zurückzukehren, schwerer.

KAPITEL 21

Jede Nacht ging Iwan mit den Bildern von Auschwitz im Kopf ins Bett. Sie waren so frisch, als hätte er es erst gestern erlebt. Die Aufgabe, jedes einzelne Lager zu befreien, galt als besondere Ehre.

Generalleutnant Karpov, der Befehlshaber der 322. Schützendivision, stand stolz mit seiner Division vier Kilometer von dem schlesischen Lager entfernt. Er hatte seine Truppen bereits vorgewarnt, dass darin Schlimmes vorgefallen sei, aber er hatte ihnen auch gesagt, sie würden schon damit zurechtkommen und sie würden von den Gefangenen bestimmt wie Helden gefeiert werden. Iwan sah in die Gesichter seiner Kameraden. Sie lächelten, einige waren stolz auf sich, andere eher erleichtert, dass der verdammte Krieg bald zu Ende sein würde. Selbst Generalleutnant Karpov, ein Mann, der niemals lächelte, hatte heute ein leichtes Grinsen im Gesicht.

Sergej lächelte nicht. Sergej hatte Schmerzen. Die Geschützwunde in seinem Bein war nicht mehr zu kurieren, und die Ärzte und Krankenpfleger hatten ihn schon fast aufgegeben. Sergej würde nicht mehr dabei sein, wenn sie das nächste Lager in Freiwaldau befreiten. Er lag in einem Waggon, der ihn ins Krankenhaus nach Prag bringen sollte. Iwan wischte Sergej den Schweiß von der Stirn. Er machte sich Sorgen um ihn. Es war eiskalt da draußen, und Sergej schwitzte trotzdem. Das war nicht gut.

SINGEN VÖGEL IN DER HÖLLE?

Während des Krieges war Sergej sein engster Gefährte gewesen und hatte ihn wie seinen eigenen Sohn behandelt, als sie den Horror von Auschwitz gesehen hatten und er wie ein kleines Kind zusammengebrochen war. Alles hatte zuerst so harmlos ausgesehen, als sie durch die Eingangstore gegangen waren. Darüber hing ein eiserner Schriftzug: Arbeit macht frei.

Die meisten Insassen hatte die SS schon umgebracht, bevor die Rote Armee ins Lager kam. Zwanzigtausend weitere Gefangene hatten sie auf einen Todesmarsch geschickt. Die siebentausendfünfhundert Gefangenen, die noch in Auschwitz waren, waren die elendsten, ärmsten Geschöpfe, die Iwan je in seinem Leben gesehen hatte. Ihre matten Augen, die tief in den Höhlen saßen, erzählten davon, dass sie jegliche Hoffnung auf Befreiung längst aufgegeben hatten. Man hatte sie einfach dem Tod überlassen. Die SS hielt es für unnötig, Gewehrmunition zu verschwenden, um sie zu töten. Die Rote Armee fand im Lager in Auschwitz über eine Million Kleidungsstücke, stumme Zeugen, die dokumentierten, wie groß das Massaker der Nazis allein in Auschwitz gewesen war. Die meisten Opfer wurden in die Gaskammern geschickt, viele starben aber auch durch systematisches Aushungern, Krankheiten, harte Zwangsarbeit und Hinrichtungen aus nichtigem oder gar keinem Grund. Ein jüdischer Gefangener erzählte ihnen von einem SS-Offizier, der von seinem Büro in einem der Lagertürme aus jeden Tag zwei bis drei Gefangene erschoss – lebende Ziele für seine Schießübungen.

Die Russen fanden im Boden vergrabene Dokumente, aus denen klar hervorging, dass Juden, Polen und Roma und Sinti hier systematisch vernichtet worden waren. Schlimmer noch, in den Papieren standen die Namen der sogenannten Ärzte im Lager. Diese Ärzte hatten an den hilflosen, wehrlosen Gefangenen eine Vielzahl von Experimenten verübt.

Generalleutnant Karpov, der mehrere Sprachen fließend sprach, las seinen Truppen, die es erst gar nicht glauben konnten, diese Dokumente vor. Er erzählte ihnen, dass die SS-Ärzte die sterilisierende Wirkung von Röntgenstrahlen in hohen Dosen an weiblichen Gefangenen getestet hatten. Ein Dr. Carl Clauberg wurde beschuldigt, er habe Frauen Chemikalien in die Gebärmutter injiziert, um diese zu verkleben. Auch mussten Gefangene regelmäßig als Versuchskaninchen für die Entwicklung neuer Medikamente herhalten.

KAPITEL 21

Aber das Schlimmste sollte noch kommen: Ein ausgemergelter Pole erzählte Karpov in heiserem Flüsterton von einem Arzt namens Dr. Mengele, dem sogenannten Todesengel. Karpov gab die Schilderung wortwörtlich wieder. Mengele war vor allem an Versuchen mit eineiigen Zwillingen interessiert. Er machte einen Zwilling krank und tötete, wenn dieser starb, auch den anderen. Er war einfach nur neugierig auf die unterschiedlichen Ergebnisse nach der Autopsie. Besonders interessierte er sich außerdem für kleinwüchsige und geistig behinderte Menschen. Der Pole berichtete, er habe bei Mengele im Büro gearbeitet und Akten gesehen, aus denen hervorging, wie Mengele Gefangene mit Wundbranderregern infizierte, nur um die Auswirkungen an ihnen zu studieren. An diesem Punkt brach Karpov seinen Bericht ab und kündigte an, er werde keinen im Lager aufgefundenen Deutschen verschonen, sei es Soldat oder Zivilist. Jeder von ihnen sei auf der Stelle zu verprügeln und anschließend zu erschießen. Er sagte seinen Leuten, die SS-Leute sollten sie nicht töten, sie seien es nicht wert – auf sie warte noch viel Schlimmeres.

Sergej stammelte: „M-mein Bein, Iwan."

Er hob den dreckigen Wundverband an und zeigte ihm eine offene Wunde. „Es stinkt wie das Arschloch eines toten Hundes."

Iwan musste fast würgen, als er es roch. „Ist nicht so schlimm", log er. „Ich habe schon Schlimmeres gerochen. Morgen liegst du schon in Prag im Krankenhaus, und eine hübsche tschechische Krankenschwester wäscht dir den Pimmel."

Sergej grinste. „Ich hoffe, du hast recht, Kamerad ... ich hoffe es."

Iwan musste daran denken, wie Sergej sich seine Verletzung zugezogen hatte. Der Anblick von Kinderkleidung ließ Iwan in Tränen ausbrechen. Als sie das Lager Auschwitz nach Überlebenden absuchten, entdeckten sie die Skelette und die Massengräber. Die kleinen Knochen der verstorbenen Jungen und Mädchen waren ein Schock für ihn. Sergej hatte Generalleutnant Karpov gebeten, ihm zu erlauben, ihn aus dem Lager zu nehmen. Er hatte sie erhalten. Ihr Konvoi wurde von einem deutschen Geschütz getroffen, und Sergej wurde dabei schwer verletzt, Iwan machte sich heftige Vorwürfe. Es war eine Schuld, die er den Rest seines Lebens mit sich herumtragen musste.

KAPITEL 22

Die Gefangenen freuten sich über die Nachrichten aus dem Äther. Da war die Rede von der Befreiung der Vernichtungs- und Konzentrationslager Auschwitz und Plaszów und vielen anderen Kriegsgefangenenlagern wie Sagan und Groß Tychow. Die Männer im Lager Freiwaldau fragten sich, wann sie wohl an die Reihe kämen.
Horace hörte immer besonders aufmerksam zu, wenn es um die Rache der russischen Soldaten an den Deutschen ging. Er hatte den Eindruck, dass niemand ungeschoren davonkam. Es kam zu einem Massenexodus deutscher Zivilisten, die vor der grausamen Roten Armee flohen. So unglaublich es klang – sie wollten lieber zu den Amerikanern gehen.

Am 20. März 1945 traf Horace Rose. Sie sprachen nicht miteinander über ihre Pläne nach Kriegsende, auch nicht über Neuseeland, Schaffarmen und Babys. Horace überredete Rose, ihr Leben in Sicherheit zu bringen. Seit Wochen versuchte er schon, sie zur Vernunft zu bringen. An diesem Abend war alles anders. Horace beharrte darauf, er wolle ab sofort nicht mehr aus dem Lager ausbrechen. Er wusste, sie würde sich nicht dem Flüchtlingszug der Deutschen anschließen wollen, solange er sie weiterhin sehen wollte. Heute Abend war ihr letztes Treffen, und Rose wusste es.

„Gut, ich gehe", sagte sie schon nach wenigen Minuten, „ich gehe zu den Amerikanern, aber nur, wenn du mitkommst."

KAPITEL 22

„Nein, Rose, das geht nicht!", rief er weinend. „Das ist viel zu gefährlich. Da wimmelt es nur so von deutschen Soldaten, die sich nach Berlin, Hamburg und Düsseldorf durchschlagen wollen. Wenn sie uns zusammen erwischen, erschießen sie uns auf der Stelle. Du musst dein Glück versuchen, und zwar ohne mich. Du kannst –"

Auch sie musste weinen, als sie ihn unterbrach. „Aber wir können einander doch helfen. Wir können –"

„Nein, Rose. Sobald mich ein Deutscher Deutsch reden hört, weiß er, dass ich ein entflohener Kriegsgefangener bin, und wird nicht die geringsten Skrupel haben, mich wie einen räudigen Hund abzuknallen. Willst du das?"

Er wusste, wie weh er ihr damit tat, aber ihm blieb keine andere Wahl als schonungslose Offenheit, um sie zur Vernunft zu bringen. Horace wusste: Wenn man sie zusammen aufgriff, bekam er als entflohener Häftling eine Kugel in den Kopf und sie als Kollaborateurin auch – aber erst nachdem die Deutschen ihren Spaß mit ihr gehabt hatten. Er hätte gar zu gerne versucht, sich gemeinsam mit ihr durchzuschlagen, er glaubte auch, dass sie eine reelle Chance hätten, es zu schaffen. Aber es war eben nicht sicher. Allein hatten sie beide viel größere Chancen, ihre Haut zu retten, als zu zweit.

Er hielt sie an den Schultern und sah ihr tief in die Augen.

„Bitte sieh mich an, Rose. Wir werden uns nicht wiedersehen, hörst du? Du musst zu den Amis gehen. Ich bitte dich – sag mir, dass du zu den Amerikanern gehst, ja?"

Sie nickte. Es war nur ein leichtes Nicken, kaum bemerkbar, vor lauter Zittern und Schluchzen schwer zu erkennen. Aber er sah es.

Horace hob Rose hoch und schlang seine Arme um sie. Er war so erleichtert! Sie küssten und umarmten einander und ließen sich schluchzend auf den Waldboden fallen, den sie mit ihren Tränen benetzten. Ihre Entscheidung stand fest. Es gab kein Zurück.

„Es ist nur zu unserem Besten", sagte er und gab ihr einen Zettel mit seiner Heimatadresse in Ibstock.

„Schreib mir, sobald du kannst und sag mir, wo du bist."

„Werden wir irgendwann wieder zusammen sein, Jim?"

„Ja, bestimmt. Der Krieg ist in ein paar Wochen vorbei. Dann komm ich zu dir."

SINGEN VÖGEL IN DER HÖLLE?

„Aber du weißt doch nicht, wo ich bin."
„Du schreibst es mir."
„Ist gut, ich werde dir schreiben, wo ich bin."
Rose zögerte, bevor sie ihn leise fragte: „Aber du kommst doch zu mir, nicht wahr, Jim?"
Horace neigte sich nach vorn und küsste sanft ihre Stirn.
„Natürlich komme ich zu dir, meine englische Rose. Ich komme zu dir, egal wo du auch bist, und wenn ich barfuß über Glasscherben laufen muss."
„Meine Eltern bleiben hier in Schlesien, bei den Russen."
„Nein, bloß nicht! Ist das wahr, Rose?"
„Sie sind zu alt, um zu fliehen. Meine Mutter wurde hier geboren, meine Großmutter ist fast siebzig und kann kaum noch laufen, sie wohnt nur drei Häuser von uns entfernt."
„Aber dein Vater – er war doch der Chef des –"
„– des Lagers, ich weiß. Wir können nur hoffen, dass die Russen das nicht herausfinden. Er wird ihnen sagen, dass wir Schlesier sind und nicht Deutsche. Dann werden sie hoffentlich überleben."
Horace und Rose sprachen noch fast die ganze Nacht miteinander. Als die Morgendämmerung die Baumwipfel des Waldes streifte, liebten sie sich noch einmal mit aller Leidenschaft. Sein Orgasmus dauerte eine kleine Ewigkeit. Auch Rose staunte, als sie den explodierenden Samen mehrere Male in sich spürte.
„Wo nimmst du das alles nur her?", fragte sie ihn mit einem verschmitzten Lächeln.
Horace grinste und sagte, es liege an den Extrarationen.
Miteinander sahen sie die Sonne aufgehen. Horace hatte keine Eile, zurück ins Lager zu gehen. Die Bewachung war jetzt in jeder Hinsicht lascher. Es war, als wäre es den Deutschen schon ziemlich egal, ob jemand abhaute oder nicht. Der nächtliche Rundgang wurde nur noch sporadisch gemacht, wenn überhaupt, und der Morgenappell, der fast fünf Jahre lang ein wichtiger Teil ihres Gefangenenalltags gewesen war, wurde ganz eingestellt.
Rose sah auf die Uhr. „Es ist schon fast halb acht. Du musst jetzt gehen."
Den nächsten Satz sprach sie ganz sanft, auf Deutsch.

KAPITEL 22

Horace verstand ihre Worte. Sie wollte ihr ganzes restliches Leben mit ihm verbringen, sie wollte mit ihm zusammen alt werden, hatte sie gesagt und in ihrer traurigen, verzweifelten Stimmung unbewusst auf die Sprache zurückgegriffen, die sie von klein auf kannte und die die Deutschen ihren Vorfahren aufgezwungen hatten.

Horace nickte stumm. Er spürte, wie seine Augen wieder feucht wurden. Er hatte immer geahnt, dass dieser Moment eines Tages kommen würde, aber nun, da er da war, machte es das Ganze nicht leichter für ihn. Was für ein verrücktes Leben, dachte er. Da haben wir Alliierten endlich den Krieg gewonnen, ich werde bald frei sein, aber die Frau, die ich liebe, die Frau, die so viel erreicht hat und die mir alles bedeutet, sie muss mich verlassen und um ihr Leben bangen.

März 1945:
Die Rote Armee marschiert nach Berlin.
Pattons Truppen besetzen Mainz.
Amerikanische und englische Streitkräfte überqueren den Rhein bei Oppenheim.
Montgomerys Armee überquert den Rhein bei Wesel.
Die Rote Armee marschiert in Österreich ein.
Die Alliierten erobern Frankfurt.
Das bedeutet, dass die deutsche Armee von allen Seiten angegriffen wird. Überall befinden sich ihre Soldaten auf dem Rückzug.

April 1945:
Das Vernichtungslager Ohrdruf wird von den Alliierten befreit.
Kiel wird von der Royal Air Force, der britischen Luftwaffe, bombardiert. Die letzten beiden großen deutschen Kriegsschiffe werden zerstört.
Das Lager Bergen-Belsen wird von der britischen Armee befreit. Einer der Ersten, die von dort berichten, ist der BBC-Reporter Richard Dimbleby. Er schreibt: *Hier lagen, auf einem Morgen Land (4.047 qm) verstreut, tote und sterbende Menschen. Man konnte nicht mehr unterscheiden, wer schon tot war und wer noch nicht. (…) Die Lebenden lagen Kopf an Kopf mit den Leichen, und um sie*

SINGEN VÖGEL IN DER HÖLLE?

herum geisterte eine gespenstisch anzusehende Prozession von ausgemergelten, ziellosen Menschen, ohne etwas tun zu können und ohne einen Funken Hoffnung, unfähig, einem aus dem Weg zu gehen und unfähig, das Elend um sie herum anzusehen. (…) Man sah Babys, hier geboren, kleine, verschrumpelte Wesen, die nicht die Kraft hatten zu überleben. (…) Eine Mutter, verrückt geworden, schrie einen englischen Posten an, er solle ihr Milch für ihr Kind geben. Sie warf ihm ein Stoffbündel in die Arme, rannte weg und weinte bitterlich. Er öffnete das Bündel und sah, dass das Baby schon seit Tagen tot war.
Dieser Tag in Belsen war der schlimmste Tag, den ich je erlebt habe.

Die Sowjetarmee erreicht den Stadtrand von Berlin.
Die Gefangenen in Freiwaldau warten immer noch darauf, befreit zu werden.
Hitler schwört einen Eid, in Berlin auszuharren und die Verteidigung der Reichshauptstadt anzuführen.
Himmler ignoriert Hitlers Anweisungen und bietet den Alliierten heimlich die Kapitulation an.
Die Erste Weißrussische Front und die Erste Ukrainische Front der Roten Armee umzingeln die Stadt Berlin.

30. April 1945:
Hitler und seine Frau Eva Braun, die er vor vierundzwanzig Stunden geheiratet hat, begehen gemeinsam Selbstmord.
Goebbels und seine Frau töten ihre sechs Kinder und nehmen anschließend in demselben Bunker Gift.

KAPITEL 23

Die deutschen Wachtposten weckten die Gefangenen von Freiwaldau kurz nach drei Uhr morgens. Sie befahlen ihnen, sich auf die Evakuierung des Lagers vorzubereiten. Eine halbe Stunde später verließen sie das Lager und gingen die Straße am Wald entlang, die Horace mittlerweile so vertraut war. Sie liefen auch an der Stelle vorbei, wo er mit Rose zusammen am Weihnachtsmorgen gestanden hatte. Er hielt nach dem kleinen Rotkehlchen Ausschau, aber es war nirgendwo zu sehen.

Die Männer waren ungewöhnlich niedergeschlagen, sie befanden sich auf unbekanntem Terrain. Stumm marschierten sie einer nach dem anderen die kurvenreiche Straße entlang. Horace fiel auf, dass einige Wachleute fehlten, sie kamen nicht mehr mit ihnen mit. Die Offiziere und viele Unteroffiziere waren verschwunden, auch der Lagerkommandant ließ sich nicht mehr blicken. Horace fragte sich, was das wohl alles zu bedeuten habe. Je länger sie marschierten, umso stärker wurde seine Hoffnung, dass sie bald frei sein würden. Hätten die Wachleute sie alle erschießen wollen, dann hätten sie sie bloß in den Wald neben dem Lager zu führen brauchen und hätten sie dort ermorden können. Dann hätte es keinen Grund gegeben, mit ihnen kilometerweit zu marschieren.

Ein paar Männer trauten sich, die Wachleute zu fragen, wohin sie mit ihnen gingen. Das wäre vor ein paar Monaten noch undenkbar gewesen. Sie wollten

SINGEN VÖGEL IN DER HÖLLE?

nichts sagen. Horace hatte das deutliche Gefühl, dass sie genauso im Dunkeln tappten wie ihre Gefangenen. Nach etwa einer Stunde Fußmarsch kamen sie an die Kreuzung, wo Horace neulich mit Herrn Rauchbach gesprochen hatte. Die Deutschen befahlen ihnen, sie sollten eine Pause machen, während sie Wasser tranken und rauchten. Die Kehlen der Gefangenen jedoch blieben trocken. Für sie hatte man keinen Proviant mitgenommen, so eilig hatten es die Deutschen gehabt, das Lager zu verlassen.

Sie marschierten weiter, Stunde um Stunde, meist auf den Landstraßen, gelegentlich zwangen die Wachleute sie aber auch, in einen Wald abzubiegen oder über ein Feld zu laufen. Es wurde Frühstückszeit, es wurde Mittagessenszeit, aber ihre Bewacher hatten weder Essen noch Wasser für sie. Ein paar der Gefangenen hatten noch etwas Schokolade oder ein paar Kekse von ihrem letzten Rot-Kreuz-Paket übrig und teilten sie, so gut es ging, mit ihren Kameraden. Flapper kaute auf einer Zwiebel herum, als wäre es ein Apfel. Er hatte die paar Reste vom Gemüsegarten geerntet und verteilte sie unter den Gefangenen. Horace aß wieder seine Löwenzahnblätter und erzählte den anderen in seiner Umgebung, wie gut und nahrhaft sie seien.

Den deutschen Wachtposten ging es auch nicht besser als den Gefangenen – auch sie aßen nur Kekse und Schokolade. Einmal kochten sie sich Kaffee und verteilten untereinander belegte Brötchen. Den Gefangenen gaben sie nichts davon ab.

Am frühen Nachmittag zwang ein Flugzeug, das über sie hinwegflog, alle Männer, sich auf den Bauch zu legen. Horace hätte schwören können, dass das Flugzeug nur ein paar Meter über seinem Kopf flog. Er sah kurz auf und konnte den russischen Piloten sehen, der sich ein Bild von der Lage machte. Das Flugzeug machte eine Kurve und ging erneut herunter, diesmal drehte es aber in ein paar hundert Metern Entfernung ab. Er kannte die Geschichten über freundliches Feuer, vor allem von Seiten der Amerikaner. Diesmal gab es jedoch keinen Grund zur Sorge.

Das Flugzeug flog an den Männern vorbei, ging dann steil nach oben. Der Lärm aus seinen Triebwerken war unerträglich laut. Horace schätzte, dass es sich etwa vier Kilometer östlich von ihnen befand, als es plötzlich zum Tiefflug ansetzte. Jetzt sahen die Männer, was der Gegenstand seiner Aufmerksamkeit

KAPITEL 23

war: Ein deutscher Zug, beladen mit Soldaten, Panzern und vielen Autos, der aber noch zu weit weg war, als dass die Gefangenen und ihre Wächter ihn hören konnten, fuhr langsam in Richtung Berlin. Die Iljuschin IL-2 „Sturmovik" attackierte den Zug mit ihren 7,62-mm-Maschinengewehren und 30-mm-Kanonen. Die Gefangenen sahen es und applaudierten ungeniert. Ihre Bewacher standen daneben und sahen schweigend zu. Sie taten nichts.

Immer wieder drehte das Flugzeug ab und kam wieder zurück. Seine Besatzung flog präzise Angriffe, während die Deutschen im Zug vergeblich versuchten, das Flugzeug abzuschießen. Vier bis fünf Rauchfahnen waren entlang des Zuges zu sehen. Er kam zum Stehen. Der russische Pilot drehte ab, er war wohl zufrieden mit seinem Erfolg. Dann flog er direkt über die Gefangenen hinweg, die sich inzwischen größtenteils wieder erhoben hatten und ihm zuwinkten und applaudierten. Als er die Gruppe der Gefangenen unter sich sah, machte er eine Rolle als Zeichen des Triumphes und verschwand hinter dem Wald auf Nimmerwiedersehen. Ein paar deutsche Wachleute schimpften laut und fluchten, machten aber keinen Versuch, die Gefangenen zu tadeln. Die anderen waren schweigsam und mürrisch. Sie hatten wohl schon resigniert und wussten, dass dies einer der letzten Kriegstage war.

Als es Nacht wurde, waren die Männer völlig erschöpft. Das schreckliche leere Gefühl im Magen, das Horace nur zu gut kannte, stellte sich wieder ein. Es war auch am nächsten Morgen und am Mittag wieder da. Die Gefangenen wurden immer unruhiger. Einige diskutierten offen über die Möglichkeit, die Deutschen zu überwältigen und sich auf eigene Faust bis zur Linie der Russen durchzuschlagen. Die deutschen Wachleute ahnten es und wurden ebenfalls nervös, den Finger gefährlich nahe am Abzug. Es war nur eine Frage der Zeit, bis jemand abdrückte.

Die Absicht zu meutern wurde im Laufe des Nachmittags auf Eis gelegt. Die Deutschen machten eine Ansage. Sie hatten entschieden, dass alle in der Nähe eines kleinen Bauernhauses am Wegesrand kampieren sollten. Es sah so aus, als hätten seine Bewohner es in großer Eile verlassen. Die Deutschen sagten den Gefangenen, sie dürften im Bauernhaus nach Lebensmitteln suchen. Im Umkreis des Bauernhofes gingen sieben oder acht Leute mit Gewehren in Stellung. Der deutsche Feldwebel teilte den Gefangenen mit, die diensthabenden

SINGEN VÖGEL IN DER HÖLLE?

Wachleute hätten Befehl, jeden zu erschießen, der einen Fluchtversuch unternahm. Horace konnte den verzweifelten Unterton in seiner Stimme hören. Die Situation hatte sich geändert. Ab jetzt wusste Horace, dass ihre Bewacher sie nicht mehr viel länger festhalten würden. Er hatte Angst. Die Spannung, die in der Luft lag, war mit Händen zu greifen. Die Gefangenen grinsten und scherzten, wenn sie in Hörweite der Wachleute waren, was nicht gerade zu einer Entspannung der Lage beitrug.

Jock Strain ging mit einem breiten Grinsen auf Horace zu.

Er fragte: „Du hast doch mal auf einem Bauernhof gelebt, nicht wahr, Jim?"

„Richtig, Jock. Warum? Was ist los?"

„Die Jungs haben eine Sau mit etlichen Ferkeln gefunden. Sie sind hungrig."

„Wer? Die Ferkel?"

„Nein, die Männer natürlich. Sie –"

„Das weiß ich auch, du schottischer Esel", sagte Horace lachend. Er stand auf. Der Geruch von Schweinebraten stieg ihm schon in die Nase.

„Macht ihr schon mal Feuer", sagte er, „Ich organisiere mir ein Messer."

Er fand ein altes Ausbeinmesser in einer kleinen Werkstatt auf der Rückseite des Bauernhauses. Zuerst hatte er Mühe, sich an die Anweisungen seines Vaters zu erinnern, die er als vierzehnjähriger Junge bekommen hatte, aber dann kam die Erinnerung zurück. Er tötete vier der Ferkel und machte sich sofort an die Arbeit, sie zum Braten vorzubereiten. Ein gelernter Metzger aus Derbyshire ging ihm dabei gerne zur Hand, und so dauerte es nur eine Stunde, bis sie die Ferkel am Spieß über dem offenen Feuer braten konnten. Es roch himmlisch. Er schloss die Augen. Der Bratenduft erinnerte ihn an die kleine Küche im Haus seiner Eltern in der Pretoria Road 101 in Ibstock. Er war bei Mutter und Vater, bei Sybil und Daisy … Er öffnete die Augen und sah Jock Strain, der sich in der Küche schon mal einen Teller und eine Gabel geholt hatte.

„Es dauert noch ungefähr eine Stunde, Jock. Kannst du noch so lange warten? Wir wollen doch nicht, dass du jetzt noch eine Lebensmittelvergiftung kriegst, oder?"

Jock grinste. „Klar kann ich warten. Allerdings – bei dem verdorbenen Mist, den ich in letzter Zeit gegessen habe, glaube ich nicht, dass ein bisschen rohes Fleisch mir schaden würde."

KAPITEL 23

„Vielleicht nicht, Jock, aber warte lieber."

Jocks Lächeln gefror ihm im Gesicht, als ein deutscher Unteroffizier durch die Rauchwolke des Feuers auf sie zuging. Sein Gewehr hing bedrohlich über der Schulter, und er sagte grinsend in gebrochenem Englisch: „Riecht gut, ja?"

Horace antwortete in gutem Deutsch: „Es riecht wunderbar."

Der Unteroffizier fingerte nervös an seinem Gewehr herum und sagte in seiner Muttersprache: „Ich habe Anweisung vom Feldwebel, ein Schweinchen für unser Essen mitzunehmen."

Horace ging einen Schritt nach vorn. Die Flammen leckten bedrohlich an seinen Stiefelspitzen, als er durch den Rauch blinzelte. Er hielt sich das blutige Messer vors Gesicht und sagte zu dem Deutschen in seiner Muttersprache: „Sag dem Hurensohn, er bekommt nichts."

Flapper trat links neben Horace. Jock kam von rechts mit der ausgestreckten Gabel auf den Wachtmann zu, der zu zittern anfing. Er versuchte, sein Gesicht unter Kontrolle zu bekommen, aber es war zwecklos. Seine Muskeln machten sich selbstständig und gehorchten dem Gehirn nicht mehr. Er wollte sie einschüchtern, aber er hatte dadurch, dass er während des gesamten Krieges nur Gefangenenlager nahe seinem Heimatdorf bewacht hatte, seine gute Kondition verloren. Er trat einen Schritt zurück und zeigte mit dem Finger auf Flapper.

„Ihr werdet alle erschossen, ihr Arschlöcher!"

Als er sich davonmachte, rief ihm Horace auf Deutsch nach: „Wichser!"

Jock sah ihn an.

„Was hast du zu ihm gesagt, Jim?"

Horace grinste. „Ich habe Wichser zu ihm gesagt."

„Dein Deutsch ist sehr gut, Jim", meinte Freddie Rogers, „aber ich fürchte, du hast sie ein bisschen zu sehr gereizt. Lass uns lieber vorsichtig sein, hier ein paar weitere Waffen suchen und ein kleines Willkommenskomitee vorbereiten, damit wir das Fleisch behalten können."

„Ich soll sie gereizt haben? Ich habe noch nicht einmal richtig damit angefangen", erwiderte Horace. Er sah zu Jimmy White, Flapper und Jock Strain hinüber und grinste. Es war ein freches Schuljungengrinsen, wie wenn einer einen Apfel geklaut hat, ein Blick, der so viel sagte wie: „Mal sehen, wie weit wir sie ärgern können."

SINGEN VÖGEL IN DER HÖLLE?

Horace sagte: „Jock und Jimmy, lasst uns das Radiogerät anschließen. Sollen es die Deutschen ruhig sehen!"

„Du dummes Arschloch, Ernst! Die Engländer werden meinen, wir hätten Angst vor ihnen."

„Genau, Ernst, und wir haben Hunger. Wo ist das Schwein?"

Unteroffizier Ernst Bickelbacher bekam es plötzlich mit der Angst zu tun. Als er von seiner Konfrontation mit den Engländern zu seinen Kameraden zurückgekehrt war, hatte er Sympathiebekundungen erwartet, zumindest etwas Unterstützung. Er hatte erwartet, dass seine Gefährten wütend reagieren würden und bereit wären, den englischen Schweinehunden eine Lektion zu erteilen, die sie nicht mehr vergessen würden. Stattdessen war es nun sein Fehler, und keiner von ihnen wollte sich von seinem Hintern erheben, um sich Respekt zu verschaffen. Außerdem hatte er im Radiogerät der Gefangenen gehört, eine Million Russen würden gerade Dutzende von schlesischen Lagern befreien. Niemand erwähnte, was mit den Wachleuten der Lager passierte, aber Ernst Bickelbacher konnte es sich lebhaft vorstellen.

Der zackige Karl Schneid ergriff das Wort. „Was könnt ihr schon erwarten, wenn ihr die Jungs vom Land zu denen hinüberschickt? Lasst das mal lieber einen Berliner machen."

Karl Schneid hielt sich für zäher als die meisten der Landpomeranzen hier. Er hatte wenigstens einige Zeit Fronterfahrung gehabt, bevor er wegen einer Kugel in der Kniescheibe nach Ostschlesien versetzt wurde. Diese Weicheier ziehen doch vor jedem den Schwanz ein, dachte er, während sein Magen vor Hunger knurrte.

Plötzlich begriff Ernst Bickelbacher, dass sie den Krieg verloren hatten. Deutscher gegen Engländer, Deutscher gegen Russe, und jetzt auch noch Deutscher gegen Deutschen.

„Und du bist aus Berlin, Karl?"

„Ja! und ich bin stolz darauf."

Ernst Bickelbacher lächelte, starrte seinen Kollegen an und sagte langsam, aber mit theatralischer Wirkung: „Dann schlage ich vor, du kehrst möglichst schnell dorthin zurück."

KAPITEL 23

Karl Schneid erhob sich. „Und warum, bitte schön?"
Bickelbacher konnte Schneids Atem riechen. Er roch abgestanden ... giftig.
„Sag mir gefälligst, warum!", verlangte Schneid drohend.
„Weil dort soeben die Russen einmarschiert sind, Karl, und weil sie sich schon darauf freuen, den Tod ihrer Landsleute zu rächen."
„Was? Das glaube ich dir nicht."
„Es stimmt. Ich habe es gerade gehört – im Radiogerät der Gefangenen."
„Was? Die haben ein Radiogerät?"
Ernst Bickelbacher nickte. „Die Russen werden deine Frau auf der Straße ficken, und ihre Kameraden werden warten, bis sie an der Reihe sind."
Karl Schneid streckte blitzschnell den Arm aus und packte Bickelbacher an der Kehle. Der machte keinerlei Anstalten, ihm Widerstand zu leisten oder ihn zu schlagen. Es ist immer noch besser, wenn sie mich jetzt und hier erwürgen, als wenn ich auf die Russen warten muss, dachte er. Einige seiner Kameraden eilten ihm zu Hilfe.
Karl Schneid keuchte, zwei sehr kräftige Kameraden hielten ihn an den Armen fest. Er stand vor Bickelbacher und fluchte laut. Bickelbacher stand im Schatten und reagierte nicht darauf. Er hatte keinen Widerstand geleistet, nicht einmal die Faust erhoben. Niemand bemerkte, dass Bickelbacher das Halfter seiner Luger aufknöpfte. Er schob sie in den Mund und drückte ab.

Jimmy White, Jock, Flapper und Horace hatten es geschafft, das Radio zu retten, auch wenn ihnen kaum Zeit blieb, das Lager zu verlassen. Sie hatten die Einzelteile am Körper versteckt. Sie brauchten nicht länger als eine Viertelstunde, um das Radio auf dem Bauernhof zusammenzubauen, und nur zwei Minuten, um die richtige Frequenz wieder einzustellen. Eine Stromquelle und Kabel fanden sie in der Werkstatt auf der Rückseite des Bauernhofes. Dieses Mal brauchten sie keine Kopfhörer mehr. Diesmal konnte fast jeder Gefangene das Radio über Lautsprecher hören.
Jetzt befanden sich ungefähr dreihundert Gefangene im Bauernhaus und in der näheren Umgebung. Ihnen standen höchstens zwanzig deutsche Wachtposten gegenüber. Die Gefangenen fanden ein buntes Sammelsurium von Waffen – Mistgabeln, diverse Messer, eine Axt, einen Vorschlaghammer

SINGEN VÖGEL IN DER HÖLLE?

und unterschiedlich geformte Keulen aller Größen. Einer der Gefangenen entdeckte eine Kiste Nägel, und einige Männer nagelten sie in ein Holzbrett, sodass zehn Zentimeter Nagel herausschauten. Plötzlich hörten die Gefangenen einen Schuss und bereiteten sich auf einen Angriff der Deutschen vor. Aber es war falscher Alarm.

Die Gefangenen machten abwechselnd Rundgänge und aßen zwischendurch, sodass sie beim ersten Anblick eines Deutschen sofort ihre Kameraden alarmieren konnten. Die deutsche Delegation kam nach zirka einer Stunde. Als sie vorsichtig um das Feuer herumschlichen, drehte Horace das Radio voll auf. Die Lautsprechermembran vibrierte und gab die Meldungen aus London nur verzerrt wieder. Horace machte das Radio etwas leiser, sodass man den Sender klar und deutlich hören konnte. Vor ihnen standen acht deutsche Wachtposten, das Gewehr vor der Brust, in bedrohlichen Posen.

Horace blieb ruhig sitzen und kaute lässig ein Stück Schweinefleisch. Er sah zu den nervösen Männern auf.

„Guten Abend, meine Herren. Das Essen ist gut heute Abend."

„Die Radiomeldungen sind auch nicht schlecht", fügte Jimmy, eine rostige Mistgabel in der Hand, mit süffisantem Grinsen hinzu. „Es heißt, die Russen hätten schon ganz Schlesien besetzt."

Horace stand auf und ging ein paar Schritte nach vorn. Langsam hob er das Messer in seiner Hand hoch, bis in Gesichtshöhe des deutschen Offiziers. Der Geruch etwas zu lange gebratenen Fleisches hing in der kühlen Nachtluft.

„Wie wär's mit etwas Schweinefleisch, mein Freund?"

Der Mann tat Horace fast schon leid. Fast, aber nicht ganz. Seine Lage war hoffnungslos – ein paar Gewehre gegen den blinden Zorn eines notdürftig bewaffneten Mobs. Ohne dass er es merkte, gingen seine Gefährten ein paar Schritte zurück und ließen ihn allein stehen, allein und verletzlich. Als er das Wort ergriff, merkte er es auch. Er versuchte trotzdem verzweifelt, seine Haut und seine Würde zu retten.

„Meine Männer haben bereits gegessen, wir haben keinen Bedarf."

Er trat einen Schritt zurück, versuchte zu lächeln, was ihm aber misslang – als letztes Zeichen der Überlegenheit.

KAPITEL 23

„Wir gehen bei Tagesanbruch los. Stärken Sie sich, meine Herren. Vor uns liegt ein langer Tag."

Als die Deutschen sich zurückzogen, klatschten die Gefangenen Beifall. Sie schrien ihre Wut heraus, so gut es ihr bisschen Deutsch zuließ:

„Drecksau! Hundesohn! Arschloch! Hurensohn! Wichser!", scholl es aus hundert Kehlen den Deutschen hinterher.

Eine englische Beleidigung war auch zu hören: „Bunch of cunts!" („Ihr Haufen Fotzen!") Sie kam aus Flappers Mund. Er strahlte förmlich, seine Zähne glitzerten im Schein des Feuers.

„Sorry, Jim, aber mein Deutsch ist immer noch etwas eingerostet."

„Ich bin mir sicher, sie haben dich verstanden, Flapper", sagte Horace.

Beim ersten Morgenlicht sahen die Gefangenen, dass ihre deutschen Bewacher bereits das Weite gesucht hatten. Freddie Rogers überbrachte allen die freudige Nachricht.

„Ich habe gesehen, wo sie letzte Nacht kampiert haben. Sie haben sich aus dem Staub gemacht, da gibt es keinen Zweifel. Jetzt sind wir auf uns allein gestellt, Leute."

Was nun? Die Gefangenen marschierten einfach in der Richtung weiter, in die sie die Deutschen noch gestern geführt hatten. Sie waren etwas niedergeschlagen, was Horace irritierte. Es ergab einfach keinen Sinn. Schließlich marschierten sie mit vollem Magen – Schinkenspeck und Spiegeleier, die ersten, die Horace seit fünf Jahren gegessen hatte. Der Krieg war doch so gut wie gewonnen – dass sich die deutschen Wachtposten heimlich aus dem Staub gemacht hatten, war doch der beste Beweis dafür. Warum war den Männern nicht nach Singen zumute? Warum lachten sie nicht? Warum lachte und sang er selbst nicht?

Das Problem war die ungewisse Lage, in der sie sich befanden. Gab es noch deutsche Widerstandsnester oder deutsche Flugzeuge in der Gegend, die die Kriegsgefangenen beseitigen wollten? Hatten ihre Bewacher sich mit anderen Regimentern oder Einheiten verbündet? Hatten sie ihnen einen Hinterhalt bereitet? Und die Russen – was war mit den Russen? Was waren sie für Menschen? Waren sie wirklich die grausamen Barbaren, die Wahnsinnigen, als die die Deutschen sie so gern dargestellt hatten? Horace und seine Gefährten würden es wohl bald herausfinden.

SINGEN VÖGEL IN DER HÖLLE?

Knapp dreihundert Meter weiter traf der Zug der Gefangenen auf einen Konvoi von Lastwagen, der ihnen entgegenkam. Auf der Motorhaube des vordersten Fahrzeugs prangte deutlich sichtbar ein roter Stern. Der russische Offizier sprach gut Englisch. Oberstabsfeldwebel Harris verhandelte auf Seiten der Gefangenen und gab dem Russen die Hand. Der russische Offizier lächelte, schüttelte ein paar Engländern die Hand und bat seine Männer, auszusteigen. Ab jetzt waren sie keine Gefangenen mehr. Ein paar Russen boten den Engländern von ihrem Wodka an, und manche von ihnen tranken ein ganzes Glas. Horace lehnte dankend ab. Die Atmosphäre war herzlich, was Horace nicht erwartet hatte.

Oberstabsfeldwebel Harris wandte sich mit einer kurzen Rede an die englischen Soldaten. Er teilte ihnen mit, sie würden jetzt ganz offiziell nach Hause zurückgebracht und seien auf dem Weg nach Prag, in die Tschechoslowakei. Er sagte, sie würden dort auf verschiedene Lager verteilt werden, je nachdem, ob sie aus Nord- oder Südengland, Schottland, Irland oder Wales stammten. Von dort aus würden sie per Flugzeug in ihren nächstgelegenen britischen Luftwaffenstützpunkt geflogen.

Es war vorbei. Sie waren frei.

KAPITEL 24

Horace umarmte seine Freunde Jock und Flapper, Freddie Rogers und Charlie White. Einige der russischen Soldaten umarmten sie ebenfalls. Es war alles ziemlich bizarr und für viele der Gefangenen zu viel, sodass sie in Tränen ausbrachen. Männer, die mehr Jahre miteinander in Gefangenschaft verbracht hatten, als sie sich erinnern wollten, begriffen plötzlich, dass ihre gemeinsamen Tage gezählt waren. Männer, die einander nicht mehr sehen konnten, kämpften gegen ihre Tränen an und hielten sich an den letzten Überbleibseln ihrer Freundschaft fest. Zum ersten Mal tauschten sie miteinander Adressen aus und schmiedeten Pläne für spätere Treffen. Freddie Rogers lud jeden, der Lust hatte, ein, für ein Wochenende auf die Isle of Man zu kommen. Er wollte dort die größte Party geben, die sie je gesehen hatten. Horace versprach, dabei zu sein.

Auch Horace wischte sich die Tränen aus dem Gesicht. Allerdings weinte er nicht um seine Gefährten, sondern um seine englische Rose. Er fragte sich, wo sie steckte und ob sie wohl noch am Leben war.

Es dauerte gut sechs Stunden, bis der Konvoi von zehn russischen Viertonnern die geduldig wartenden Männer abholte. Sie hatten so lange auf diesen Moment gewartet – Zeit war da kein Problem mehr. In der Abendsonne hatten sie ihre letzten Zigaretten geraucht, ihre letzte Schokolade und ihre letzten paar Kekse aus den Rot-Kreuz-Paketen gegessen. Sie gingen davon aus, dass

SINGEN VÖGEL IN DER HÖLLE?

es genug Essen, Trinken und Zigaretten für alle in Prag geben würde. Sie kletterten auf die Lastwagen, bekamen noch einmal Wodka spendiert und verabschiedeten sich mit einem Händedruck von ihren russischen Verbündeten.

Es war der 24. Mai 1945. Horace war vier Jahre und dreihundertvierundsechzig Tage in Gefangenschaft gewesen – fünf Jahre minus einen Tag.

Bis nach Prag brauchten sie fast vier Stunden. Ein paar von ihnen betranken sich während der Fahrt. Obwohl Zigaretten knapp waren, gab es genügend Brot, Gewehrkugeln und Wodka. Ein paar der russischen Soldaten setzten sich zu den Engländern hinten auf den Lastwagen, und einer fing zu singen an. Sie sangen stundenlang. Ein schmächtig gebauter Russe konnte fast das gesamte Volksliedrepertoire seines Landes auswendig. Die Ex-Kriegsgefangenen sangen zwischendurch ihre britische Version von Liedern wie „I Belong to Glasgow", „The Northern Lights of Old Aberdeen", und Flapper sang eine schrecklich krächzende Version des Songs „Maybe It's Because I'm A Londoner". Die Waliser sangen von ihren Hügeln und Tälern, und ein einsamer Ire klagte über ein Gefängnis und ein junges Mädchen, das nach ihm rief. Er sang von grünen Feldern und von der Freiheit. Er sang wie eine Nachtigall. Horace achtete auf den Text des Liedes, es handelte von einem unterdrückten Volk, von einem Mann, der weit, weit weg von seiner Heimat und seiner Familie war und sie sehr vermisste. Horace sah, wie einem jungen Russen die Tränen über die Wangen liefen, während der Rest der Besatzung still und ernst zuhörte. Nachdem der Song zu Ende war, gab es donnernden Applaus, und die Männer baten den Iren, noch einmal etwas zu singen. Er lehnte dankend ab.

Es war alles zu viel für Horace. Für ihn gab es keinen Grund zu feiern wie für die anderen, er kannte keine Lieder über die Sinnlosigkeit des Krieges, die Grausamkeit des Menschen, über Erniedrigung, Völkermord und Verzweiflung. Wer hatte jemals solche Liedtexte geschrieben? Gab es überhaupt Lieder über eine verbotene Liebe in unmöglicher Lage? Es gab keine Worte, die das ausdrücken konnten, was Horace jetzt fühlte.

Als sie sich dem Stadtrand von Prag näherten, verharrte die halbe Besatzung des Lastwagens in einem trunkenen, betäubten Zustand, die andere Hälfte konzentrierte sich auf den Mann gegenüber. Das heißt, jeder außer dem einsamen und stillen Russen. Horace konnte es seinen Kameraden nicht

KAPITEL 24

verübeln. Er konnte und wollte ihnen ihren Glückszustand nicht nehmen, aber wie es schien, war er einer der wenigen Nüchternen an Bord.

Als Horace vom Lastwagen herunterstieg, bot sich ihm eine Szenerie wie aus einem Horrorfilm. Es schien, als sei jeder russische Soldat betrunken – selbst der Fahrer, der aus seiner Kabine stieg, hielt sich an einer Flasche Wodka fest. Als er einen Laternenpfahl rammte, fragte sich Horace, wie er die ganze vierstündige Fahrt nach Prag überhaupt am Stück geschafft hatte. Die Straßen von Prag waren übersät mit Toten und Sterbenden, an Laternenpfählen hingen tote und zu Asche verkohlte deutsche Soldaten, und ein Gestank nach Öl und verbranntem Fleisch hing in der Abendluft. Horace sah die zerfledderte und rußige Leiche eines SS-Mannes, die am Schild eines Metallwarengeschäfts baumelte.

„Hier in der Stadt verstecken sich noch viele Deutsche, Kamerad", sagte jemand zu ihm. Es war der englisch sprechende russische Offizier, der sie befreit und sich längere Zeit mit dem Oberstabsfeldwebel Harris unterhalten hatte.

„Ich verlange von meinen Männern nicht, dass sie damit aufhören. Sie sollen ihre Rache haben, wenn sie wollen. Schließlich haben die Deutschen Millionen unserer Landsleute umgebracht."

Eine Gruppe russischer Soldaten hatte ein junges deutsches Mädchen entdeckt, das sich in einem Kohlebunker unter einer Eisenwarenhandlung versteckt hatte. Der Name des Ladens hatte sie verraten: Herbert Rosch. Herbert war ihr Vater, ein gebürtiger Deutscher, seine Frau Ingrid war eine gebürtige Pragerin. Herbert verabscheute das Nazi-Regime nicht weniger als seine Frau. Sie hatten sich 1928 ineinander verliebt und noch im selben Jahr geheiratet. Beide waren lebend an einen Laternenpfahl gebunden und angezündet worden. Ihre Tochter hatte es aus einem schmalen Kellerfenster schweigend mit ansehen müssen. Sie hatte sich unter der Kohle versteckt, um dem wütenden Mob zu entgehen, aber ein junger russischer Soldat hatte etwas von ihrer Haut gesehen und sie herausgezogen. Sie war erst 16. Die Russen warfen sie auf die Knie.

„Was kann die Kleine denn schon dafür?", schrie Horace. „Sie war doch noch ein Kind, als der Krieg begann. Bitte, befehlen Sie Ihren Leuten, aufzuhören!"

SINGEN VÖGEL IN DER HÖLLE?

Der russische Offizier drehte sich weg, als einer der russischen Unteroffiziere seine Hose aufknöpfte. Seine Kameraden jubelten, als er sein erigiertes Glied vor dem Gesicht des knienden Mädchens schwenkte. Sie rissen an der Kleidung des Mädchens, bis es völlig nackt war. Sie warfen sie kurzerhand auf den Beiwagen eines Motorrads, und zwei Männer drückten ihre Beine auseinander. Als der Unteroffizier sich hinter das schreiende Mädchen stellte und zwei Finger brutal in ihre Vagina schob, sprang Horace auf sie zu, um sie zu schützen. Da bekam er einen russischen Gewehrkolben an die Schläfe und stürzte zu Boden.

Als er eine Stunde später wieder zu sich kam, erzählte ihm Flapper, was geschehen war. Das widerliche Schauspiel hatte auch ihn schnell wieder nüchtern werden lassen. Mindestens zwanzig Russen hatten ihren sexuellen Frust und ihre Wut an dem Mädchen ausgelassen und sie abwechselnd vergewaltigt. Schließlich hatte ein russischer General sie mit einer Kugel in den Hinterkopf von ihrem Leiden erlöst. Die Zuschauer hatten frenetisch Beifall geklatscht.

Flapper sagte: „Die sind auch nicht besser als die Deutschen, Jim. Sei froh, dass dir das Schlimmste erspart geblieben ist."

Tränen liefen ihm das Gesicht hinunter. Der große Kerl weinte wie ein Kind.

„Zuerst habe ich gedacht, sie vergewaltigen bloß die deutschen Mädchen. Dafür hätte ich ja noch ein gewisses Verständnis gehabt. Aber es war ihnen egal, Jim. Sie haben willkürlich deutsche und tschechische, polnische und jugoslawische Frauen und Mädchen vergewaltigt – und ihre Vorgesetzten sahen dabei seelenruhig zu. Ob jung, ob alt, das war ihnen egal, Jim. Sie haben sie auf den Bürgersteigen und an Ladeneingängen vergewaltigt – und jede Frau, die sie im Verdacht hatten, auch nur ein bisschen deutsches Blut in sich zu haben, wurde gleich nach der Vergewaltigung an Ort und Stelle abgeknallt."

Garwood weinte und schluchzte wie ein Baby.

„Das darf nicht sein, Jim. So hätte es nicht enden dürfen."

Horace hielt ihn im Arm. Auch er brach in Tränen aus.

Sie kamen kurz nach Mitternacht in dem Auffanglager am Rande der Stadt Prag an. Obwohl sie befürchtet hatten, dass man sie trennen würde, schafften es Horace und Garwood, Jock Strain, Dave Crump und Freddie Rogers,

KAPITEL 24

zusammenzubleiben. Es hieß, man werde sie erst in ein paar Tagen trennen, also sollten sie die gemeinsame Zeit nutzen. Ein russischer Soldat wurde ihnen zugewiesen und schlief bei ihnen im Raum. Es war der junge Mann, der weinend auf dem Lastwagen nach Prag gesessen hatte. Seine Augen lagen tief in ihren Höhlen, sie kündeten von schrecklichen Erlebnissen und Leid. Es schien, als trüge er den Kummer der Welt auf seinen schwachen Schultern.

Horace ging zu ihm und sprach ihn an. „Du sprichst Englisch, mein Freund."

Es war eine Feststellung, keine Frage.

Der Russe nickte und fragte: „Woher weißt du das?"

Horace legte ihm eine Hand auf die Schulter. „Ich habe dich beobachtet, als der Ire gesungen hat. Das Lied hat dich zu Tränen gerührt."

Der Russe stand auf. „Stimmt, Kamerad, das hat es. Er hat über die Vögel gesungen und wie sie in Freiheit singen. Es war wunderschön ... er sang genauso schön wie der Vogel in seinem Lied."

Erneut wurden seine Augen feucht.

„Und warum macht dich das so traurig?"

Der Russe seufzte und ging nervös auf dem Holzboden hin und her. Er antwortete: „Weil ich an einem Ort war, wo die Vögel nicht mehr singen. Ich war an einem Ort, den sie Hölle nennen."

„Wie heißt du, Kamerad?"

Der junge Russe sah ihn an. „Iwan ... ich heiße Iwan."

Am nächsten Morgen wirkte alles ziemlich normal. Die Russen waren wieder nüchtern, die meisten von ihnen hatten einen ziemlich heftigen Kater, und viele der Alliierten klagten über den schlimmsten Brummschädel, den sie je im Leben gehabt hatten. Flapper Garwood hatte nicht geschlafen, die ganze Nacht über waren ihm die Ereignisse von gestern im Kopf herumgespukt. Horace hatte ein paar Stunden schlafen können, aber er hatte mehrere unruhige Träume gehabt von seiner englischen Rose, aber auch von einem jungen Mädchen, das geschlagen, vergewaltigt und ermordet wurde. Wie um Himmels willen, dachte er, ist es möglich, dass weibliche Körper einem so unterschiedlich vorkommen und derart unterschiedliche Gefühle hervorrufen können?

SINGEN VÖGEL IN DER HÖLLE?

Dann hörte er es – man rief die Männer zum Appell. Kaum zu glauben, dachte Horace, schon wieder muss man in Reih und Glied stehen. Er stand dem englisch sprechenden russischen Offizier gegenüber und musste ihm seinen Namen, sein Regiment, seinen Rang und seine Nummer zubrüllen. Das war ja zu erwarten, dachte er. Die Russen mussten die vielen Männer im Lager in einzelne Regimenter oder gar Länder aufteilen, um herauszufinden, wie viele Flugzeuge nach Großbritannien sie benötigten.

Nach einem reichlichen Frühstück mit Rührei, Würstchen und Toast erlaubte man ihnen, nach Belieben durch die Stadt zu laufen, aber man warnte sie auch, in den Vorstädten könne es immer noch einzelne deutsche Widerstandsnester geben. Man gab ihnen ein großzügig bemessenes Taschengeld und sagte ihnen, sie sollten bei Anbruch der Dämmerung wieder ins Lager zurückkehren. Iwan schloss sich ihnen an.

In den Straßen Prags war es seltsam ruhig, es gab nichts zu tun. Sie fanden ein paar Cafés mit überteuertem tschechischem Bier. Ein paar Männer suchten und fanden tschechische Prostituierte, die umherliefen.

Horace ging mit Freddie, Iwan, Jock, Ernie und Flapper ins Café Milena und nippte drei Stunden lang an einem Glas Bier. Jock und Freddie tranken mehr, und Flapper soff, als gäbe es kein Morgen, und versuchte, die Erinnerungen an gestern aus seinem Kopf zu tilgen. Iwan blieb bei Kaffee. Kurz nach zwölf Uhr mittags hörten sie von draußen Lärm. Ein Tscheche stürmte in das Café. Das Barmädchen fasste ihre Unterhaltung in gebrochenem Englisch zusammen: Zwei deutsche SS-Männer hätten einen russischen T34-Panzer beschlagnahmt. Es sollte ihre letzte Selbstmordmission werden. Sie wollten damit so viele alliierte Soldaten wie möglich umbringen und möglichst viel von Prags historischer Architektur zerstören. Mit ihren 85-mm-Kanonen feuerten sie auf alles, was sich bewegte.

Russische Panzer hätten die beiden umzingelt und ihnen den Rückzug abgeschnitten, aber die Deutschen hielten gut dagegen.

Der Tank war auf dem Weg in Richtung Café Milena. Horace und seine Freunde traten unwillkürlich zurück und sahen, wie ein aufgestachelter Mob auf dem Panzer herumkroch wie Ameisen auf einer toten Fliege. Auf einmal wurde der Panzer langsamer.

KAPITEL 24

„Vielleicht hat er kein Benzin mehr", meinte Freddie Rogers.

Kaum hatte er es gesagt, stotterte der Motor des Panzers, eine dicke schwarze Rauchwolke kam aus dem Auspuff, und der Panzer kam zwanzig Meter vor dem Eingang des Cafés zum Stehen. Die Freunde beobachteten, wie die Menschenmenge mit allen möglichen Werkzeugen auf den Panzerturm einhämmerte und versuchte, in das Innere des Fahrzeugs zu gelangen. Horace konnte sich lebhaft vorstellen, welche Todesangst die beiden Deutschen im Panzer ausstanden.

Die Menge jubelte und johlte, als die Einstiegluke aufging. Russische Soldaten und tschechische Zivilisten rissen sie auf, wie man eine Dose Tomaten öffnet. Drei oder vier Angreifer langten nach innen und zogen einen Mann heraus. Sobald sein Körper im Tageslicht zu sehen war, traktierte die wütende Meute ihn mit Fäusten und Knüppeln. Ein Mann schlug mit einem Wagenheber auf Schultern und Schädel des Deutschen ein. Er war kurz davor, das Bewusstsein zu verlieren, als der Mob ihn mit Füßen trat.

Der Mann, Oberfeldwebel Lorenz Mayr, hatte keine Ahnung, was es heißt, bei lebendigem Leib angezündet zu werden. Man riss ihm seine SS-Uniform herunter und band ihn, entkleidet und würdelos, mit einem Seil an einen Laternenmast. Unter dem Jubel der Menge zog man ihn drei Meter hoch. Blut rauschte in sein Gehirn und floss aus den offenen Brüchen und Löchern in seinem Schädel. Es war zu viel für ihn. Er wurde ohnmächtig und erlangte das Bewusstsein nie wieder. Das Öl und die leckenden, lodernden Flammen spürte er nicht mehr.

Nun wandte sich die tobende Menge dem anderen SS-Mann zu, der noch im Panzer steckte. Sie gossen literweise Öl in die kleine Öffnung und johlten, als der entsetzte, benzingetränkte SS-Mann mit hoch erhobenen Händen aus dem Panzer stieg und sich ergab.

Horace schloss die Augen. Er wollte nicht sehen, wie das erste Streichholz die mit Benzin vollgesogene Kleidung des Mannes in Brand setzte. Schreiend rannte er die Straße entlang, eine lebende Fackel. Als er laut aufschrie, johlte das Volk. Dann, nach zehn Sekunden, lag er still auf dem Pflaster. Es war vorbei. Horace dachte zunächst, die Menge wollte die Flammen austreten. Aber selbst als die Flammen erstickt waren, traten sie noch wie von Sinnen auf den Mann ein, obwohl er schon längst nicht mehr atmete.

SINGEN VÖGEL IN DER HÖLLE?

Iwan stand in der Eingangstür des Cafés und war Zeuge der Szene. Entsetzt stammelte er auf Russisch: „Wir sind schlimmer als die Nazis."
Eine Woche verging, und die meisten Deutschen – die Langsamen, die verzweifelten Übriggebliebenen, die man, aus welchem Grund auch immer, zurückgelassen hatte – waren aufgespürt und umgebracht worden. Allmählich wurden die einstigen Kriegsgefangenen unruhig und fragten sich, warum man immer noch keine Flugzeuge geschickt hatte, um sie nach Hause zu bringen. Die Russen erklärten ihnen, dass es Hunderttausende alliierte Gefangene gäbe, die wie sie auf ihre Rückkehr warteten, sie müssten eben Geduld haben. Die benötigte Anzahl Flugzeuge stünde einfach nicht zur Verfügung.

Das war eine glatte Lüge. Die ehemaligen Kriegsgefangenen konnten nicht ahnen, dass man sie als Verhandlungsmasse benutzte, als Bauernopfer auf dem politischen Schachbrett. Stalin bestand darauf, dass 1,5 Millionen sowjetische Kriegsgefangene nach Russland zurückgeschickt werden sollten. Diese Menschen hatten sich den Deutschen freiwillig ergeben, Tausende waren sogar zu den Deutschen übergelaufen, andere waren einfach Antikommunisten. Diese Leute nach Russland zurückzuschicken, hätte ihren sicheren Tod in den Gulags bedeutet, und sowohl Churchill als auch Harry S. Truman, der neue Präsident der Vereinigten Staaten, lehnten Stalins Bitte deshalb rundweg ab. Stalin, den das ärgerte, wartete einfach ab, während die Menschen aus Großbritannien und den USA verzweifelt fragten, wann ihre Männer endlich nach Hause kämen.

Am 6. Juni 1945 einigten sich die Alliierten darauf, Deutschland in vier Besatzungszonen aufzuteilen. Die Russische Armee, die Prag von den Nazis befreit hatte, war längst aufgelöst worden. Viele waren auf dem Weg nach Berlin. Diejenigen, die in Prag blieben, hatten sich nach drei Wochen voller Grausamkeiten, Vergewaltigungen und Massenmorde anscheinend beruhigt. Manche spielten in den Parks und auf den Straßen Fußball. Horace sah, wie normale Bürger der Stadt Prag zum ersten Mal wieder ihren täglichen Geschäften nachgingen und die Frauen und Mädchen der Stadt sich zum ersten Mal wieder auf die Straße trauten.

Iwan und Horace, Jock Strain und Flapper gingen die Moldau entlang, unterhalb der Burgstadt Hradschin. Es war ein schwül-warmer Sommertag, aber die Sonne schien noch nicht. Der dunkelgraue, düster aussehende

KAPITEL 24

Himmel spiegelte sich im Wasser der Moldau und entsprach der Stimmung der Männer. Sie waren frei, sie durften in der Stadt herumlaufen, wo sie wollten, reden, mit wem sie wollten, und jederzeit von ihrem Lager aus die Außenbezirke der Stadt erkunden, aber nur, wenn sie sich jeden Morgen um neun Uhr zum Appell aufstellten. Alles, was sie jetzt noch wollten, war jedoch, endlich zu ihren Familien nach Hause zu kommen.

Horace hatte den Verdacht, dass Iwan die Anweisung erhalten hatte, die Männer im Auge zu behalten und dafür zu sorgen, dass sie nicht wegrannten oder sonstige Dummheiten machten. Iwan trug stets sein Gewehr bei sich. Die anderen löcherten ihn von früh bis spät mit Fragen, aber Horace war klar, dass auch er nicht wusste, wann genau die alliierten Flugzeuge kommen würden, um sie abzuholen.

Horace und Iwan nahmen auf einer Bank am Ufer der Moldau Platz und blickten auf die bewegten Fluten, die in den letzten Wochen so viel Tod und Zerstörung mit ansehen hatten müssen.

Iwan erzählte: „Ich bin jetzt seit Anfang Mai hier in dieser wunderschönen Stadt, die die Deutschen so viele Jahre lang besetzt gehalten haben. Ich habe viele Geschichten über den Aufstand gehört und darüber, wie die Bürger der Stadt Prag die Nazis mit bloßen Händen und gestohlenen Kleinwaffen bekämpft haben." Er hielt inne und sah Horace an.

„Und trotzdem haben meine Landsleute sie aus reiner Mordlust vergewaltigt und umgebracht."

Horace meinte: „Es ist nicht deine Schuld, Iwan, du darfst dir nicht –"

„Doch, es ist meine Schuld!", sagte Iwan und fing an zu weinen. „Wie es auch meine Schuld ist, dass Sergej starb, und meine Schuld ist, dass ich nicht die Hand erhoben habe, um sie dazu zu bringen aufzuhören mit dem Töten und Vergewaltigen – all das ist meine Schuld."

Iwan verbarg den Kopf in seinen Händen und ließ die Tränen fließen.

„Alles ist meine Schuld."

Sein Körper hob und senkte sich unter heftigem Schluchzen. Horace nahm seine Hand.

„Nein, es ist nicht deine Schuld, Iwan. Es ist die Schuld der Drahtzieher, der Politiker und hohen Militärs, die es zulassen, dass normale Menschen so

SINGEN VÖGEL IN DER HÖLLE?

etwas Schlimmes tun. Es ist die Schuld der Generäle und der Offiziere, die nichts tun, um diesen Wahnsinn zu stoppen."

Iwan hob den Kopf. Seine Augen waren blutunterlaufen, sein Gesicht nass von Tränen, und er versuchte ein kleines Lächeln zustande zu bringen.

„Du hast recht, Kamerad."

Seine Unterlippe zitterte noch, als er die Tränen wegwischte.

„Es ist nicht meine Schuld. Ich habe niemanden darum gebeten, in den Krieg ziehen zu dürfen."

„Ich auch nicht", sagte Horace und grinste, „ich auch nicht."

Als sie weitergingen, fragte Horace: „Wer war Sergej, Iwan? Erzähl mir von ihm."

KAPITEL 25

Nur zwei Tage später saß dieselbe Gruppe Männer wieder auf derselben Bank am Ufer der Moldau. Iwan hörte den Lärm als Erster. Ein Dutzend tschechischer Bürger schrie wild durcheinander und deutete auf die gegenüberliegende Straßenseite.

„Schnell!", rief Iwan. „Ich glaube, sie haben einen Nazi aufgestöbert – da drüben, in dem Möbelladen."

Als sie dort ankamen, hatte sich bereits eine große Menge Bürger vor der Tür des alten Geschäfts versammelt. Horace blickte zur Fassade des imposanten, mit Brettern verbarrikadierten dreistöckigen Gebäudes hoch, während Iwan mit einem der Bürger sprach.

Der Bezirk unterhalb der Burgstadt Hradschin war einer der elegantesten der Stadt, und Horace stellte sich den Laden in der Vorkriegszeit vor, als der bestimmt erfolgreiche Eigentümer die Früchte lebenslanger harter Arbeit geerntet hatte – ein schönes Haus am Stadtrand, eine schöne Frau und ein paar Kinder. Was ist wohl aus dem Besitzer des Ladens geworden?, fragte er sich, als er die verstaubte Türangel aus Messing berührte und fünf Zentimeter neben der Tür Spuren einer Gewehrkugel ertastete.

Iwan unterbrach seine Gedanken. Er deutete auf eine alte Dame und sagte: „Die Frau da behauptet, einen SS-Mann am Fenster des obersten Stockwerks gesehen zu haben."

SINGEN VÖGEL IN DER HÖLLE?

„Ist sie sich da sicher?", fragte Jock.

Iwan nickte. „Die Leute haben keine Waffen. Sie haben zu viel Angst, hineinzugehen."

Flapper trat einen Schritt zurück und meinte: „Sieht ganz so aus, als müssten wir ihnen helfen."

Er rannte mit der Schulter gegen die Tür, und der verfaulte Holzrahmen splitterte. Dann nahm Flapper noch einmal Anlauf und noch ein drittes Mal und zwängte sich durch das Loch in der Tür. Iwan und die anderen folgten ihm.

„Hier", sagte Iwan. Er öffnete seinen Halfter und reichte Horace seine russische Nagent-Pistole. „Vorsichtig, Kamerad! Ich habe das ungute Gefühl, dass die alte Dame mit ihrer Beobachtung recht hat."

Jetzt hörten alle das Geräusch.

„Was war das?"

„Hört sich an wie ein weinendes Kind."

Das Geräusch kam aus dem Keller. Flapper ging zu der Tür, die er gerade kaputt gemacht hatte. „Ich bewache die Tür, ihr drei schaut im Haus nach."

Horace gab Flapper die Pistole. Sie gingen die dunkle Treppe hinab in den Keller. Eine Tür stand einen Spaltbreit offen. Diesmal hörten sie es sicher – ein Kind. Aber das Kind weinte nicht, es heulte, als hinge sein Leben davon ab. Als die drei Männer vor dem Mädchen standen, duckte es sich ängstlich. Seine Arme und Beine waren gebrochen und standen in einem grotesken Winkel ab. Iwan ging in die Knie und sprach Tschechisch mit dem Mädchen. Er sprach langsam und versuchte das Kind zu trösten, und nach ein paar Sekunden reagierte sie auch. Das Mädchen stöhnte, hob den gebrochenen Arm mit Mühe ein, zwei Zentimeter an und deutete auf die Ecke des Raumes. Da lag der Leib ihres kleinen Bruders auf dem Boden.

Jock ging hin. „Er lebt noch – gerade noch. Er ist bewusstlos. Um Gottes willen – seine Arme und Beine sind gebrochen." Jock hielt nur mit Mühe seine Tränen zurück.

„Welche Schweinehunde haben das getan?"

Iwan antwortete: „Die SS."

KAPITEL 25

Das kleine Mädchen sprach in seiner Muttersprache durch die Wand von Tränen und Schmerzen hindurch. Iwan hörte zu und übersetzte ihre Worte für Horace und Jock.

„Das Mädchen und der Junge haben auf der Rückseite des Ladens eine Öffnung gefunden. Es war ein Spielplatz für sie, sie dachten, sie wären die Einzigen, die das Geheimnis kannten. Sie spielten mit den alten Kisten und hüpften auf dem alten Sofa hier herum, um zu sehen, wer am höchsten springen konnte."

Iwan legte die Hand über seine Augen und schüttelte den Kopf.

„Dann kam die SS herein – vorgestern." Sein Gesicht wurde hart. „Sie verlangten Geld und Landkarten, Essen und Wasser und hielten das Mädchen als Geisel fest, während ihr Bruder nach Hause lief, um zu holen, was er konnte."

Iwan biss sich auf die Unterlippe, bis sie blutete. Er zitterte vor Wut und nahm all seine Kraft zusammen, um vor dem kleinen Kind nicht weinend zusammenzubrechen.

„Der kleine Junge kam mit leeren Händen zurück. Die Strafe dafür war – das hier."

Das kleine Mädchen redete weiter. Die furchtbaren Schmerzen brachten sie fast um den Verstand. Sie lallte. Iwan sackte gegen die Wand, seine Beine versagten ihm den Dienst.

„O mein Gott!", stammelte er nur.

„Was ist?", fragte Horace.

„Ich kann es nicht fassen."

„Was denn?"

Das Mädchen deutete wortlos auf ein paar alte Teekisten.

Iwan erklärte unter Tränen: „Einer der Soldaten drückte den Arm oder das Bein des Kindes an die Kiste, der andere Bastard brach es wie ein Streichholz entzwei."

Die drei Männer waren sprachlos ob der Grausamkeit der Folter. Horace konnte nicht fassen, dass man zwei unschuldige Kinder so misshandelt hatte.

Iwan brach das Schweigen. Er sagte: „Das Mädchen sagt, sie sind immer noch im Haus."

Jock Strain brachte den kleinen Jungen hinüber zu seiner Schwester und versuchte sie zu beruhigen, sie seien jetzt sicher – in einem Akzent und einer

SINGEN VÖGEL IN DER HÖLLE?

Sprache, die sie nie zuvor gehört hatte. Es schien, als würde sie ihn verstehen. Jock blieb bei den beiden Kindern, Horace und Iwan gingen die Treppe hinauf zu Flapper, der an der Tür Wache stand. Sie setzten Flapper kurz ins Bild, der vor Wut kochte. Er gab Horace die Pistole zurück und rannte die Treppe hinauf, wobei er immer zwei Stufen auf einmal nahm, so wild entschlossen war er, diesen zwei Monstern, die wie menschliche Wesen aussahen, den Garaus zu machen.

Sie fanden sie im dritten Stock des Hauses, hinter einer Regalwand versteckt. Die SS-Männer hoben sofort die Hände und händigten ihnen ihre Waffen aus. Horace inspizierte die Luger-Pistolen. Die Munition war aufgebraucht, die Magazine leer.

Flapper verlor die Selbstbeherrschung. Er stürmte auf den ersten SS-Offizier los und schlug mit den Fäusten auf seinen Kopf und seinen Körper ein. Als der Mann zu Boden ging, trat er ihn mit Füßen und fluchte dabei. Horace ließ ihn zwei Minuten lang toben, dann zog er ihn weg. Flapper stand keuchend da und blickte auf den blutigen Haufen, der da zusammengekrümmt am Boden lag. Iwan ging zu Horace und streckte die Hand aus. Der verstand und gab ihm die Pistole zurück. Der deutsche SS-Offizier fing an zu weinen und flehte: „Bitte, nein! Gnade! Erbarmen!"

Iwan drehte sich um und ging langsam auf den anderen, zitternden SS-Offizier zu. Er starrte ihn ein paar Sekunden wortlos an und spuckte ihm dann ins Gesicht. Der Deutsche flehte noch lauter um Gnade. Von seiner Augenbraue und Nase troff der Speichel herab. Er zitterte wie der ganze Kerl.

„Gott, nein … Gott, nein … bitte … bitte!"

Iwan senkte die Pistole und schaute aus dem Fenster im dritten Stock. Er rief auf Tschechisch etwas zu der Menschenmenge herab, durch eine zerbrochene Glasscheibe hindurch, und Horace sah, dass die Menschen unten etwas auseinander gingen. Dann kam Iwan zu dem Deutschen zurück.

„Knall den Bastard ab!", schrie Flapper auf der gegenüberliegenden Seite des Raumes.

Iwan hob den Arm mit der Pistole und drückte ab.

Die Kugel vom Kaliber 7.62 durchschlug die Kniescheibe des SS-Mannes, der wie ein angefahrener Hund jaulte. Er bekam eine weitere Kugel ins andere Knie und brach, immer noch um Gnade flehend, zusammen.

KAPITEL 25

Jetzt sahen Horace und Flapper etwas ganz Erstaunliches. Iwan Gregatov war eigentlich ein schmächtiger Soldat, nicht größer als einen Meter dreiundsiebzig. Der SS-Offizier, den er soeben zum Krüppel geschossen hatte, war über eins neunzig groß und wog mindestens zehn Kilo mehr als er. Aber Iwan wuchsen mit der Wut ungeahnte Kräfte zu. Er packte sein winselndes Opfer an der Kehle und drückte es mit nur einer Hand an die Wand. Die nutzlos gewordenen Beine des Deutschen hingen kraftlos herab, er rang um Atem. Mit der anderen Hand griff der Russe nach seinen Hoden und hielt den Deutschen trotz seines vollen Körpergewichts mit einem Schrei über seinen Kopf. Als seine Beine zu zappeln begannen, drehte er sich zum Fenster, sah zum Bürgersteig runter, und mit zwei schwankenden, kleinen Schritten warf er das wimmernde Bündel durch die Fensterscheibe. Zwei Sekunden später schlug der Deutsche auf dem Boden auf. Er war kaum noch bei Bewusstsein, lebte aber noch, als der Mob sich über ihn hermachte. Es dauerte keine Minute, da hatte ihn der Mob totgetrampelt.

Ein Raunen am Boden erinnerte die Männer daran, dass noch ein SS-Offizier da war. Sie trugen den halb ohnmächtigen Mann zur Treppe und stießen ihn alle drei Treppen hinunter bis hinaus zur Straße. Dort lagen die beiden Kinder auf provisorisch gefertigten Holztragen und wurden von mehreren Frauen versorgt. Ein Arzt spritzte dem kleinen Jungen eine durchsichtige Flüssigkeit in den Arm. Er war bei Bewusstsein und lächelte ein bisschen, als Jock ihm übers Haar strich. Jock winkte den Kindern hinterher, die abtransportiert wurden.

Jetzt wandte sich die aufgebrachte Menge dem zweiten SS-Mann zu, der winselnd auf dem Straßenpflaster lag. Jock und Horace, Flapper und Iwan sahen zu, als man dem Deutschen ein Seil um die Knöchel band. Das andere Ende wurde um eine Straßenlampe gebunden, und dann zogen ihn vier oder fünf Männer kopfüber nach oben, wo er wie ein Pendel hin und her schwang, die Augen vor Angst weit aufgerissen, und auf die nächste Aktion wartete.

Jemand brachte eine Kanne Benzin, und der Deutsche schrie: „Nein – nein!"

Aber der Besitzer der Kanne hatte eine diebische Freude daran, die schwarze Uniform der Waffen-SS mit Benzin zu tränken. Als Nächstes übergoss er das Gesicht des Deutschen mit Benzin, es stach ihm in die Augen und verätzte seinen Mund. Um die Tortur noch ein bisschen in die Länge zu ziehen, legte der Besitzer der Kanne eine Benzinspur um den Deutschen herum, der wie eine Forelle im Netz zappelte. Er hielt das brennende Streichholz hoch in die Luft und kniete sich auf den Boden.

Als die Flammen explodierten, jubelte die Menge. Ein paar Männer traten nach dem Kopf des Sterbenden. Horace hörte die furchtbaren Schreie des SS-Mannes noch jahrelang. Nacht für Nacht sah er den brennenden, zuckenden Leib in seinen Albträumen.

Als die vier Männer ins Lager zurückkehrten, sprachen sie kaum ein Wort. Iwan murmelte leise etwas Unverständliches in seiner Muttersprache. Am nächsten Morgen fand Horace ein paar kaum lesbare Worte in Russisch auf Iwans Bett. Sie lauteten übersetzt: „Ich bin schlimmer als sie", unterzeichnet mit „Iwan".

Es war Jock Strain, der den jungen Russen fand. Er hatte sich im Toilettenhaus mit einem Stromkabel erhängt. Er war schon ein paar Stunden tot.

KAPITEL 26

Rose saß ängstlich in dem Zug, der in Karlsbad einfuhr, ein kleiner Bahnhof fünfzig Kilometer östlich von Prag. Sie drückte das Gesicht ans Zugfenster, um den Bahnsteig besser sehen zu können. Der Zug fuhr langsamer. Sie hörte das Quietschen der Bremsen, die an den Rädern rieben. Als sie den Bahnsteig sehen konnte, hüpfte der Zug und schleuderte die junge Frau nach vorn. Sie setzte sich wieder, nahm ihre Tasche vom Boden auf und sah wieder zum Fenster hinaus.

Der ganze Bahnhof wimmelte von bedrohlich aussehenden Soldaten. Ein kleiner Lastwagen stand auf dem Bahnsteig, die Plane hinten war hochgerollt. Zwei Soldaten saßen darin, zwischen sich ein Maschinengewehr, das mit einem Munitionsgürtel geladen war. Das Maschinengewehr zielte direkt auf den Zug. An der Seite des Lastwagens sah sie eine kleine Fahne. Der rote Stern der Sowjetunion flatterte im lauen Abendwind.

KAPITEL 27

Es dauerte noch sechs lange Wochen, bis man den Männern mitteilte, dass sie jetzt nach Hause dürften. In der Zwischenzeit waren einige von ihnen in andere Prager Lager verlegt worden. Einer von ihnen war Ernie Mountain. Horace versprach, ihn zu besuchen, sobald sie wieder nach Ibstock kamen.

Für die 1,5 Millionen sowjetischen Kriegsgefangenen, die von den Alliierten festgehalten wurden, hatte man den Freilassungsbefehl unterzeichnet. Stalin seinerseits erließ den Befehl, die verbleibenden alliierten Gefangenen den Amerikanern auszuhändigen. Die Männer wurden auf russische Lastwagen geladen und an den Rand der Stadt gefahren. Sie fuhren zur Grenzlinie zwischen dem russischen und dem amerikanischen Sektor. Dort wurden sie übernommen und zu einem nahe gelegenen Flughafen der Luftwaffe gebracht. Als sie die Stadtgrenze von Prag in westlicher Richtung auf der Hauptstraße passierten, sah Horace, wie die elegante, aber arg zerbombte Prager Skyline in der Ferne verschwand.

Die Männer erhielten die Weisung auszusteigen und sich auf einen Fußmarsch vorzubereiten.

„Warum, zum Teufel, können sie uns nicht hinfahren?", schimpfte Jock. „Sind wir in letzter Zeit nicht schon genug marschiert?"

Auch Horace war gespannt, als er die lange gerade Straße vor ihnen sah. Er wollte herausfinden, warum der russische Lastwagen die fünfzig Kilometer

KAPITEL 27

nach Westen nicht fahren wollte. Nach zwei bis drei Kilometern erblickte Horace eine Reihe russischer Gewehre, die nach Süden gerichtet waren. Er tippte Jock auf die Schulter.

„Jock, was glaubst du wohl, worauf die alle zielen?"

Jock zuckte mit den Schultern. „Woher soll ich das wissen, Jim?"

T-34-Panzer standen neben langläufigen Feldgeschützen, O-34-Panzer neben den 76 mm-Gewehren und B-35-Waffen, die Horace vor vielen Wochen auf der Straße nach Prag gesehen hatte. Auf jedem Gewehr, jedem Panzer prangte der rote Stern der Sowjetunion.

„Ich dachte, der verdammte Krieg wäre vorbei", sagte Jock und grinste.

„Egal", antwortete Horace, „wenigstens sind die Scheißkerle auf unsrer Seite."

Horace deutete auf die gegenüberliegende Straßenseite. „Eben. Die aber auch."

Horace rutschte das Herz in die Hose. Nur knapp zweihundert Meter von ihnen entfernt standen andere Panzer und Geschütze, alle drohend auf die Russen gerichtet. Anstatt des roten Sterns trugen sie den silbernen Stern der US-Armee. Als sie näher herankamen, sahen sie die GIs, die auf ihren Lastwagen und Jeeps saßen. Sie rauchten, plauderten und liefen ziellos umher. Ihr einziger Zweck bestand darin, ihre russischen Verbündeten scharf zu beobachten – so wie auch die Russen sie im Auge hatten.

Inzwischen hatte jeder der Marschierenden die beiden Reihen mit Panzern und schwerer Artillerie gesehen, die die ganze Schlagkraft beider Bodentruppen repräsentierten. Alle Geschütze und Kanonen waren aufeinander gerichtet. Und was besonders bedrohlich wirkte, war, dass die schmale Straße, auf der die Männer marschierten, beide Armeen trennte. Meilenweit reihten sich Maschinengewehr an Maschinengewehr, Panzer an Panzer, ganze Regimenter von Soldaten, Truppentransportern und Jeeps, begleitet von dem ständigen Brummen von Flugzeugen über dem seltsamen Schauplatz. Die Männer gingen langsam weiter, unfähig zu verstehen, was sich hier abspielte.

Jock schüttelte den Kopf. „Was für ein seltenes Glück wir haben! Kaum endet der Zweite Weltkrieg, geht auch schon der Dritte los!"

„Er könnte jeden Moment anfangen, Kamerad", flüsterte Horace. „Ich weiß nicht, was hier los ist."

SINGEN VÖGEL IN DER HÖLLE?

Die zwei Kilometer langen Reihen von Waffen und Soldaten setzten sich die ganze Straße entlang fort. Die Männer marschierten stumm, und die, die an Gott glaubten, beteten. Schließlich nahm die massive Demonstration militärischer Stärke ab, und die Waffen verschwanden aus ihrem Blick. Später am Abend hörte Horace im Radio, dass beide Supermächte sich ernsthaft überlegt hatten, ob sie nicht um die Alleinherrschaft über Deutschland kämpfen sollten. Sie waren einem erneuten Krieg so nahe gewesen – eine umherschwirrende Gewehrkugel, ein nervöser Finger am Abzug oder eine versehentlich abgefeuerte Granate hätte genügt, und alle wären aufeinander losgegangen.

Schließlich marschierten die müden und hungrigen Männer – einige wieder mit Blasen an den Füßen – durch das Eingangstor des amerikanischen Militärflughafens Karlsbad. Es dauerte nur eine Stunde, dann waren sie alle geduscht und satt und trugen neue englische Uniformen und saubere Unterwäsche. Jeder Mann erhielt hundert Zigaretten, einen Schokoriegel und zwei Flaschen eisgekühltes amerikanisches Bier.

Was die Männer amüsierte, war, dass in diesem Lager deutsche Kriegsgefangene als Reinigungskräfte und Köche arbeiten mussten. Vertraut auf die Amis, dachte Horace, als er einen deutschen Kriegsgefangenen sah, der in hellgrünem Tarnanzug im Eingangsbereich des Lagers Abfall aufsammelte. Die Deutschen waren sichtlich froh, unter der Aufsicht der Amerikaner zu stehen und nicht unter der der Russen, die nur wenige Meter weiter das Sagen hatten.

Als er im Schlafsaal von Block Nummer vier auf der Westseite des amerikanischen Lagers zum ersten Mal seit fünf Jahren auf einem echten Federkissen einschlief, träumte Horace von Rose, vom Frieden, von grünen Wiesen und von daheim …

„Schon wieder ein verdammter Appell!", fluchte Horace, als er mit Flapper zusammen aus dem Kantinenzelt kam. „Seit fünf Jahren nichts als Appelle und Strammstehen! Können uns nicht wenigstens die Yankees mit dem Quatsch verschonen?"

„Reg dich nicht auf, Jim", sagte Flapper. „Vielleicht teilen sie uns jetzt endlich mit, wann wir nach Hause kommen."

Horace hielt inne. „Scheiße!"

KAPITEL 27

„Was ist los, Jim?"
Horace deutete auf den Schlafsaal hinter seinem Rücken. „Ich hab meine Zigaretten vergessen. Geh du weiter – ich bin in einer Minute wieder da."
Flapper sah auf seine Uhr. „Aber Jim, sie haben doch gesagt, wir sollen –"
„Nur die Ruhe, Flapper. Ich warte schon seit fünf Jahren darauf, frei zu sein – da können sie doch wohl auch kurz auf mich warten, oder?"
„Wie du meinst. Wenn sie dich aufrufen, sag ich ihnen, wo du bist."
Horace fing an zu joggen. Er wusste noch, er hatte seine Zigaretten unter sein Kopfkissen gelegt. Er brauchte nur eine Minute, um sie zu holen – wenn er Glück hatte, konnte er Flapper noch vor dem Appell einholen.
Horace ging in seinen Schlafsaal. Er traute seinen Augen nicht: Er war nicht der Einzige hier drin. Eigentlich hätte jeder beim Appell sein sollen, aber da stand noch ein Mann, ein deutscher Kriegsgefangener – nach seinem Äußeren zu urteilen, ein älterer, wohlgenährter Soldat. Horace beobachtete ihn. Er griff gerade unter sein Kopfkissen und stopfte sich Horaces gesamte Zigarettenration in die Taschen seiner Uniform.
Während der gesamten fünf Jahre Gefangenschaft war Horace noch nie aggressiv geworden. Mehrere Male war er nahe daran gewesen, die Fassung zu verlieren, aber dann hatte seine Selbstkontrolle doch die Oberhand behalten und ihm vermutlich das Leben gerettet. Damals, in seinem Friseursalon in Saubsdorf, war er still geblieben, obwohl der SS-Mann ihn zu Brei geschlagen hatte. Sogar im Boxkampf gegen Willie McLachlan hatte er sich noch einigermaßen unter Kontrolle gehabt.
Aber als er jetzt diesen Dieb in flagranti erwischte, einen Dieb, dessen Landsleute andere Menschen getötet, gefoltert und verwundet hatten und fünf Jahre lang nichts ausgelassen hatten, womit sie die Herzen und Seelen seiner Freunde und Gefährten quälen konnten, da schnappte er über. Er musste an die Arbeitspause denken, die die Amerikaner ihm gewährt hatten, an das Vertrauen, das sie ihm hier entgegenbrachten und an den letzten Abend, an dem er gesehen hatte, dass die deutschen Kriegsgefangenen dasselbe Essen bekamen und am selben Tisch essen durften wie seine Gefährten. Als er aber sah, wie der Deutsche heimlich, still und leise von Bett zu Bett schlich und jedes Kopfkissen umdrehte, da kochte es in ihm, und er explodierte.

SINGEN VÖGEL IN DER HÖLLE?

„Du verfluchter Dieb!", schrie er, so laut er konnte und stürmte auf den Mann los. Bevor der Deutsche reagieren konnte, hatte er seine Faust im Gesicht. Unaufhörlich schlug Horace auf Gesicht und Körper des Deutschen ein. Als der versuchte aufzustehen und zu fliehen, packte Horace ihn am Bein, riss ihn zu Boden, bevor er zur Tür hinaus war, schlug ihm noch einmal mit aller Kraft ins Gesicht und schob ihn zur Tür hinaus. Der Deutsche lag mit dem Gesicht nach unten im Dreck. Horace stand über ihn gebeugt, als er sich auf die Knie erhob. Er versuchte aufzustehen, aber Horace trat ihm mit voller Wucht in den Hintern, sodass er mit dem Gesicht voran abermals in den Dreck flog.

„Los, beweg dich, du Dieb!"

Von hier aus bis zum Büro des amerikanischen Lagerkommandanten waren es vielleicht neunhundert Meter, und Horace trat den Deutschen so lange in den Dreck, bis er dort angekommen war. Als sie beide vor dem Büro von General Dirk Parker angelangt waren, tat Horace der rechte Fuß weh, aber er hörte nicht auf. Die Tür des Büros war leicht geöffnet, der General war froh über die frische Brise. Jetzt erst erlaubte Horace dem Deutschen, aufrecht zu stehen, er ließ ihn in Habachtstellung stehen. Als der blutende Mann sich wieder rührte, schlug ihn Horace ein letztes Mal, und er flog durch die Tür des irritierten Generals.

Als er den stöhnenden Deutschen vor sich auf dem Boden liegen und den Soldaten in der englischen Uniform neben ihm stehen sah, sagte der General in vorwurfsvollem Ton zu Horace: „Soldat, was soll dieses unwürdige Verhalten? Wir sind Amerikaner, keine Barbaren. Wir behandeln unsere Gefangenen nicht so."

Es wäre besser gewesen, Horace hätte sich jetzt beruhigt und dem General die Umstände erklärt, die sie beide in sein Büro geführt hatten. Stattdessen schlug er den Deutschen noch einmal.

Der General brüllte: „Sofort aufhören, Soldat, oder ich bestrafe Sie. Ich dulde keine Gewalt in meinem Büro."

Horace keuchte und sagte: „Ihn sollten Sie bestrafen, nicht mich. Er ist ein verdammter Dieb."

Er griff dem Gefangenen in die Taschen und schüttete Dutzende Zigaretten auf den Schreibtisch des Generals.

KAPITEL 27

„Fünf Jahre lang haben die Deutschen mich geschlagen, gefoltert und misshandelt."

Er verpasste dem Gefangenen einen weiteren Hieb. Diesmal machte der General keine Anstalten, ihn zu stoppen. Horace schüttete ihm sein Herz aus.

„Diese Schweine haben uns schlimmer behandelt als streunende Hunde. Sie haben meine Freunde umgebracht und gefoltert, und als wir den Krieg gewonnen haben, sind sie vor den Russen davongelaufen, so schnell ihre Beine sie tragen konnten."

Horace hob den Gefangenen am Kragen vom Boden auf.

„Und wir Alliierten behandeln sie korrekt, geben ihnen Essen und ordentliche Kleidung und lassen ihnen ihre Würde – nachdem sie unsere mit Füßen getreten haben."

Er sah in die geschwollenen, blutunterlaufenen Augen des Deutschen, der seinen Blick von ihm abwandte.

„Und *so* danken sie es uns!"

Er griff in die Brusttasche des Deutschen und zog noch ein Dutzend amerikanische Zigaretten heraus.

General Dirk Parker ließ sich auf seinen Stuhl fallen. Horace ließ den Gefangenen los, der kraftlos zu Boden sank.

Jetzt fand Horace seine Fassung wieder. Die Dämonen in ihm waren gebändigt. Er hatte nicht länger als vier Minuten gebraucht, um die Bitterkeit von fünf Jahren loszuwerden, aber jetzt war er ruhig und entspannt. Er nahm Haltung an und salutierte vor dem amerikanischen General.

„Ich bitte Sie um Verzeihung, Sir. Ich hatte mich nicht mehr in der Gewalt."

Der General wählte eine Nummer, und zwei kräftige schwarze GIs stürmten herein und nahmen den benommenen Deutschen mit.

„So. Bitte setzen Sie sich, Soldat ..."

„Greasley, Sir."

„Soldat Greasley."

General Parker griff hinter sich und holte eine Flasche Kentucky Bourbon und zwei Gläser aus einem Schrank.

„Ich versichere Ihnen, Soldat Greasley, dass der deutsche Dieb streng bestraft wird."

SINGEN VÖGEL IN DER HÖLLE?

„Danke, Sir."
„Darf ich Ihnen zum Dank dafür, dass Sie ihn erwischt haben, ein Glas Whisky anbieten?"
„Sehr gerne, Sir."
Als Horace den Whisky schmeckte, dachte er sofort an Ibstock, an die Pretoria Road und Weihnachten zu Hause. Der Geschmack von Whisky erinnerte ihn immer an Weihnachten, an Geburtstagsfeiern und offenes Kaminfeuer. Er leerte das Glas in zwei kräftigen Schlucken. Man sah ihm an, dass er gern mehr gehabt hätte.
General Parker erfüllte ihm den Wunsch und füllte sein Glas ein zweites Mal.
Horace erlaubte sich den Luxus, von der Zukunft zu träumen. Vom starken Alkohol benebelt, ließ er sich wie auf einer Wolke treiben. Er fragte sich, ob er wohl darauf hoffen durfte, das nächste Weihnachtsfest zusammen mit der Frau zu verbringen, die er liebte.

Freddie Rogers und Dave Crump verließen das Lager schon am nächsten Morgen, dem 2. Juli, in aller Frühe, Flapper Garwood und Jock Strain tags darauf. Der Abschied war für alle sehr emotional. Horace liebte jeden der vier wie seinen Bruder. Miteinander waren sie durch Dick und Dünn gegangen und durch die Hölle eines Krieges, den keiner von ihnen gewollt hatte. Als Horace auf seinem Bett lag, musste er an diejenigen Gefährten denken, die es nicht geschafft hatten. Obwohl er fünf Jahre lang jedes quälende Gefühl durchlitten hatte, das ein Mensch nur verkraften kann, sagte er sich, dass er noch Glück gehabt hatte. Er, Jimmy White und Oberstabsfeldwebel Harris lagen in dem leeren Schlafsaal, und es gab für sie nichts zu tun.
Plötzlich ging die Tür auf, und Jimmy White erhielt die Anweisung, er solle sich in zwanzig Minuten an der Startbahn auf der anderen Seite des Lagers einfinden. So schnell konnte es gehen. Der Abschied der drei Männer voneinander war entsprechend kurz, zumal keiner von ihnen länger bei der düsteren Vergangenheit verweilen wollte. Jetzt war es Zeit für die Zukunft. Was sie erreicht hatten, war einfach gewaltig. Seltsamerweise sprachen sie nicht mehr darüber.
Zwei Stunden später erhielten auch Oberstabsfeldwebel Harris und Horace ihre Anweisungen. Sie sollten zum Militärflughafen Royston in der Grafschaft

KAPITEL 27

Hertfordshire geflogen werden. Von dort aus sollten sie mit dem Zug in ihre Heimat fahren.

Die Dakota war provisorisch umgebaut worden, um dreißig Männer aufnehmen zu können. Auf jeder Seite des kleinen Flugzeugs saßen fünfzehn Mann, ein loses Seil auf ihrem Schoß war der einzig vorhandene Sicherheitsgurt. Horace war ziemlich nervös, es war das erste Mal, dass er überhaupt ein Flugzeug betrat. Oberstabsfeldwebel Harris saß ihm gegenüber, aber der Lärm der beiden Pratt & Whitney-Radialkolbenmotoren machte jede vernünftige Unterhaltung unmöglich.

Als sie eine Stunde und zwanzig Minuten geflogen waren, meldete sich der Pilot krächzend per Sprechfunk. Seine Stimme war kaum zu verstehen. Er teilte ihnen mit, dass sie jetzt über englischem Boden seien. Die Männer applaudierten spontan, aber nicht überschwänglich.

„Und jetzt", sagte der Kapitän, „sehen Sie die weißen Klippen von Dover."

Das Flugzeug sackte ab, die Triebwerke schienen an Leistung zu verlieren. Horace spürte, wie seine letzte Mahlzeit seinen Magen anhob. Die Dakota flog wieder gerade, und sie vernahmen erneut die Stimme des Piloten.

„Sehen Sie."

Kreischend und laut klappernd öffneten sich die riesigen Bombenklappen am Boden des Flugzeugs. Zwischen Horace und den weißen Klippen von Dover war nichts mehr, nur ein paar hundert Meter frische Luft. Horace klammerte sich verzweifelt an das dünne Seil. Es war eine nette Geste des Piloten, und die Aussicht auf die Kalkfelsen der Küste Südenglands war gigantisch, aber Horace konzentrierte sich lieber auf die beginnende Glatze von Oberstabsfeldwebel Harris.

Das Flugzeug landete in Royston kurz vor Einbruch der Dunkelheit. Nach der Landung mussten die Männer erst einmal eine fünfzigminütige Begrüßungsrede eines Offiziers über sich ergehen lassen. Er erzählte ihnen, was alles zuletzt passiert war und erwähnte insbesondere den in England so genannten „Victory in Europe Day", den letzten Kriegstag, am 8. Mai 1945. Man wies ihnen ihr Quartier für die Nacht zu, gab ihnen so viel Freibier, wie sie trinken konnten, und nach einem Abendessen mit Fisch und Chips gingen sie ins Bett.

SINGEN VÖGEL IN DER HÖLLE?

Am nächsten Tag um die Mittagszeit brachte sie ein Konvoi, bestehend aus mehreren Land Rovern, zum Bahnhof nach Stevenage, und schließlich, nach noch mehr Bürokratie und einem weiteren Appell, setzte man jeden von ihnen in seinen Zug – nach Northampton und Coventry, Ipswich und Oxford, Birmingham und – ja, und nach Leicester.

Der Bahnhof von Leicester sah nicht anders aus als vor dem Krieg. Wie durch ein Wunder war er vor dem Bombenhagel der deutschen Luftwaffe verschont geblieben. Horace stieg als einziger Passagier aus. Er stand auf dem Bahnsteig und sog die Atmosphäre des Bahnhofs ein. Mit hoch erhobenem Haupt atmete er die Luft von Leicestershire ein, eine verstohlene Träne lief ihm die Wange herunter.

Der Zivilist, den sie geschickt hatten, um Horace abzuholen, hatte es nicht schwer, ihn zu erkennen.

„Sind Sie Joseph Greasley?"

Horace hätte beinahe Nein gesagt – er hatte den Namen seit dem Tag seiner Einschreibung in der Kings Street nicht mehr gehört.

„Jim, äh –Horace Greasley."

Der Zivilist sah auf sein Klemmbrett und sagte: „Hier steht aber Joseph."

„Ich heiße aber Horace."

Der Mann lächelte. „Nun, meinetwegen – Horace."

Er streckte zur Begrüßung die Hand aus, und Horace nahm sie und drückte sie.

„Hallo, Horace. Ich heiße Bert und bin gekommen, um Sie nach Hause zu bringen."

KAPITEL 28

Es war ein langer Tag – die lange Warterei am Bahnhof von Stevenage und danach die immer wieder von Haltestellen unterbrochene Zugfahrt nach Leicester. Als das Auto mit Horace in die Pretoria Road einbog, war es schon dunkel.

Vater und Mutter, Sybil und Daisy saßen in der Küche und starrten Horace an. Sie sahen ihn lange nur an, sie waren einfach nur glücklich, ihn wieder bei sich zu haben. Er war magerer als vor seiner Abreise nach Frankreich, so um die zwanzig Kilogramm leichter, aber das war ja zu erwarten gewesen. Sie sprachen an diesem ersten gemeinsamen Abend kein Wort über die Zeit im Kriegsgefangenenlager. Die Familie spürte, dass der Heimgekehrte Zeit brauchte, bis er ihnen alles erzählen konnte. Horace stieg die Treppe hinauf und schaute sich das einstige Baby Derick im Bett an. Derick war inzwischen sieben Jahre alt. Horace strich ihm sanft mit der Hand über den Kopf. Er schlief weiter.

Als er wieder in die Küche kam, redeten sie miteinander über den Krieg, die Zukunft, die Arbeit und den Hof und über Harold, der immer noch in Afrika war und sich um Kranke und Verletzte kümmerte. Er sei zum Stabsunteroffizier befördert worden, erzählte die Mutter. Er habe als Krankenpfleger gute Arbeit geleistet, und sein höherer Sold war der Familie sehr willkommen. Er sollte bald wieder nach Hause kommen. Er habe gleich Sonderurlaub aus

SINGEN VÖGEL IN DER HÖLLE?

dringenden familiären Gründen beantragt, als er hörte, dass Horace auf dem Weg nach Hause war, und der sei ihm auch genehmigt worden. Guter alter Harold, dachte Horace. Trotz der schlimmen Kriegszeiten hat er sich wohl tapfer durchgeschlagen.

Sie redeten. Sie redeten, und Horace hörte ihnen zu.

Er entschied sich dafür, seinen Eltern erst am nächsten Morgen von dem Mädchen zu erzählen, das ihn jahrelang durch seine schlimmste Zeit hindurch begleitet hatte.

„Ist ja schön und gut, aber sie ist trotz allem eine verdammte Deutsche, Horace!", schimpfte der Vater, als sie am Frühstückstisch saßen. Die Mutter trocknete ihre Tränen mit einem weißen Taschentuch.

Dabei hatte der Tag so schön angefangen. Horace bekam eine Tasse Tee mit einem Schluck Whisky darin – nach alter Familientradition. Dann gab es Schinkenspeck und Spiegeleier und warmen Toast mit Butter. Horace hatte ihnen alles über das junge deutsche Mädchen erzählt, über das Essen, das sie besorgt hatte und über die Radioteile. Er bezeichnete sie als Heldin und sagte, er glaube nicht, dass er das Ganze ohne ihre Liebe lebend überstanden hätte. Die Familie saß da und hörte ihm zu. Er war überzeugt davon, dass seine Eltern alles verstehen würden. Warum musste er ihnen auch erzählen, dass er sich in sie verliebt hatte? Und dass er mit ihr zusammen ein neues Leben anfangen wollte?

Trotzdem war sein Vater ungehalten. „Diese Schweinehunde haben meinen beiden Söhnen fünf Jahre ihres Lebens gestohlen und unser ganzes Land mit Bomben verwüstet, und was machst du? Bandelst mit einer von denen an!"

Horace hätte seinen Eltern gerne gesagt, dass Rose ja eigentlich keine Deutsche war, sondern eine Schlesierin, aber er hatte nicht mehr die Kraft dazu. Das Letzte, was er wollte, war, schon am allerersten Morgen nach der Rückkehr aus der Gefangenschaft mit seinen Eltern zu streiten.

Sein Vater war noch nicht fertig. Er sagte, wenn Horace diese Deutsche jemals mit nach Ibstock brächte, könne er gleich den Koffer packen und sich ein anderes Zuhause suchen.

Horace war entsetzt. Aber irgendwie konnte er seinen Vater auch verstehen.

KAPITEL 28

Seine Mutter weckte ihn um halb acht. Die warme Sommersonne schien durch die dünnen Baumwollvorhänge, und in seinem nach Osten gehenden Schlafzimmer war es schon warm.

Seine Mutter sagte: „Hier ist eine Tasse Tee für dich, Horace. Vielleicht willst du den hier erst mal lesen, bevor du runterkommst."

Sie gab ihm einen Brief. „Dad weiß nichts davon. Wir behalten es am besten für uns, ja?" Er las:

Lieber Jim,
ich hab es geschafft. Ich hoffe, du auch, und ich hoffe, dass du mit deinen schönen Augen diesen Brief liest und kein anderer. Meine Reise war nicht ungefährlich. Eines Tages werde ich bestimmt den Mut finden, dir davon zu erzählen.

Ich bin müde, aber ich bin am Leben und habe es bis zu den Amerikanern geschafft, die uns anständig behandelt haben. Ich wurde in der Tschechoslowakei aufgegabelt und in einem Lastwagen nach Deutschland gebracht. Jetzt wohne ich in einem amerikanischen Militärflughafen, in einem kleinen Schlafsaal zusammen mit fünf deutschen Frauen. Ich bin seit einer Woche hier. Gestern haben sie mir etwas Papier gegeben, damit ich an meine Familie schreiben kann. Der Amerikaner im Postamt fand es merkwürdig, dass eine Deutsche einem Engländer einen Brief schreibt. Ich habe ihm gesagt, dass ich Schlesierin bin und keine Deutsche.

Es ist seltsam – ich habe dir so viel zu erzählen, aber wenn mein Füller das Papier berührt, finde ich keine Worte. Ich will dir so viel sagen, so vieles, was wichtig für mich ist – und wichtig für uns beide. Vielleicht finde ich das nächste Mal den Mut dazu.

Meine Gefühle für dich sind so stark wie immer. Ich glaube, ihr Engländer habt ein Sprichwort, das besagt, dass Getrenntsein die Liebe noch größer macht. So geht es mir jetzt.

Für heute will ich schließen.
Ich liebe dich mehr als je zuvor, Jim. Bitte schreib zurück, wenn du kannst, und sag mir, dass es dir auch so geht.
Deine englische Rose

SINGEN VÖGEL IN DER HÖLLE?

Darunter stand die Adresse eines amerikanischen Militärflughafens nahe Leipzig, zusammen mit einer siebenstelligen Nummer. Noch am gleichen Mittag warf Horace seinen Antwortbrief in den Briefkasten in der Pretoria Road. Er musste quälende drei Wochen warten, bevor der nächste Brief kam. Der Briefträger kam jeden Morgen zwischen halb sieben und halb acht Uhr vorbei, sieben Tage die Woche. Horace stand jeden Morgen am Gartentor und begrüßte ihn.

Mein geliebter Jim,
mein Herz platzt schier vor lauter Freude und Erleichterung! Ich bin so glücklich, dass ich deinen Brief erhalten habe. Als ich ihn las, habe ich vor Freude geweint.
Ich schwöre, ich bin das glücklichste Mädchen auf der ganzen Welt. Ich kann es kaum erwarten, mit dir zusammen ein neues Leben anzufangen. Ich habe Verständnis dafür, dass wir beide nicht in England leben können. Auch hier in Deutschland herrscht Chaos, überall schwirren Soldaten unterschiedlichster Nationalität herum. Auf dem Weg zu unserem amerikanischen Stützpunkt sind wir durch Berlin gereist. Die ganze Stadt liegt in Schutt und Asche, und die Russen haben sich an vielen Bürgern grausam gerächt. Ich mag die Russen nicht, Jim, und ich habe das dumpfe Gefühl, es wird noch Jahre dauern, bis ich mich in Deutschland wieder sicher fühlen kann. Sobald ich kann, schicke ich dir nähere Informationen über Neuseeland. Wir müssen Geduld haben, Reisen dorthin sind momentan noch nicht möglich. Vielleicht wird in ein paar Monaten wieder alles normaler und wir können uns wiedersehen. Aber wenn nicht, ist es auch nicht so schlimm, ich kann warten, wenn es sein muss, für immer. Ich schreibe diese Zeilen im Bett, denn ich bin diese Woche etwas krank. Ich weiß nicht, was mit mir los ist, aber heute geht es mir etwas besser. Vielleicht kann ich morgen schon wieder aufstehen und ein bisschen an die frische Luft gehen.
Ich vermisse dich so sehr, du kannst es dir gar nicht vorstellen.
Alles Liebe, wie immer,
deine Rose

KAPITEL 28

Zwei Wochen später erhielt Horace einen anderen Brief, diesmal vom Britischen Kriegsministerium in London. Horace wurde gefragt, ob er bestätigen könne, dass eine gewisse Rosa Rauchbach, eine schlesische Staatsbürgerin, den Gefangenen in seinem Lager geholfen habe, ihnen Lebensmittel und Radioteile beschafft habe, wie sie behauptete. Horace war froh, dem Kriegsministerium mitteilen zu können, dass alles der Wahrheit entsprach.

Vier Wochen später kam ein weiterer Brief aus Leipzig. Rose war begeistert. Das Kriegsministerium in London hatte die Anfrage der Amerikaner beantwortet und bestätigt, dass der Soldat J. H. Greasley vom zweiten und fünften Bataillon des Leicester-Regiments bestätigen konnte, dass die von ihr geschilderte ungewöhnliche Unterstützung alliierter Gefangener in Polen der Wahrheit entsprach. Zum Lohn erhielt Rose eine gut bezahlte Stelle in einem amerikanischen Luftwaffenstützpunkt in der Nähe von Hamburg.

Inzwischen hatte Horace mit dem Geld, das seine Eltern während des Krieges für ihn zurückgelegt hatten, seinen eigenen Friseurladen eröffnet. Jetzt floss das Geld nur so – sie beide miteinander konnten Woche für Woche fast zehn Pfund auf die hohe Kante legen. Bald würde ihren Plänen, nach Neuseeland auszuwandern, nichts mehr im Weg stehen.

Rose und Horace schrieben einander regelmäßig bis Weihnachten 1945. Auf einmal blieben die Briefe von Rose aus. Horace schickte weiterhin ein Dutzend Briefe an den Luftwaffenstützpunkt in Nordostdeutschland, aber er bekam keine Antwort. Auf seine Nachfrage sagte man ihm immer wieder das Gleiche, nämlich dass es so bald nach dem Krieg noch keine zivilen Flüge und Züge nach Deutschland gäbe, es würde noch dauern, bis alles wieder eingerichtet wäre. In seiner Verzweiflung trampte er sogar nach Dover und bettelte dort drei Tage lang vergeblich darum, mit einem der wenigen Schiffe über den Kanal nach Deutschland fahren zu dürfen – so lange, bis man drohte, ihn zu verhaften, wenn er die Leute weiterhin belästige. Also blieb ihm nichts anderes übrig, als zurück nach Leicester zu trampen – ohne dass er etwas erreicht hatte.

EPILOG

Im Dezember des Jahres 1946 erhielt Horace einen Brief, abgestempelt in Hamburg. Ihm zitterten die Hände, als er ihn mit einem Messer öffnete. Noch ehe er die ihm fremde Handschrift las, sagte ihm sein Herz, dass der Brief nicht von Rose war. Der Brief war kurz und sachlich – ohne Angabe des Absenders.

Sehr geehrter Herr Greasley,
es tut mir leid, Ihnen mitteilen zu müssen, dass meine liebe Freundin Rosa Rauchbach im Dezember 1945, vor fast einem Jahr, gestorben ist. Rosa starb zwei Stunden nach der Geburt ihres Kindes, und ihr kleiner Knabe, den sie Jakub nannte, ist kurz nach ihr gestorben. Ich habe vor zwei Monaten eine Schachtel mit ihren persönlichen Habseligkeiten bekommen, unter denen ich einige Briefe von Ihnen fand.

Ich habe die Briefe gelesen. Bitte nehmen Sie es mir nicht übel, dass ich in Ihre Privatsphäre eingedrungen bin, aber ich erkannte aus Ihren Briefen, dass Sie sie sehr geliebt haben. Ich verstehe, dass die Mitteilung von ihrem Tod und vom Tode ihres Sohnes Sie sehr erschüttern wird. Es tut mir leid, dass ich die Überbringerin dieser traurigen Nachricht bin.
Viele Grüße,
Margit Rosch

EPILOG

Es war ein Jahr her, dass Horace zum letzten Mal Nachrichten von Rose erhalten hatte. Er hatte gedacht, mit der Zeit würde sein Schmerz ein wenig abnehmen, aber das war nicht der Fall. Es gab so viele Fragen, die für immer ungeklärt bleiben würden. Er dachte an das letzte Mal, als sie sich geliebt hatten, daran, wie es war, als er ihr zum letzten Mal in die Augen geschaut und sie fest umarmt hatte. Er dachte an Neuseeland und an ihre Pläne und daran, wie bitter und absurd es war, dass sie miteinander fünf Jahre Hölle durchgestanden hatten, die ständige Gefahr, tagein, tagaus – und jetzt, wo die Gefahr vorbei war ...

Er las den Brief wieder und wieder. Eine Träne fiel auf das weiße Blatt, und die Tinte verwischte ein wenig. Horace trocknete sich die Augen mit dem Ärmel ab. Er sah sich den Brief noch einmal ganz genau an, dann warf er ihn ins Kaminfeuer.

Es war vorbei. Aus und vorbei. Seine englische Rose war für immer verblüht. Als er die Tür öffnete und nach draußen ging, musste Horace seine Gefühle gewaltsam niederkämpfen. Er wollte sich nach außen hin nichts von seiner Trauer anmerken lassen. Er wollte sein Leben mit derselben Hartnäckigkeit neu aufbauen, die er seit sechs Jahren Tag für Tag unter Beweis gestellt hatte. Auch jetzt noch – auch nach all dem, was geschehen war. Er sah auf das offene Ackerland zu seinen Füßen und dachte nur: Jakub – wie kam sie bloß auf den Namen?

Der Vorname Jakub ist schlesisch. Er entspricht dem deutschen „Jakob" und dem englischen „James" beziehungsweise „Jim".